Stanley Coren

Die Intelligenz der Hunde

Deutsch von Hans-Joachim Maass
Kynologische Durchsicht Gert Haucke

Rowohlt

Die Originalausgabe erschien 1994 unter dem Titel
The Intelligence of Dogs. Canine Consciousness and Capabilities
im Verlag The Free Press, A Division of Macmillan, Inc., New York
Umschlag- und Einbandgestaltung von Susanne Müller

Dieses Buch ist den Ausbildern des Vancouver Dog Obedience Club gewidmet. Vor allem möchte ich Barbara Baker, Barbara Merkley, Emma Jilg und Shirley Welch nennen. Sie waren meine ersten Lehrer. Ich widme das Buch auch ihren wundervollen Arbeitshunden April, Mori, Meg und Noel. Sie waren die Rollenvorbilder, denen meine Welpen beim Heranwachsen nacheifern sollten.

Inhalt

Vorwort

Die üblichen Bücher über Hunde – vor allem die tierärztlichen Ratgeber, die Bücher über die Erziehung zum Gehorsam und die Zuchtbücher – vermitteln kein genaues Bild von der Intelligenz von Hunden oder ihren geistigen Fähigkeiten. Ich hoffe, daß dieses Buch mithelfen kann, diese Lücke in der Literatur zu schließen. Als Psychologe, Hundeausbilder und geschworener Hundeliebhaber habe ich die Hoffnung, dem Leser eine Vorstellung von den geistigen Fähigkeiten zu geben, die man bei jedem Hund findet. Ich werde noch einen Schritt weitergehen und untersuchen, wie sich Fähigkeiten und Verhaltensweisen verschiedener Rassen voneinander unterscheiden. Bevor ich mich jedoch dieser Frage zuwenden kann, muß einige Vorarbeit geleistet werden. Ich spüre zunächst der Herkunft der Hunde nach, denn die geistigen Fähigkeiten jedes Tieres werden durch seine biologischen Anlagen und die Kräfte der Evolution geformt und zugleich begrenzt, die bei seiner Entwicklung mitgewirkt haben. Anschließend werde ich kurz untersuchen, wie die Wissenschaft den Geist von Hunden gesehen hat, und auf die kontroversen Ansichten über die Natur von Geist und Bewußtsein des Hundes eingehen. Schließlich werde ich einen Blick auf die verschiedenen Typen von Hundeintelligenz werfen und beschreiben, wie jeder die Fähigkeiten seines Hundes beurteilen kann. Ich hoffe natürlich, klar zum Ausdruck zu bringen, daß jede Hunderasse ihre Verdienste oder ihren Zweck hat, möchte zugleich aber klarstellen, daß nicht alle Hunderassen gleich beschaffen sind, was ihre Klugheit und ihre geistigen Fähigkeiten angeht.

Dieses Buch wäre ohne die Hilfe vieler Menschen nicht möglich gewesen. Ganz besonders habe ich für die Hilfe von zweihundertacht Hundeausbildern zu danken, die bei Wettbewerben oder Ausstellungen deren Gehorsam zu bewerten haben. Dies ist mehr als die

Hälfte aller dieser Spezialisten in ganz Nordamerika. Jeder der zweihundertacht hat sich die Zeit genommen, einen sehr umfangreichen und komplizierten Fragebogen auszufüllen. Die vollständigen Fragebögen haben mir einen großen Teil der Informationen geliefert, die ich in diesem Buch wiedergebe. Viele von diesen stark beschäftigten Experten haben es auch unaufgefordert auf sich genommen, mir ausführliche schriftliche Berichte über ihre Erkenntnisse zu schicken. Mehr als zwei Dutzend dieser geübten Beobachter von Hundeverhalten haben mir auch erlaubt, sie eingehend zu interviewen, und die meisten dieser Gespräche dauerten mehrere Stunden. All das half mir, ein Bild von der Arbeitsintelligenz von Hunden zu erstellen. Zusätzlich zu den Hundeausbildern haben dreiundsechzig Haustierveterinäre meine Fragen nach den Persönlichkeiten von Hunden und einigen Marotten und Besonderheiten einzelner Rassen beantwortet. Ferner haben mir vierzehn Spezialisten für Wach- und Schutzhunde Daten und Beobachtungen über Hunde geliefert, welche die auf ihrem jeweiligen Fachgebiet interessanten Eigenschaften besitzen oder nicht. Schließlich haben zahlreiche Besitzer von Wettbewerbshunden und einfache Familienhundbesitzer mit mir gesprochen oder mir in Briefen ihre besonderen Geschichten und Erfahrungen mitgeteilt. Eine persönliche Danksagung geht an den Vancouver Dog Obedience Club, sowohl an seine Ausbilder wie an seinen Mitglieder. In der langen Zeit unserer Bekanntschaft waren sie nicht nur wertvolle Erkenntnisquellen, sondern auch gute Freunde. Zu danken habe ich auch meiner Frau Joan, die dieses Manuskript gelesen und kommentiert hat, und, was noch viel wichtiger ist, mich und ein Haus voller Hunde ertragen hat, ohne – von wenigen Ausnahmen abgesehen – in Hysterie zu verfallen. Ihre Liebe und Unterstützung sind mir stets Balsam für die Seele.

Stanley Coren

1. Kapitel

Können Hunde denken?

> Wir sind auf diesem Planeten, auf
> den uns der Zufall verschlagen hat,
> allein, völlig allein; und unter all
> den Lebensformen, die uns umge-
> ben, ist mit Ausnahme des Hundes
> keine einzige ein Bündnis mit uns
> eingegangen.
> *Maurice Maeterlinck*

Eine bemerkenswerte Vorstellung: Man versetzt sich in die Steinzeit vor etwa vierzehntausend Jahren, sitzt an einem flackernden
Lagerfeuer und sieht vielleicht einen Hund, der fast genauso aussieht wie irgendein Hund, den man auf den Straßen unserer Städte
sehen kann, oder wie einer, der im Wohnzimmer zu unseren Füßen
ruht. Seit einhundertvierzig Jahrhunderten teilen Mensch und
Hund Nahrung, Wohnung und Leben miteinander. In all diesen
Jahren haben Hunde Menschen bei der Jagd und beim Hüten des
Viehs geholfen. Sie haben zu verschiedenen Zeiten als Leithunde
gedient, haben den Haushalt geschützt, Abfall beseitigt, Karren
und Schlitten gezogen, als Kampfgefährten gedient und sogar als
Nahrung. Hunde sind für ihre Eigentümer Gefährten gewesen, bei
denen man Trost suchen konnte; wir haben sie zu unserem Vergnügen zu Schauspielern oder Athleten gemacht; sogar in der Psychotherapie sind sie schon als Hilfsmittel eingesetzt worden.

Trotz unserer langen Verbindung mit Hunden hat die Mensch-
heit diesen allgegenwärtigen Tieren eine oft widersprüchliche Einstellung entgegengebracht. Zu manchen Zeiten und an manchen

Orten haben die Menschen Hunde als loyal, treu, edel, intelligent, mutig und gesellig angesehen; in anderen Zeiten und an anderen Orten wiederum galten sie als feige, unrein, als Überträger von Krankheiten, als gefährlich und unzuverlässig. In einigen Kulturen und während bestimmter historischer Epochen haben Menschen Hunde als heilig angesehen: als Gefährten der Götter, Wegweiser der Seelen, als Engel oder gar Götter. Andere Kulturen sehen Hunde als Dämonen, als Vorboten des Todes und Verkörperungen des Teufels. Aus bestimmten Regionen ist überliefert, daß als besudelt oder beschmutzt galt, wer von einem Hund geleckt oder berührt wurde. Zu anderen Zeiten und an anderen Orten glaubte man, daß solche Aufmerksamkeiten beim Heilungsprozeß eine wichtige Rolle spielten und daß sie einen Hinweis darauf gaben, daß jemand rein, tugendhaft und ohne Makel sei.

Angesichts der langen Zeit, in der der Mensch eng mit dem Hund verbunden gewesen ist, könnte man meinen, uns seien die Antworten auf all die Fragen bekannt, die seine Natur und sein Verhalten betreffen. In Wahrheit jedoch sind unsere Vorstellungen von Hunden noch immer komplex und widersprüchlich. Selbst wenn wir mit Hunden leben, arbeiten oder spielen, gibt es immer noch zahlreiche Fragen, die der durchschnittliche Hundebesitzer nicht beantworten kann. Die wichtigsten davon haben etwas mit der Natur von Geist und Gemüt des Hundes zu tun. Als Psychologe, Hundeausbilder und Eigentümer von Wettbewerbshunden habe ich schon viele Fragen und Meinungen zu grundlegenden Themen gehört wie etwa:

- Können Hunde denken, oder sind sie einfach nur biologische Maschinen, die auf das reagieren, was um sie herum vorgeht?

- Falls Hunde tatsächlich denken – haben sie ein Bewußtsein wie der Mensch?

- Haben Hunde Erinnerungen an die Vergangenheit und Bilder oder Vorahnungen von der Zukunft?

- Verstehen Hunde menschliche Sprache?

- Verfügen Hunde über ein System oder Mittel, mit uns zu kommunizieren (oder mit anderen Hunden, um das nicht unerwähnt zu lassen)?

- Haben Hunde Schuldgefühle? Können sie Loyalität empfinden, haben sie Schutzinstinkte oder auch nur einfache Gefühle wie etwa Freude und Trauer?

- Unterscheiden sich verschiedene Hunderassen in dem, was man Intelligenz nennen könnte?

Wenn mich jemand nach der Intelligenz, nach der Fähigkeit zur Problemlösung oder nach dem Bewußtsein von Hunden fragt, erinnere ich mich unwillkürlich an eine Begebenheit aus meiner Jugend.

Es war an einem dieser schwülen Frühsommertage in Philadelphia. Die Kombination aus Hitze und Luftfeuchtigkeit machte mich sehr entspannt und träge zugleich. Meine Abschlußprüfungen (die letzten, die mir an der University of Pennsylvania bevorstanden) sollten erst in drei oder vier Wochen stattfinden. Insgesamt fühlte ich mich zuversichtlich, und mir war wohl in meiner Haut: Die Zulassung zur Vorbereitung auf die Promotion in Psychologie an der Stanford University hatte ich schon in der Tasche, und ich war mit der Welt zufrieden. Als ich im Haus meiner Eltern langsam die Treppe hinunterschlenderte, wurde ich durch die zornige Stimme meiner Mutter aus meiner Träumerei gerissen: «Penny, was hast du angerichtet?»

Penny war der Familienhund meiner Schul- und Collegejahre. Sie war eine Art Boxer, wenn auch etwas zu klein für diese Rasse, und hatte ein Gesicht, dessen Unterkiefer nicht so betont war, wie man es hätte erwarten können. Sie humpelte auch leicht, denn sie hatte als Welpe einen schweren Unfall gehabt, der sie fast das Leben kostete. So bevorzugte sie ihr Leben lang beim Gehen eines der Hinterbeine, was ihren Gang zu einer Art rollendem Watscheln machte. Penny hatte viele reizvolle Eigenschaften, aber auch etliche Marotten. Eine der seltsamsten war ihre Vorliebe für Bourbon-Whiskey, obwohl sie sich notfalls auch mit Rye oder Scotch zufriedengab. Bei Parties oder gesellschaftlichen Zusammenkünften in unserem Haus mußten die Gäste gewarnt werden. Sie sollten ihre Gläser nicht auf dem Fußboden abstellen und den Hund im Auge behalten, wenn sie ihre Drinks auf dem niedrigen Couchtisch stehenließen. Niemand vergißt so leicht den Anblick eines Boxers, der Drinks stiehlt und dann angetrunken durchs Zimmer torkelt.

Ich ging in die Küche, wo sich das neueste Drama abspielte. Penny stand (kauerte wäre vielleicht ein zutreffenderer Ausdruck) an der hinteren Wand der schmalen Küche und sah meine Mutter an, die wutentbrannt vor ihr stand. Meine Mutter ist zu 99,9 Prozent eine der sanftesten Seelen, die man sich vorstellen kann. Dieses restliche Zehntelprozent konnte sich jedoch mit einer explosiven Wut äußern, die durch mittlere Katastrophen ausgelöst wurde, durch schlechtes Benehmen, Fauxpas oder Schnitzer seitens der Familie. Das Ergebnis ihrer kurzlebigen Wutausbrüche hing von zufälligen Faktoren ab. Wenn sie in ihrer unmittelbaren Nähe kein geeignetes Wurfgeschoß fand, schrie sie ein bißchen, aber ihr Zorn legte sich dann, ohne etwas ausgerichtet zu haben, worauf sie sich gleich daranmachte, die Situation wieder zu bereinigen. Wenn sie jedoch zufällig etwas in der Hand hielt oder etwas sah, was in erreichbarer Nähe lag, nahm sie es hoch und warf es nach dem Schuldigen (oder nach jedem, der das Pech hatte, in einem solchen Augenblick in der Nähe zu sein). Zu ihren bevorzugten Wurfgeschossen gehörten Kochtöpfe voller Wasser, Melonen, Speiseeis und eine Vielzahl anderer, jedoch weitgehend ungefährlicher Gegenstände. An diesem Tag hielt sie zufällig ein ledernes Schlüsselbund in der Hand, das sie in dem Augenblick, in dem ich die Küche betrat, nach Penny warf.

«Böser Hund!» rief sie und schleuderte mit der unfehlbaren Zielgenauigkeit, die sie durch jahrelanges Üben an ihrer Nachkommenschaft erworben hatte, das Schlüsselbund nach der Übeltäterin. Als das Geschoß von ihrem Hinterteil abprallte, ließ Penny ein lautes Jaulen hören. Meine Mutter stürmte aus der Küche, wahrscheinlich um das Ergebnis von Pennys Fehlverhalten zu beseitigen, wobei sie etwas über die Vorfahren des Hundes brummelte und Prognosen über das wahrscheinlich kurze Leben der Missetäterin.

Es fällt mir schwer, mit Hunden zu schimpfen, und da ich keine Ahnung hatte, worin Pennys Verbrechen bestand, ging ich zu dem unglücklichen Hund und strich ihm über den Kopf. Penny drückte ihre Schnauze an mich und sah mich mit ihren triefbraunen Augen an.

«Komm, wir gehen eine Zeitlang in mein Zimmer, dann bist du aus der Schußlinie», schlug ich dem Hund vor und klatschte mir auf den Schenkel, damit er mir folgte.

Als wir die Küche durchquerten, fiel mir auf, daß Penny einen weiten Bogen um das Schlüsselbund machte, das Strafinstrument meiner Mutter. Als wir uns dann der Küchentür näherten, blieb Penny stehen, starrte auf den Stein des Anstoßes zurück und schien für einen Moment in Gedanken versunken zu sein. Dann rannte sie zurück, schnappte die Lederhülle und schoß an mir vorbei aus der Küche. Als ich ihr verwirrt nachsah, ging sie ins Wohnzimmer und trabte zielstrebig dem Sofa zu. Sie warf einen Blick über die Schulter und quetschte sich hinter die Couch. Dort legte sie den Gegenstand ab, der ihr weh getan hatte, schob ihn mit der Schnauze sorgfältig außer Sichtweite und kam zufrieden hinter dem großen Möbelstück hervor. Dann kam sie mit einer unendlich entspannteren Körperhaltung zu mir an den Fuß der Treppe, um den Weg in mein Zimmer fortzusetzen.

Diese Abfolge von Ereignissen mag zwar nicht bemerkenswert sein, hat aber doch bestimmte Implikationen. Hätte ein Kleinkind so gehandelt wie Penny, würden wir sagen, daß das Kind verstanden habe, daß das Schlüsselbund irgendwie für den Schmerz verantwortlich gewesen war. Ferner könnten wir folgende Vermutung anstellen: Das Kind nahm vorweg, daß diese «Waffe» wieder benutzt werden konnte, und hoffte, diese Möglichkeit abwenden zu können, indem es das Schlüsselbund versteckte. Wir würden dem Kind damit die folgenden geistigen Prozesse zuschreiben: Vorwegnahme der Zukunft, Planung, bildhafte Vorstellungskraft, etwas Verstand, eine Vorstellung von den Konsequenzen für sich selbst und vielleicht sogar die Fähigkeit, sich vorzustellen, wie ein anderer Mensch eine Situation sieht oder verkennt.

Obwohl ich über diesen scheinbar kindähnlichen Versuch von Zukunftsplanung lachte, erkannte ich auch, daß mein Lachen nicht ganz gerechtfertigt war. Kurz vor meinem Vorexamen in Psychologie wußte ich, daß die meisten meiner Professoren sich nicht leicht davon überzeugen lassen würden, daß Pennys Verhalten bewußtes

Überlegen und Intelligenz verriet. Sie würden argumentieren, Hunde besäßen solche Verstandesgaben einfach nicht. Sie würden erklären, Selbsterkenntnis und Vorwegnahme künftiger Ereignisse könnten hier nicht beteiligt sein – obwohl sie einem Kind in der gleichen Situation diese Fähigkeiten sicher zugestehen würden. Sie würden erklären, das sei unzulässiges *Anthropomorphisieren*, was bedeutet, daß ich dem Hund Motivationen und ein Bewußtsein zuschriebe, das nur Menschen besäßen, Tiere aber nicht. Unter Wissenschaftlern bestand damals Einigkeit darin, daß Tieren einfach die Intelligenz fehlt, um ein solches Kalkül anzustellen. Zu Recht?

In unserer Gesellschaft ist es unzweifelhaft so, daß Hunde im Leben vieler Menschen einen wichtigen Platz einnehmen und eine wichtige Rolle spielen. In Großbritannien gibt es mehr als neun Millionen Hunde, in Nordamerika mehr als zweiundfünfzig Millionen, in Deutschland etwa 4,5 Millionen. Untersuchungen haben ergeben, daß jede zweite Familie in Großbritannien irgendein Haustier besitzt, jede vierte einen Hund. In Nordamerika teilen selbst in den Städten zwanzig Prozent aller Menschen ihr Leben mit einem Hund oder Hunden. Angesichts ihrer weiten Verbreitung ist es wirklich überraschend, daß wir im Umgang mit Hunden keine Ausbildung erhalten.

In der Grundschule wird den Kindern Lesen, Schreiben und Rechnen beigebracht, in weiterführenden Schulen Geographie, Geschichte und Fremdsprachen. Hinzu kommen ein paar nützliche Dinge, die man im Leben gebrauchen kann, Staatsbürgerkunde etwa, Ernährungslehre, persönliche Hygiene, Höflichkeit, Umgangsformen und so weiter. Im Biologieunterricht lernen Kinder jedoch mehr über Wale, Eulen oder Frösche als über Hunde, obwohl das durchschnittliche Stadtkind wohl nie einen lebenden Wal zu sehen bekommt und Eulen und Frösche allenfalls im Zoo. Man scheint allgemein der Ansicht zu sein, jeder wisse schon alles Nötige über Hunde, da wir tagtäglich entweder mit einem eigenen Hund oder dem von anderen zu tun haben und daß deshalb kein Unterricht zum Thema nötig sei.

Dabei wissen die meisten Menschen nur sehr wenig über Hunde. Als wir noch klein waren, brachten unsere Eltern uns höchstens bei, Hunde lieber zu streicheln, statt ihnen auf den Kopf zu schlagen.

Als wir etwas älter waren, gab man uns vielleicht eine Schüssel und wies uns an, «dem Hund Futter zu geben». Später haben wir vielleicht hinter dem Hund aufgeräumt oder sind mit ihm spazierengegangen. Dann wurden wir erwachsen, gingen aus dem Haus und legten uns vielleicht selbst einen Hund zu. Wir besuchen mit ihm vielleicht einen Kurs, wo er Gehorsam lernt und wo man ihm beibringt, zu kommen, zu sitzen, sich hinzulegen und zu bleiben. Bei alldem spricht jedoch kein Mensch davon, wie Hunde denken oder kommunizieren. Wir erfahren höchstens, daß ein Schwanzwedeln freundliche Gefühle verrät und ein Knurren unfreundliche.

Trotzdem haben wir das Gefühl, Hunde zu verstehen und zu wissen, was sie denken. Diese Überzeugung entspringt weitgehend der Beobachtung von Hunden. Ferner merken wir uns ihr Verhalten, wie es uns in der Literatur und von der Unterhaltungsindustrie präsentiert wird. So haben beispielsweise viele große Humoristen über Hunde geschrieben, darunter James Thurber, Will Rogers und Ogden Nash. In solchen Texten kommt es sehr häufig vor, daß ein Autor in die Persönlichkeit seines Hundehelden schlüpft und die gesamte Handlung aus dem Blickwinkel des Hundes darstellt. So läßt Mark Twain in *Aileen Mavourneen* einen Hund erzählen: «Mein Vater war ein Bernhardiner, meine Mutter ein Collie, aber ich bin Presbyterianer. Das hat mir jedenfalls meine Mutter erzählt; mir selbst sind diese netten Unterscheidungen nicht bekannt.»

Andere, ernstere Schriftsteller, darunter E. B. White, Louis Untermeyer, Eugene O'Neill, John Galsworthy und sogar Lord Byron, haben Texte verfaßt, in denen es um Hunde geht. Viele von uns haben in ihrer Jugend die Bücher von Jack London mit den wolfsähnlichen Schlittenhunden gelesen oder vielleicht Albert Payson Terhunes Geschichten über seine fabelhaften Collies. In all diesen Büchern hatten Hunde Gefühle, Verstand und Intelligenz. Eine typische Passage könnte etwa so lauten:

Shep erkannte, daß sein Herr in Gefahr war. Das Blut, das durch Dans zerrissene Jacke sickerte, wo der Bär ihn verletzt hatte, ließ es ihn erkennen. Er mußte Hilfe holen, und zwar schnell. Aber wo?

Jetzt fiel es ihm wieder ein; der alte Trapper, der die Hütte im Tal besaß, war schon einmal freundlich zu ihm gewesen. Vielleicht konnte Shep ihm verständlich machen, daß seine Hilfe gebraucht wurde. Er hielt inne, um seinem Herrn das Gesicht zu lecken. Er wollte ihn beruhigen und ihm zeigen, daß er ihn nicht im Stich ließ. Als ein schwaches Lächeln seine Zuneigung erwiderte, ließ er das gleiche schnelle Bellen hören, mit dem er Dan immer sagte, daß er bereit war. Mit einem schnellen, beruhigenden Blick über die Schulter machte sich der struppige braune Hund auf den Weg durch den Schnee, um möglichst schnell Hilfe zu holen.

Autoren, die eine solche Prosa zu Papier bringen, stellen unseren Glauben nicht auf allzu harte Proben. Sie behaupten beispielsweise nicht, Hunde könnten reden. Dennoch vermitteln sie ihren Lesern die klare Botschaft, Hunde hätten ein Bewußtsein und könnten überlegen, Probleme analysieren, planen und kommunizieren.

Selbst wenn wir keine Bücher lesen, können wir in Filmen und im Fernsehen erfahren, wie intelligent Hunde sind. Immer wieder erlebt man dort clevere Hunde, die scheinbar Wunder vollbringen. Das begann mit Rin Tin Tin, einem wunderschönen Deutschen Schäferhund. Rinty (wie er von seinen menschlichen Freunden zärtlich genannt wurde) wurde 1916 in Deutschland geboren. Ein gewisser Captain Lee Duncan rettete ihn aus einem deutschen Schützengraben und nahm ihn nach dem Krieg nach Los Angeles mit. Dort wurde Rinty von Duncan für eine Filmkarriere dressiert. In den zwanziger Jahren war Rin Tin Tin ein beliebter Stummfilmstar in Filmsagas wie *Find Your Man*, *Clash of the Wolves*, *Jaws of Steel* und *When London Sleeps*. Er trat sogar in Fortsetzungsgeschichten auf wie etwa *The Lone Defender*. Darin wird sein Herr, ein Goldsucher, auf dem Rückweg von einer geheimen Goldmine überfallen und ermordet. In den nächsten zwölf Folgen dieser frühen Tonfilmserie macht sich Rinty auf die Suche nach den Mördern, um an ihnen Rache zu nehmen. Erst jagt er sie, um dann von Cactus Kid und dessen Verbrecherbande gejagt zu werden.

In dieser Zeit war Rin Tin Tin mehrere Jahre lang die Haupteinnahmequelle von Warner Brothers. Aus diesem Grund wurde Rinty im Vorspann auch an erster Stelle genannt – vor seinen menschlichen Co-Stars. Die Drehbücher zu diesen Filmen, die sowohl dramatische als auch komische Elemente enthielten sowie eine große

Dosis Abenteuer und Action, wurden oft von Spitzenleuten der Branche verfaßt wie etwa Darryl F. Zanuck. Das Aufkommen des Tonfilms machte mancher Filmkarriere ein Ende, aber Rintys kräftiges Bellen behauptete sich recht gut in dem neuen Medium, und so machte er bis zu seinem Tod 1932 in Hauptrollen weiter. Etliche andere Hunde haben die Tradition weitergeführt. Der erste war Rin Tin Tin jr., doch all die folgenden Hundestars, die Rin Tin Tins Platz einnahmen, wurden einfach unter seinem Namen aufgeführt. Dazu gehörten mehrere Hunde, die in einer allwöchentlich ausgestrahlten Serie auftraten, in der die Zuschauer sehen konnten, wie der prachtvolle Deutsche Schäferhund und sein Herr Rusty gegen immer neue Westernschurken kämpfen. Rinty war vermutlich auch der einzige Hundestar, dem die Ehre einer Filmbiographie zuteil wurde, obwohl es sich dabei um eine fiktive Satire handelte. Der 1976 uraufgeführte Film hatte den Titel *Won Ton Ton – The Dog Who Saved Hollywood*. Dieses eine Mal trug der Star des Films nicht Rintys Namen: Die Titelrolle wurde von einem Hund namens Augustus von Shumacher gespielt.

Die zahlreichen Verfilmungen von Rin Tin Tins Abenteuern haben den Zuschauer und Hundeliebhaber nachhaltig davon überzeugt, daß Hunde fast so intelligent sind wie Menschen. Rinty löste Probleme, überwand Hindernisse und Widerstände und führte zirkusreife Kunststücke vor. Er brachte seinem in einem Sumpf festsitzenden Herrn ein Seil, entwaffnete gefährliche Verbrecher, brachte hungernden Kindern Decken und Nahrungsmittel, löste einem gefangengenommenen Marshall die Handfesseln, und so weiter. Wir konnten ihn fast denken sehen. Die Tatsache, daß neben oder hinter der Kamera Abrichter standen, die dem Hund Signale und Anweisungen gaben, kam uns ebensowenig in den Sinn wie die Bemühungen etlicher Filmdramaturgen, die sich die allergrößte Mühe gaben, den Handlungsablauf koordiniert, natürlich und spontan erscheinen zu lassen. Wir wußten einfach, daß Rinty schlau war. Irgendwo schienen wir zu glauben, daß der Regisseur dem Hund nur ein Drehbuch zu geben brauchte, damit dieser mit Intelligenz, wachen Sinnen und vollem Bewußtsein tat, was man von ihm verlangte. So hatte es zumindest den Anschein.

Und dann war da noch Lassie...

Dieser Hund hat vielleicht am meisten dazu beigetragen, die volkstümliche Vorstellung von Hunden und ihrer Intelligenz zu schaffen. Er ist der Titelheld einer 1938 von Eric Knight geschriebenen Novelle, die später zu einem Roman und Bestseller ausgebaut wurde. 1943 wurde die Geschichte unter dem Titel *Lassie* verfilmt. Der Film rührte Millionen von Menschen zu Tränen. Lassie, der bekannteste Collie der Welt, war nicht nur anhänglich und mutig, sondern in seiner Intelligenz und seinem Verständnis fast schon menschlich.

In Wahrheit ist Lassie, wie man sie auf der Leinwand sieht, gar kein schönes Hundeweibchen, sondern eine Täuschung der Zuschauer, vorgeführt von einer ganzen Reihe von Damenimitatoren. Sieben Generationen lang sind sämtliche Hunde, die Lassie dargestellt haben, männliche Nachkommen des ersten Lassie, eines Hundes, der in Wahrheit Pal hieß. Man gab bei der Besetzung der Rolle Rüden den Vorzug, weil sie größer und weniger schüchtern sind als Hündinnen. Die Zuschauer scheinen die entscheidenden anatomischen Unterschiede nie bemerkt zu haben. Tatsächlich schienen wir nur mitbekommen zu haben, daß der Hund, den wir da auf der Leinwand sahen, ein Collie mit einem weißen Fleck im Gesicht war. Unterschiede in der Zeichnung, wenn ein Hund bei verschiedenen Stunts und Tricks gegen einen anderen ausgetauscht wurde, schienen uns ebensosehr zu entgehen wie die verräterischen Merkmale, die uns hätten klarmachen müssen, daß Lassie ein Rüde war.

Um ein Haar hätte Pal seinen großen Durchbruch nicht geschafft. Fred M. Wilcox, der Regisseur, der sich mehr als dreihundert Collies für die Titelrolle des Films ansah, überging Pal zunächst, weil er Vorbehalte wegen dessen Aussehen hatte. Pals Ausbilder Rudd Weatherwax argumentierte jedoch, der Hund sei besonders gut ausgebildet und könne sich bei einigen der Spezialeffekte und Stunts des Films gut machen. Da Wilcox unter einigem Zeitdruck stand, beschloß er, einige Szenen zu drehen, bevor er seinen Star auswählte. In einer Sequenz mußte Lassie in einem reißenden Fluß um ihr Leben schwimmen. Wilcox sagte sich, daß alle nassen Collies gleich aussehen, und glaubte, er könne die Szene mit dem schwimmenden Pal mit späteren Aufnahmen des Hundes zusammenschneiden, der für die Hauptrolle ausgewählt werden würde. In diesem Augenblick zeigte

Pal jedoch das feinnervige Gespür, das uns Lassie so unvergeßlich hat werden lassen. Die Schwimmszene wurde kraftvoll und publikumswirksam bewältigt, doch es war das Finale dieser Darstellung, das die Verantwortlichen aus dem Häuschen geraten ließ. Pal tauchte anscheinend völlig erschöpft aus dem Wasser auf. Er schien nicht einmal mehr die Kraft zu haben, sich das Wasser aus dem Fell zu schütteln. Er taumelte ein paar Schritte vorwärts und ließ sich dann mit vor Nässe triefendem Kopf zwischen den Pfoten und geschlossenen Augen direkt vor der Kamera nieder. Diese darstellerische Leistung war so überzeugend und so voller Pathos, daß Pal die Rolle bekam und eine Dynastie gründete.

Lassie hatte einfach wegen der Menge des Materials über sie, dem wir ausgesetzt waren, einen nachhaltigen Einfluß auf unsere Vorstellungen von Hunden und ihrer Intelligenz. Zunächst wurden neun Spielfilme gedreht. Dann kam die Radioshow, die fast sechs Jahre lief. (An dieser Stelle sollte angemerkt werden, daß Pal in der Radioshow zwar selbst das Bellen besorgte, daß aber das Jaulen, Keuchen, Fauchen und Knurren von Schauspielern stammte.) Dann kam die Fernsehshow, die fast achtzehn Jahre lang lief und bei der sechs verschiedene Sets benutzt und sechs komplette Besetzungen ausgetauscht wurden. In Wiederholungen laufen viele dieser Episoden noch heute. Es gab sogar eine Zeichentrickserie über Lassie, die am Sonnabendmorgen lief.

Bei alldem blieb Lassie der unangefochtene Star. Lassie schaffte es, einige der größten Hollywoodstars an die Wand zu spielen, darunter Roddy McDowell, Elizabeth Taylor, Nigel Bruce, Elsa Lanchester, James Stewart, Mickey Rooney und viele andere von vergleichbarer Statur. Das Publikum dachte immer mehr an Lassie als an die Co-Stars. Cloris Leachman, die in einer von Lassies Fernsehfamilien die Mutter spielte, bemerkte, die Drehbuchautoren hätten die Intelligenz der beteiligten Menschen auf dem Bildschirm bewußt heruntergespielt, um den Hund cleverer erscheinen zu lassen. Sie beobachtete, daß «die Drehbuchschreiber Gründe dafür finden mußten, daß wir schwachsinnig wirkten, damit der Hund um so schlauer wirkte».

Die Zuschauer, die für Lassie schwärmten, erkannten nicht oder wollten nicht wahrhaben, daß die meisten Stunts, Beweise von Wagemut und Verstand nicht so spektakulär waren, wie sie zu sein schienen. Wenn Lassie etwa unter Geschützfeuer hindurchkroch, sich durch ein Gewirr heruntergefallener Stromleitungen schlängelte, aus Fenstern sprang oder einen Satz machte, um einen Verbrecher umzustoßen, waren das für sich genommen keine besonderen Leistungen. Den endgültigen Szenen wurde erst durch clevere Filmschnitte der letzte Schliff gegeben. Wenn sich Lassie etwa aufmerksam umzusehen schien, um sich über eine Situation klarzuwerden, sah Pal in Wahrheit zu seinem Ausbilder, der auf einer Planke stand und mit einem Stück Stoff wedelte. Die Blicke von Ergebenheit und intensiver Konzentration wurden dem Hund meist von seinem Ausbilder entlockt, der sich auf die Tasche klopfte, in der immer ein paar Hundekuchen steckten. Auf psychologischer Ebene hinterließ Lassie gleichwohl einen starken Eindruck. Wir glaubten, dieser Hund (und somit alle Hunde) könne denken, planen, Mitgefühl und Schmerz empfinden, Trauer und Freude, sich an komplizierte Tatsachen erinnern und sogar Racheakte planen. Haben wir Lassie denn nicht all das tun sehen?

Da nur die wenigsten von uns Kurse über die Natur von Hunden besucht haben, übernehmen es Filme und Fernsehprogramme, uns die Abenteuer von Lassie, Rin Tin Tin, dem König des Yukon, Roy Rogers' Hund Bullet und anderen nahezubringen. Daneben gibt es Bücher, in denen die phantastischen Leistungen von Bob, Treve, Buck und einhunderteins Dalmatiner-Welpen geschildert werden. Sie haben uns indoktriniert und das Wissen um die Natur der Hundeseele vermittelt. Wenn wir unsere vierbeinigen Lieblinge und Gefährten mit diesen brillanten Ausnahmehunden vergleichen, wird klar, daß unsere Haustiere nicht das gleiche Spektrum intellektueller Fähigkeiten aufweisen, zu denen Hunde fähig sind, aber wir wissen, daß das Potential in ihnen steckt. Irgendwo verbirgt sich auch in unseren Vierbeinern das geistige Potential, das urplötzlich in Form von Heldentum oder glänzender Verstandesleistungen auftauchen kann.

Viele meiner Leser werden jetzt der Meinung sein, daß ich hier etwas zu sehr vereinfache. Natürlich lernen wir nicht alles, was wir über Hunde wissen, aus Filmen und Romanen. Immerhin gibt es auch Dutzende von Sachbüchern über Hunde, wie man sie in jeder

Buchhandlung oder Bibliothek findet, und natürlich müssen sie Informationen über die Intelligenz und Denkprozesse von Hunden enthalten. Wenn wir uns jedoch die Titel solcher Bücher ansehen, entdecken wir, daß sie drei allgemeine Kategorien umfassen: eine Gruppe behandelt tierärztliche Aspekte, eine zweite Ausbildung und Gehorsam von Hunden und eine dritte die Zucht bestimmter Rassen.

Die Gesundheitsbücher befassen sich mit Ernährung, Wachstum und spezifischen Problemen von Hunden. Man findet in ihnen vielleicht Hinweise darauf, wie eine Sterilisation den Charakter eines Hundes beeinflußt, und vielleicht sogar einen Abschnitt, in dem psychologische Probleme bei Hunden behandelt werden – meist die, die dazu führen, daß Hunde beißen, Möbel anknabbern oder das Haus beschmutzen. Denkprozesse von Hunden oder ihre geistigen Fähigkeiten werden meist jedoch nur summarisch abgehandelt oder nur kurz erwähnt. Das ist verständlich, da die meisten dieser Bücher von Tierärzten geschrieben worden sind, die sich in der Physiologie von Tieren auskennen, über zahlreiche Aspekte des Verhaltens von Hunden aber nicht Bescheid wissen.

Die nächste große Gruppe von Büchern befaßt sich mit Gehorsam und Ausbildung. Einige spezialisieren sich auf die Ausbildung von Wach- und Rettungshunden, von Spür- oder Jagdhunden. In einigen wird der schlichte Versuch unternommen, Rezepte für die Schadensbegrenzung zu geben, wenn die Gehorsamsausbildung versagt hat. Viele dieser Bücher sind voll wertvoller Einsichten und durchaus hilfreich. Sie beschreiben Techniken, mit denen man Hunden grundlegende oder auch fortgeschrittene Gehorsamsübungen vermitteln kann. Leider sind einige dieser Bücher recht oberflächlich und unternehmen den Versuch, den Leser mit Feststellungen wie «Jeder Hund, welcher Rasse auch immer, läßt sich leicht ausbilden, wenn wir uns der natürlichen Methode bedienen» zu beruhigen. Oder man wird mit nichtssagenden Floskeln abgespeist: «Die Ausbildungsfähigkeit von Hunden hängt eher von der Geduld und der Beharrlichkeit des Ausbilders ab als von angeborenen Unterschieden der Rassen», oder: «Jeder Hund läßt sich ausbilden, und jeder Hund sollte in der Lage sein, die höchste Stufe des Gehorsams zu erreichen», oder: «Der Hund ist wie ein Computer, der darauf wartet, von einem klugen Ausbilder programmiert zu werden.» Wenn Sie eins dieser Bücher gekauft haben, dürften solche Aussagen genau das sein, was Sie lesen wollen, wenn Sie etwa einen Jack Russell-Terrier besitzen, der Ihre antiken Eichenmöbel zernagt und die Katze getötet hat und Sie nicht einmal ansieht, selbst wenn Sie seinen Namen durch ein Megaphon brüllen. Solche Aussagen sind bestenfalls unvollständig und möglicherweise völlig falsch. Sie berücksichtigen nicht die Intelligenzunterschiede zwischen verschiedenen Hunderassen oder Unterschiede einzelner Rassen in Temperament und Arbeitswilligkeit – beides sind wichtige Faktoren, wenn man feststellen will, wie gut ein bestimmter Hund auf die Ausbildung zum Gehorsam reagieren wird.

Ich nehme an, daß die in den meisten Gehorsams-Ratgeberbüchern dargelegten Ansichten verständlich sind. Immerhin sind die Autoren Experten für Tierausbildung, allerdings nicht ausgebildete Experten für tierisches Verhalten. Viele verstehen sich hervorragend darauf, Hunde auszubilden. Viele können eine lange Liste von Verdiensten vorweisen, die ihr Können belegt. Ich beneide sie um diese Fähigkeiten. In diesen Büchern werden Unterschiede der Rassen zwar nicht oft angesprochen, aber die Autoren geben in ihren Kursen und bei Gesprächen gern Kommentare ab, in denen anerkannt zu werden scheint, daß nicht alle Hunderassen geistig gleichwertig sind. So bekannte ein Ausbilder, dessen Videos nur Border-Collies und Deutsche Schäferhunde bei der Arbeit zeigten, in einem Kurs: «Wenn Sie mit ihrem Hund ernsthaft an Gehorsamswettbewerben teilnehmen wollen, würde ich mich auf keinen Fall für einen Terrier entscheiden.»

Die meisten Gehorsamsausbilder haben eine Theorie von Hundeintelligenz verinnerlicht, die oft darüber entscheidet, wie sie ihre Ausbildungstechnik anlegen. Einige sind der Meinung, Hunde besäßen eine nur begrenzte Denkfähigkeit und lernten einfach nur Reaktionsmuster, die bei passender Gelegenheit abgespult würden. Andere glauben, Hunde seien rational und fähig, die Logik zur Problemlösung einzusetzen, aber die meisten schrecken doch davor zurück, ihnen wirkliches Bewußtsein und Verstand zuzuschreiben. Einige wenige Gehorsamsexperten sind der Meinung, Hunde hätten ein volles Bewußtsein, und ihre Denkprozesse seien denen eines kleinen Kindes sehr ähnlich und unterschieden sich nur durch Umfang und Effizienz von menschlichen Denkprozessen. Meistens beschränken sich diese Autoren mit ihren Kommentaren über Geist und Intelligenz von Hunden jedoch auf wenige Seiten oder Absätze, um dann sofort zu ihrem Hauptthema zurückzukehren, nämlich dem Leser Techniken zu vermitteln, die sich bei der Ausbildung von Hunden verwenden lassen.

Die letzte große Gruppe, auf die man stoßen wird, sind die Zuchtbücher. Hier gibt es Paperbacks mit Zeichnungen ausgewählter Rassen bis hin zu großformatigen Bildbänden mit schönen Farbfotos aller bekannten Rassen. Die Autoren dieser Bücher wollen die verschiedenen Arten von Hunden beschreiben, ihre Geschichte, ihre Größe, ihr Temperament und ihre typischen Verhaltensweisen. Viele dieser Bücher sind sogar sehr lesenswert, besonders was die historischen Informationen über die verschiedenen Rassen betrifft. Natürlich findet man auch Bilder von besonders schönen Exemplaren jeder Rasse. Leider sind diese Bücher meist von Züchtern oder Vertretern von Zuchtvereinen für jede Rasse geschrieben. Diese Leute geben sich zwar die größte Mühe, die Merkmale einer bestimmten Rasse zu bewahren, aber es liegt nicht in ihrem Interesse, etwas Negatives über ihre Hunde zu sagen. So fehlt in solchen Zuchtbüchern der Hinweis, daß viele Bulldoggen chronische Probleme mit der Atmung haben, daß mehrere Abstammungslinien von Dalmatinern zu angeborener Taubheit neigen, daß Dackel oft Rückgratverkrümmungen entwickeln oder daß viele der hochgeschätzten kleineren Chihuahuas Probleme mit Knien oder Hüften haben. Überdies neigen diese Bücher ganz allgemein dazu, die Temperamente oder charakterlichen Besonderheiten einer bestimmten Rasse so zu beschreiben, daß ein möglichst günstiger Eindruck entsteht. Zu diesem Zweck werden manchmal sogar die Tatsachen verdreht. So erfährt man in keinem Zuchtbuch, daß viele Basenjis ohne Ankündigung oder sichtbare Provokation zubeißen, daß viele Akitas in der Nähe von Kindern absolut gefährlich sein können, es sei denn, sie sind mit ihnen aufgewachsen, oder daß viele Greyhounds mit Menschen zwar sanft und liebenswürdig umgehen, aber zu Mordmaschinen werden können, wenn Katzen oder andere Hunde in der Nähe sind.

Vollends unbrauchbar werden die Zuchtbücher, wenn sie die geistigen Fähigkeiten verschiedener Hunderassen beschreiben. Ich glaube, daß mindestens neunzig Prozent der in den meisten Zuchtbüchern erwähnten Hunde als intelligent dargestellt werden. Bei manchen Rassen steht das sogar in den Zuchtmerkmalen, nach denen die Hunde beurteilt werden. Die Beschreibungen der Rassemerkmale geraten übermäßig schmeichelhaft, es sei denn, man hat von Hundeintelligenz eine sonderbare Vorstellung.

Nehmen wir etwa den Dandie Dinmont-Terrier. Er ist ein unverwechselbarer kleiner Hund mit tiefen, seelenvollen Augen, einer Schulterhöhe von fünfundzwanzig Zentimetern und einem Gewicht von rund zehn Kilogramm. Er ist eine der älteren Terrierrassen, und wir besitzen recht unzweideutige Belege dafür, daß Dandies Anfang des achtzehnten Jahrhunderts in den Cheviot-Bergen nahe der Grenze zwischen England und Schottland bei der Jagd auf Dachse, Füchse und Fischotter eingesetzt wurden.

Die Beliebtheit des Dandie Dinmont-Terriers wurde durch einen Roman Walter Scotts gesichert. Scott soll bei einer seiner Reisen James Davidson aus Hawick begegnet sein, der eine Meute dieser Hunde besaß. Scott war von diesem Mann und seinen zähen kleinen Hunden so beeindruckt, daß er ihn zum Helden seines Romans *Guy Mannering* machte, der 1814 erschien. Die von ihm erschaffene fiktive Gestalt hieß Dandie Dinmont, ein Farmer, der die «unsterblichen Sechs» besaß: Auld Pepper, Auld Mustard, Young Pepper, Young Mustard, Little Pepper und Little Mustard («Pepper» und «Mustard» bezeichneten die Farbe der Hunde). Das Publikum war von Dandie Dinmont und seinen Hunden bezaubert. Sie wurden als mutige und beherzte Tiere beschrieben.

Tatsächlich ist der Dandie Dinmont, wenn er aufgeregt ist, einer der wildesten aller Terrier. Scott läßt seinen Helden über seine Terrier sagen: «Sie fürchten sich vor nichts, was ein Fell trägt.» Die lebhaften kleinen Hunde wurden nach dieser literarischen Gestalt schon bald allgemein Dandie Dinmonts genannt, und ihr Ruhm verbreitete sich weit über die Region hinaus, in der sie ursprünglich gezüchtet worden waren. Das Problem mit Dandies läßt sich vielleicht schon theoretisch erahnen, selbst bevor man sich den Hund selbst ansieht. Man stelle sich einen Hund vor, der bereit ist, in

Dandie Dinmont und seine Terrier in einer Illustration zu Sir Walter Scotts 1815 erschienenem Roman *Guy Mannering*. Diese Rasse zeichnet sich durch Mut und Schneid aus, aber dafür fehlt ihr jedes Anzeichen von Intelligenz.

einen Bau zu gehen, um einen Fuchs oder Otter in dessen Bau anzugreifen. Ein Fuchs dürfte etwa so schwer und so groß sein wie dieser Terrier, während ein Otter dreimal so schwer sein kann. Der Mut des Terriers wird einen vielleicht beeindrucken, aber man könnte auch das Gefühl haben, daß ein intelligenterer Hund (bildlich gesprochen) etwa sagen würde: «Das ist mir zu gefährlich. Ich lasse es lieber. Schließlich hat mir dieser Otter nichts getan.» Dennoch wird der Dandie Dinmont in den Rassemerkmalen des American Kennel Club als «unabhängig, entschlossen, reserviert und intelligent» bezeichnet. Während die ersten drei Adjektive kaum bestritten werden dürften, ist es fraglich, ob man dem letzten zustimmen könnte.

Ich habe einmal mit einem Gehorsamsausbilder gesprochen, der seine Interaktionen mit Dandies wie folgt beschrieb:

Dieses Paar, beide schon über fünfzig, brachte zwei dieser Hunde zu meinem Anfängerkurs mit. Es wurde bald klar, daß die beiden mehr Erfolg gehabt hätten, Kartoffelsäcke dazu zu bringen, bei Fuß zu gehen. (Im Anfängerstadium des Gehorsams muß ein bei Fuß gehender Hund an der Leine lediglich kontrolliert an der linken Seite des Hundehalters gehen.) Wenn die Hündin in der Stimmung war, ging sie vielleicht ein paar Schritte, aber der Rüde blieb manchmal einfach stehen. Nachdem er einen oder zwei Schritte an der Leine weitergeschleift worden war, legte er sich einfach auf die Seite, um auf der Übungsmatte mit weniger Reibung weiterrutschen zu können. Keiner der Hunde sah den jeweiligen Ausbilder an, wenn dieser sprach, und nach sieben Wochen Unterricht gab es nur ein Kommando, auf das sie zuverlässig reagierten: «Sitz».

Die Frau behauptete steif und fest, es seien intelligente Hunde. Sie versicherte mir, sie habe sie gekauft, weil sie einen Artikel gelesen habe, in dem sie als die «Clowns unter den Hunden» beschrieben worden seien. Dann erzählte sie mir von den seltsamen und lustigen Dingen, welche die Hunde manchmal im Haus anstellten. Da die Hunde ein recht angenehmes Wesen zu haben schienen, wollte ich ihr nicht sagen, was ich für den Grund des häufig so unerwarteten und ungewöhnlichen Verhaltens hielt (das wir als komisch oder clownhaft deuten), nämlich daß sie einfach nicht wußten, was von ihnen erwartet wurde.

Wenn ich solche Geschichten höre, frage ich mich immer, bei wem die Schuld liegt: beim Hund oder beim Halter. Als ein Mann, der Anfängerkurse abhält, sehe ich oft, daß ein aufmerksamer Blick auf den Hundehalter oft einen besseren Hinweis darauf liefert, wie sich der Hund bei der Gehorsamsausbildung machen wird, als ein Blick auf den Hund. Um mir Klarheit zu verschaffen, blätterte ich drei zufällig ausgewählte Ausgaben der *Gazette* durch, der Verbandszeitschrift des American Kennel Club. Die Zeitschrift bringt jedes Jahr eine Übersicht über die Zahl der Gehorsamstitel, die Hunde aller Rassen gewonnen haben. Für die drei von mir geprüften Jahre hatte in den gesamten USA kein einziger Dandie Dinmont-Terrier

auch nur einen einzigen Gehorsamswettbewerb gewonnen. Die
klägliche Leistung der Hunde in der Anekdote erschien mir also
eher als Beweis für einen intellektuellen Makel der Rasse denn als
Beleg für die mangelhafte Leistung von ein paar Hundehaltern.

2. Kapitel

Die Naturgeschichte des Hundes

> Tiere sind weder Brüder noch Untertanen; sie sind andere Nationen, die mit uns im Netz von Leben und Zeit gefangen sind.
>
> *Henry Beston*

Letztlich sind wir alle Gefangene unserer Physiologie. Muskelkraft und Knochenbau entscheiden darüber, daß ein Hund stärker ist als eine Maus und schwächer als ein Gorilla. Die Physiologie des Hundeauges macht dessen Sehkraft schwächer als die des Menschen, während die Physiologie der Hundenase seinen Geruchssinn schärfer macht. In ähnlicher Weise werden die geistigen Fähigkeiten des Hundes und viele seiner Verhaltensanlagen durch die Physiologie seines Gehirns bestimmt. Das Hundegehirn ist wie unseres das Ergebnis einer besonderen Evolutionsgeschichte. Um zu verstehen, was im Kopf eines Haushundes vorgeht, müssen wir folglich zunächst die biologische Herkunft des Tieres kennen, seine Evolution und seine Geschichte.

Die ersten Hunde

Es gibt viele Volkssagen über den ersten Hund. Den Kato-Indianern Kaliforniens zufolge erschuf Gott Nagaicho die Welt. Erst errichtete er vier große Säulen an den Ecken des Himmels, um ihn hochzuhalten und die Erde freizulegen. Dann machte er einen Spaziergang durch diese neue Welt und erschuf die Dinge, die sie füllen sollten. Der Mythos schildert, wie Männer und Frauen aus Erde erschaffen wurden, wie Bäche und Flüsse gemacht wurden, als Nagaicho mit den Füßen über die Erde schlurfte, wie jedes Tier gemacht und an den ihm zugedachten Platz in der Welt gesetzt wurde – das heißt jedes Tier mit Ausnahme des Hundes. In der Geschichte ist an keiner Stelle davon die Rede, daß Nagaicho, der Schöpfer, den Hund erschafft. Vielmehr nahm Nagaicho einen Hund mit, als er seine Wanderung begann: Gott hatte schon einen Hund. Wahrscheinlich war die Vorstellung, ein Mensch könne ohne einen Hund herumlaufen, für die Kato einfach unvorstellbar. Der Hund war schon immer dagewesen. Nachdem die Welt erschaffen worden war, trottete der Hund einfach hinter dem Schöpfer her, er schnupperte und erkundete seine Umwelt und lauschte den beiläufigen Bemerkungen Nagaichos über seine Schöpfungen: «Sieh mal, wie sauber das Wasser in diesem Bach ist. Möchtest du etwas davon trinken, mein Hund, bevor all die anderen Tiere es finden?» Nach einer Weile wanderten die beiden gemeinsam nach Norden, Gott und sein Hund.

Ein gewisser Zauber dieses Mythos besteht darin, daß er ein Körnchen Wahrheit enthält, nämlich insofern, als die Verbindung des Menschen mit dem Hund in die früheste Zeit der Zivilisation zurückreicht. Soweit sich feststellen läßt, waren die ersten domestizierten Tiere Hunde, und diese Domestizierung erfolgte Tausende von Jahren vor dem Auftauchen der nächsten domestizierten Tierarten (der Rinder oder Rentiere).

Wir besitzen kaum Hinweise auf den frühen Hund. Der erste unzweideutige fossile Beleg für die Existenz des domestizierten Hundes (nichts als ein Kieferknochen mit einigen Zähnen daran) ist etwa vierzehntausend Jahre alt. Dieser Hund war der Gefährte einer Gruppe von Menschen aus der Altsteinzeit, die in dem heutigen Irak in Höhlen lebten. Als das Fossil in den fünfziger Jahren dieses Jahrhunderts ausgegraben wurde, wurden seine Bedeutung und sein Alter nicht gleich erkannt. Das Fossil stammte nämlich von einem Hund, der den heutigen Hunden so ähnlich war, daß die Archäologen glaubten, ein Hund von heute habe sich in den antiken Fundort verirrt und sei dort gestorben. Sie schlossen zwar nicht aus, daß der Knochen alt sein konnte, gingen aber davon aus, daß er nicht sehr alt war, da er nur etwa sechzig Zentimeter unter dem Höhlenboden lag.

1974 entschlossen sich jedoch einige Wissenschaftler des British Museum in London, sich das Fossil noch einmal anzusehen. Ihre wissenschaftliche Detektivarbeit beruhte auf einer Technik zur Messung des Fluorgehalts im Knochen. (Knochen wie dieser reichern sich im Lauf der Zeit in vorhersehbarer Weise mit Fluor an, und zwar weil sie dem Grundwasser ausgesetzt sind.) Der Test führte zu der Schätzung, daß der Knochen etwa vierzehntausend Jahre alt sei – was mit der Schätzung der Archäologen übereinstimmte, Steinzeitbewohner hätten die Höhle vor etwa vierzehntausend Jahren bewohnt.

Auf den ersten Blick scheinen vierzehntausend Jahre keine lange Zeit zu sein – immerhin bevölkerten Dinosaurier die Erde vor einhundertfünfzig Millionen Jahren. Unsere Art jedoch, der *Homo sapiens*, erschien jedoch erst vor dreihunderttausend Jahren auf der Bildfläche. Noch vor vierzigtausend Jahren war der Neandertaler der vorherrschende Menschentypus in Europa, und die ersten Menschen, deren Aussehen von unserem kaum zu unterscheiden war, erschienen vor dreißig- bis fünfunddreißigtausend Jahren. Vor fünfundzwanzigtausend Jahren überquerten Bewohner Asiens die Beringstraße und besiedelten Nord- und Südamerika. Hier ist es interessant festzuhalten, daß der erste Beweis für planmäßigen Akkerbau erst zehntausend Jahre alt ist – viertausend Jahre nach dem frühesten Beleg dafür, daß Hunde ihre Gemeinschaft mit Menschen etabliert hatten. In den gleichen zeitlichen Rahmen wie die Entdeckung im Irak fällt ein weiterer archäologischer Fund, der den Schluß nahelegt, daß Hunde damals schon als Wachhunde und auch als Gefährten dienten. Bei einer Ausgrabung in Südeuropa wurde das

Skelett eines Mädchens aus der Steinzeit freigelegt. Man hatte es liebevoll in der traditionellen Begräbnisposition beigesetzt, die fast an die eines Fötus erinnert, die man bei Ausgrabungen von Cromagnon-Wohnorten gefunden hat (der Cromagnontypus war eine frühere, heute ausgestorbene Menschenrassengruppe des *Homo sapiens*). Dieser Begräbnisplatz war jedoch ein wenig anders, denn um das Mädchen herum lagen vier Hunde, deren Köpfe in vier verschiedene Richtungen wiesen. Der Gedanke drängt sich auf, daß die Hunde dort als Wachen für einen geliebten Menschen hingelegt wurden, der in so zartem Alter in die Unterwelt hatte reisen müssen.

Belege für eine frühe Verbindung zwischen Menschen und Hunden finden sich an vielen Orten. In Amerika deutet ein Knochenfund an einem Ort namens Jaguar Cave darauf hin, daß Hunde vor elftausend Jahren mit Menschen zusammenlebten. Und vor rund zehntausend Jahren gab es in Dänemark schon zwei verschiedene Haushundrassen von unterschiedlicher Größe. Beweise für ein Bündnis zwischen Menschen und Hunden lassen sich auch in China auf diese Periode datieren. Somit hat es den Anschein, daß es schon vor hundert Jahrhunderten überall auf dem Globus Hunde gab und daß sie in jeder Weltregion mit Menschen zusammenlebten (siehe Abb. auf Seite 36).

Die Abstammung des Hundes

Es gibt zahlreiche Theorien über den biologischen Ursprung des heutigen Haushundes, aber nur sehr wenige Beweise, die sie stützen. Der erste Beweis für die Existenz der Familie der Hundeartigen, *Canidae*, ist rund achtunddreißig Millionen Jahre alt. Die Familie der *Caniden*, die zu der größeren Gruppierung der *Carnivora* (der Raubtiere) gehört, umfaßt eine Vielzahl verschiedener hundeähnlicher Geschöpfe. Uns am vertrautesten sind Wölfe, Füchse, Schakale, Kojoten, Dingos und Wildhunde. Biologen und andere Wissenschaftler stellen unausgesetzt Spekulationen darüber an, welche Spezies der *Caniden* domestiziert wurde und so den Haushund hervorbrachte. Wolf und Schakal gelten als die wahrscheinlichsten Kandidaten.

Wir werden die vollständige Ahnenreihe des Hundes vielleicht nie kennenlernen, doch gibt es genügend Belege, um einige der Entwicklungsschritte nachzuvollziehen. Paläontologen sind sich weitgehend darin einig, daß der Vorläufer der Hunde ein seltsamer kleiner Baumbewohner war, ein Tier namens *Miacis*. Es lebte vor etwa vierzig Millionen Jahren, was es entwicklungsgeschichtlich nicht zu lange nach den frühesten heutigen Säugetieren, aber lange vor dem frühesten der großen Affen unterbringen würde. Der *Miacis* hatte etwa die Größe eines Nerzes, kurze Läufe, eine lange Rute, einen langgestreckten Körper, einen mäßig langen Hals und Stehohren. *Miacis* ist nicht nur der Urahn aller *Caniden*, sondern auch aller Bären (*Ursidae*) und seltsamerweise auch der Katzen (*Felidae*).

Mensch und Hund bildeten schon lange vor dem Aufkommen eines geregelten Ackerbaus eine Art Jagdgemeinschaft. Diese Höhlenzeichnung aus der Altsteinzeit ist etwa zehntausend Jahre alt und zeigt einen Steinzeitjäger, der mit Hilfe seiner Hunde eine Elenantilope erlegt hat.

Miacis, der baumbewohnende Urahn aller Hunde und Katzen, der vor etwa vierzig Millionen Jahren lebte.

Die entwicklungsgeschichtliche Abteilung, die am Ende zu Hunden führte, setzt sich mit einem Tier namens *Cynodictis* fort. Er erschien im Pliozän vor etwa zwölf Millionen Jahren, hatte Krallen, die sich zum Teil einziehen ließen, und lebte daher vielleicht auf Bäumen. Möglicherweise kletterte er nur beim Jagen auf Bäume oder um dort Schutz zu suchen. Der *Cynodictis* verbrachte mehr Zeit auf dem Erdboden als der *Miacis* und war überdies besser für das Laufen geeignet. *Cynodictis* ließ zwei verschiedene Evolutionslinien entstehen. Die erste war *Cynodesmus*, eine Familie großer Tiere, die der Hyäne sehr ähnlich waren und einige katzenartige Merkmale aufwiesen. Obwohl die meisten dieser Tiere ausgestorben sind, scheinen sich die afrikanischen und Kap-Jagdhunde aus ihnen entwickelt zu haben, vielleicht auch die heutige afrikanische Hyäne. Die zweite Familie war *Tomarctus*, aus der sich alle Caniden entwickelten. *Tomarctus* wäre einem oberflächlichen Betrachter wie eine Form der heutigen Gattung Hund erschienen. Es gibt

Cynodictis, der früheste evolutionsgeschichtliche Punkt, von dem an sich vor zwölf Millionen Jahren die Hunde und die Katzen separat weiterentwickelten.

jedoch Hinweise darauf, daß *Tomarctus* nicht nur in einigen anatomischen Details von den Hunden abwich, sondern auch weniger intelligent war.

Man sollte im Gedächtnis behalten, daß *Tomarctus* der gemeinsame Vorfahr nicht nur des Haushundes, sondern auch aller anderen *Caniden* ist, einschließlich der Wölfe, Schakale, Füchse und Wildhunde.

Heute gibt es mindestens neununddreißig verschiedene *Caniden*-arten. Alle Haushunde gehören zu der Spezies *Canis familiaris*, die eine Unmenge verschiedener Formen umfaßt. Heute sind bei den verschiedenen Zuchtvereinen mehr als vierhundert Haushundrassen registriert. Die Gesamtzahl heutiger Hunderassen ist immer noch strittig. Manche Schätzungen sprechen von weltweit mehr als achthundert verschiedenen Rassen. Obwohl die Art eine solche Vielfalt von Rassen umfaßt, bleiben genügend Ähnlichkeiten mit allen anderen *Caniden*, um Fragen aufzuwerfen. Ist der Haushund einfach nur eine gezähmte Version eines der wilden *Caniden*? Falls nicht – hat sich der Haushund durch einen biologischen Prozeß aus einer der anderen *Caniden*arten entwickelt? Wenn wir uns die Cha-

Tomarctus, der gemeinsame Urahn aller *Caniden*, hätte äußerlich leicht als Hund durchgehen können, war aber erheblich weniger intelligent.

rakteristika einiger wilder *Caniden* ansehen, werden wir vielleicht keine definitive Antwort erhalten, jedoch einige interessante Informationen.

Wölfe

Wenn man Hunde-Experten befragte, würden die meisten sagen, die Hunde seien direkt aus den Wölfen hervorgegangen. Der britische Hunde-Experte und Tierarzt Bruce Fogle äußert sich recht unmißverständlich, wenn er sagt: «Hunde sind Wölfe, obwohl sie manchmal aussehen, als trügen sie einen Schafspelz.» Wenn dies wahr wäre, bräuchten wir nur den Geist des Wolfes zu studieren, um zu entdecken, was es mit Geist, Verhalten und Intelligenz des Hundes auf sich hat.

Dieser Ansatz scheint plausibel zu sein. Wölfe sehen ihrer äußeren Gestalt nach tatsächlich hundeähnlich aus – auf den ersten Blick kann man etwa die Wölfe des Nordens kaum von den Deutschen Schäferhunden unterscheiden. Andere Wölfe jedoch sind größer und ähneln mehr den Alaskan Malamutes oder Huskies. Am anderen Extrem findet man einige Wölfe, die nach Körpergröße, Gestalt und Färbung Füchsen ähneln. Angesichts all dieser Variationen fällt es manchmal schwer zu entscheiden, ob bestimmte Tiere echte Wölfe sind oder nicht. So nennt man den Kojoten, der

Viele Menschen glauben, Haushunde seien im Grunde gezähmte Wölfe, und ihre Fähigkeit zur Interaktion mit Menschen entspringe den gleichen Verhaltensmustern, die das Wolfsrudel als koordinierte soziale Einheit zusammenhalten.

eindeutig zur Familie *Canidae* gehört, oft einen Präriewolf, obwohl einige Fachleute ihn als völlig eigenständige Gruppe ansehen, die nichts mit Wölfen zu tun hat. Noch schwieriger ist die Einordnung eines der kleineren Wölfe, der einen der längsten lateinischen Namen trägt – *Canis niger seu rufus* –, unter dem Namen Texanischer Mähnenwolf aber besser bekannt ist. In manchen Verzeichnissen

Der Kojote ist ein Beispiel dafür, wie schwierig es sein kann, die verschiedenen *Caniden*arten zu klassifizieren. Manchmal wird der Kojote als Wolf eingeordnet, manchmal als eigenständige Gruppe – wenn man jedoch einen Kojoten auf der Straße sähe, würde man ihn allein aufgrund seiner körperlichen Merkmale ohne Zweifel als einen Hund bezeichnen.

wird dieser als Fuchs eingestuft, anderswo als Schakal und in wieder anderen Werken als Kojote.

Manche Experten halten daran fest, daß die Hunde aus domestizierten Wolfsrassen hervorgegangen seien. Die große Vielfalt nach Körpergröße und Gestalt, die man bei Hunden findet, sei darauf zurückzuführen, daß zu verschiedenen Zeiten verschiedene regionale Wolfsarten domestiziert worden seien. Demnach sollen die nördlichen Wölfe nicht nur die Urahnen der Deutschen Schäferhunde sein (denen sie so sehr ähneln), sondern auch von Malamutes, Samojeden und den anderen Huskies sowie von Chow-Chows, Elchhunden, Collies und einigen kleineren Rassen wie etwa der Pommerschen Hütehunde, der Schipperkes und Corgis. Zu den bestimmenden Merkmalen dieser Gruppe gehören ein keilförmiges Gesicht, große Spitzohren und eine üppige Rute (sofern sie nicht kupiert ist, natürlich). Die Bergwölfe (wie etwa der Tibetische Wolf) haben einen etwas kürzeren Fang und sollen die Urahnen der echten Jagdhunde, Mastiffs und Bulldoggen sein. Ein kürzerer, rechteckiger Fang und ein betonter Unterkiefer sind zwei der entscheidenden Merkmale dieser Linie.

Wölfe haben einzigartige und recht faszinierende Augen. Man braucht einem Wolf nur einmal in die Augen zu sehen, um zu erkennen, daß der Haushund nicht einfach ein gezähmter Wolf ist. Der Hund, *Canis familiaris*, hat kreisrunde Pupillen in den Augen. Viele Wolfsarten haben jedoch ovale, schräggestellte Pupillen, die ihnen einen besorgniserregend hundeunähnlichen Gesichtsausdruck verleihen, wenn man sie aus der Nähe ansieht.

Volkstümliche Vorstellungen von Verhalten und Wesen des Wolfs haben einigen Einfluß darauf gehabt, ob Wissenschaftler und Schriftsteller es für akzeptabel gehalten haben, der Wolf könne der Urahn des Haushunds sein. Überlieferte Vorstellungen vom Wolf sind für den Trost verantwortlich, den die meisten Menschen bei dem Gedanken empfinden zu scheinen, daß ihr Haushund tatsächlich ein gezähmter Wolf sein könnte. Die Entwicklung dieses Sagen- und Märchenguts ist eine interessante Geschichte für sich.

Für die meisten Menschen scheint der Wolf eine bestimmte Macht und edle Eigenschaften zu besitzen. In unserer Phantasie ist der Wolf der große Jäger, der unter dem Befehl des großen Wolfskönigs und Leitwolfs die schneebedeckten Ebenen durchstreift. Wir stellen uns Wölfe vor, wie sie präzise als Team zusammenarbeiten, um ein älteres Rentier von seiner Herde zu trennen und dann zu hetzen. Am Ende stellt sich das große Tier dem Rudel der Verfolger. Ein Geweih schlitzt den ersten Wolf auf. Unter dem Drängen und der Koordination des Leitwolfs haben die anderen jedoch das Tier inzwischen eingekreist und nähern sich ihm immer mehr, bis ihm ein Wolf auf den Rücken springt und mit einem schnellen Biß das Genick bricht. In der Schlußszene dieses Films, wie er in unserem Kopf abläuft, kehrt das Rudel langsam in sein Lager zurück. Der verwundete Wolf wird von einem Tier aus dem Rudel sanft umsorgt und angetrieben, während die anderen Keulen und Lendenstücke des Rentiers für die trächtigen Wölfinnen und jungen Welpen nach Hause tragen, die dem Rudel schwanzwedelnd entgegenlaufen, begierig, von den großen Taten zu erfahren.

Tatsächlich ist dieses idealisierte und positive Bild des Wolfs recht neu. Traditionell wurde der Wolf als wildes und gefährliches Raubtier angesehen. Wir kennen alle die Geschichte von dem großen bösen Wolf. Wenn jemand davon spricht, ein Wolf stehe vor der Tür, ist das keine Anspielung auf die Ankunft eines guten Freundes. Während des größten Teils der Menschheitsgeschichte stand der Wolf in dem Ruf, ein wildes und furchteinflößendes Tier zu sein. Man behauptete von ihm, er stehle Kinder, zerre Reiter von ihren Pferden herunter und bilde mit anderen Wölfen spontan ein organisiertes Rudel, um Menschen anzugreifen. Wölfe waren dafür bekannt, daß sie wahllos töteten und Schafe und Rinder in Massen umbrachten. Für einen armen Schafhirten oder Bauern konnte die Vernichtung seiner Tiere den wirtschaftlichen Ruin und sogar Hunger bedeuten. Aus diesem Grund wurde der Wolf gefürchtet und verabscheut. Man sah ihn als grundlegend böse und folglich als ein Werkzeug des Teufels an.

Den vielleicht klarsten Ausdruck für die Furcht, zu denen Wölfe Anlaß gaben, findet man vielleicht in einigen der Legenden, die sich um diese Tiere ranken. So konnte sich etwa der blutsaugende Vampir in einen Wolf verwandeln. In Bram Stokers klassischem, 1897 erschienenem Roman *Dracula* bezeichnet Graf Dracula das Geheul der Wölfe als «den Gesang meiner Kinder». In anderen Geschich-

ten wird der Wolf mit dem Teufel in Verbindung gebracht, vor allem in Märchen von Werwölfen, in denen böse Männer die Gestalt
eines Wolfs annehmen, um die bösen Absichten des Teufels in die
Tat umzusetzen.

Diese Sicht des Wolfs als gefährlich und vielleicht böse führte im
Verein mit der Nachfrage nach Pelzen zu regionalen und sogar landesweiten Feldzügen gegen die Tiere. Oft spielten Hunde wie etwa
der Irische Wolfshund, der Schottische Hirschhund und der Barsoi
entscheidende Rollen bei den Angriffen auf Wölfe. Das US-ameri-
kanische Programm zur Bekämpfung von Raubtieren lief 1915 an.
Der Amerikanische Wolf war das erste Ziel. Das Programm war
ungeheuer erfolgreich, mit der Folge, daß der Wolf 1930 in vielen
Regionen vollständig ausgerottet war. Der Wolf, der einst fast
überall auf dem nordamerikanischen Kontinent anzutreffen war,
hat sich nur noch in Alaska und in einem Teil Minnesotas in geringer Zahl gehalten. In vielen anderen Teilen der Welt ist ihm ein
ähnliches Schicksal zuteil geworden, wie etwa auf den Britischen
Inseln. Mit dem Ergebnis, daß mehrere Arten wie etwa die Wölfe
der Falkland-Inseln heute ausgerottet sind.

Die Volksmeinung über den Wolf begann sich durch die Aben-
teuerromane verschiedener Autoren zu verändern. So präsentierte
zum Beispiel Jack London ein sympathischeres und nobleres Bild
von dem Wolf. Er meinte sogar, Wolf und Hund seien Brüder. Er
setzte seine Kenntnis des Klondike und sein Wissen um das Verhalten von Hunden ein, um zwei äußerst erfolgreiche Bücher zu schreiben. Das erste war der 1903 erschienene Roman *Ruf der Wildnis*, in
dem ein Hund in die Wildnis gelockt wird, wo er sich Wölfen anschließt. Das Gegenstück zu diesem Roman ist *Wolfsblut* (1907
erschienen), die Geschichte eines Wolfs, der sich nach und nach an
die Gesellschaft von Menschen gewöhnt. In diesem zweiten Roman
schildert der Autor voller Sympathie, wie zwischen Wolf und
Mensch ein instinktives Band entsteht.

Daß sich heute ein Bild vom Wolf durchgesetzt hat, das mehr von
Mitgefühl geprägt ist, ist wahrscheinlich einem 1963 erschienenen
Buch des kanadischen Schriftstellers Farley Mowat zu verdanken.
Never Cry Wolf (dt. *Ein Sommer mit Wölfen*) war ungeheuer er-
folgreich und wurde auch verfilmt. Mowats Schilderung des Wolfs

namens George und dessen Gefährtin, die er Angeline nannte, sind für das gesamte Buch typisch. Mowat beschreibt George als «von königlicher Erscheinung» und sagt, er besitze «Präsenz» und «Würde». Er hält fest, daß der Wolf George «ein schlechtes Gewissen bekam, wenn er einen Fehler gemacht hatte, sich um andere Gedanken machte und innerhalb vernünftiger Grenzen Zuneigung zeigte… die Art Vater, dessen idealisiertes Bild in vielen wehmütigen Büchern über die Erinnerungen menschlicher Familien zu finden ist, dessen wahrer Prototyp sich auf der Erde aber nur selten auf zwei Beinen bewegt hat».

Mowat schreibt dem Wolf auch weitere menschliche Eigenschaften zu, wenn er etwa Angeline als Georges «Frau» bezeichnet und sie als «schön», «überschwenglich», «leidenschaftlich» und «zu Teufeleien neigend» schildert, «wenn die Stimmung sie überkam». Zusammenfassend bemerkt er: «Angeline wuchs mir sehr ans Herz, und ich lebe noch immer in der Hoffnung, irgendwo eine Frau zu finden, die alle ihre Tugenden verkörpert.»

Solche Beschreibungen machen es leicht, für den Wolf Mitgefühl zu entwickeln, seine menschlichen Eigenschaften zu sehen, sich mit ihm zu identifizieren und sich um sein Wohlergehen zu sorgen. Tatsächlich schreibt man Mowats Buch das Verdienst daran zu, daß in der Öffentlichkeit soviel Kritik an den Wolfbekämpfungsprogrammen in Nordamerika laut geworden ist, ja sogar an dem Versuch, den Wolf 1974 in einem Teil des nördlichen Michigan wieder heimisch zu machen. In den nördlichen Regionen der Provinz British Columbia in Kanada haben die Forestry and Conservations Services ein Programm zur Bekämpfung des Wolfs entwickelt, mit dem versucht wird, die Wapitihirsch- und Karibuherden vor Raubzügen von Wölfen zu schützen. Wegen der heutigen positiven Einstellung gegenüber Wölfen ist dieses Programm fast alljährlich zur Zielscheibe von Demonstrationen und Protesten geworden. Als ich mir neulich eine Videoaufnahme einer Fernsehsendung über eine solche Protestveranstaltung ansah, hörte ich einen Redner von den Tugenden des Wolfs schwärmen. Er gestand ihm Mut zu, Loyalität, Mitgefühl, Liebe, Empfindsamkeit, Ehrgefühl, Intelligenz, Vorsorglichkeit, Altruismus sowie einen Sinn für Humor. Obwohl ich selbst eine Schwäche für Wölfe habe, hielt ich es für notwendig, das Band zurückzuspulen und mir die Rede noch einmal anzuhören, da ich mich vergewissern wollte, daß der Redner tatsächlich über den Wolf sprach und keine Wahlkampfrede für einen Politiker hielt. Wie auch immer: Gerade solche Ansichten machen die Vorstellung beliebt und so leicht zu akzeptieren, daß der Haushund vom Wolf abstammt. Natürlich verdient ein so edles Tier unsere Liebe und Kameradschaft.

Schakale

Obwohl einige hervorragende Wissenschaftler wie etwa der Nobelpreisträger, Zoologe und Verhaltensforscher Konrad Lorenz glaubten, daß die Hunde eher von den Schakalen als von den Wölfen abstammten, hat sich dieser Gedanke bei anderen Hunde-Experten nie so recht durchsetzen können. Ich habe das Gefühl, daß diese Theorie weniger aufgrund wissenschaftlicher Überlegungen abgelehnt wird, sondern vielmehr aufgrund von willkürlichen Überlegungen und Vorurteilen. Leider gibt es keine sehr umfangreiche Literatur über den Schakal, um der schlechten Presse entgegenzuwirken, die er von Anfang an gehabt hat. Überdies sind Verhalten und geistige Fähigkeiten von Schakalen erheblich weniger erforscht worden, als es bei Wölfen der Fall ist.

Die vor allem in Nordafrika und Südasien heimischen Schakale gelten als Unrat- und Aasfresser. Sie stehen in dem Ruf, durch die Straßen zu streifen und Unrat und Abfall jeder Art zu verschlingen. Ferner glaubt man von ihnen, sie würden wirklichen Raubtieren folgen und sich verrottende Stücke toter Beutetiere schnappen, die andere zurückgelassen haben. Angeblich findet man sie auch in der Nähe von Müllhaufen. Manche glauben sogar, sie suchten Friedhöfe heim, wo sie jede Gelegenheit nutzten, Leichen auszugraben, um das noch an den Gebeinen haftende Fleisch zu fressen. Man beschuldigt sie vieler niedriger und unangenehmer Charakterzüge. Sie haben angeblich einen abstoßenden Geruch, gelten als faul und zu feige, lebendes Wild zu jagen.

Angesichts dieser negativen Ansichten kann es nicht überraschen, daß sich nur wenige Menschen zur Verteidigung der Theorie entschlossen haben, daß der Schakal der unmittelbare Urahn des Hundes sei. Wer möchte schon glauben, daß sein vierbeiniger Liebling und bester Freund, das Tier, mit dem man Haus und vielleicht sogar das Bett teilt, genetisch ein abfallfressender Grabräuber und übelriechender Feigling ist? In psychologischer Hinsicht ist es viel leichter, unseren Hund mit dem edlen Wolf zu assoziieren.

Diese Gefühle beruhen jedoch auf einigen irrtümlichen Ansichten. Schakale sind etwas kleiner und haben leichtere Knochen als der durchschnittliche Wolf, und überdies fehlt ihnen dessen wilde Kraft zur Selbstverteidigung – und genau aus diesem Grund werden Schakale von einigen Großkatzen als Beutetiere angesehen, vor allem von Leoparden. In anatomischer Hinsicht trennt sie jedoch so gut wie kein entscheidendes Merkmal von Wölfen oder Haushunden, und jede genaue Beschreibung von Physiologie und Verhalten des Schakals könnte ebensogut auf jeden der kleineren Wölfe passen, den Kojoten oder einige Haushunde. Körperlich haben Schakale eine Besonderheit mit Hunden gemeinsam. Viele Beobachter versichern, daß man wahrscheinlich etwas Weiß an der Schwanzspitze eines Hundes sehen wird, wenn dessen Fell auch nur den kleinsten weißen Fleck aufweist. Es hat den Anschein, daß auch Schakale oft weiße Flecken am Schwanzende haben. Man hat mit dieser merkwürdigen Tatsache die Theorie zu stützen versucht, daß die Urform des Hundes Gene von Schakalen besessen hat. Die gleiche typische weiße Schwanzspitze findet man auch bei Füchsen, aber bei Wölfen oder Kojoten so gut wie nie.

Was die Futtersuche angeht, stehen Schakale zwar in dem Ruf, Aas- und Abfallfresser zu sein, aber ihr Verhalten bei der Nahrungssuche unterscheidet sich nur wenig von dem der Wölfe. Wie Schakale wühlen auch Wölfe oft im Unrat, und im äußersten Norden Amerikas wird es oft zum Problem, daß sie die Mülldeponien heimsuchen. Allgemein läßt sich sagen, daß Schakale den größten Teil ihrer Zeit mit der Jagd auf Kleintiere zubringen, beispielsweise auf Nagetiere, wie es auch Wölfe tun. In vielen Gegenden bilden Schakale kleine Rudel, die ebenso koordiniert auf die Jagd gehen wie Wolfsrudel. Und so wie Wölfe und Füchse graben sich auch Schakale Höhlen, in denen sie ihre Jungen aufziehen.

Am meisten beeindruckt mich jedoch folgendes: Ein Blick in die

Es gibt zwar durchaus wissenschaftliche Gründe für die Annahme, daß der Schakal als Vorfahr des Haushunds ebenso in Betracht kommt wie der Wolf, aber dieser Gedanke hat wegen des unangenehmen Rufs des Schakals als Aasfresser und Feigling keinerlei Anklang gefunden.

Augen eines Schakals enthüllt, daß seine Pupillen rund sind und nicht oval wie die vieler Wölfe, und diese geben ihm den vertrauten Gesichtsausdruck, den wir vom Haushund gewohnt sind.

Füchse

Füchse werden, obwohl Caniden, ernsthaft kaum als mögliche Vorfahren des Hundes angesehen. Füchse zeichnen sich durch ein keilförmiges Gesicht aus, kurze Läufe, ein langes, dichtes Haar und eine Rute, die halb bis zwei Drittel so lang sein kann wie Kopf und Körper zusammen. Füchse sind meist viel kleiner als Hunde. Ihre Körperlänge kann im Durchschnitt um achtundfünfzig Zentimeter betragen, und die größeren Arten haben eine Schulterhöhe von vielleicht vierzig Zentimetern, aber sie sind recht zartgliedrig gebaut und wiegen nur zwei bis fünf Kilogramm. Überdies unter-

Füchse stammen von den Wildcaniden ab, die als die unwahrscheinlichsten Vorfahren der Haushunde gelten – gleichwohl haben auch sie einige körperliche und verhaltensmäßige Merkmale mit dem Haushund gemeinsam, und überdies besteht die entfernte Möglichkeit, daß bestimmte Füchse irgendwann mit Hunden gekreuzt worden sind.

scheidet sich ihr Verhalten in zahlreichen Details stark von dem der Hunde.

Füchse sind Allesfresser, sie essen Insekten, Würmer, kleine Vögel, andere Säugetiere, Eier, Aas und Pflanzen (sie legen sogar eine Vorliebe für bestimmte Früchte an den Tag). Anders als die meisten anderen Angehörigen der Familie der Hunde hetzen Füchse ihre Beute nicht, wenn sie auf die Jagd gehen. Statt dessen schleichen sie sich leise an und stürzen sich dann auf ihre Opfer, etwa so wie Katzen. Füchse neigen zur Unruhe und zur Nervosität und werden gewohnheitsmäßig von Wölfen, Rotluchsen und anderen größeren Fleischfressern gejagt. Jungfüchse fallen oft Greifvögeln wie etwa Falken oder Adlern zum Opfer.

Es gibt noch weitere Unterschiede zwischen Füchsen und den restlichen Caniden. Dazu gehört der Umstand, daß sie den größten Teil des Jahres als Einzelgänger leben und sich nur in der Paarungszeit mit Füchsinnen zusammentun. Sie ziehen ihre Jungen zwar in Höhlen auf, leben aber weder in der Paarungszeit noch sonst in einem Bau. Statt dessen schlafen sie irgendwo in hohem Gras oder in dichtem Unterholz. Hier finden wir auch den Zweck ihrer großartigen Rute. Der Fuchs rollt sie sich um den Körper, um sich warm zu halten, als wäre sie so etwas wie ein großer Pelzschal.

Füchse und Hunde haben zwar einiges gemeinsam, aber vieles trennt sie auch. Die Kopfform der meisten Füchse unterscheidet sich so sehr von der der meisten Hunde (selbst derer, die ein fuchsähnliches Aussehen haben), daß dies den Schluß nahelegt, daß die beiden Caniden nur wenig miteinander gemein haben. Tatsächlich haben die meisten Füchse schmale oder schlitzförmige Pupillen, was ihnen fast ein katzenhaftes Aussehen verleiht. Bei keinem der heutigen Haushunde findet sich auch nur ansatzweise diese Pupillenform. Wichtiger noch: Der gewöhnliche Rotfuchs, der sich überall in Europa, Nordamerika und Nordafrika findet, hat eine andere Chromosomenzahl als der Hund. Aus dieser Entdeckung ist der klare Schluß zu ziehen, daß Hunde und Füchse nicht in der Lage sein sollten, sich zu kreuzen. Gelegentliche Berichte aus sonst zuverlässigen Quellen lassen jedoch vermuten, daß Füchse und Hunde sich gelegentlich doch gekreuzt und eine fruchtbare Nachkommenschaft gezeugt haben. Diese Berichte lassen sich vielleicht auf die Schwierigkeiten zurückführen, einige Fuchsarten zu klassifizieren, eine Aufgabe, die eine genauso große Herausforderung sein kann wie die Einordnung von Wölfen. Kreuzungen könnten bei Fuchsarten möglich sein, die ihrer genetischen Struktur nach dem Schakal oder Wolf ähnlicher sind.

Es gibt einen interessanten Bericht russischer Forscher über Füchse, der einen direkten Bezug zum Haushund herstellt. In einem sibirischen Labor versuchten Biologen, Silberfüchse zu domestizieren. Ihr Hintergedanke war eine mögliche Zucht in Gefangenschaft, um so leichter an ihr schönes Fell heranzukommen. Da der wildlebende Silberfuchs ziemlich ungebärdig und bissig sein kann, wurde auch versucht, diesen Füchsen Friedfertigkeit anzuzüchten. Das bedeutete, daß nur den sanftesten Exemplaren erlaubt wurde, sich fortzupflanzen. In einer Zeitspanne von nur zwanzig Generationen gelang es den Wissenschaftlern, zahme, domestizierte Füchse zu entwickeln.

Diese Zuchtexperimente hatten mehrere überraschende Ergebnisse. Diese domestizierten oder zahmen Füchse wurden in ihrem Verhalten sehr hundeähnlich. Sie suchten die Nähe des Menschen, statt vor ihm wegzulaufen. Sie begannen mit dem Schwanz zu wedeln, und zwar anscheinend als Reaktion auf die gleichen Situationen, die einen Haushund zu diesem Verhalten bewegen. Sie entwickelten auch die Neigung, Menschen das Gesicht abzulecken, und begannen auch zu bellen und zu kläffen. Es gab auch wichtige körperliche Veränderungen. Die Weibchen wurden zweimal im Jahr läufig, genau wie Haushunde. Einige Füchse bekamen Hängeohren und wurden somit hundeähnlicher. Zum Leidwesen der Wissenschaftler begann jedoch nach dem Muster der Haushunde auch das Fell der Füchse bunter zu werden, was ihren Marktwert erheblich verringerte!

Diese Studie hat einen aufregenden Aspekt: Diese gezähmten Füchse entwickelten ohne jede Kreuzung mit Hunden sowohl verhaltensmäßig als auch äußerlich Charakteristika von Hunden. Das legt die Vermutung nahe, daß die Gene, die zu Friedfertigkeit führen (wofür die Füchse bei dem Experiment ausgewählt wurden), irgendwie mit bestimmten anderen genetischen Anlagen verbunden sind. Solche genetischen Querverbindungen sind recht häufig. So gibt es beispielsweise Belege dafür, daß weiße Hunde eher zur Taubheit neigen, was vermuten läßt, daß die für die Farbe des Fells verantwortlichen Gene ebenfalls mit Genen verbunden sind, die bestimmte Aspekte der Sinnesorgane beeinflussen. Wenn dies bei allen Caniden zutrifft, müßte die Domestizierung von Wölfen, Schakalen oder Wildhunden durch Züchtung von Friedfertigkeit bei diesen Tieren zu hundeähnlichen äußeren und psychologischen Charakteristika führen.

Dingos, Wildhunde und Parias

Die letzte Gruppe von Caniden, die als mögliche Vorfahren der Haushunde in Betracht kommen, sind die sogenannten Wildhunde. Diese zeichnen sich durch keilförmige Gesichter und Stehohren aus, die vorn am Kopf sitzen, sowie durch eine flache Stirn und einen deutlichen Stop. Diese Gruppe von Hunden ist im Nahen und Mittleren Osten verbreitet, große Populationen finden sich auch in Afrika, Australien und Südasien (Malaysia, Indien). Leider wissen wir über das, was im Kopf dieser Caniden vorgeht, noch weniger als bei Wölfen, Schakalen oder Füchsen.

Die unter dem Namen Dingo bekannte Art, die äußerlich dem

asiatischen Wolf sehr ähnlich ist, scheint von den Nomaden nach Australien mitgebracht worden zu sein, die später zu den australischen Ureinwohnern wurden. Sie scheinen Australien am Ende der letzten Eiszeit erreicht zu haben, als der Meeresspiegel niedrig war. Möglicherweise waren Dingos um diese Zeit schon halb domestiziert. Vielleicht waren sie von ihren Herren bewußt mitgenommen worden, um erst später wieder zu verwildern.

Als die ersten Europäer australischen Boden betraten, entdeckten sie, daß viele Aborigines-Familien Hunde hielten, für die meist gut gesorgt wurde und die von ihren Herren sichtlich geschätzt und bei der Jagd eingesetzt wurden. Mehrere frühe Entdeckungsreisende hielten fest, daß diese Hunde von wildlebenden Dingos praktisch nicht zu unterscheiden waren. Das ist nicht überraschend, da viele Aborigines sich Welpen wilder Dingos holen, wenn sie sich Hunde zulegen wollen. Wenn Dingos von Menschen aufgezogen werden,

Man glaubt, daß die Dingos während der Eiszeit mit den Nomaden nach Australien gekommen sind, die später zu den «Aborigines» des fünften Kontinents wurden. Einige Forscher haben die Ansicht geäußert, die Dingos seien einmal Haushunde gewesen, die später verwildert seien.

werden sie zu ergebenen und treuen Haushunden, die meist genauso vertrauenswürdig sind wie andere domestizierte Hunderassen.

Der Dingo ist das einzige fleischfressende große Säugetier Australiens. Dingos bilden ähnlich wie Wölfe Rudel. Man hat extrem große Gruppen von fünfundsiebzig oder mehr Tieren gesichtet; der typische Jagdtrupp umfaßt jedoch nicht mehr als fünf oder sechs Tiere. Wie die anderen Caniden geben Dingos für die Aufzucht ihrer Nachkommenschaft einer Art Bau den Vorzug, und man findet sie oft in hohlen Bäumen nistend. Und wie die übrigen Caniden legen sie ein starkes Revierverhalten an den Tag. Sie verteidigen ihr Territorium, respektieren aber auch das anderer Dingorudel.

Die Wildhunde Afrikas und Asiens sind den Dingos recht ähnlich und unterscheiden sich nur darin von ihnen, daß sie etwas schwerere Knochen und einen stämmigeren Körperbau haben. Während der Dingo den Schwanz herabhängen läßt und damit den Anus bedeckt wie ein Wolf, haben die meisten anderen Wildhunde kurze Ringelschwänze, die sie auf dem Rücken tragen. Unter den einheimischen Rassen kommt der Basenji dieser ursprünglichen Wildhundart am nächsten, da er äußerlich nicht von den Wildhunden zu unterscheiden ist, die im Kongobecken und im Süden leben. Der Basenji ähnelt Wildhunden auch darin, daß die Hündinnen nur einmal im Jahr läufig werden statt zweimal wie bei den meisten anderen Haushunden.

Einige Hundeexperten wie etwa Michael Fox haben gemeint, Haushunde hätten sich aus einer Art Wildhund entwickeln können. Er argumentiert, ein «missing link» in Form eines Basenji-ähnlichen Wildhunds habe als Bindeglied zwischen Wolf und Haushund gedient. Paläontologen haben jedoch keinerlei fossilen Beleg für die Existenz eines solchen fehlenden Bindeglieds gefunden. Andererseits haben sich Wildhunde mit Haushunden gekreuzt und so Rassen hervorgebracht, die heute anerkannt sind. Außer dem Basenji hat noch eine andere Rasse einen gehörigen Anteil von Wildhundblut in sich, der Rhodesian Ridgeback. Dies sind große Hunde mit einer Schulterhöhe von sechzig bis siebzig Zentimetern und einem Gewicht von rund fünfunddreißig Kilogramm. Der Urtyp, aus dem sie hervorgegangen sind, war ein domestizierter Wildhund, der ursprünglich vom Stamm der Hottentotten, den Khoikhoi, gezähmt worden war. Dieser Stamm ist eng mit den afrikanischen Buschmännern verwandt und lebte in der südafrikanischen Region um das Kap der Guten Hoffnung herum. Einige dieser sogenannten Hottentot Ridgebacks wurden Ende des neunzehnten Jahrhunderts von Cornelius van Rooyen erworben, einem südafrikanischen Großwildjäger. Er kreuzte die Hunde mit einigen importierten europäischen Rassen, um das zu erhalten, was zunächst als Löwenhund oder Van Rooyen-Hund bekannt war. Das besondere Erkennungsmerkmal des Rhodesian Ridgeback ist ein Haarkamm auf dem Rücken, der durch Haare gebildet wird, die in Gegenrichtung zum Haar des restlichen Fells wachsen. Dieser Kamm beginnt unmittelbar hinter den Schultern und verjüngt sich zu einem Punkt über den Hüften des Hundes hin. Es ist dieser Kamm, der die Rasse auch mit den Wildhunden verbindet. Dingos und andere Wildhunde haben einen ähnlichen Haarkamm, der zwar nicht so betont ist, aber meist sichtbar wird, wenn das Tier zornig, ängstlich oder erregt ist.

Wenn Wildhunde von menschlichem Einfluß frei sind, folgen sie dem typischen Verhalten der meisten Caniden. Sie neigen dazu, in organisierten Rudeln Niederwild zu jagen, und tun sich auch zusammen, um Antilopen und Gazellen zu erlegen, wobei sie sich meist auf die jungen oder kranken Tiere konzentrieren. Allerdings haben Wildhunde eine lange Verbindung mit dem Menschen hinter sich. Viele Rudel haben die Jagd aufgegeben und sind jetzt ausschließlich vom Abfall der Stadtbewohner abhängig. Solche Hunde werden meist *Parias* genannt. Der Name bezeichnet keine bestimmte Rasse oder Art, sondern umfaßt alle Hunde, die für ihr Überleben auf Abfall und Unrat von Stadtbewohnern angewiesen sind. Solche Paria-Hunde waren vor allem in früheren Geschichtsperioden in Indien, Ägypten und dem übrigen Nahen Osten wohlbekannt. Zu biblischer Zeit kannte man sie auch in Palästina, wovon ihre Erwähnung im Alten Testament Zeugnis ablegt.

Gemeinsame Merkmale des Hundes und seiner Vettern

Da dieses Buch letztlich zum Ziel hat, das Wissen um Verhalten und Intelligenz von Haushunden zu fördern, scheint es an dieser Stelle angebracht zu sein, einige der allen Canidenarten gemeinsamen Charakteristika zu untersuchen. Körperlich haben alle Caniden einen großen Brustkorb und eine schmale Taille, was sie zu schnellen Läufern macht. Alle verfügen über eine hervorragende Nase und ein gutes Gehör. Was ihren Verstand angeht, kam der Zoologe Frederick Zeuner zu dem Schluß, daß «die Intelligenz von Caniden der anderer Fleischfresser einschließlich der Großkatzen weit überlegen ist». Was ihr Verhalten angeht, verwenden alle mit den Hunden verwandten Arten ähnliche Methoden der Kommunikation: Alle setzen die gleichen Körper- und Gesichtssignale ein, um Zorn, Furcht, Vergnügen, Dominanz und Unterwerfung zu vermitteln. Alle heulen, und obwohl Gebell in der Wildnis nur selten vorkommt, können alle bellen und werden es auch lernen, wenn sie zusammen mit Haushunden aufgezogen werden. Außerdem vergraben alle diese Arten Knochen und überschüssige Nahrung, um in Notzeiten zu solchen Verstecken zurückzukehren.

Allen Caniden macht es auch Spaß, sich gelegentlich auf Aas und anderem übelriechendem Unrat zu wälzen. Dieses rätselhafte Verhalten scheint etwas mit ihrer ästhetischen Wertschätzung von Gerüchen zu tun zu haben, was einige Experten mit unserer Vorliebe für Musik verglichen haben; dieses Verhalten dient keinem echten Zweck, sondern scheint dem Hund nur Vergnügen zu machen. Einige Hundehalter finden diese Praxis abstoßend und haben versucht, es ihren Hunden durch Strafen auszutreiben, aber solche Bemühungen bleiben meist fruchtlos. Gelegentlich kann man ein Parfum oder einen anderen Duft finden, der dem Hund gefällt. Wenn man ihm etwas davon an den Hals oder hinter die Ohren tupft, kann es sein, daß der Hund auf die Chance, sich im nächstgelegenen Misthaufen oder anderem übelriechendem Unrat zu wälzen, verzichtet. Manchmal hat diese Methode allerdings die genau entgegengesetzte Wirkung.

Kari, die Tochter meiner Frau aus erster Ehe, hat einen wundervollen Mischlingshund namens Tessa, den wir oft auf unsere kleine Farm mitnehmen. An der Rückseite der Farm fließt ein großer Entwässerungskanal vorbei, der ein paarmal im Jahr recht stechend riecht, wenn das Wasser schneller strömt. Wenn der Kanal diesen übelriechenden Zustand erreicht, scheint Tessa immer die erste Gelegenheit zu ergreifen, sich hineinzustürzen, um sich mit Schlamm zu bedecken, worauf wir sie mehrere Stunden lang nicht ins Haus lassen, bis sich der Gestank verflüchtigt hat. Einmal beschloß ich vor einem Morgenspaziergang, es mit einem Experiment zu versuchen. Ich wollte sehen, ob ich das unvermeidliche Wälzen in dem übelriechenden Kanal verhindern konnte, indem ich sie vorher mit einem recht wohlduftenden Rasierwasser betupfte. Das schien sie ein wenig zu verwirren, und als ich das Gartentor aufmachte, wollte sie nicht wie sonst hinter einem Stock herjagen, den sie sonst immer apportierte, sondern begab sich schnurstracks zu dem mit Unrat gefüllten Kanal. Als sie triefnaß und übelriechend zurückkehrte, war sie bereit, mit unserem Spiel zu beginnen. Sie hatte offenbar das Bedürfnis verspürt, ihre ungewohnt parfümierte Aura mit etwas zu überdecken, was ihrer Hundeseele ästhetischer und angenehmer vorkam.

Alle Mitglieder der Familie der Hunde mit Ausnahme des Fuchses sind sehr gesellige Tiere. Die meisten schließen sich für die Jagd oder einfach nur der Geselligkeit wegen zu Rudeln zusammen. Alle legen hochentwickelte soziale Gewohnheiten an den Tag. Sie etablieren eine dauerhafte Herrschaftshierarchie, die auf ein Leittier ausgerichtet ist, und scheinen dem Rudel und all seinen Mitgliedern Loyalität zu erweisen. Alle kümmern sich um junge Welpen und beschützen sie. Wenn eine Mutter sich von ihrem Wurf entfernen muß, bewachen die anderen die Welpen und kümmern sich um sie.

Alle Caniden markieren die Grenzen ihres Reviers mit Urin und dem Sekret der Vorhautdrüsen. Die Rüden heben dabei das Bein, um den Urin auf große Objekte zu richten (Bäume, Felsen, Büsche), damit der Duft in Nasenhöhe anderer Hunde landet und in einem größeren Umkreis wahrzunehmen ist. Einige afrikanische Wildhunde sind dabei beobachtet worden, wie sie mit Hilfe der

Hinterbeine möglichst hoch an einem Baumstamm hinaufklettern, bevor sie ihre Botschaft absetzen.

Einige Experten sind der Meinung, daß Angehörige der Canidenfamilie diesen Duftsignalen viele Informationen entnehmen können. Man glaubt, daß der Geruch nicht nur den Hund identifiziert, der uriniert hat, sondern auch dessen Geschlecht, Alter und Gesundheit sowie das, was er zuvor gefressen hat. Bestimmte im Urin gelöste Hormone informieren andere vielleicht über den Seelenzustand des Urhebers zur Zeit der Markierung – ob er zornig, ängstlich oder zufrieden war oder vor kurzem sexuell aktiv gewesen war. (Das energische Kratzen in der Erde, das die meisten Caniden in der Nähe ihrer Exkremente vollführen, scheint einer ähnlichen, wenn auch weniger informativen Funktion zu dienen. Dabei werden die schweißähnlichen Sekrete der Fußballen verwendet.) So wird in der Wildnis ein auffälliger Baum oder Felsen, in der Stadt ein Hydrant oder Laternenpfahl zu einer Art Litfaßsäule für sämtliche Caniden der Gegend. Nachdem sie sich durch die jüngsten Nachrichten hindurchgeschnuppert haben, werden die meisten Hunde (vor allem Rüden) selbst ein Stück Information dalassen, indem sie das vorhergehende Signal mit einer eigenen Duftmarke überlagern.

Die vielleicht wichtigste Gemeinsamkeit unter den Caniden ist ihre Fähigkeit, sich zu kreuzen. Wolf, Kojote, Schakal, Dingo, Wildhund und Haushund können sich alle miteinander kreuzen und lebenstüchtige, fruchtbare Nachkommen zeugen. Bei Hund und Fuchs ist, wie oben schon erwähnt, weniger klar, ob sie sich kreuzen können: Die meisten Hunde werden eine läufige Fähe ignorieren, und zumindest bei dem gewöhnlichen Rotfuchs und Hunden kann es überdies genetische Unvereinbarkeiten geben.

Ein großer Teil des Kreuzens von Canidenarten untereinander ist vom Menschen bewußt ermutigt oder arrangiert worden. Wie schon erwähnt hat es häufig Kreuzungen von Hunden mit Dingos und Wildhunden gegeben. Eskimos und andere Bewohner des hohen Nordens sind dafür bekannt, daß sie ihre Arbeitshunde regelmäßig mit Wölfen kreuzen, um kräftigere, ausdauerndere und größere Schlittenhunde zu erhalten. Dazu binden sie eine läufige Hündin meist an einen Pfahl, üblicherweise in einer von Wölfen frequentierten Region. Ein interessierter Wolfsrüde wird dann oft innehalten, um sich eine solche Gelegenheit nicht entgehen zu lassen. Die Hündinnen scheinen sich diese Aufmerksamkeiten gern gefallen zu lassen. In Zeiten der Not und bei Nahrungsknappheit kann es natürlich vorkommen, daß die Hündin von dem Wolfsrudel eher als Bereicherung des Speisezettels angesehen wird denn als Liebesobjekt.

In Deutschland und den Niederlanden hat man mit der Kreuzung Deutscher Schäferhunde mit dem europäischen Wolf experimentiert. Die Ergebnisse dieser Kreuzungen hat man «Wolfshunde» genannt, und diese haben sich als beliebte Haustiere erwiesen. Auf den ersten Blick lassen sich diese Wolfshunde nicht leicht von reinrassigen Deutschen Schäferhunden unterscheiden, und ihr Verhalten ist ebenfalls bemerkenswert hundeähnlich.

Zwischen Schakalen und Hunden ist es zu vielen absichtlichen wie unabsichtlichen Kreuzungen gekommen. Die alten Ägypter haben uns detaillierte Beschreibungen solcher Kreuzungsversuche hinterlassen. Wer einen Schakal-Hund besaß, durfte sich glücklich schätzen, weil man damit nämlich den schakalköpfigen Gott Anubis zu ehren glaubte, den Gott der Toten, der mithalf, die Würdigen zum ewigen Glück im Jenseits zu führen. Biologen sind der Ansicht, daß eine solche Kreuzung von Hund und Schakal für die Entstehung der Hunderasse verantwortlich war, die wir heute Pharaonenhund nennen. Es haben sich Reliefs, Hieroglyphen und Malereien solcher Hunde erhalten, die bis zum Jahr 3000 v. Chr. zurückreichen.

Wir besitzen einige Informationen über einen frühen Pharaonenhund, der König Tutanchamun gehörte, dem Herrscher über Ober- und Unterägypten, der um 1350 v. Chr. lebte. Wir kennen sogar den Namen des Hundes: Abuwitiyuw. Tutanchamun liebte es, diesen anmutigen Hund beim Anblick einer Gazelle vor Freude herumspringen zu sehen, und hatte ihn als Jagdgefährten gern bei sich. Als der Hund starb, ließ ihn der König mit einem Pomp beisetzen, wie er einem Edelmann gebührt hätte. Abuwitiyuw wurde in feines Leinen gehüllt und in einem Sarg zur Ruhe gebettet. Er wurde parfümiert und mit konservierenden Salben eingerieben, um so vor dem Gott Anubis geehrt zu werden. Eine Nachbildung des Hundes

wurde sogar in der Nähe des Eingangs zu Tutanchamuns Grab aufgestellt, dem Grab, das Howard Carter und Lord Carnarvon 1922
fast unberührt im Tal der Königsgräber entdeckten.

Der wahre Ursprung des Haushundes

Lassen sich angesichts so vieler denkbarer Ahnen und Vorläufer des
Haushundes und so vieler Gemeinsamkeiten in Physiologie und
Verhalten bei den verschiedenen Canidenarten sichere Schlüsse
über die tatsächliche Herkunft der Hunde ziehen? Einige Biologen
bezweifeln, daß wir es jemals mit Sicherheit wissen werden, aber die
wahrscheinlichste Theorie besagt, daß der Haushund in unter-
schiedlichem Umfang die Gene sämtlicher Wild-Caniden in sich
trägt. Ich glaube nicht, daß die Domestizierung des Hundes auf ein-

Ein Beispiel der Hunde, die durch Experimente der antiken Ägypter mit Kreuzungen
von Hunden und Schakalen entstanden sind, möglicherweise der direkte Vorfahr
zeitgenössischer Rassen wie etwa des Pharaonenhundes.

mal erfolgt ist. Höchstwahrscheinlich haben Menschen Hunde zu verschiedenen Zeiten und an verschiedenen Orten domestiziert. Denkbar ist auch, daß viele dieser Zähmungen mit unterschiedlichen Canidenbeständen unternommen wurden. Mit anderen Worten: Das Mitglied der Hundefamilie, das gerade zur Verfügung stand, wurde zum Kandidaten für die Domestizierung.

Vielleicht hat eine Gruppe von Jägern der Altsteinzeit ein paar Wolfwelpen gefunden und sie gezähmt. Vielleicht haben andere Jäger an einem anderen Ort Schakalwelpen gefunden und gezähmt. Wieder woanders hat vielleicht ein Kojoten- oder Wildhundweibchen die Welpen großgezogen, die jemand dann raubte und am Herdfeuer großzog. Im Verlauf mehrerer Generationen behielt man dann die gelehrigsten und nützlichsten Tiere, so daß überall Rassen entstanden: ein gezähmter Wolfshund aus dem Norden hier, ein asiatischer Wolfshund dort, woanders ein Schakalhund, wieder woanders ein Dingohund, ein afrikanischer Wildhund-Hund oder Kojotenhunde an anderen Orten und zu anderen Zeiten. Wenn die Menschen von Ort zu Ort weiterwanderten, nahmen sie zweifellos ihre Hunde mit. Wenn die Herren der Wolfshunde und der Schakalhunde sich begegneten, tauschten die Hunde (da sie nun mal Hunde waren) ihre Gene aus, während die Menschen Güter, Geschichten, Nahrungsmittel oder Feindseligkeiten austauschten.

So haben Handel und Wandel auf dem gesamten Globus die zahlreichen Abarten des Haushundes geschaffen. Und vielleicht hat jede die genetische Ausstattung, um den Namen Wolfs-Schakal-Kojoten-Dingo-Fuchs-Hund zu verdienen. Eine Rasse ist vielleicht zu dreißig Prozent Wolf, zu dreißig Prozent Schakal und zu vierzig Prozent Dingo, während eine andere zu sechzig Prozent Wolf, zu zehn Prozent Kojote, zu zwanzig Prozent Wildhund und zu zehn Prozent Schakal ist. Da uns ein genaues Wissen um ihre verschiedenen Genealogien fehlt, nennen wir sie alle Hunde und fügen noch das Erkennungsmerkmal «Spaniel», «Jagdhund» oder «Collie» und so weiter hinzu, um verschiedene sichtbare Besonderheiten der verschiedenen Mischungen und Ergebnisse zu definieren.

Die vielfältige Mischung verfügbarer Gene aus der gesamten Canidenfamilie, die in dem heutigen Haushundbestand enthalten ist, hat es dem Menschen erlaubt, durch kontrollierte Paarung Hunderte verschiedener Rassen zu züchten. Irgendwo in dieser genetischen Mischung isolierten Menschen die Gene, die nötig sind, um besondere Eigenschaften und Fähigkeiten zu züchten. So entstanden Hunde, die sich zum Apportieren eignen, zum Vorstehen, zum Aufspüren von Wild, Hüte- und Wachhunde sowie Tiere mit vielen anderen besonderen körperlichen Eigenschaften und einem bestimmten Verhalten. Die Geschichte des Hundes läßt vermuten, daß wir meist eine besondere genetische Mischung finden können, die zu den von uns ins Auge gefaßten Anforderungen paßt, wenn wir nur genau genug hinsehen; wir brauchen nur Hunde zu finden, welche die erwünschten Eigenschaften aufweisen, und sie dann selektiv züchten, um eine neue Hunderasse zu erschaffen.

Die Auswirkungen der Domestizierung beim Hund

Nehmen wir einmal an, wir wüßten, daß ein bestimmtes Mitglied der Canidenfamilie (nennen wir es den Caniden X) der einzige Urahn des Haushundes war. Jetzt könnte man vielleicht denken, daß dies folgendes bedeuten würde: Wir könnten sagen, wenn Canide X ein bestimmtes Verhalten hat oder eine bestimmte geistige Fähigkeit aufweist, müssen sich das gleiche Verhalten und die gleichen geistigen Fähigkeiten bei Hunden zeigen. Bedauerlicherweise ist es nicht so. Selbst wenn Haushunde die Gene von nur einem der wilden Caniden besäßen, wären sie nicht einfach gezähmte Versionen der wilden Form. Der Vorgang der Domestizierung selbst hat die Hunde anders gemacht als ihre wilden Vettern, nicht nur äußerlich, sondern auch psychologisch.

Die wichtigeren Veränderungen haben etwas mit der Tatsache zu tun, daß Menschen bei der Hundezucht eine systematische Selektion vorgenommen haben, um welpenhafte Eigenschaften zu züchten. Der Fachausdruck dafür ist *Neotenie*, was Stillstand auf einer bestimmten Entwicklungsstufe bedeutet. Das erwachsene Tier behält demzufolge viele Eigenschaften des noch unreifen Tiers. Diese

Neotonie schließt sowohl die Physiologie wie das Verhalten von Tieren ein.

Körperlich besteht einer der Hauptunterschiede zwischen Hunden und wilden Caniden darin, daß Hunde kürzere und jugendlicher aussehende Schnauzen haben. Die Nase ist etwas platter, und bei einigen Rassen stehen die Zähne enger. Extreme Beispiele dafür sind Bulldoggen, Möpse, Pekinesen, die English Toy-Spaniel, Boxer und ähnliche, die sozusagen «gequetschte» Gesichter haben. Weniger extrem sind die Retriever und Spaniel. Selbst bei Hunden mit den sogenannten «langen Gesichtern» wie etwa den Greyhounds, den Dobermännern, Afghanen, Barsois oder den Pharaonenhunden ist die Schnauze im Vergleich mit der ihrer wilden Ahnen proportional kürzer.

Einen zweiten Unterschied sieht man in der Größe. Im großen und ganzen sind Hunde kleiner als Wölfe und Schakale. Natürlich gibt es Ausnahmen. Die Grand Danois-Dogge, Mastiff, Bernhardiner, Pyrenäenhund, Neufundländer, Irischer Wolfshund und Schottischer Hirschhund sind solche Ausnahmen, aber, wie ich später zeigen werde, sind dies «Designerhunde», die man spezifisch auf ihre Körpergröße hin gezüchtet hat. Sie sind Seltenheiten und eher die Ausnahme. Die große Mehrheit der Haushunde bleibt kleiner als Wildhunde.

Die Farben haben sich ebenfalls verändert. Die meisten Wölfe, Schakale und Wildhunde haben ein relativ einfarbiges Fell. Nur gelegentlich taucht ein heller Fleck im Gesicht, am Bauch oder an den Pfoten auf. Haushunde weisen demgegenüber eine Vielfalt von Färbungen auf. So gibt es zum Beispiel viel mehr weiße Hunde, als wir sie bei den wilden Formen finden. Dann gibt es die spektakulären Rottöne des Irischen Setter, den purpurnen Glanz des Kerry Blue-Terriers, die großartigen schwarzen Flecken beim Dalmatiner und die bunten Flecken der Grand Danois. Dann gibt es noch die faszinierende Komplexität der verschiedenfarbigen Felle, wie wir sie an einigen Langhaar-Collies und beim Shetland Sheepdog sehen. Die Menschen mögen auffallende und interessante Muster und haben demzufolge Rassen gezüchtet, die sie aufweisen.

Während Wölfe, Schakale und Wildhunde sich im Fell nicht allzusehr voneinander unterscheiden, denn es differiert nur in Länge und Dichte, je nach der erforderlichen Funktion nach Kälte oder Wärme ihrer Heimatklimas, weisen Hunde eine Vielzahl verschiedener Felle auf, die durch Selektion entstanden sind. Es gibt Dackel mit glattem, hartem, kurzem Haar oder mit einem langen, weichen oder mit dichtem, drahtigem Haar. Die großen Hirtenhunde, Pulis und Komondors, haben ein bizarres Fell, das sich zu lockigen Schnüren zwirbelt; die Masse des Fells ist so groß, daß ein erwachsener Hund vielleicht zehn Pfund leichter wird, wenn man ihn vollständig schert. Einige Terrier wie etwa der Cairn-Terrier oder der West Highland-Terrier haben ein doppeltes Fell, einmal das äußere, harte, schützende und ein weiches, gut isolierendes Unterfell. Einige Hunde, etwa der Mexikanische Nackthund, haben praktisch gar kein Fell, während das Haar der Pudel unablässig wächst und somit theoretisch keine Höchstlänge hat.

Einige dieser Fellvariationen wurden aus ästhetischen Gründen gewählt. Wieder andere nach der Funktionalität. Ein Drahthaarterrier etwa ist besser vor spitzen Steinen in einem Bau oder den Zähnen seiner Beute geschützt. Der Alaskan Malamute braucht ein sehr dichtes, gut isolierendes Fell, um vor dem arktischen Wetter geschützt zu sein. Beim Pudel hingegen scheint das unaufhörlich wachsende Haar uns einfach endlose Möglichkeiten zu bieten, ihn je nach unseren jeweiligen Launen neu zu formen und zu «stylen».

Was die Ohren betrifft, hat kein erwachsener Hund in der Wildnis hängende oder gestutzte Ohren: Alle wilden Caniden haben Stehohren. Die Welpen vieler wilder Hunde haben jedoch noch Ohren, die gelegentlich umknicken. Sie richten sich im Lauf der Zeit jedoch auf. Viele Haushunde mit einem gezüchtet jugendlichen Aussehen wie etwa Spaniel und viele Jagdhunde behalten lebenslänglich die Hängeohren des Welpen.

In ihrem Verhalten sind unsere Haushunde ebenfalls welpenähnlicher. Wenn Hunde einem Menschen das Gesicht ablecken, was die meisten Haushunde tun, imitieren sie in Wahrheit das Verhalten von Welpen, die ihrer Mutter das Gesicht lecken, um sie dazu zu bringen, für sie Nahrung hervorzuwürgen. Folglich bedeuten die Küsse des Hundes nichts anderes, als daß er Sie als Elternteil betrachtet und um etwas zu essen bittet.

Eine weitere verhaltensmäßige Besonderheit des Haushundes ist seine relative Friedfertigkeit. Ein Effekt der Neotenie besteht darin, den Hund wie einen Welpen agieren zu lassen; Welpen fordern die erwachsenen Mitglieder des Rudels nicht heraus und versuchen auch nicht, die Vorherrschaft über den Rest des Rudels zu gewinnen. Ein wildlebender heranwachsender Canide fordert zunächst die kleinsten und schwächsten Mitglieder des Rudels heraus und kämpft sich dann allmählich weiter nach oben. Da kein Mensch einen Hund haben möchte, der für seine Kinder eine Bedrohung darstellt (die kleinsten Angehörigen unseres menschlichen Rudels), haben wir beim Haushund Unterwürfigkeit, Gelehrigkeit und welpenhafte Abhängigkeit gezüchtet. Bei größeren Rassen haben wir oft eine geringere Lebhaftigkeit gezüchtet, als sie bei wilden Caniden üblich ist. Hunde wie der Grand Danois, der Bernhardiner oder der Neufundländer werden oft als «Kaminhunde» bezeichnet, weil sie, wenn man ihnen die Wahl ließe, sich einfach vor dem Kamin zusammenrollen und dort den größten Teil des Tages liegen bleiben würden.

Überdies sind Haushunde darauf gezüchtet worden, ihre *Neophobie* zu verringern, die Furcht vor neuen und ungewohnten Dingen und Menschen. Eine solche Furcht ist bei wildlebenden Caniden weit verbreitet und läßt sich nicht leicht eliminieren. Bei Haushunden gilt sie als unerwünschter Charakterzug. Wir bezeichnen neophobe Tiere als ängstlich, furchtsam und empfindlich oder sagen, sie hätten «Berührungsangst» oder «sähen Gespenster». Dem Haushund haben wir diese Charakterzüge aktiv aus den Genen herausgezüchtet. So haben wir es geschafft, Tiere zu erzeugen, die bei Fremden eine hohe Toleranzschwelle haben und gut mit neuen Situationen fertig werden.

Ich glaube, daß wir auch Hunde gezüchtet haben, die wie Welpen gern spielen. Die meisten von uns haben über die Albernheiten unserer Hunde schon Tränen gelacht, und obwohl es manchmal schwerfällt, es Außenstehenden gegenüber zuzugeben, verbringen wir erhebliche Zeit mit unseren Hunden, um einfach nur mit ihnen zu spielen.

Sogar der schwerfällige Geistliche Henry Ward Beecher, sonst nur dafür bekannt, nach dem amerikanischen Bürgerkrieg für eine

Versöhnung zwischen Norden und Süden eingetreten zu sein, hatte dies erkannt und bemerkte, daß «der Hund gerade für Kinder erschaffen wurde. Er ist der Gott des Frohsinns.» Der Literaturkritiker und Gelehrte Samuel Butler ging mit dieser Beobachtung noch einen Schritt weiter. Er hatte erkannt, daß Hunde auch dazu da sind, mit Erwachsenen herumzualbern, als er sagte: «Das größte Vergnügen eines Hundes besteht darin, daß man sich mit ihm zum Narren macht, und dafür wird er einen nicht nur nicht tadeln, sondern ebenfalls herumalbern.»

Der Mensch hat einige Rassen bewußt auf bestimmte Funktionen und besondere Aufgaben hin gezüchtet, andere Rassen, um ein bestimmtes Temperament zu erhalten (so sind beispielsweise einige Hunde scharf und aggressiv, da sie Wachhunde sein sollen, während andere weich und sanft sind, weil sie Spielgefährten oder einfach nur Familienhunde sein sollen). Wie der Mensch der Urzeit herausfand, daß er bei bestimmten Hunden die Gene manipulieren konnte, ist heute noch ein Rätsel. Oft muß der Zufall eine Rolle gespielt haben, worauf vielleicht einfach nur experimentiert wurde. Wahrscheinlich hat man mit den ersten bewußten Experimenten begonnen, nachdem man entdeckt hatte, daß die Nachkommen zweier Hunde mit erwünschten Eigenschaften oft die guten Qualitäten ihrer Eltern geerbt hatten, um dann gerade solche Hunde zu paaren. Später wurden nur diejenigen Nachkommen für weitere Zucht- und Kreuzungsversuche eingesetzt, welche die «richtigen» Eigenschaften hatten.

Selektive Zucht ist ein dynamischer Prozeß. Viele Hundeformen, über die uns historische Beschreibungen vorliegen, existieren nicht mehr. Entweder weil ihre besonderen Eigenschaften nicht mehr erwünscht waren, da sich die Zeiten und die Umstände verändert hatten, oder weil sie ihre Eigenschaften nicht zuverlässig weitervererbten. Man könnte also etwa sagen: Die Gene, die sich in den Chromosomen unserer Lieblinge erhalten haben, stammen vielleicht von einem, vielen oder allen wilden Caniden, aber die heute lebenden Hunde werden von Menschen dazu angelegt und selektiert, die Bedürfnisse und Wünsche unserer eigenen Spezies zu erfüllen. So ist es kein Wunder, daß Hunde so perfekt an unsere Anforderungen und an unser Leben angepaßt zu sein scheinen: Wir haben sie dazu erschaffen, so zu sein. Allerdings haben wir, wie dieses Buch bald zeigen wird, mit der Erschaffung der verschiedenen Hunderassen auch Tiervarianten erschaffen, deren Intelligenz und geistige Fähigkeiten stark voneinander abweichen.

3. Kapitel

Frühe Ansichten über den Geist des Hundes

> Ein Hund ist nicht «fast ein
> Mensch», und ich kenne keine
> größere Beleidigung des Hundes,
> als ihn so zu bezeichnen.
> *John Holmes*

Ein Kollege von mir hat erklärt, ein Buch mit dem Titel *Die Intelligenz der Hunde* könne sehr kurz ausfallen. Er bemerkte, ich könne mich als Psychologe einfach dafür entscheiden, *Intelligenz* oder zumindest *Denkfähigkeit* als etwas zu definieren, was es nur beim Menschen gebe, und das würde mir eine Menge Arbeit und Forschungszeit ersparen. Viele Psychologen, Biologen und Verhaltensforscher tun genau dies. In einer vor kurzem erschienenen wissenschaftlichen Studie mit dem Titel *Cognitive Psychology and Information Processing* kommen die drei Autoren, die Psychologen R. Lachman, J. L. Lachman und E. R. Butterfield, zu folgender Schlußfolgerung: «Wann immer es um höhere geistige Prozesse geht, widersprechen wir energisch der Vorstellung, menschliches und tierisches Verhalten würden notwendigerweise durch die gleichen Grundsätze bestimmt.»

Die Situation ist jedoch nicht einfach, und zahlreiche herausragende Wissenschaftler stimmen mit dieser eher negativen Schlußfolgerung nicht überein. Charles Darwin beispielsweise schrieb in *Die Abstammung des Menschen*, der einzige Unterschied zwischen der menschlichen Intelligenz und der der meisten ihrer niedrigeren

Vettern unter den Säugetieren «sei graduell und nicht grundsätzlich». Ferner heißt es: «Die Sinne und Intuitionen, die verschiedenen Gefühle und Fähigkeiten wie etwa Liebe, Gedächtnis, Aufmerksamkeit, Neugier, Nachahmung, Vernunft etc., deren der Mensch sich rühmt, können sich bei den niederen Tieren in einem Anfangsstadium oder manchmal sogar in wohlentwickelter Form wiederfinden.»

Natürlich würde weder Darwin noch überhaupt ein vernünftiger Mensch behaupten, die Intelligenz von Hunden sei in allem die gleiche wie die des Menschen. Die Intelligenz eines Hundes hat klare Grenzen. Noch nie hat ein Hund eine Oper komponiert oder einen Roman geschrieben, Brücken entworfen oder kybernetische Theorien erforscht. Noch nie ist ein Hund zum Präsidenten oder Ministerpräsidenten eines Landes gewählt worden (das Wort wird gelegentlich nur als beleidigende Metapher gebraucht, und zwar von Oppositionsparteien).

Während ich dies schreibe, dämmert mir die Erkenntnis, daß es vielleicht klug wäre, sich von dem Thema ‹Hund und Politik› fernzuhalten, da es schließlich Geschichten von Hundekönigen gibt. Die bekannteste davon findet sich in einer isländischen Saga, die von einem Hochland-König namens Eystein der Böse erzählt. Eystein besiegte das Volk von Drontheim und machte dann seinen Sohn Onund zu dessen König. Das Volk von Drontheim war mit dieser Regelung ganz und gar nicht glücklich und machte der Herrschaft Onunds ein abruptes und gewalttätiges Ende. Um sein Mißvergnügen mit dieser Wendung der Dinge zu zeigen, kehrte Eystein nach Drontheim zurück, verwüstete das Land und unterwarf sich das Volk total. Um seine Rache zu krönen, bot er den Überlebenden eine wahrhaft unehrenhafte Wahl: Sie sollten entweder von einem von Eysteins Sklaven oder einem seiner Hunde regiert werden. Das Volk von Drontheim hatte offenbar das Gefühl, die Entscheidungen des Hundes leichter manipulieren zu können. Wie es bei Königen manchmal der Fall ist, war dieser Hund namens Saur anscheinend kein schlechter Herrscher. Die Saga behauptet, der Hund «habe die Weisheit von drei Männern besessen». Ferner heißt es, der Hund «habe für jedes Wort, das er gebellt habe, zwei gesprochen». Das soll vermutlich bedeuten, daß er verschiedene Knurr-,

Winsel- und andere Laute von sich gab, die so gedeutet wurden, als bezeichneten sie verschiedene Gedanken und Stimmungen. Das Volk zeigte sich erkenntlich, indem es dem Hund all den Pomp und das Gepränge bot, wie sie von einem Herrscher erwartet werden und ihm zustehen. Sie statteten ihn mit einem Thron aus, so daß er «auf einem Hochsitz saß, wie Könige es gewohnt sind». Sie statteten ihn auch königlich aus, etwa mit einem goldenen Halsband. Seine Höflinge, deren Pflicht es war, ihren Hundekönig bei schlechtem Wetter auf den Schultern zu tragen, hatten sich zum Zeichen ihres Amtes silberne Ketten umgelegt.

Unglücklicherweise nimmt die Geschichte ein eher böses Ende, das mir immer als Höhepunkt einer Art Verschwörung oder geheimen Revolte gegen den Hundekönig erschienen ist. Es liegt auf der Hand, daß eine solche Revolte nicht einfach zur Ermordung des Herrschers führen durfte, da dies Eysteins Mißtrauen wecken und ihn veranlassen könnte zurückzukehren, um sich erneut an dem Volk zu rächen und vielleicht sogar einen noch weniger wünschenswerten König einzusetzen. Statt dessen machten sich die Verschwörer einen glücklichen Zufall zunutze. Eines Tages brachen Wölfe in die königlichen Viehgehege ein. Statt die Soldaten um Hilfe zu rufen, ermunterten die Höflinge (Verräter?) den Hundekönig, sein Vieh zu verteidigen. Mit all der Tapferkeit, welche die Sagas einem Geschöpf von königlichem Geblüt zuschreiben, stürzte sich der Hundekönig sofort auf die Eindringlinge, wurde aber im Kampf getötet, da seine Feinde in der Überzahl waren. So endete die Herrschaft des Hundekönigs Saur.

Es gibt große Literatur und Poesie *über* Hunde, aber ganz gewiß niemals *von* ihnen. Wo also auf der Stufenleiter tierischer Intelligenz stehen nun Hunde – oder wo stehen sie im Vergleich mit menschlicher Intelligenz?

Wir Wissenschaftler sind wie jedermann sonst in jeder Gesellschaft mit bestimmten Einstellungen aufgewachsen, wie sie von der Kultur bestimmt worden sind, in der wir leben. Obwohl wir uns bemühen, unser theoretisches oder wissenschaftliches Denken von den kulturellen, religiösen und philosophischen Vorstellungen zu trennen, die uns umgeben, beeinflussen sie uns trotzdem, manchmal auf sehr subtile Weise. Der einflußreiche amerikanische

Psychologe William James (1842–1910) mahnte, «sehr viele Menschen glauben zu denken, obwohl sie in Wahrheit nur ihre Vorurteile neu ordnen». Da Hunde in unserer Gesellschaft allgegenwärtig sind, müssen wir uns klarmachen, daß die Einstellung von Öffentlichkeit und Institutionen ihnen gegenüber auch die Art und Weise beeinflussen wird, in der die Wissenschaftler einer Gesellschaft sich sogar anscheinend objektiven Fragen wie etwa der Beschaffenheit der Intelligenz und des Verhaltens von Hunden nähern. Aus diesem Grund scheint es angebracht, einen Augenblick innezuhalten und sich anzusehen, wie der Mensch im Lauf der Geschichte Hunde gesehen hat.

Während meines Psychologiestudiums wurde allgemein geglaubt, Hunde (und alle anderen Tiere) hätten kein Bewußtsein. Man versicherte uns beispielsweise, daß ein Beagle kein bewußtes, denkendes Lebewesen mit Gefühlen und einem Bewußtsein seiner selbst sei, sondern vielmehr ein beagleförmiges Bündel von Reflexen und automatischen Reaktionen mit einem genetisch angelegten Programm sei. Man ermunterte uns, Hunde einfach als biologische Maschinen zu sehen. Man dürfe ihr Lernen nicht so sehen, als umfasse es die beim Menschen beobachteten kognitiven Modifikationen, sondern es sei eher so etwas wie ein Neuprogrammieren von Reflexen. Dabei sei ebensowenig ein Bewußtsein beteiligt wie beim Neuprogrammieren eines Computers.

Diese Ansicht ist in erster Linie auf eine Reihe von Analysen von René Descartes zurückzuführen, dem französischen Philosophen des siebzehnten Jahrhunderts, der wegen seiner Beiträge zur Mathematik, zur Physiologie und Psychologie bekannt ist. Descartes meinte, allen Tieren fehlten Bewußtsein, Intelligenz oder irgendeine Art von Geistestätigkeit, die dem Geist eines Menschen vergleichbar sei. Dieser Theorie zufolge ist ein Hund nichts weiter als eine lebende Maschine. Viele Psychologen und Physiologen schlossen sich dieser Ansicht an, die sich selbst heute noch in vielen wissenschaftlichen Arbeiten zeigt.

Naturvölker hatten jedoch keinerlei Problem damit, Hunden Intelligenz zuzuschreiben und sogar Sprache. Als Europäer beispielsweise den afrikanischen Kongo zu kolonisieren begannen, begegneten sie dort zahlreichen Geschichten über den Hund. Er galt als

Feuerbringer, als großer Jäger und sogar als Lehrer. Ein typisches Beispiel findet sich beim Nyanga-Volk, dessen Volksheld Nkhango angeblich mit dem Hund Rukuba um Feuer verhandelte: Im Austausch gegen die ewige Freundschaft der Menschen sollte der Hund dem Gott Nyamurairi Feuer stehlen. Nachdem er seinen Teil der Abmachung erfüllte hatte, ging Rukuba mit Nkhango auf die Jagd, auf der sie gemeinsam großen Erfolg hatten, sogar bei gefährlicher Beute wie dem Wildschwein. Als die Schlauheit des Hundes immer offenkundiger wurde, gewöhnte sich Nkhango daran, ihm weitere Aufgaben anzuvertrauen. Schließlich traf Nkhango den Entschluß, den Hund als Boten einzusetzen. Rukuba wollte jedoch kein Bote sein; er wollte behaglich am Feuer liegen, und da er derjenige gewesen war, der das Feuer überhaupt erst zur Verfügung gestellt hatte, empfand er dies als sein gutes Recht. Und der Hund Rukuba sagte sich, daß die Menschen ihn immer wieder hierhin oder dorthin schicken würden, um etwas für sie zu erledigen, da er schlau und vertrauenswürdig war und überdies sprechen konnte. So kam er zu dem Schluß: «Wenn ich nicht sprechen könnte, könnte ich auch kein Bote sein. Also werde ich einfach nie mehr sprechen!» Von diesem Tag an sagte der Hund der Nyanga kein Wort mehr; er hat zwar immer noch die Intelligenz und die Fähigkeit, es zu tun, hält es aber für richtig, es zu vermeiden.

So wie die Glaubensvorstellungen primitiver Völker einen hohen Intelligenzgrad bei Hunden als gegeben ansahen, taten es auch die frühen Wissenschaftler, die tierisches Verhalten studierten. Vor Descartes folgte die wissenschaftliche Hauptmeinung den Schlußfolgerungen des griechischen Philosophen Aristoteles. Aristoteles' wahres Interesse galt dem Leben insgesamt und nicht einfach nur der Intelligenz. Er war der Meinung, daß es mehrere verschiedene Aspekte des Lebens gebe und daß verschiedene Geschöpfe mehr oder weniger von jeder dieser Eigenschaften an den Tag legten. Die grundlegendsten Komponenten tierischen Lebens schließen lebensnotwendige Dinge wie etwa die Fähigkeit ein, Nahrung aufzunehmen, Nachkommen zu erzeugen und sich in einem Lebensraum zu bewegen. Die verbleibenden Aspekte des Lebens jedoch haben sämtlich mit geistigen Fähigkeiten zu tun oder dem, was wir etwas ungenau den Geist nennen. Zu diesen Fähigkeiten gehört es, die

Welt mit Hilfe von Sinnesorganen wahrzunehmen, die Fähigkeit zu Gefühlen und Motivationen und schließlich die intellektuellen Fähigkeiten, darunter die Fähigkeit, zu lernen, zu argumentieren und zu analysieren. Aristoteles scheint Darwins Meinung über die Hundeintelligenz vorweggenommen zu haben und argumentiert, Hunde und Menschen unterschieden sich nur graduell, was bestimmte geistige Fähigkeiten angehe. Menschen wie Hunde hätten Gefühle, aber die der Menschen seien komplexer. Wie wir wissen und nicht vergessen sollten, können sowohl Menschen als auch Hunde lernen, Probleme zu lösen und sich Erfahrungen zunutze zu machen, obwohl Menschen bei beiden Fähigkeiten besser abschneiden.

Aristoteles' Denken übte großen Einfluß aus, und viele große Denker übernahmen seine Ansichten, darunter Thomas von Aquin. Im dreizehnten Jahrhundert setzte Thomas als offizielle kirchliche Lehrmeinung die Vorstellung durch, daß sich Menschen und Tiere nur quantitativ unterschieden (nämlich in dem Umfang, in dem sich ihre geistigen Fähigkeiten Ausdruck verschafften) und nicht qualitativ (was die Natur dieser geistigen Prozesse angehe). Das hat zu einigen Komplikationen geführt, da Philosophen dieser Zeit dazu neigten, Intelligenz und Bewußtsein als beschreibende Aspekte der spirituellen Einheit zu sehen, die wir Seele nennen. Wenn sie also akzeptiert hätten, daß Hunde (oder andere Tiere) Intelligenz besitzen, wäre dies für einige Gelehrte dem Eingeständnis gleichgekommen, daß sie auch Seelen hätten. Eine solche Schlußfolgerung war für viele Theologen und Intellektuelle der damaligen Zeit einfach unannehmbar.

Die Verquickung der Religion mit der Frage der tierischen Intelligenz hatte unglückselige Folgen. Sie veränderte das wissenschaftliche Denken über Hundepsychologie und besonders das Denken über die Intelligenz von Hunden und machte es einseitig.

Hunde und Religion

Bei vielen Religionen finden wir allgemeine Aussagen über Hunde. Die meisten der religiösen Ansichten über Hunde, wie sie uns in Schriften überliefert worden sind, sehen sie als Symbole von Gut und Böse oder in den Rollen von Helfern, Gefährten oder Wächtern. Es gibt so gut wie keine Bemerkungen über die Intelligenz von Hunden oder ihre geistigen Fähigkeiten, obwohl sich in verschiedenen Überlieferungen einiges darüber erhalten hat.

Judentum und Hund

Die Hebräer hielten alle Hunde für äußerst unrein. Dies war darauf zurückzuführen, daß die Hunde, die man am häufigsten sah – vor allem die Paria-Hunde –, frei umherstreiften und sich von Aas und Abfällen ernährten. Die Paria-Hunde lebten außerhalb der Stadtmauern und ernährten sich von Kehricht, Abfall und sogar von Menschenleichen. Ein Beispiel zeigt sich in der biblischen Geschichte von Isebel. Im 1. Buch der Könige lesen wir, daß die Frau von König Ahab die Götzenanbetung in Form der Verehrung des Gottes Baal wiedereinführte. Zu den Sünden Königin Isebels, die später zum Inbegriff der sündhaften Frau wurde, zählten die Herausforderung der großen Propheten Elia und Elisa und die Ablehnung von Gottes Geboten. Zur Strafe wurde sie aus einem Fenster ihres Palastes gestürzt und den Hunden zum Fraß überlassen. Während dies ein bizarres und einzigartiges Ereignis gewesen zu sein scheint, war es damals durchaus nicht ungewöhnlich, Leichen den Paria-Hunden zum Fraß vorzuwerfen – besonders dann, wenn es die Leichen von Verbrechern oder Armen waren oder von Menschen, auf die weder Freunde noch Verwandte Anspruch erhoben.

Jede Berührung einer Leiche war für die Israeliten eine rituelle Verunreinigung, zum Teil aus religiösen Gründen, zum Teil aber auch, weil der Kontakt mit einem Leichnam, dessen Tod auf Krankheit zurückzuführen war, eine Ansteckungsquelle sein konnte. Die Hebräer zogen daraus den Schluß, daß jedes Tier, das sich so unrein ernährte, selbst unrein sein mußte. Vermutlich sprach noch etwas gegen den Hund, nämlich die Tatsache, daß man Hunde in Ägypten anbetete und überhaupt mit hoher Wertschätzung bedachte. Die Götter von Feinden werden leicht zu Teufeln der eigenen Religion. Trotz alldem gibt es im Judaismus auch einige positive Meinungen über Hunde. Der Talmud, die für orthodoxe Juden in aller Welt anerkannte Autorität, sagt, der Hund solle trotz seiner Unreinheit toleriert werden. Es wird behauptet, der Zugang zu rituell unreiner Speise sei die von Gott den Hunden gewährte Belohnung dafür, daß sie in der Nacht des Auszugs der Israeliten aus Ägypten geschwiegen hätten. Die vielleicht positivste Äußerung über Hunde im Talmud ist die Behauptung, Gott habe Kain einen Hund als Zeichen seines Schutzes benannt.

Der *Talmud Jeruschalmi*, der Jerusalemische Talmud (ein etwa zweitausend Jahre alter Kommentar zu den biblischen Gesetzen), ist eine der wenigen Fundstellen, in denen die Intelligenz von Hunden erörtert wird. Er hält fest, daß Hunde sich dadurch von Katzen unterscheiden, daß sie ihre Eigentümer erkennen und anerkennen, während Katzen dies nicht täten. Überwiegend geht es jedoch um die Frage der Treue und der Ergebenheit des Hundes gegenüber dem Menschen. Ein Beispiel: In einer von Rabbi Meirs Fabeln im Talmud wird die Geschichte eines Hirtenhundes erzählt, der beobachtet hatte, wie eine Schlange Gift in eine Schale mit Dickmilch hatte tröpfeln lassen, die seinem Herrn und einigen anderen Hirten serviert werden sollte. Als sich der Mann anschickte, die Mahlzeit aufzutragen, umkreiste der Hund die Schüssel und bellte wie wild, doch der Hirte verstand die Warnung nicht. Als er die Hand nach der vergifteten Speise ausstreckte, machte der Hund einen verzweifelten Satz und schluckte die Milch schnellstens herunter. Das Ergebnis: Der Hund starb unter Qualen, rettete aber seinen Herrn und die anderen Männer. In dankbarer Anerkennung dieses heldenhaften Verhaltens beerdigten die Hirten den treuen Hund mit allen Ehren und Gebeten.

Christentum und Hund

Das Christentum übernahm einige der negativen Ansichten des Judaismus über den Hund; allerdings werden sie durch viele positive Erzählungen über den Hund in volkstümlichen Versionen der religiösen Überlieferung stark gemildert. Da etwa in der Weihnachtsgeschichte Hirten erwähnt werden und Hirten Hunde brauchen, findet man in Krippenszenen oft Hunde, die nichts von Unreinheit erkennen lassen. In cinr Sage aus dem spanischen Granada heißt es, drei Hunde hätten die drei Hirten nach Bethlehem begleitet. Dort hätten sie den Säugling Jesus gefunden und Gelegenheit gehabt, ihn anzusehen. Die Namen der Hunde waren Cubilon, Lubina und Melampo. Mein Informant hat mir erzählt, daß viele Leute in Granada ihren Hunden heute noch diese Namen geben, da sie sie als Glücksbringer ansehen.

Am häufigsten wird der Hund im Christentum als treuer Gefährte gesehen. So macht sich in dem apokryphen Buch Tobit Tobias auf den Weg, um eine Schuld einzutreiben, weil er seinem blinden Vater helfen will. Er wird auf dieser Reise von dem Engel Raphael und einem kleinen Hund begleitet. Er muß eine Reihe von Abenteuern bestehen und kehrt dann nach Hause zurück. Der Hund läuft ihm voraus, um seine Ankunft anzukündigen. Die Überlieferung will wissen, daß dieser Hund sogar vor Tobias in den Himmel kam. Diese Geschichte erklärt, warum der Name Toby für Hunde noch heute so beliebt ist.

Um eine Reihe katholischer Heiliger ranken sich ebenfalls Geschichten, in denen Hunde vorkommen. In einigen Fällen sind die Hinweise auf Hunde bezeichnend, aber nicht von entscheidender Bedeutung für das Leben des jeweiligen Heiligen. So erzählt die Legende der hl. Margareta von Cortona von einem schönen Mädchen, das in Mittelitalien lebte und mit siebzehn Jahren von einem jungen Edelmann verführt wurde. Margareta blieb ihrem Liebhaber treu ergeben und lebte neun Jahre mit ihm zusammen. In dieser Zeit gebar sie ihm einen Sohn, doch ihre Idylle zerbrach, als der Adlige plötzlich verschwand und nicht mehr zurückkam. Der Hund des Adligen hörte jedoch nie auf, nach seinem Herrn zu suchen. Irgendwann fand er die Leiche des Mannes, der einem Mord zum

Margareta von Cortona,
eine der vielen katholischen
Heiligen, in deren Leben die
Ergebenheit und Treue von
Hunden eine Rolle spielten.

Opfer gefallen war. Um Margareta seine Entdeckung zu zeigen, schnappte der Hund den Saum ihres Rocks und zog daran, bis sie zu dem Ort mitkam, an dem ihr Geliebter lag. Erschüttert kehrte Margareta zu ihrer Familie zurück, die jedoch wegen ihrer sündigen und unmoralischen Beziehung zu dem Edelmann nichts von ihr wissen wollte. Um Buße zu tun, nahm sie den Schleier und führte ein äußerst frommes Leben, was später zu ihrer Heiligsprechung führte. Der Hund blieb bis zu seinem Tod als Gefährte bei ihr und schenkte ihr Trost. Bildnisse Margaretas zeigen sie meist mit dem Hund, der an ihrem Rocksaum zerrt oder angeleint an ihrer Seite geht.

Frühe Ansichten über den Geist des Hundes 77

In anderen Fällen wird uns gezeigt, wie extrem feinfühlig ein Hund auf die Frömmigkeit eines bestimmten Heiligen oder Weisen reagieren kann. Denken wir an Patrick MacAlpern, den späteren heiligen Patrick, dessen Leben auf seltsame Weise mit Hunden verbunden war. Um das Jahr 400 wurde Patrick mit sechzehn Jahren von irischen Räubern entführt. Sie machten ihn zum Sklaven und hielten ihn sechs Jahre lang als Hirten. Sein einziger Gefährte war ein Hund. Nach einem Traum machte er sich auf den dreihundertzwanzig Kilometer langen Weg zur Küste, wo er das Schiff fand, das ihn, wie der Traum es ihm verheißen hatte, in sein Land zurückbringen würde.

Das Schiff war aus Gallien, und der Kapitän hatte die irische Küste angelaufen, um eine Ladung Jagdhunde zu holen, die auf den Märkten Europas märchenhafte Preise brachten. Kein Wunder, daß Patrick als mittelloser entlaufener Sklave ohne viel Sympathie empfangen wurde, als er den Wunsch äußerte mitzufahren. Als er gerade gehen wollte, wurde er plötzlich zurückgerufen. Es hat den Anschein, als hätte der Kapitän seine Hundefracht gestohlen, statt sie zu kaufen, um seinen Gewinn zu steigern. Jetzt waren mehr als einhundert große Irische Wolfshunde im Laderaum und an Deck zusammengepfercht. Da man sie ihren Herren geraubt und aus ihrer vertrauten Umgebung herausgerissen hatte, waren die riesigen Hunde voll wilder Wut, allzeit bereit, jeden zu zerfleischen, der in ihre Nähe kam. Einigen der Seeleute war aufgefallen, daß Patrick während seines kurzen Besuchs auf dem Schiff zu einigen der Hunde gesprochen hatte. Er schien eine beruhigende Wirkung auf sie auszuüben. So bot man ihm die Schiffspassage zum Kontinent an. Als Gegenleistung sollte er die Hunde füttern, ihre Zwinger sauberhalten und sich auch sonst um die Tiere kümmern.

Das Schiff hatte viel zuwenig Proviant an Bord, und als es einen verwüsteten und menschenleeren Teil Galliens erreichte, waren seine Vorräte erschöpft. Es war nichts mehr da, um Besatzung oder Hunde zu ernähren. Da die Hunde mehr wert waren als das Schiff, brachte die Besatzung die Tiere an Land, gab das Schiff auf und setzte den Weg zu Fuß fort. Der Trupp begab sich ins Landesinnere. Da die Männer in der Gegend weder Menschen noch Lebensmittel fanden, liefen Hunde und Männer bald Gefahr zu verhungern. Der Kapitän, der erfahren hatte, daß Patrick Christ war, wandte sich an ihn und sagte ihm höhnisch: «Wenn dein Gott tatsächlich so groß ist, dann bete zu ihm, er soll uns etwas zu essen schicken.» Patrick tat, wie ihm geheißen, und der Legende zufolge ereignete sich ein Wunder. Urplötzlich tauchte wie aus dem Nichts ein Rudel Wildschweine auf. Statt auf der Stelle wegzulaufen, wie man hätte erwarten können, blieben die Schweine so lange in Reichweite der hungrigen Männer, daß sie mit Hilfe der Hunde einige von ihnen töten konnten. Das bedeutete Fleisch für alle. Nicht verwunderlich, daß Patrick danach erheblich an Achtung gewann. Nachdem die Hunde verkauft worden waren, schenkte ihm die Besatzung etwas zu essen und ein wenig Geld, um ihm über die erste Zeit hinwegzuhelfen.

Patricks Beziehung zu Hunden endete jedoch nicht in Gallien. Viele Jahre später kehrte er nach zahlreichen Abenteuern auf die Insel Irland zurück. Diesmal tat er es aus freiem Willen. Sein Ziel war, das Christentum zu predigen. Nach seiner Rückkehr machte sich sein gutes Verhältnis zu Hunden wieder bemerkbar. Die Nachricht, daß soeben ein seltsames Schiff gelandet sei, verbreitete sich schnell. Ebenso die Neuigkeit, daß es Männer mit kahlrasierten Köpfen in weißen Gewändern mitgebracht habe, die einen fremdartigen Singsang sprächen. Das brachte einen irischen Fürsten namens Dichu dazu, sich an die Küste zu begeben, um sich ein Bild von der Lage zu machen. Er wurde von seinem großen Lieblings-Jagdhund begleitet.

Als er Patrick mit dessen Missionaren entdeckte, kam Dichu zu dem Schluß, daß es am klügsten wäre, diese seltsamen Kleriker zu töten, um so mögliche Probleme zu vermeiden. Mit einer Handbewegung und einem Ruf hetzte er seinen Hund auf Patrick. Der Hund rannte wutentbrannt los, doch als Patrick ein kurzes Gebet sprach, das nur aus einem Satz bestand, hielt der Hund inne und verstummte. Dann ging er zu Patrick und beschnupperte ihm die Hand. Dichu ging diese Szene so zu Herzen, daß er Patricks Mission in Irland schließlich auf mancherlei Weise förderte.

Die Pointe dieser Legenden scheint zu sein, daß die Hunde Patricks Frömmigkeit irgendwie spürten oder darauf reagierten. Der irischen Folklore zufolge soll sich Patrick für die Ehrerbietung erkenntlich gezeigt haben, indem er dem legendären Oissain (dem Sohn des Helden Finn MacCumhail) erlaubte, seine Hunde nach dem Tod in den Himmel mitzunehmen, wo sie, wie wir vermuten dürfen, dem kleinen Hund des Tobias Gesellschaft leisten.

Andere Geschichten über Heilige rücken den Hund noch direkter ins Rampenlicht und präsentieren ihn als bewundernswertes Vorbild. Da ist beispielsweise die bekannte Geschichte des Heiligen Rochus, dessen Leben von seinem treuen Hund gerettet wurde, der seinem Herrn Brotlaibe brachte und ihn versorgte, nachdem er an der Pest erkrankt war. Weniger bekannt, aber uns zeitlich weit näher ist die Geschichte von Don Giovanni Bosco, der 1888 starb und somit fast noch den Beginn des zwanzigsten Jahrhunderts erlebte. Boscos Leben drehte sich um die Bemühungen, elternlosen und verwahrlosten Knaben ein Dach über dem Kopf zu geben und sie zu erziehen. Zu diesem Zweck gründete er die Kongregation der Salesianer. Der Hund, der dabei eine Rolle spielt, war ein riesiger, ungeschlachter grauer Mischling namens Grigio. Grigios Stammbaum,

Eine phantasievolle Darstellung des Schiffs voller Hunde, das den späteren heiligen Patrick in die Freiheit brachte.

Eltern und Herkunft waren so obskur wie die der vielen verwaisten Knaben, die der später als Don Bosco bekannte Mann um sich versammelte. Grigio tauchte einfach aus dem Nichts auf und ernannte sich zu Don Boscos Leibwächter. Eines Tages ging Don Bosco durch eine der engen Straßen des Turiner Stadtteils Vadocco, nahe der Stelle, an der er sein erstes Hospiz eröffnet hatte. Plötzlich sprang ein Straßenräuber aus einem Hauseingang, ergriff den Mann und verlangte Geld. Don Bosco hatte so gut wie nie eigenes Geld bei sich, da alles, was er erhielt, sofort für die Waisen ausgegeben wurde, denen er zu helfen versuchte. Doch als er leugnete, dem Angreifer etwas geben zu können, nahm dieser eine drohende Haltung an, zückte ein Messer und kündigte Don Bosco unangenehme Konsequenzen an, wenn dieser nicht sofort Geld aus der Tasche ziehe. Plötzlich tauchte Grigio auf – ein wütendes graues Knäuel, das sich auf den Räuber stürzte, ihn umstieß und von Giovanni fernhielt. Dann stellte er sich knurrend zwischen Bosco und den Angreifer. Da verzichtete der Räuber auf sein ursprüngliches Vorhaben und machte sich schnell aus dem Staub. Nach dieser ersten Begegnung nahm sich Grigio Don Bosco zum Herrn. Von diesem Augenblick an war er immer zur Stelle, wenn Bosco in Gefahr war, was anscheinend recht oft der Fall war. Grigio verteidigte Bosco mehrmals gegen Angriffe und stellte sich dabei stets zwischen seinen Herrn und die Bedrohung, und einmal warnte er ihn sogar vor einem Hinterhalt, bei dem Bosco ermordet werden sollte. Wenn er ihn brauchte, tauchte Grigio wie durch ein Wunder auf, blieb dann einige Zeit, um sich zu vergewissern, daß alles seine Ordnung hatte, und verschwand dann wieder tagelang. Wenn Don Bosco ihn am meisten brauchte, war er ein Wächter und Gefährte.

Irgendwann setzte sich die Kongregation der Salesianer allmählich durch. Endlich konnte Don Bosco die Regierung Garibaldi davon überzeugen, daß man ihm seine Schulen anvertrauen könne. Von da an waren seine Bildungs- und anderen Projekte vor Interventionen des Staates sicher und funktionierten reibungslos. Jetzt sahen ihn weder die Allgemeinheit, die Regierung, die Stadtbewohner, die Waisen noch die kriminellen Elemente mehr als Bedrohung an. Sie erkannten jetzt vielmehr seine menschenfreundlichen Motive und schützten ihn vor Unbill. Damit waren Grigios heldenhafte Einsätze offensichtlich nicht mehr nötig. Als Don Bosco eines Abends im Refektorium saß, erschien Grigio noch einmal bei ihm. Er rieb den Kopf an Don Boscos Habit, leckte ihm still die Hand, hob bedeutsam eine Pfote und legte sie auf Don Boscos Knie. Dann drehte sich der große graue Hund ohne einen Laut um und verschwand in der Nacht. Grigio wurde nie wieder gesehen.

Islam und Hund

Die islamische Überlieferung beginnt ebenfalls mit einer negativen Einstellung zum Hund, aber hier ist die Lage komplexer, da sich auch viele positive Momente finden. Wie beim Judentum und beim Christentum gilt der Hund allgemein als unrein, und wie beim Judentum läßt sich dieses Stigma auf die umherstreifenden Paria-Hunde zurückführen. Für islamische Fundamentalisten bedeutet es eine Verunreinigung, von einem Hund berührt zu werden, was einen Akt der Reinigung erfordert. Eine Schüssel, aus der ein Hund gefressen oder getrunken hat, muß siebenmal ausgewaschen und in Erde geschrubbt werden, bevor sie wieder für den menschlichen Gebrauch geeignet ist.

Die Rudel umherstreifender Paria-Hunde waren in vielen islamischen Zentren ein großes Problem. Sie übertrugen die Tollwut und etliche andere Krankheiten. Man erkannte jedoch an, daß ihr Aasfressen eine wichtige Funktion erfüllte. So schrieb Xavier Marmier Mitte des vergangenen Jahrhunderts, «wie unangenehm diese Tiere auch sein mögen, im Staat Konstantinopel sind sie praktisch ein notwendiges Übel. Sie holen nach, was die städtischen Behörden aus Mangel an Voraussicht versäumt haben, und reinigen die Straßen von großen Mengen Unrat, die sonst verfaulen und die Luft mit Krankheitserregern erfüllen würden.»

Der Prophet Mohammed sah sich einmal vor das Problem gestellt, daß streunende Hunde die Stadt Medina allmählich zu überschwemmen drohten. Zunächst nahm Mohammed die kompromißlose Haltung ein, sämtliche Hunde sollten getötet werden. Bei näherer Überlegung milderte er seinen Erlaß jedoch ab, und das aus zwei Hauptgründen. Der erste war religiöser Natur: Auch Hunde waren Geschöpfe Allahs, und Er, der die Rasse erschaffen hatte, sollte als einziger befehlen dürfen, daß sie von der Erde zu verschwinden hatten. Der zweite, praktischere Grund: Einige Kategorien von Hunden, vor allem Wachhunde, Jagdhunde und Hirtenhunde, erfüllten für die Menschen nützliche Funktionen und hatten somit ihr Recht auf Leben verdient. (In einigen Legenden heißt es, der Prophet habe selbst einen Saluki besessen, den er auf der Jagd einsetzte.) Aufgrund dieser Überlegungen wurden nur schwarze streunende Hunde getötet, vor allem die mit hellen Flecken in der Nähe der Augenbrauen (für jeden Araber ein klares Merkmal des Teufels).

Die vielleicht größte Anerkennung für einen Hund im Islam finden wir in der Geschichte von den Sieben Schläfern, die in der 18. Sure des Korans erzählt wird (obwohl auch christliche Versionen davon existieren). Das Ereignis fand während der kurzen Herrschaft des römischen Kaisers Decius um das Jahr 250 statt. Um die vom Staat unterstützte Religion zu stärken, wurden Christen und andere Ungläubige systematisch verfolgt. In der Stadt Ephesus (im Westen der heutigen Türkei) flüchteten sieben gläubige junge Männer zu einer Höhle auf dem Berg Coelius. Der Lieblingshund eines von ihnen begleitete sie auf ihrer Flucht. Als sie sich in der Höhle befanden, fürchteten einige Männer, der Hund namens Kitmir könnte bellen und so ihr Versteck verraten. So versuchten sie ihn zu verjagen. In diesem Augenblick gewährte Gott dem Hund die Gabe der Rede, worauf dieser sagte: «Ich liebe all die, die Gott teuer sind. Geht also schlafen, ich werde euch bewachen.» Nachdem sich die Männer an der hinteren Wand der Höhle schlafen gelegt hatten, streckte sich der Hund mit den Vorderläufen zum Eingang hin aus und begann seine Wache.

Als Decius erfuhr, daß sich in einigen Höhlen der Gegend religiöse Flüchtlinge versteckt hatten, befahl er, sämtliche Eingänge mit Steinen zu versiegeln. Kitmir hielt selbst dann noch weiter Wache, als die Höhle verschlossen wurde, und achtete darauf, daß niemand die Schlafenden störte. Die Männer wurden vergessen und schliefen dreihundertneun Jahre lang. Als sie schließlich von Arbeitern geweckt wurden, die einen Teil des Bergs aushöhlten, regte sich der Hund schließlich und erlaubte seinen Schutzbefohlenen, in die Welt zurückzukehren, in der sie sich jetzt mit ihrem Glauben sicher fühlen konnten. Der muslimischen Überlieferung zufolge soll der Hund Kitmir nach seinem Tod im Paradies Einlaß gefunden haben.

Volksglaube und Hund

Manche Vorstellungen von Hunden sind so weit verbreitet, daß sie sich der Zuordnung zu einer bestimmten Religion entziehen. So sind beispielsweise Judentum, Christentum, Islam und auch Hinduismus der Ansicht, daß Hunde den herannahenden Tod eines Menschen spüren.

Das Heulen eines Hundes wird oft als Todes-Omen gedeutet. Während meiner Ausbildung bei der Armee in Kentucky erzählte mir eine Frau, die ich nur als Tante Lila kannte, daß es den bevorstehenden Tod eines Mannes bedeute, wenn ein Hund zweimal kurz hintereinander heule; dreimaliges Heulen bedeute, daß eine Frau sterben werde. «Hunde sehen in die Richtung der Person, die sterben wird», sagte sie. «Mein Daddy sagte immer, daß cs Glück bringt, wenn ein Hund einem beim Heulen den Rücken zuwendet.»

Es gibt noch viele Märchen und Legenden, die Hunde mit dem Tod in Verbindung bringen. Das fängt an bei dem einfachen Geheul eines Familienhundes in Mexiko, der den Teufel mit dem Schutzengel eines sterbenden Menschen um den Besitz von dessen Seele kämpfen sieht, und reicht bis zu der Wilden Jagd in Wales, bei der ein Geisterreiter mit seiner Meute von Geisterhunden dabei gesehen worden ist, wie sie die Seele irgendeines armen Teufels holen wollten. Statt noch weitere dieser Volkslegenden aufzuzählen, möchte ich lieber eine Geschichte erzählen, wie sie mir von meinen aus Osteuropa stammenden Großeltern erzählt worden ist. Sie enthält Elemente, wie man sie in vielen volkstümlichen Vorstellungen von Hunden findet, und ist ein typisches Beispiel dafür, wie wir zu manchen unserer Einstellungen gegenüber Hunden kommen.

Als ich sechs oder sieben Jahre alt war, begann mein Hund Skipper (den ich als Beagle in Erinnerung habe), am frühen Abend aus unerklärlichen Gründen zu winseln. Er blickte mit großem Unbehagen in eine Ecke des Zimmers, wo mir nichts ungewöhnlich oder auffällig vorkam. Damals war ich mit meinen Großeltern mütterlicherseits allein zu Hause. Meine Großmutter Lena sah von ihrer Handarbeit auf und beobachtete Skipper ein paar Augenblicke. Dann drehte sie sich zu mir um und sagte: «Er sieht den Todesengel. Der Name des Engels ist Asrael. Wenn Asrael kommt oder

geht, können Hunde ihn sehen. Man sagt, Hunde hätten einen Gei-
sterblick und könnten Teufel, Engel und Geister sehen. Du kannst sie
auch sehen, zumindest manchmal, wenn du darauf achtest, wohin
der Hund sieht. Um klar zu sehen, mußt du über den Kopf des Hundes hinwegsehen, genau auf den Raum zwischen seinen Ohren.»

Mein Großvater Jacob, der zugehört hatte, zündete sich eine Zigarre an – die große Leidenschaft seines Lebens – und erzählte von
dort an weiter.

«Wenn es ein tapferer Hund ist, der einen Menschen wirklich
liebt, wird er bellen. Wenn ein Hund bellt, ruft er den Propheten
Elia. Elia wird manchmal eingreifen, um einen guten Menschen vor
dem Todesengel zu retten. Manchmal weckt das Bellen die Geister
von Familienmitgliedern, die schon gestorben sind, und dann erscheinen sie, um gegen Asrael zu kämpfen und zu versuchen, ihre
geliebten Angehörigen zu beschützen. Zu anderen Zeiten bringt der
Lärm den Schwarzen Engel zu der Erkenntnis, daß ihm ein harter
Kampf bevorsteht. Dann verschwindet er einfach, um vielleicht bei
anderer Gelegenheit wiederzukommen, damit er seine Arbeit dann
ohne Schwierigkeit hinter sich bringen kann.

Allerdings solltest du einen Hund nie vom Bellen abhalten,
worum es auch geht, denn es kann sein, daß er damit das Leben
eines Familienangehörigen zu retten versucht – vielleicht sogar
deins. Wenn du deinen Hund bellen hörst, solltest du dich vergewissern, daß eine Tür oder ein Fenster einen Spaltbreit offensteht, damit Elia und die guten Geister ins Haus kommen können und Asrael
schnell aus dem Haus laufen kann, falls er es will.»

Mein Großvater nahm einen tiefen Zug an seiner Zigarre und
studierte die Glut an deren Ende, als wäre dort eine Schrift zu erkennen. Dann setzte er sich zurecht und fuhr fort:

«Man sagt, Hunde hätten deshalb ein so kurzes Leben, weil Asrael manchmal nicht aufgibt und beschließt, die Seele trotzdem mitzunehmen. Wenn das passiert, wird ein guter Hund versuchen, den
Todesengel davon abzuhalten, jemanden zu berühren, den er liebt.
Wenn ein Hund das tut, sieht er aus, als würde er ohne jeden Grund
knurren und bellen, während er in Wahrheit sich zwischen seinen
Herrn und den Engel stellt. Wenn dieser trotzdem näher kommt,
wird mancher Hund sogar versuchen, an ihm hochzuspringen und

ihn zu beißen, während ein anderer ihm nur den Weg versperrt. Bedauerlicherweise tötet eine einzige Berührung Asraels den Hund, ob nun schnell oder langsam. Verstehst du, es ist wirklich tapfer, was solche Hunde tun, und meist funktioniert es sogar, was noch besser ist. Verstehst du, der Todesengel kann jeweils nur ein Leben mitnehmen. Wenn seine Hände also mit der Seele des Hundes gefüllt sind, muß er erst zurücklaufen und sie irgendwo ablegen. Dies bedeutet natürlich, daß er ohne sein wirkliches Opfer zurückkehrt. Wie auch immer – und das ist das Schöne daran –, weil der alte Asrael ein Leben genommen hat (du darfst nicht vergessen, daß das schließlich seine Aufgabe ist), muß er einen Namen von seiner Liste streichen. Ich weiß zwar nicht, ob dieser Engel Hunde mag oder einfach nur zu schätzen weiß, wie tapfer sie sind, aber es hat den Anschein, daß er oft einfach den Namen des Burschen streicht, der den Hund besessen hat. Das bedeutet, daß Asrael einige Zeit nicht wiederkommen wird, um diesen Menschen zu holen, es sei denn, Gott erstellt eine neue Liste. Also: Obwohl es manchmal für den Hund übel ausgeht, bedeutet dies, daß der Mensch, den der Hund geliebt und zu schützen versucht hat, meist gerettet ist.»

Ich weiß noch, welche Panik mich durchströmte, als ich quer durch den Raum stürzte, um meinen Hund zu schnappen, und mit meinem dünnen Stimmchen ausrief: «Nein! Skippy, berühre ihn nicht! Es ist alles gut – wir werden einfach weglaufen!» Meine Großeltern sahen der Szene mit etwas verwirrtem Gesichtsausdruck zu.

Obwohl religiöse Ansichten über den Hund sowohl positiv als auch negativ sein können und man häufig in ein und derselben Religion oft beide Einstellungen vorfindet, scheint es auf der Hand zu liegen, daß man sich ursprünglich darin einig war, daß Hunde sowohl Intelligenz, Vernunft und Bewußtsein besäßen; sonst wäre es sinnlos gewesen, die vielen Geschichten von Ergebenheit und Tapferkeit zu erfinden, die man sich von ihnen erzählt. Es bestand also Einigkeit darüber, daß die geistigen Fähigkeiten von Tieren denen der Menschen ähnlich waren, wenn auch nicht so ausgebildet oder mächtig. Mit anderen Worten: Was geistige Fähigkeiten angeht, scheint der Unterschied zwischen Mensch und Tier demnach eher als quantitativ denn als qualitativ gegolten zu haben.

Der Veterinärmediziner Bruce Fogle hat vor kurzem eine Arbeit über Hunde und Religion vorgelegt. Fogle hat schon viel über das Verhalten von Hunden geschrieben. Er hat eine Gruppe britischer Tierärzte befragt, um etwas über ihre religiösen Gedanken und Vorstellungen zu erfahren und darüber, wie sich diese auf ihre Meinung über Hunde auswirken. Zunächst fragte er die Tierärzte nach ihrer Einstellung zum Leben und zum Leben nach dem Tod, soweit es Menschen betrifft. Er fand, daß Tierärzte eine sehr skeptische Gruppe wissenschaftlich denkender Menschen sind. Tatsächlich glaubten nur zwei von fünf daran, daß Menschen eine unsterbliche Seele besäßen und daß diese Seele in einem Leben nach dem Tod weiterlebt. Unter dieser Gruppe gläubiger Veterinäre stimmte die Hälfte auch der Vorstellung zu, daß Hunde unsterbliche Seelen besäßen und ein Recht auf ein Leben nach dem Tode hätten. Ein Jahr später hatte Fogle Gelegenheit, einer Gruppe japanischer Tierärzte die gleichen Fragen vorzulegen. Die japanische Kultur ist durch die Überlieferungen von Buddhismus und Schintoismus stark beeinflußt worden, die in ihren Ansichten über die Seele weit großzügiger sind als die Religionen des Westens. Sie neigen dazu, fast jedem Lebewesen eine gewisse Form von Bewußtsein und Heiligkeit zuzusprechen. In dieser japanischen Studie gestand jeder der Tierärzte dem Hund eine Seele und ein Leben nach dem Tode zu!

Dieser Streit, ob der Hund nun eine Seele habe oder nicht, hat zu der Kontroverse geführt, die Psychologen, Biologen und andere am Verhalten von Hunden Interessierte letztlich in zwei feindliche Lager teilt. Sie stehen einander immer noch unversöhnlich gegenüber, wenn es um die Beantwortung der anscheinend objektiven wissenschaftlichen Fragen nach Natur und Umfang von Intelligenz, Bewußtsein und Denkfähigkeit bei Hunden geht.

4. Kapitel

Neuzeitliche Ansichten über den Geist des Hundes

> Hunde sind keine mit Pelzmänteln
> herausgeputzte Menschen, und wer
> ihnen ihre Natur verweigert, tut
> ihnen großes Unrecht an.
>
> *Jeanne Schinto*

Um die Zeit, in der sich René Descartes der Frage der tierischen Intelligenz zuwandte, war das klerikale Establishment der katholischen Kirche gerade dabei, seine alten Ansichten zu überdenken und Tieren Intelligenz und Bewußtsein zuzusprechen. Obwohl das Christentum diese Ansicht von Aristoteles übernommen und über die Zeit des Augustinus hinaus daran festgehalten hatte, schien sie jetzt bestimmte Probleme aufzuwerfen. Das gravierendste daran war folgendes: Jetzt hatte es den Anschein, als würde die Kirche Tieren *alle* Aspekte des Geistes zugestehen müssen, darunter auch ein spirituelles Leben und eine Seele, wenn sie ihnen *überhaupt* geistige Fähigkeit zugestand. Und: Wenn Tiere Seelen haben, sind sie damit auch Anwärter auf ein Leben nach dem Tode und haben auch ein Recht auf das Himmelreich.

Die Aussicht, sich Tieren mit einer Seele gegenüberzusehen, warf viele Probleme auf. Während man sich vielleicht noch die Anwesenheit eines Lieblingshundes (oder sogar einer Katze) im Himmel vorstellen oder akzeptieren konnte, war die Idee, daß auch Rinder, Schweine, Fliegen und Spinnen am Tag des Jüngsten Gerichts anwesend sein würden, für die Verteidiger der kirchlichen Doktrin

zuviel. Ein mit einer solchen Ansammlung von Seelen angefüllter
Himmel würde bald überquellen, und ein solches Leben nach dem
Tode würde keine angemessene Belohnung für die Gemeindemit-
glieder sein, denen man ein seliges Leben im Himmel versprochen
hatte. Es würde schwerfallen, sie während ihres Erdenlebens auf
dem schmalen und dornigen Pfad der Tugend zu halten. Überdies
würde die Existenz von Tierseelen eine ganze Reihe ethischer Probleme aufwerfen, etwa bei der allgemein geübten Praxis, Tiere für
die menschliche Ernährung zu töten. Oder denken wir daran, wie
problematisch es dann wäre, ihnen einen freien Willen zu verwei-
gern, indem wir sie in die Knechtschaft zwingen, ihnen andererseits
aber Zugang zu Kirche und Taufe geben müßten, und so weiter.
Das würde zu einem philosophischen und theologischen Chaos
führen.

Man darf nicht vergessen, daß die römische Kirche zur Zeit von
Descartes den größten Teil von Wissenschaft und Forschung kontrollierte. Sie besaß große Macht, unter anderem auch die Fähigkeit, Gedanken zu unterdrücken, die ihr nicht gefielen. Außerdem
konnte sie gegen jeden, der mit der kirchlichen Lehrmeinung nicht
übereinstimmte, fühlbare Sanktionen verhängen. Die Gelehrten der
Zeit gaben diesem Druck nach und fühlten sich somit unfähig, die
Möglichkeit zu bestätigen, daß Tiere eine Seele hätten. Um der Fol-
gerichtigkeit willen mußte man Tieren *alle* geistigen Eigenschaften
absprechen, wenn man ihnen auch nur eine absprach; wenn man
also die Möglichkeit leugnete, daß Tiere eine Seele haben, um im
Himmel eine Bevölkerungskrise zu vermeiden und auf der Erde ein
philosophisches Problem, mußte man auch die Möglichkeit leugnen, daß Tiere Intelligenz, Gefühle, Bewußtsein und alle anderen
Merkmale des Geistes besitzen.

Der mechanische Hund

Descartes, der die Forderungen und Glaubensvorstellungen der Kirche immer in seine Überlegungen einbezog, übernahm ihre Position in seiner *Abhandlung über die Methode* voll und ganz. Nachdem er die Grundvoraussetzung des seelenlosen wilden Tiers akzeptiert hatte, wandte er seine bemerkenswerten geistigen Fähigkeiten der Aufgabe zu, diese Position mit wissenschaftlichen, philosophischen und theologischen Argumenten zu rechtfertigen. Er begann mit der Herabsetzung derer, die zu einer gegenteiligen Schlußfolgerung gelangen könnten, und hielt fest, daß, wie es bei Irrtümern nun einmal sei, «nichts schwache Geister stärker vom geraden Pfad der Tugend abweichen lassen kann als die Annahme, die Seele wilder Tiere sei von der gleichen Art wie unsere».

Descartes wollte die Richtigkeit der Hypothese beweisen, daß Tiere einfach nur Maschinen ohne jedes Bewußtsein und ohne Intelligenz seien. Nachdem er die beweglichen, lebensgroßen Statuen in den königlichen Gärten von Saint-Germain-en-Laye beobachtet hatte, dem Geburtsort Ludwigs XIV., war er überzeugt, daß dies eine vernünftige Position sei. Der Italiener Thomas Francini hatte die Statuen konstruiert. Jede einzelne von ihnen war eine hochkomplizierte Maschine, deren Bestandteile hydraulisch angetrieben wurden und sorgfältig aufeinander abgestimmt waren, um komplexe Bewegungsabläufe zu ermöglichen. In einer Grotte etwa spielte eine Nachbildung der griechischen Mythengestalt Orpheus Musik auf einer Lyra. Während Orpheus spielte, sangen Vögel, und andere Tiere hüpften und tanzten um ihn herum. In einer anderen Grotte kämpfte der Sagenheld Perseus mit einem Drachen; wenn er den Kopf des Drachens traf, versank dieser im Wasser. Die Figuren wurden in Bewegung gesetzt, wenn Besucher der Gärten auf bestimmte Platten des Wegs traten. Der Druck ihrer Schritte setzte Klappen und Ventile in Bewegung, die Wasser durch ein Leitungsnetz in den Statuen strömen ließen und diese so in Bewegung setzten.

In seiner 1664 postum erschienenen Schrift *Über den Menschen* zieht Descartes eine Parallele zwischen dem menschlichen Körper und den belebten Statuen oder *automata* in den königlichen Gärten. Er argumentiert, daß die Nerven des menschlichen Körpers und deren Antriebskräfte den Leitungen und dem Wasser in den Statuen entsprächen. Er vergleicht das Herz mit der Quelle des Wassers, die verschiedenen Hohlräume des Gehirns mit den Wasserspeichern sowie die Muskeln mit den Hebeln, Federn und Rollen, welche die verschiedenen Teile der Statuen in Bewegung setzen.

Descartes argumentiert, der menschliche Körper gleiche in manchen Dingen einer dieser Statuen, da er sich auf vorhersehbare Weise bewege und mechanischen Grundsätzen unterworfen sei. Eine Maschine werde sich jedoch immer von einem Menschen unterscheiden, wie komplex ihre Bewegungen auch seien, wie variabel und kompliziert ihr Verhalten auch konstruiert worden sei: Die Menschen hätten nicht nur einen Körper (der der Mechanik unterworfen sei), sondern auch eine Seele (die dem Geist unterworfen sei). Wer eine Seele habe, besitze die Fähigkeit zu denken und zu einem Bewußtsein. «Ich denke, also bin ich.» Descartes zufolge besteht also der Unterschied zwischen Mensch und Maschine darin, daß der Mensch denkt, Maschinen aber nicht.

Dann vollzieht Descartes den letzten Schritt und argumentiert, Tiere seien in Wahrheit nur biologische Maschinen. Er behauptet, alles im tierischen Verhalten könne sich mechanisch reproduzieren lassen. Überdies könnten alle Vorgänge in Tieren ohne jedes Bewußtsein und ohne jedes Nachdenken erfolgen. Immerhin brauchten auch wir kein Bewußtsein, um unseren Herzschlag zu kontrollieren; er sei eine Tätigkeit des maschinenhaften Teils unserer Existenz wie die Verdauung, das Atmen oder viele andere Körperfunktionen. Selbst einige Tätigkeiten, die Vernunft und Intelligenz zu erfordern schienen, verlangten nicht wirklich Bewußtsein oder dessen Gebrauch (wenn man etwa die Hand schnell von einer heißen Fläche zurückzieht, geschieht dies ohne jeden willentlichen oder bewußten Befehl an die Muskeln; tatsächlich wird der Schmerz erst empfunden, *nachdem* seine Ursache schon nicht mehr gegeben ist). Descartes zufolge sei dies die Ebene, auf der Tiere funktionierten. Sowohl ihre wichtigsten Körperfunktionen wie ihre offenkundige Reaktionsfähigkeit auf die Umgebung hätten nichts mit Bewußtsein, Intelligenz, einem Bewußtsein ihrer selbst oder mit Seele zu tun. Descartes bot viele vermeintliche Beweise dafür, daß Tiere nichts weiter seien als seelenlose Maschinen. Manche davon waren schlichte theologische Argumente. Beispielsweise brachte die Marquise von Newcastle ein Argument vor, dem sich Darwin zwei Jahrhunderte später anschloß. Sie bat Descartes nämlich, sich die Möglichkeit zu überlegen, daß Tiere mit Organen, die unseren ähnlich seien, vielleicht den unseren ähnliche Gedanken haben könnten, «die aber weit weniger vollkommen sind». Statt auf der Grundlage belegbarer Tatsachen an das Thema heranzugehen, suchte Descartes nur nach einem Weg, seine ursprüngliche Schlußfolgerung zu wiederholen. In einem Brief an die Marquise vom 23. November 1646 sagte er: «Ich habe darauf nur folgendes zu erwidern: Wenn sie [die Tiere] so dächten wie wir, hätten sie wie wir eine unsterbliche Seele. Dies ist unwahrscheinlich, weil es keinen Grund zu der Annahme gibt, es von einigen Tieren anzunehmen, ohne es bei allen zu vermuten, und viele von ihnen, wie etwa Austern und Schwämme, sind viel zu unvollkommen, um so etwas glaubhaft erscheinen zu lassen.»

Dies ist ein merkwürdiges Argument: Wenn eine Auster nicht denken kann, kann es auch ein Hund nicht, denn beide sind Tiere. Wäre es nicht logisch, dieses Argument zu erweitern und zu sagen, wenn ein Hund nicht denken kann, kann es auch ein Mensch nicht, denn auch sie seien beide Tiere? Überdies bezog sich die Frage der Marquise auf Tiere, die uns ähnliche Organe besitzen – was auf Hunde zutrifft, auf Austern aber nicht. Wenn es um Ähnlichkeit geht, hätte dann Descartes nicht ebenso leicht sein Argument umdrehen und sagen können, daß auch ein Hund denken müsse, wenn es ein Mensch kann, weil beide Tiere ähnliche Organe hätten? Wenn übrigens physiologische Ähnlichkeit ein Beweis für spirituelle Ähnlichkeit ist, kann die Denkfähigkeit des Menschen keinerlei Implikationen für die Auster haben, da die beiden körperlich so verschieden sind. Descartes hat es jedoch vorgezogen, diese alternativen Überlegungen gar nicht erst in Betracht zu ziehen.

Descartes' weitere Argumente beruhten auf zwei Proben, mit denen man denkende Wesen von einfachen Maschinen unterscheiden kann. Die erste beruht auf dem Argument, nur ein bewußtes, rationales Lebewesen könne sich der Sprache auf schöpferische Weise bedienen. Descartes sagt, kein Tier sei fähig, «mehrere Worte zu gruppieren und mit ihnen eine Äußerung zu formulieren». Im Gegensatz zu Tieren könnten selbst die dümmsten Menschen die Sprache zumindest dazu verwenden, ihre Gedanken auszudrücken. Er kommt zu dem Schluß: «Dies zeigt nicht nur, daß die Tiere weniger Verstand haben als Menschen, sondern daß sie überhaupt keinen Verstand haben.» Im sechsten Kapitel dieses Buches gehe ich dieser Frage von Sprache und Kommunikation bei Hunden nach – mit Ergebnissen, die Descartes vielleicht erschreckt hätten.

Die zweite Probe betrifft kreatives Handeln. Tiere und Maschinen können nur das tun, wofür sie bestimmt sind. In den Gärten Ludwigs XIV. wird sich die Orpheus-Statue niemals spontan umdrehen und einem Besucher nachwinken; sie kann nur das tun, wozu sie konstruiert ist, nämlich an den Saiten der Lyra zupfen. Bewußte Lebewesen jedoch können ihr Handeln durch gedankliche Prozesse verändern. Descartes sagt, «viele Tiere legen in manchem zwar eine größere Geschicklichkeit als wir an den Tag, aber in vielen anderen Dingen erweisen sie sich als hoffnungslos ungeschickt». Er unterstellte ihnen damit einen Mangel an flexibler Reaktion auf die sie umgebenden Situationen. Er fährt fort: «Tiere besitzen überhaupt keine Intelligenz, und es ist die Natur, die in ihnen am Werk ist, wie es der Disposition ihrer Organe entspricht.» Also etwa so, wie Hebel und Rollen die Bewegungen der Statuen festlegen.

Descartes hat offenkundig versäumt, tierisches Verhalten systematisch zu beobachten, um seine Hypothese angemessen zu prüfen. Es gibt nämlich zahlreiche Beispiele von Situationen, in denen Hunde kreatives Handeln an den Tag legen. Ein Freund von mir hat von seinem Foxterrier namens Charger erzählt. Als mein Freund eines Morgens Milchkaffee zum Frühstück machte, entdeckte er, daß er zuviel Milch heiß gemacht hatte. So beschloß er, die überschüssige Milch Charger zu geben, der damals noch ein Welpe war. Er goß etwas Milch in eine Untertasse und stellte sie auf den Fußboden. Leider hatte er vergessen, wie heiß die Milch war, und als der Hund davon zu trinken begann, verbrannte er sich die Zunge.

Von diesem Tag an näherte sich Charger jeder Schale Milch mit äußerster Behutsamkeit und steckte erst die Pfote in die Flüssigkeit, anscheinend um zu sehen, ob sie zu heiß war. Erst wenn er sich überzeugt hatte, daß sie es nicht war, berührte er sie mit der Zunge. Ein solches Verhalten ist mit Gewißheit kein Bestandteil der festgelegten Verhaltensmuster der meisten Hunde, sondern verrät vielmehr Erinnerungsvermögen, eine Vorwegnahme möglicher Konsequenzen und eine anpassungsfähige Reaktion auf eine bestimmte Situation.

In einer anderen Geschichte, die man mir erzählt hat, geht es um einen großen schwarzen Neufundländer namens Peggy, der einer jungen Frau gehörte. Eines Tages kam eine Freundin zu Besuch und brachte ihren Hund mit, einen winzigen weißen Malteser (dessen Namen ich nie erfahren habe). Der Malteser war offensichtlich aufgekratzt und rannte mehrmals um den Neufundländer herum. Er wollte mit ihm spielen und flitzte immer wieder zwischen den Pfoten des größeren Hundes hindurch. Einmal rannte der kleine weiße Hund auf den großen zu. Peggy wurde sichtlich ärgerlich und ließ einfach eine große Pfote auf den Rücken des Maltesers fallen. Da der kleine Hund jetzt am Fußboden wie festgenagelt war, blieb es ein paar Minuten still im Raum. Der kleine Hund ließ sich jedoch nicht lange so festhalten und machte sich irgendwann frei. Als die Malteserhündin sich wieder bewegen konnte, wurde sie in ihrem Spiel noch aktiver und unruhiger. Schließlich konnte Peggy die Belästigung nicht mehr ertragen. Sie stand auf, und als der Malteser vor ihr hin und her sauste, langte sie mit dem Fang hinunter und packte den kleinen Hund im Nackenfell, etwa so wie eine Hündin ihre Welpen trägt. Der kleine weiße Hund wurde sofort schlaff, vermutlich aus Furcht, und während die beiden Frauen verblüfft zusahen, schritt der Neufundländer mit seinem Opfer aus dem Raum. Peggy begab sich schnurstracks ins Badezimmer, in der eine altmodische Badewanne stand, die auf Löwenpranken stand und sehr hohe Seitenwände hatte. Peggy ließ den Hund in die Wanne fallen und sah eine Zeitlang zu, während der Malteser erfolglose Versuche machte herauszuspringen. Dann drehte Peggy sich um, ging wieder zu ihrem Ruheplatz in der Mitte des Wohnzimmers zurück, legte sich bequem hin und schlief ein, während die beiden Frauen sich vor

Lachen bogen. Von all den unzähligen Möglichkeiten, die man sich vorstellen kann, wie ein Hund das Problem lösen könnte, einen unerwünschten Gast loszuwerden, war dies eine der kreativsten und zudem gewaltlosesten, auf die der Neufundländer hätte kommen können.

Ethische Konsequenzen

Als Descartes Tieren Intellekt, Vernunft und Bewußtsein rundweg absprach, hatte dies leider nicht nur wissenschaftliche und intellektuelle Konsequenzen. Indem er Tieren diese höheren geistigen Fähigkeiten absprach, verweigerte Descartes ihnen auch Gefühle und Emotionen. Wenn man ihm folgt, würde der Aufschrei eines Tiers, das geschlagen wird, nicht auf Schmerz hindeuten, sondern eher so etwas sein wie das Klirren von Federn oder Glocken, das man hört, wenn man eine Uhr oder ein Spielzeug zum Aufziehen fallen läßt. Nicolas de Malebranche, ein französischer Philosoph, der Descartes' Werk weiterführte, griff diese Idee auf, als er behauptete: «Tiere fressen ohne Vergnügen, weinen ohne Schmerz, handeln, ohne es zu wissen; sie ersehnen nichts, fürchten nichts, wissen nichts.»

Das hatte zur Folge, daß Descartes' Analyse später zur Rechtfertigung massiver Grausamkeiten gegenüber Tieren diente. Bernard le Bovier de Fontenelle besuchte Malebranche einmal in einem Hörsaal an der Rue Saint-Honoré. Während die beiden Männer sich unterhielten, sah der Besucher, wie Malebranche einer trächtigen Hündin, die sich zu seinen Füßen herumwälzte, einen Fußtritt versetzte. Der Hund stieß einen Schmerzensschrei aus, und Fontenelle sprang auf, um ihn zu verteidigen. Malebranche tat den Zwischenfall mit einer Handbewegung ab und sagte: «Wissen Sie denn nicht, daß er nichts empfindet?» Später führte dieses Denken zu Experimenten, bei denen man die Tiere an den Pfoten an Brettern festnagelte, um sie dann bei lebendigem Leibe zu operieren, nur um etwa zu erkennen, wie der Blutkreislauf in einem lebendigen Tier funktioniert. Wer die armen Geschöpfe wegen ihrer Schmerzen bedauerte, wurde als unwissender Dummkopf ausgelacht. Immerhin galten Tiere nicht als empfindungsfähige und fühlende Geschöpfe; sie waren nur Maschinen, die man zu Studienzwecken auseinandernahm. Demzufolge erschienen diesen Menschen moralische Bedenken unangebracht, da das Leiden und der Schmerz von Tieren nicht real waren.

Man könnte sich versucht fühlen, diese Haltung als das unaufgeklärte Denken der Vergangenheit abzutun. Gleichwohl kann man heute noch derart extremen Ansichten begegnen, fast dreihundertfünfzig Jahre nach den Theorien Descartes'. So schrieb beispielsweise P. Carruthers 1989 in dem angesehenen *Journal of Philosophy* über Tiere: «Da ihre Erfahrungen einschließlich ihrer Schmerzen unbewußt sind, sind diese kein Gegenstand unmittelbarer moralischer Besorgnis. Da alle mentalen Zustände von Tieren unbewußt sind, geben ihre Verletzungen nicht einmal indirekt zu moralischen Bedenken Anlaß.»

In diesem Zusammenhang ist es interessant festzustellen, daß Wissenschaftler und Philosophen, die solchen Ansichten huldigen, in ihrem Privatleben oft ganz anders handeln und denken. Die extreme Vorstellung, daß nur Menschen Bewußtsein und Intelligenz besäßen und daß nur Leiden und Schmerz von Menschen von Bedeutung seien, läßt sich im Privatleben anscheinend nicht ohne weiteres durchhalten, vor allem dann nicht, wenn man mit einem Haustier zusammen lebt. So wissen wir beispielsweise, daß Descartes einen Hund namens Monsieur Grat besaß – ein recht verwöhntes Tier, mit dem Descartes ebenso sprach wie wir mit unseren Hunden. Er machte sich um die Gesundheit seines Tiers Sorgen und sprach von Dingen, die der Hund mochte oder nicht mochte. Manchmal stellte er sogar Spekulationen darüber an, was der Hund wohl denke. Soviel Sorge um eine unbewußte Maschine? Würde denn jemand zu einer Maschine wie etwa einer Armbanduhr sprechen und Spekulationen über ihre Gesundheit und derlei anstellen? Bei Descartes' tagtäglichen Interaktionen mit seinem Hund war es offenbar nicht nur bequem, sondern vielleicht unvermeidlich, diesem ein Bewußtsein zu unterstellen.

Die behavioristische Position

Da ich mich mein ganzes Berufsleben lang mit angewandter Psychologie beschäftigt habe, habe ich es mit vielen ihrer Sache ergebenen Verhaltensforschern zu tun gehabt, die sich Behavioristen nennen – Leuten also, die sich dem philosophischen Erbe Descartes' verpflichtet fühlen. Sie haben eine im Kern mechanistische Vorstellung von Verhalten, obwohl die «Maschinerie» in der modernen Wissenschaft von Nervenzellen, Muskeln und Hormonen gesteuert wird. Schon der Begriff *Behaviorismus* deutet auf einen Ansatz hin, der tierisches Handeln nach von außen zu beobachtenden Bewegungsmustern beurteilt statt nach inneren Zuständen. Wörter wie *Verlangen, Absicht, Vernunft* und andere, die ein bewußtes Denken nahelegen könnten, kommen in dem beruflichen Vokabular des Behavioristen nicht vor.

Einige Wissenschaftshistoriker meinen, der Behaviorismus sei nicht nur eine positive Reaktion auf die von Descartes vertretene philosophische Position, sondern auch eine Reaktion auf eine wissenschaftliche Peinlichkeit, die viel dazu beigetragen hat, eine Reihe von Psychologen in den Augen anderer Wissenschaftler zu diskreditieren. Der Fall ereignete sich Anfang des zwanzigsten Jahrhunderts und betraf ein Pferd, das vermeintlich Rechenkünste vorführte. Der Kluge Hans, als der er inzwischen in die Literatur eingegangen ist, wurde als das denkende Pferd an sich angepriesen, als ein Tier, das Rechenaufgaben lösen könne. Um die Intelligenz des Tieres zu demonstrieren, stellte der Betreuer dem Pferd zunächst eine Rechenaufgabe – einfache Addition, Subtraktion, Multiplikation oder Division –, meist indem er sie auf eine Karte schrieb. Anschließend rechnete das Pferd und deutete die Antwort durch Auftreten mit dem Huf an. Viele berühmte Psychologen der Zeit waren überzeugt, daß das Pferd tatsächlich rechnete, und werteten die Darbietung des Klugen Hans als hervorragendes Beispiel von Bewußtsein und Verstand bei Tieren.

Natürlich gab es auch ein paar Skeptiker und einige Probleme. Beispielsweise brauchte Hans für die Lösung schwieriger Aufgaben etwa die gleiche Zeit wie bei einfachen, was merkwürdig zu sein schien. Zunächst dachten manche, der Betreuer arbeite mit irgendwelchen Tricks. Wenn jedoch jemand eine Rechenaufgabe stellte, den Hans noch nie gesehen hatte, löste er sie genauso leicht und genau, selbst wenn sein Betreuer nicht zu sehen war. Für viele Wissenschaftler schien dies die Intelligenz des Pferdes zu bestätigen. Mehrere weltbekannte Psychologen schrieben Arbeiten, in denen sie ihren Glauben an die höheren geistigen Fähigkeiten von Hans bestätigten. Im Jahre 1911 jedoch ließ ein weniger bekannter Psychologe namens Oskar Pfungst mit Hilfe einiger Daten, die er zusammengetragen hatte, die Seifenblase platzen. In einer Reihe sorgfältig durchgeführter Experimente gelang es Pfungst zu zeigen, daß Hans die geschriebenen Zahlen gar nicht ansah. Was tat er dann? Es hat den Anschein, als hätte Hans in Wahrheit die Menschen beobachtet, die ihm eine Aufgabe stellten, und auf die unauffälligen Signale reagiert, die sie unbewußt gaben, wenn sie das Pferd beobachteten und darauf warteten, daß das Pferd nach der richtigen Zahl von Huftritten aufhörte. Selbst wenn die Anwesenden ihre Reaktionen bewußt zu verstecken versuchten, indem sie völlig still standen oder ihren Gesichtsausdruck zu beherrschen versuchten, schien Hans trotzdem fähig zu sein, ihren Reaktionen subtile Hinweise zu entnehmen, die ihn auf die richtige Antwort brachten. Wenn Hans niemanden sehen konnte oder wenn derjenige, der ihm die Aufgabe stellte, die Antwort nicht kannte, trat Hans einfach beliebig oft mit dem Huf auf.

Der gesamte Vorgang, vor allem die Tatsache, daß sich berühmte Wissenschaftler von einem Pferd anscheinend zu dem Glauben hatten verleiten lassen, das Tier besäße eine besondere Intelligenz, wurde für das Forschungsgebiet der Psychologie mehr als peinlich. Als ich noch Student war, wurde der Fall des Klugen Hans von meinen Professoren immer als definitives Beispiel dafür zur Sprache gebracht, daß jede Annahme, Tiere könnten höhere geistige Fähigkeiten besitzen, nur zu Demütigung und Schande führen könne. Erst viele Jahre später dämmerte mir die Erkenntnis, daß solche wissenschaftliche Behutsamkeit weit über das notwendige Maß hinaus übertrieben worden war. Jetzt galt sie als Rechtfertigung dafür, daß man Tieren selbst das geringste bewußte Denken absprach. Die Tatsache, daß ein Pferd keine Rechenaufgaben lösen konnte, war zu der Schlußfolgerung erweitert worden, Tiere seien grundsätzlich unfähig, zu denken oder vernünftig zu handeln. Ich weiß noch, wie ein Student im Hörsaal fragte, nachdem die Geschichte des Klugen Hans erzählt worden war: «Kann es nicht sein, daß das Pferd trotzdem ein Bewußtsein besaß? Wir wissen, daß es nicht rechnen konnte, aber hätte es nicht etwas denken können wie ‹Ich trete einfach weiter mit dem Huf auf, bis dieser Mann da lächelt. Dann höre ich auf, und das wird ihm gefallen.› Wäre ein solches bewußtes Denken nicht mit den Ergebnissen in Einklang zu bringen?» Der Professor tat die Frage mit der Bemerkung ab: «Das erfordert keinerlei Bewußtsein; das ist nichts weiter als eine Reaktion auf äußere Reize, auf Stichworte.»

Rückblickend kommt es mir vor, als würde die mechanistische Natur der behavioristischen Argumentation seit diesem Fall zwar unausgesprochen, aber doch wesentlich von dem Wunsch mitbestimmt, sich nicht noch einmal von irgendeinem Klugen Hans hereinlegen zu lassen. Die Möglichkeit, daß Psychologen auch den entgegengesetzten Fehler machen könnten – oder, um das alte Klischee zu benutzen, daß sie das Kind mit dem Bade ausschütten –, indem sie eine bewußte Geistestätigkeit selbst dann nicht erkennen, wenn sie ihr begegnen, schien den behavioristisch orientierten Psychologen nicht in den Sinn zu kommen.

Die Vorstellung des wissenschaftlich geschulten Verhaltensforschers, Tiere seien weiter nichts als Maschinen, scheint auf das Labor und die Analyse der wissenschaftlichen Studien über sie beschränkt zu sein. Wie im Fall von Descartes und seinem Hund scheint die Ansicht, Hunde besäßen kein Bewußtsein, sich in Luft aufzulösen, wenn der Behaviorist das Labor verläßt. So gut wie alle Hundebesitzer unter den behavioristischen Biologen und Psychologen, die ich kennengelernt habe, scheinen ihre Lieblinge weitgehend genauso zu sehen wie normale Hundebesitzer, die keine Wissenschaftler sind. Wenn behavioristische Psychologen mit ihren eigenen Hunden und alltäglichen Situationen zu tun haben und nicht mit Versuchstieren und experimentellen Situationen, scheinen sie es für absolut verständlich – und wahrscheinlich sogar für durchaus notwendig – zu halten, ihren eigenen Hunden bewußte mentale Zustände zuzugestehen. Ich sage dies nicht, um mich über die Inkonsequenz einiger meiner Kollegen lustig zu machen, sondern um zu betonen, daß die Annahme von Bewußtsein bei Hunden und anderen Tieren selbst denen einleuchtend erscheint, die sonst alles daransetzen, es öffentlich zu leugnen.

Es ist einfach so, daß wir unsere Tiere erheblich besser zu verstehen scheinen, wenn wir die Tatsache akzeptieren, daß sie einfache Gefühle, Ängste, Wünsche und Meinungen haben, Pläne machen, Ziele haben, und so weiter. Wie kann jemand mit einem Hund leben, ohne zu denken: «Der Hund hat Durst und möchte etwas Wasser», wenn dieser vor einer leeren Wasserschüssel steht, bellt und sie dann mit der Nase auf einen zuschiebt? Drängt sich einem nicht der Gedanke auf, «der Hund möchte raus», wenn er einen anbellt und mit der Pfote an der Haustür kratzt? Wie viele solcher Sätze fallen einem sonst noch ein?

«Der Hund hat Schmerzen.» – «Der Hund ist wirklich kinderlieb.» – «Der Hund möchte spielen.» – «Der Hund kann meine Schwiegermutter nicht leiden.» – «Der Hund ist glücklich.» – «Der Hund vermißt unsere Tochter.» – «Das Hundefutter dieser Firma mag der Hund nicht fressen.» – «Der Hund verhält sich so, weil er erwartet, daß er bald etwas zu fressen bekommt.» Diese Liste ließe sich beliebig verlängern. Begriffe wie *mögen, wollen, vermissen, erwarten* und so weiter deuten alle auf ein Seelenleben und Bewußtsein hin.

Wenn solche auf ein Seelenleben von Tieren hindeutende Beschreibungen den psychologischen Theorien von Behavioristen zufolge wissenschaftlich nicht haltbar sind – wie kommt es dann, daß wir diese selben brillanten Wissenschaftler dabei ertappen, wie sie ihre eigenen Hunde oder selbst Versuchstiere im Labor damit beschreiben, wenn sie nicht gerade an wissenschaftlichen Studien arbeiten? Antwort: Weil diese Begriffe und die Analysen, die auf ihrer Verwendung aufbauen, manches vorhersagen und erklären. Sie erlauben uns, Aktionen auszuwählen, die das Verhalten unserer Hunde in vorhersehbarer Weise verändern werden. Nehmen wir einmal an, wir verwendeten sie nicht, sondern hielten uns statt dessen an einen strikt behavioristischen Standpunkt. Dies würde bedeuten, daß wir uns jede Überlegung zu bewußten Erfahrungen oder bewußtem Denken bei Tieren versagen müßten, um dafür in

Begriffen einfacher Reaktionen auf Reiz-Inputs sowie instinktiver und genetischer Programmierung zu sprechen. Ich bezweifle, daß wir unter solchen Umständen aus dem Verhalten von Hunden überhaupt irgendwelche Schlüsse ziehen könnten.

Betrachten wir einmal die folgende einfache Verhaltensabfolge, wie sie mir eine Hundebesitzerin beschrieben hat. Ihr Hund (ein Springer-Spaniel namens Rowdy) begibt sich zunächst zur Garderobe in der Diele. Die Garderobe hat eine Schiebetür, die der Hund mit der Pfote öffnet. Als nächstes schnappt sich Rowdy die Leine, die an einem Haken hängt. Da die Handschleife an dem Haken hängt, muß der Hund hochspringen und sie mit einer schnellen Kopfbewegung vom Haken lösen. Mit der Leine in der Schnauze begibt er sich dann ins Wohnzimmer, wo sein Frauchen sitzt. Wenn Rowdys Frauchen nicht zu bemerken scheint, daß der Hund dasitzt, läßt der Spaniel die Leine fallen und bellt. Wenn sein Frauchen hochsieht, hebt er die Leine wieder auf und legt sie ihr auf den Schoß, tänzelt ein paar Schritte zur Tür und bellt erneut. Wenn Rowdys Frauchen sich immer noch nicht bewegt, geht der Spaniel zu ihr zurück, nimmt ein Ende der Leine in die Schnauze, schüttelt sie ein- oder zweimal, läßt sie fallen, bellt wieder und wiederholt den kleinen Tanz zur Haustür. Die einfachste Deutung dieses Verhaltens liegt auf der Hand: Der Hund möchte spazierengehen und weiß, wie er seinem Frauchen diesen Wunsch mitzuteilen hat.

Bedauernswert jedoch der arme Behaviorist, der diese Abfolge von Aktionen beschreiben soll. Eine ausschließlich auf das Verhalten abgestellte Beschreibung kann den Einsatz irgendeiner Art von Absicht nicht zulassen, und überdies kann der Hund kein bewußtes Ziel im Auge gehabt haben, das sein Verhalten leitet. Der Behaviorist kann zumindest bei der wissenschaftlichen Erörterung keine mentale Überlegung einbeziehen, etwa die Frage, wo die Leine ist, oder einen bewußten Plan, sie vom Haken zu bekommen. Ebensowenig kann er ein Vorstellungsvermögen berücksichtigen, wo das Frauchen vielleicht sein könnte, oder eine begriffliche Vorstellung von Ursache und Wirkung, die das mehrmalige Hin- und Herlaufen des Hundes zwischen Frauchen und Tür auslöst, um so zu erreichen, daß er spazierengeführt wird. Statt dessen lösen für den Behavioristen Reize automatische und mechanische Reaktionen aus sowie einfache erlernte Sequenzen ohne bewußte Komponenten. Aber was ist das, ein Reiz, der diese Abfolge «spazierengehen» auslöst? Eine volle Blase vielleicht? Wenn das zuträfe, hätte der Hund sich doch auf der Stelle erleichtern müssen, oder etwa nicht? «Nein», sagt der Behaviorist, «er hat gelernt, daß dieses Verhalten nur Strafe bringt.» Sollte der Hund dann nicht einfach nur an der Tür kratzen, da sie die einzige Barriere zwischen ihm und dem Ort ist, an dem er sich ungestraft erleichtern kann? Würde es nicht genügen, nur dieses Hindernis zu überwinden? Warum sollte der Hund soviel Zeit damit verbringen, an der Schiebetür zur Garderobe zu arbeiten, wenn er nicht das Bild der Leine darin im Kopf hat? Man hat ihm schließlich nie beigebracht, diese Tür zu öffnen. Wenn er aber gelernt hat, Schiebetüren zu öffnen, und wenn dieses Verhalten durch den Anblick einer solchen Tür automatisch ausgelöst wird – warum öffnet er dann nur diese Tür und nicht auch noch jede andere Schiebetür, die ihm unter die Augen kommt? Ferner: Warum geht er zu anderen Tageszeiten meist an dieser Garderobentür vorbei, ohne sie zu öffnen, wenn der Anblick der Tür automatisch die Reaktion auslöst, eine solche Tür zu öffnen? Und was hat die Leine zu bedeuten? Für irgendwelche eigenen Vorhaben braucht der Hund sie ganz gewiß nicht. Sie hat in dieser Handlungsabfolge keinerlei Funktion, es sei denn, es besteht irgendeine bewußte Verbindung, vielleicht sogar eine symbolische, in der sie als Mittlerin eingesetzt wird, um den Hund seinem erwünschten Ziel des Spazierengehens näherzubringen. Wenn die Leine aber ein Zielobjekt für sich ist, warum sollte der Hund sie seinem Frauchen auf den Schoß legen, statt etwas anderes mit ihr anzufangen? Warum das Bellen, wenn es nicht dem Zweck dient, das Frauchen aufmerksam zu machen? Warum das Tänzeln zur Tür, warum diese Blicke über die Schulter, mit denen der Hund sich vergewissern will, ob er irgendeine sofortige Reaktion ausgelöst hat? Warum...?

Der Behaviorist muß jede Komponente jedes Handelns analysieren, und zwar ohne jeden Verweis auf Vorausplanung, Intelligenz, vernünftiges Denken oder Bewußtsein. Ein kluger Behaviorist würde es vielleicht schaffen, eine solche theoretische Analyse zu liefern. Dazu wäre jedoch die Isolation einer Vielzahl spezifischer Reize und der damit verbundenen automatischen, mechanischen

Reaktionen nötig. Ferner würde der Behaviorist unzählige einzelne erlernte Komponenten berücksichtigen müssen, von denen jede im Verlauf längerer Zeit entstanden ist, und zwar mit spezifischen Belohnungen (Verstärkungen), die beschrieben werden müßten. Dann müßte noch irgendein Prozeß beschrieben werden, mit dem all diese Reaktionen verknüpft werden, so daß sie eine einzige, integrierte, automatisch ablaufende, von Denken jeder Art losgelöste Sequenz von Muskelbewegungen ergeben. Natürlich würde es auch jede kleine Veränderung der Reize in der Umgebung erforderlich machen, weitere Lern- und Reiz-Reaktions-Sequenzen ins Kalkül einzubeziehen. Der Behaviorist müßte erklären, warum das Verhalten sich an verschiedene Bedingungen anpaßt – wenn etwa das Frauchen in der Küche ist statt im Wohnzimmer –, warum der Hund sein Verhalten auf sinnvolle und anpassungsfähige Weise verändert, wenn er beispielsweise seinem Frauchen die Leine vor die Füße legt, wenn diese steht, während er sie ihr auf den Schoß legt, wenn sie sitzt. Ferner: Warum der Hund die Schiebetür zur Garderobe selbst dann noch öffnet, wenn sie frisch gestrichen worden ist und somit anders aussieht und riecht als vorher. Jede winzige Veränderung der Umweltbedingungen wäre von neuen Reizen, Reaktionen, erlernten Komponenten und so weiter abhängig. Das wäre in etwa wie bei jedem einzelnen Vorgang, den ein Computerprogramm bewältigt. Dazu sind zusätzliche Programmcodes nötig und spezifische Formen der Verästelung der vorhergehenden Programmstruktur.

Betrachten wir die Sache realistisch: Ist es wahrscheinlich, daß selbst der hingebungsvollste Behaviorist jedes an dem Gesamtvorgang beteiligte Verhalten in komplexe Sequenzen auflöst wie etwa die, die ich oben beschrieben habe, was immer die theoretische Orientierung erfordern mag? Ich möchte bezweifeln, daß je ein behavioristischer Psychologe, der ein Handlungsmuster wie das soeben analysierte beobachtet hat, seiner Frau zugerufen hat: «Liebling, der Hund hat eine Verhaltenssequenz gezeigt, die damit endete, daß er mir die Leine in die Hand gab. Ich habe das Gefühl, daß die nächste Gruppe von Reizen, der er ausgesetzt werden sollte, von außerhalb des Hauses kommen muß. Wenn wir das nicht erlauben, wird der Hund nicht für das Verhalten belohnt werden, für das er bisher immer belohnt worden ist, und damit wird diese Reaktionssequenz bald gelöscht sein und sich später nicht mehr zeigen, wenn sich neue Gelegenheiten dazu bieten. Außerdem halte ich es für wahrscheinlich, daß der Druck der vollen Blase, der, wie ich annehme, das Verhalten ausgelöst hat, das zu dem jetzigen Reaktionsmuster geführt hat, die erlernten Hemmungen überwinden wird, sich im Haus zu erleichtern. Das bedeutet, daß wir hinterher saubermachen müssen.» Ich kann mir eine solche Äußerung nicht vorstellen. Ich würde vielmehr darauf wetten, daß der Behaviorist ausrufen würde: «Liebling, der Hund möchte Gassi gehen.» Ein solcher Wunsch würde alle Verhaltensweisen erklären, wie wir sie gesehen haben, und auch das künftige Verhalten des Hundes erkennbar werden lassen, etwa seine Aufregung, daß er zur Tür läuft, wenn das Frauchen mit der Leine in der Hand aufsteht. Der Wunsch, spazierenzugehen, würde einen auch das fröhliche Schwanzwedeln erwarten lassen, das sich gleich anschließt (wenn wir zugeben, daß Hunde fähig sind, so etwas wie Freude zu empfinden).

Wenn man der Maschine ihre Seele wiedergibt

Wenn man bestimmte Verhaltensforscher außerhalb ihres beruflichen Umfelds beurteilen will, braucht man nicht einmal zu spitzfindigen Argumenten zu greifen. Schon schlichte Logik fordert die Grundlage ihres Arguments heraus, Tiere seien nichts weiter als unbewußte biologische Maschinen. Wenn man Behavioristen bedrängt, etwa bei einer wissenschaftlichen Diskussion, sagen sie: «Da wir aus direkter Kenntnis nichts vom subjektiven Erleben oder von den Gefühlen eines anderen Lebewesens wissen, ist es am einfachsten anzunehmen, daß sie kein Bewußtsein oder Gefühle und derlei haben.» Behavioristen haben sich für eine ganz spezifische Sichtweise entschieden, die auf einer bestimmten Argumentationsmethode beruht. Zunächst wird so gut wie alles angezweifelt, worauf man sich das ansieht, was übrigbleibt, wenn alle Daten erklärt sind. So würde es zunächst etwa heißen, dem Verhalten eines Hundes müsse es an Bewußtsein und intelligenter Planung fehlen, es sei denn, es gebe Beweise für das Gegenteil.

Es ist in diesem Zusammenhang interessant festzustellen, daß Behavioristen dieses Argument nicht bis zum Äußersten treiben. Sie übertragen diese Argumentationskette nämlich nicht auf andere Menschen. Wenn ich es täte, könnte ich nicht davon ausgehen, daß meine Leser bewußt handeln, es sei denn, sie bewiesen es mir! Wie konnten Sie das tun? Woher sollte ich wissen, daß Sie tatsächlich bewußt handeln und nicht auf irgendeine komplexe, mechanische Art und Weise automatisch oder programmiert reagieren? Immerhin gibt es Computerprogramme und sogar einige Anrufbeantworter, die einem das Gefühl geben, als führte man eine sinnvolle Unterhaltung mit ihnen. Manche ergeben zumindest ebensoviel Sinn wie manche Konversationen auf Cocktailparties, die ich schon erlebt habe, nämlich mit Menschen, von denen ich annahm, daß sie bewußt handelnde Lebewesen waren. So weit treiben Behavioristen ihren Zweifel jedoch nicht. Statt dessen beginnen sie mit mindestens einer Annahme, die sie nie einem Zweifel aussetzen: nämlich mit dem Glauben, daß es, da sie selbst bewußt handelnde Menschen seien, logisch sei anzunehmen, daß auch jedes andere Lebewesen, das sich als Mensch bezeichnen läßt, ebenso zu bewußtem Handeln fähig sei. Bewußtsein wird nur dann geleugnet, wenn es um Tiere geht.

Natürlich könnte der Behaviorist aus logischer Sicht auch am anderen Extrem beginnen. Es ist genauso zulässig, als Ausgangsposition ein Bewußtsein anzunehmen: Das heißt, wenn Menschen bewußt handeln, kann man logischerweise auch alle anderen lebenden Wesen, die auf Signale ihrer Umwelt reagieren, genauso für bewußt handelnd ansehen, es sei denn, das Gegenteil würde bewiesen. Diese Argumentation ist genauso sinnvoll wie die umgekehrte, und beide sollten letztlich geeignet sein, die Wahrheit ans Licht zu bringen, zumindest auf Feldern, auf denen sich objektive Daten gewinnen lassen.

Wenn ich jetzt also sage, wir sollten mit der Annahme beginnen, auch Tiere handelten bewußt und könnten intelligent vorausplanen, heißt das nicht, daß wir dabei willkürlich vorgehen sollten.

Einige Vorsichtsmaßregeln sind hier schon angebracht. Die wichtigste ist Morgans Grundregel, einer jener fast religiösen Grundsätze, wie sie Psychologie- oder Biologiestudenten beigebracht werden, wenn es um das Verhalten von Tieren geht. Dieser Grundsatz wurde von C. Lloyd Morgan aufgestellt, einem britischen Psychologen, der vom Ende des vorigen Jahrhunderts bis in die dreißiger Jahre hinein eine Reihe einflußreicher Bücher über Tierpsychologie geschrieben hat. Mit Morgans Worten lautet der Grundsatz wie folgt: «In keinem Fall dürfen wir ein Handeln als das Ergebnis des Waltens einer höheren geistigen Fähigkeit deuten, wenn es sich als Ergebnis der Anwendung einer Fähigkeit deuten läßt, die auf der psychologischen Stufenleiter tiefer steht.» Verhaltensforscher haben sich diesen Gedanken voll und ganz zu eigen gemacht und interpretieren ihn so, daß es ungerechtfertigt sei, Tieren ein Bewußtsein zuzuschreiben, wenn das Verhalten des Tiers sich auf andere Art und Weise erklären lasse, denn Bewußtsein sei mit Sicherheit eine «höhere geistige Fähigkeit». Tatsächlich ist diese Interpretation falsch, da Morgan absolut nichts dagegen hatte, Tieren ein Bewußtsein zu unterstellen: Er nennt sogar Beispiele, die er dem Verhalten von Hunden entnommen hat. So beschreibt er etwa in *The Limits of Animal Intelligence* einen Hund, der «erschöpft» und «hungrig» von einem Spaziergang zurückgekehrt sei. Anschließend sei er in die Küche gegangen und habe die Köchin «schmachtend angesehen». Dazu Morgan: «Ich jedenfalls käme nicht auf die Idee, in Frage zu stellen, daß er eine mehr oder weniger klare Vorstellung davon hat, was ein Knochen ist.»

Morgans Grundsatz läßt sich aber ganz gewiß auf Situationen anwenden, in denen das dem Verhalten eines Tiers zugeschriebene Intelligenzniveau weit über das hinausgeht, was für eine einfache und vernünftige Erklärung unbedingt nötig ist. Nehmen wir ein paar andere Beispiele, bei denen Morgans Grundsatz uns von unvernünftigen Schlußfolgerungen abhalten würde: Wenn ein Hund sich verlaufen hat und einen ganzen Tag wegbleibt, abends aber den Weg nach Hause findet, heißt das natürlich nicht, daß er Karten lesen kann. Oder wenn ein Hund Hunger zeigt und um achtzehn Uhr unruhig in der Küche herumläuft, da er immer um achtzehn Uhr dreißig gefüttert wird, ist dies kein Hinweis darauf, daß ihm die

Uhrzeit bekannt ist. Solche Schlußfolgerungen erfordern ein Intelligenzniveau, das gar nicht nötig ist, um das entsprechende Verhalten zu erklären.

Eine richtige Anwendung von Morgans Grundsatz hätte hingegen das Debakel mit dem Klugen Hans sehr wohl verhindern können. Das Problem mit der Interpretation von Hans' Verhalten lag darin, daß die zunächst mit dem Fall befaßten Psychologen zu dem Schluß kamen, das Pferd könne rechnen. Rechnen ist eine höhere geistige Fähigkeit, die vielen Tieren fehlt (mir übrigens auch, wie sich leicht aus dem traurigen Mißverhältnis zwischen den Zahlen in meinem Scheckheft und meinen Kontoauszügen ablesen läßt). Die Psychologen wären besser beraten gewesen, wenn sie gefragt hätten: «Muß er wirklich rechnen können, um auf die richtigen Antworten zu kommen? Hätte er die Aufgabe auch lösen können, wenn er bewußt auf einige andere Merkmale der Situation geachtet hätte?»

Die Antwort darauf hätte Hans zwar die Fähigkeit zum Rechnen abgesprochen, ihm aber immerhin das Bewußtsein für andere Verhaltensweisen zugestanden (etwa die Beobachtung der Reaktionen der Leute auf sein Auftreten mit dem Huf).

Mit diesen Einschränkungen möchte ich in aller Bescheidenheit einen anderen Weg vorschlagen, wie man die geistigen Fähigkeiten von Hunden und anderen Tieren beurteilen sollte. Wir könnten damit anfangen zu sagen, daß wir kein Recht haben, wenn andere Daten fehlen, Tieren Bewußtsein und Intelligenz abzusprechen, wenn wir es anderen Menschen zugestehen. Dies gilt ganz besonders für höhere Säugetiere wie etwa Hunde. Diese Tiere sind mit einem Nervensystem ausgestattet, welches das gleiche Bausystem benutzt und nach den gleichen physiologischen Grundsätzen operiert wie das des Menschen. Für den Physiologen sind die Ähnlichkeiten in der Struktur der Nervensysteme aller Säugetiere bemerkenswert, angefangen beim allgemeinen Aufbau des Gehirns bis hin zur Chemie der Botenstoffe und der elektrischen Reaktionen, die Informationen vom und zum Gehirn übertragen. Dies erklärt natürlich, weshalb man bei Verhaltensstudien Tiere einsetzt und Psychologen Beobachtungen etwa bei Ratten dazu nutzen können, das Verhalten von Kindern im Klassenzimmer vorherzusagen.

Ich gebe gern zu, daß es nicht immer leicht ist zu entscheiden, ob Bewußtsein und intelligente Planung bei einem bestimmten Verhalten eine Rolle spielen, wenn die einzige Information der Beobachtung des Verhaltens selbst entnommen werden kann. Wahrscheinlich läßt sich bei den meisten Verhaltensweisen für oder gegen bewußtes Handeln argumentieren, ohne daß man mit den objektiv beobachteten Tatsachen in direkten Konflikt gerät. Was ist mit dieser Erkenntnis gewonnen? Zumindest ist klar, daß wissenschaftliche Beobachtung und psychologische Experimente mithelfen können, die Situation zu klären. Diese Informationsquellen können uns zeigen, ob das Verhalten von Hunden und anderen Tieren objektiv dem Verhalten von Menschen ähnlich ist, von dem wir aus eigener Erfahrung wissen, daß es von Bewußtsein begleitet wird. Wenn wir eine Situation beobachten, in der bei Menschen bewußt gedacht wird, und dabei feststellen, daß Hunde sehr ähnlich reagieren und von den gleichen Faktoren beeinflußt werden, die das Verhalten von Menschen steuern, würde ich vorschlagen, wir sollten Bewußt-Sein und intelligentes Handeln auch beim Hund als plausible Hypothese akzeptieren. Wenn wir uns in die Lage des Hundes versetzen, können wir sein Verhalten genau vorhersagen, wenn wir unseren Verstand und unser Bewußtsein einsetzen. Ich würde sagen, daß dies ein weiterer Beweis ist, der sich mit der Ansicht vereinbaren läßt, daß im Verhalten des Hundes Bewußtsein und intelligente Analyse eine Rolle spielen.

Letztlich fürchte ich allerdings, daß sich die Frage einfach nicht schlüssig beantworten läßt, ob Bewußtsein, Voraussicht, Vernunft, Vorstellungsvermögen und rationale Planung nicht nur bei Menschen, sondern auch bei anderen Arten vorkommen. Mehr noch: Bei Tieren, die nicht sprechen können, fällt es schwer, auch nur zu wissen, welche Beweise genügen würden, um die Existenz von Bewußtsein und all ihren Erscheinungsformen zu beweisen oder zu widerlegen. In Situationen, in denen objektive Belege eine Streitfrage nicht entscheiden können, müssen Schlußfolgerungen natürlich auf irgendeiner Form logischer und philosophischer Bewertung der Situation basieren. Bis auf weiteres muß die Frage also den philosophischen Vorlieben jedes einzelnen Wissenschaftlers und jedes einzelnen Menschen überlassen bleiben, bis eine spätere, vielleicht klügere Generation als die jetzige Daten und Fakten findet, welche die Frage endgültig und unanfechtbar entscheidet.

———————

Ich habe während eines sehr grauen und verregneten Frühlings an diesem Kapitel gearbeitet. An dem Tag, an dem ich es beendete, hatte es seit fast einer Woche kaum einen Sonnenstrahl gegeben. An jenem Nachmittag schien die Wolkendecke jedoch aufzubrechen, und plötzlich schien die Sonne durchs Fenster und ließ einen großen goldenen Fleck auf dem Parkett entstehen. Da ich meine Arbeit gerade beendet hatte, ging ich in die Küche, um mir eine Tasse Kaffee zu holen. Da fiel mir auf, daß mein King Charles-Spaniel Wiz in dem Lichtkreis stand. Er sah zum Fenster hoch und dann auf den Fußboden, als überlegte er sich etwas. Dann drehte er sich um und lief zielbewußt aus dem Zimmer. Schon nach wenigen Sekunden kam er jedoch wieder. Er schleifte ein großes Frotteehandtuch hinter sich her, das er im Badezimmer gemopst hatte. Er zog das Handtuch in die Mitte des Sonnenflecks, betrachtete es und schob es dann mit beiden Vorderpfoten ein wenig zusammen. Nachdem er das Handtuch zu seiner Zufriedenheit arrangiert hatte, umkreiste er es und legte sich dann in der warmen Nachmittagssonne auf seinem frischgemachten Bett zu einem Schläfchen hin. Wenn ein kleines Kind dies getan hätte, hätte ich gesagt, es habe die Wärme der Sonne gespürt und gedacht, daß es schön sein werde, dort ein Nikkerchen zu machen. Dem Hund war das Handtuch im Badezimmer eingefallen, und so hatte er es geholt, um sich auf einer bequemeren Unterlage sonnen zu können. All das erfordert Bewußtsein, Intelligenz und Planung. Besitzt mein Hund Wiz all das? Es ist leichter für mich, einfach anzuerkennen, daß das Verhalten meines Hundes in dieser Situation dem Verhalten ähnlich war, das ein bewußt denkender Mensch in der gleichen Lage an den Tag gelegt hätte. Solange es also an gegenteiligen Beweisen fehlt, werde ich davon ausgehen, daß ich es auch bei meinem Hund mit Bewußtsein und intelligentem Verhalten zu tun habe.

5. Kapitel

Das Wesen der Hundeintelligenz

> Ein Hund kann bellen wie ein Kongreßabgeordneter, kann mir alles holen wie ein Mitarbeiter, betteln wie ein Pressesekretär und sich wie eine Empfangsdame totstellen, wenn das Telefon läutet.
> *Gerald Solomon*, Abgeordneter des US-Kongresses

Was genau meinen wir mit dem Begriff «Hundeintelligenz»? Wie bei vielen Fragen scheint die Antwort selbstverständlich zu sein, bis wir genauer über die Frage nachzudenken beginnen. In unserer Alltagssprache benutzen wir alle das Wort *intelligent* und seine Synonyme *smart, clever, brillant, klug, weise, scharfsichtig, gelehrt* und so weiter. Wir benutzen aber auch die Antonyme *stupide, dumm, dämlich, geistig unterbelichtet, schwer von Begriff, schwachsinnig* und andere, um Menschen und bestimmte Handlungen zu beschreiben. Wenn man Menschen jedoch bittet, genau zu erklären, was sie mit dem Begriff *Intelligenz* meinen, scheinen sie keine genaue Vorstellung davon zu haben, was mit dem Wort eigentlich gemeint ist. Was sind die Grenzen der Intelligenz? Wie ist sie strukturiert? Wie können wir den Unterschied zwischen einer Handlung erkennen, die von Intelligenz bestimmt wird, und einer anderen, hinter der man nur Dummheit vermuten kann? Dies ist die Art verblüffender Fragen, auf die wir Antworten finden müssen. Wenn man nachsetzt und hart bleibt, greifen die meisten Menschen einfach zu Äußerungen wie: «Sie läßt sich schwer definieren, aber man erkennt sie sofort, wenn man damit zu tun hat», was natürlich nichts anderes heißt als: «Ich hab keine Ahnung, laß mich in Ruhe.» Psychologen schneiden da kaum besser ab. Im Jahre 1926 bat das *Journal of Educational Psychology* eine Reihe führender Wissenschaftler und Psychologen, den Begriff Intelligenz zu definieren. Obwohl einige Psychologen eine einigermaßen einleuchtende theoretische Definition sowie logische Grundlagen dafür liefern konnten, warum gerade ihre Definition sinnvoll und nützlich sei, war die Gruppe als Ganzes unfähig, zu einem Konsens zu kommen. Siebenundfünzig Jahre später, nämlich 1983, unternahmen die Psychologen Robert J. Sternberg von der Yale University und Douglas K. Detterman von der Case Western Reserve University einen neuen Versuch. Sie baten in aller Welt um die Ansichten von dreiundzwanzig Experten in Sachen Intelligenz und veröffentlichten sie zusammen mit ihren eigenen in einem Buch unter dem Titel *What is Intelligence?* Es gab zwar immer noch etliche Meinungsunterschiede darüber, was Intelligenz sei und wie sie sich zusammensetzt, aber in dem halben Jahrhundert seit dem ersten Versuch, den Begriff zu definieren, waren doch einige Fortschritte erzielt worden. Bestimmte Grundsätze sowie Interpretationen der Struktur der Intelligenz waren mehreren der Forscher gemeinsam, was vermuten läßt, daß die Frage zwar noch längst nicht gelöst ist, daß wir aber unser Wissen und unser Verständnis in dieser Frage erheblich erweitert haben.

Allgemeine und spezifische Intelligenz

Wenn wir uns ansehen, was in der Frage der Beschaffenheit menschlicher Intelligenz gesichertes Wissen und was Spekulation ist, entdecken wir eine Reihe von Ideen, die uns auch dabei helfen werden, die Intelligenz von Hunden besser zu verstehen. Ein wichtiger Aspekt hat mit der Bandbreite oder dem Umfang von Intelligenz zu tun. Die meisten Menschen glauben, intelligente Menschen zeigten Intelligenz bei allem, was sie tun. Dies wurde mir bei einer

Begegnung mit einem Nobelpreisträger für Medizin, dem Physiologen David Hubel, sehr deutlich. Sein Fachgebiet sind neurologische Faktoren, die es uns erlauben, visuelle Informationen des Auges zu verarbeiten. Hubel ist ein brillanter Forscher, Experte in der Physiologie des Gehirns und des Nervensystems und hat große Erfahrung in der Messung elektrischer und chemischer Impulse der Nervenzellen. Einige Jahre nach der Preisverleihung besuchte er eines Abends meine Universität. Bei einem gemeinsamen Essen erzählte er mir, wie sich sein Leben durch den Nobelpreis verändert hatte. Nachdem die Nachricht bekanntgeworden war (für die meisten Menschen ist die Auszeichnung mit dem Nobelpreis definitiv ein Beweis für «Intelligenz»), entdeckte er plötzlich, daß ihn manche Menschen als Fachmann auf praktisch allen Gebieten ansahen. «Sie stellen mir Fragen über Literatur und Musik, Kindererziehung, den Zustand der Umwelt, fragen mich, wie man den Rückgang der Fischbestände im Atlantik stoppen kann, und erwarten von mir die Lösung weltpolitischer Probleme und religiöser Streitigkeiten. Sie erwarten von mir, daß ich in allen diesen Fragen auf der Stelle eine begründete Meinung äußere. Sie scheinen das Gefühl zu haben, Nobelpreisträger seien ‹neunmalklug› und müßten in allem intelligente Lösungen und Einsichten parat haben.» Er nippte an seinem Wein, lächelte kurz und fuhr dann fort: «Immerhin erwarten sie nicht von mir, daß ich gut singe oder tanze!»

Diese überall anzutreffende Meinung, Intelligenz sei eine allgemeine Begabung, die auf jedes Verhalten anwendbar sei, hat unter Psychologen einige Befürworter. Unter ihnen ist besonders Charles E. Spearman hervorzuheben, ein britischer Psychologe, der 1904 eine klassische Arbeit mit dem Titel *General Intelligence Objectively Determined and Measured* veröffentlichte. Darin bemerkte er, es scheine einen allgemeinen, generellen Intelligenzfaktor zu geben (er nannte ihn g), der sich bei allem zeige, was der Mensch tue. Seine Schlußfolgerung beruhte auf Daten, welche die Testergebnisse bei der Prüfung bestimmter geistiger Fähigkeiten zueinander in Beziehung setzten. Nehmen wir an, jemand unterzieht sich einem runden Dutzend Tests. Wenn jeder Test eine eigene geistige Fähigkeit mißt, wird die Punktzahl eines Tests mit den Ergebnissen anderer nichts zu tun haben. So schneidet beispielsweise jemand im Rechnen gut ab, hat aber einen geringen Wortschatz. Eine alternative Möglichkeit ist, daß ein bestimmter Aspekt der Intelligenz oder eine Gruppe geistiger Fähigkeiten unter allen Umständen nützlich ist. Dieser allgemeine Intelligenzfaktor würde bei allem gelten und bedeuten, daß jemand, der bei einem Test gut abschneidet, wahrscheinlich auch bei jedem anderen Test vergleichbar hohe Punktzahlen erreicht.

Als Spearman daran ging, in dieser Frage Daten zu sammeln, entdeckte er so etwas wie ein Mittelding zwischen den beiden Möglichkeiten. Ergebnisse von Tests, die darauf angelegt waren, bestimmte, vermeintlich selbständige intellektuelle Fähigkeiten zu messen, hatten in gewissem Umfang auch etwas miteinander zu tun: das heißt bei einer Person, die etwa in einem Rechentest besser abschnitt als der Durchschnitt, durfte erwartet werden, daß sie auch bei anderen Tests besser abschnitt als der Durchschnitt, etwa beim Lesen, beim räumlichen Denken, bei der Verläßlichkeit des Gedächtnisses und so weiter. Spearman behauptete, die Testergebnisse hätten etwas miteinander zu tun, weil der generelle Intelligenzfaktor *(g)* alle beeinflußt hätte. Da die Beziehung der Testergebnisse untereinander jedoch nicht allzu groß war, mußte er seine ursprüngliche Ansicht modifizieren und eingestehen, daß nicht allein die allgemeine Intelligenz am Werk sei. Die Tatsache, daß man von einem Test nicht genau auf einen anderen schließen konnte (das heißt, manche Leute schnitten bei einer sprachlichen Aufgabe besser ab als in Geometrie), bedeutete, daß bei jedem Testergebnis auch eine Reihe spezieller Fähigkeiten (die er aus naheliegenden Gründen *s* nannte) eine Rolle spielten.

Der Gedanke, daß Intelligenz nicht nur besondere, sondern auch allgemeine Fähigkeiten einschließt, liefert uns die Erklärung dafür, weshalb viele Menschen bei ihrer Geistestätigkeit nicht immer gleichbleibende Leistungen erbringen. So war beispielsweise Napoleon Bonaparte ohne jeden Zweifel ein hervorragender Militärstratege. Er stellte auch seine allgemeine Intelligenz unter Beweis, da er die verbale und intellektuelle Gabe besaß, die Masse der Franzosen anzusprechen. Überdies haben sich viele der von ihm durchgesetzten Reformen in der Justiz, im Erziehungswesen und in der Politik bis heute gehalten. Auf manchen Feldern wies Napoleon jedoch auch klare Defizite auf. So war es zum Beispiel eine große Dummheit, die Invasion Rußlands zu beginnen, die zum Sturz seines Regimes führte. Oder denken wir an Albert Einstein, zu dessen Entdeckungen die Allgemeine Relativitätstheorie und der photoelektrische Effekt gehören. Einstein war sprachlich überdies ein glänzender Stilist, wie wir an seinen zahlreichen philosophischen Arbeiten erkennen können, was seine allgemeine Intelligenz belegt. Musikalisch war er auch, denn er spielte Geige. Nur im Rechnen war er schwach. Selbst bei einfachen Rechenaufgaben machte er immer wieder Fehler, so daß seine privaten Ausgaben nie mit dem übereinstimmten, was seine Kontoauszüge belegten.

Bei solchen Menschen scheinen hohe und geringe Intelligenz nebeneinander zu bestehen. Wir alle kennen Geschichten etwa von dem brillanten Schauspieler, der mit Mühe und Not das Abitur geschafft hat und in Gesellschaft kaum der Unterhaltung folgen kann. Wir hören Geschichten von dem großen theoretischen Physiker, der nicht weiß, wie man eine Sicherung auswechselt, von dem hochkompetenten Chemiker, der selbst nach einem ganz einfachen Rezept keinen Kuchen backen kann, von dem berühmten General, der seinen eigenen Kindern keine Disziplin beizubringen vermag, oder von dem klinisch erfahrenen Psychologen, der keine Ahnung hat, was er tun muß, wenn seine Ehe zu zerbrechen beginnt. In allen diesen Fällen finden wir in verschiedenen besonderen Fähigkeiten ein und desselben Menschen die Neigung, mal intelligent und mal dumm zu handeln.

Das gleiche finden wir auch bei Hunden. Während manche Hunde allgemein aufgeweckt zu sein scheinen und fähig, praktisch alles zu lernen (was uns ein hohes g oder allgemeine Intelligenz zeigt), scheinen andere nur begrenzte und spezifische Fähigkeiten zu haben. Jagdhundrassen wie der Englische Setter werden auch so gut wie ohne jede Ausbildung vorstehen oder Wild markieren. Andererseits kann es sein, daß sie als Hütehunde vollkommen ungeeignet sind, wie sehr man sich auch um ihre Ausbildung bemüht. Shetland Sheepdogs und Collies wiederum scheinen geborene Hütehunde zu sein, sind aber unfähig, vorzustehen oder Wild zu markieren. Diese stark und gering ausgeprägten Fähigkeiten lassen auf Unterschiede bei den spezifischen Fähigkeiten *(s)* schließen.

Multiple Intelligenzen

Die Tatsache, daß Menschen so unterschiedliche Fähigkeiten aufweisen können, hat einige Forscher zu der Überlegung geführt, daß
wir Intelligenz als eine Sammlung primärer geistiger Fähigkeiten
ansehen sollten, von denen sich jede als separate Begabung oder als
separate Dimension von Intelligenz bewerten läßt. Der Harvard-
Psychologe Howard Gardner bezeichnet diese Fähigkeiten als
«multiple Intelligenzen». Gardner zufolge ist eine Intelligenz die
Fähigkeit, Probleme zu lösen, Produkte zu gestalten oder Verhaltensweisen an den Tag zu legen, die in einem bestimmten Umfeld
von Bedeutung sind. Zu einem solchen Umfeld gehören kulturelle
und soziale Situationen ebenso wie die Berücksichtigung dessen,
was eine Aufgabe erfordert, sowie von geographischen, physikali-
schen und klimatischen Gegebenheiten. Für Gardner gibt es sieben
wichtige Intelligenzen: sprachliche Intelligenz, logisch-mathemati-
sche Intelligenz, räumliche Intelligenz, musikalische Intelligenz,
körperlich-kinästhetische Intelligenz, interpersonale Intelligenz
und intrapersonale Intelligenz. Obwohl Gardners Theorie darauf
abzielt, die Intelligenz von Menschen zu beschreiben, schließt sie
einige spezifische Fähigkeiten ein, die auch Hunde zu besitzen
scheinen, aber auch andere, bei denen dies eher zweifelhaft ist.

Beginnen wir mit denjenigen der Gardnerschen Intelligenzen, die
man auch Hunden zutrauen kann. Die erste ist die *räumliche Intelligenz*. Dazu gehört die Fähigkeit, eine Vorstellung davon zu haben,
wie die nähere und weitere Umgebung beschaffen ist – wo sich Gegenstände befinden, die relative Distanz zwischen verschiedenen
Orten und so weiter. Ein Hund, der sich daran erinnert, wo im
Haus sich sein Lieblingsspielzeug befindet, wo seine Leine hängt
oder wo sein Korb ist, zeigt diese Form von Intelligenz.

Einer meiner früheren Hunde, ein Cairn-Terrier namens Feldspar,
verfügte über eine gute räumliche Intelligenz und wußte auch genau,
wie er diese Fähigkeit unter Beweis stellen konnte. Wenn ich ihn
fragte, wo meine Kinder seien, rannte er sofort dorthin, wo er sie
zuletzt gesehen hatte, und bellte wild drauflos, wenn er dort war. Als
meine Kinder noch sehr klein waren, spielten wir oft Verstecken,

wobei mir meist die Rolle zufiel, mich zu verstecken. Als die Kinder ein wenig älter waren, beherrschten sie das Spiel schon recht gut und fanden zunehmend einfallsreichere Verstecke. Ich sagte Feldspar heimlich, er solle bei dem Kind bleiben, das am schwersten zu finden sein würde. So sagte ich etwa: «Behalt Ben im Auge», worauf der Hund hinter meinem Sohn hertrottete. Wenn es Zeit war, ihn zu suchen, rief ich den Hund wieder zu mir und fragte: «Wo ist Ben?» Der Hund rannte dann zum Versteck meines Sohns und bellte, was diesem meist wütende Schreie entlockte: «Feldspar, verschwinde!» Dem folgte meist das Wutgeheul: «Daddy, du schummelst!» Daß die Reaktionen meines Hundes eher auf seiner räumlichen Erinnerung beruhten (statt auf der Suche nach dem betreffenden Kind), wurde offenkundig, als meine Tochter Rebecca lernte, ihren Vater und auch den Hund auszutricksen. Sie versteckte sich und wartete, bis ich Feldspar zurückrief, um dann schnell ein neues Versteck zu suchen. Der Hund suchte dort, wo er sie zuletzt gesehen hatte. So ging Feldspar erst zu der Garderobe, in der sie sich zunächst versteckt hatte, und bellte, um seinen Erfolg zu melden, während sie sich inzwischen vielleicht im Badezimmer auf der anderen Flurseite versteckt hatte. Es war trotzdem noch leicht, sie zu finden, da sie vor Freude über ihren schlauen Einfall immer laut kicherte. Die Tatsache, daß ich Feldspar als heimlichen Helfer einsetzte, zeigt, daß ich nicht davor zurückschreckte zu schummeln. Ich behauptete aber immer, nicht zu wissen, wo meine Tochter war, nur um sie für ihre Schlauheit zu belohnen.

Die zweite Form von Gardners multiplen Intelligenzen, die Hunde besitzen, ist die *körperlich-kinästhetische* Intelligenz. Dazu gehört die Fähigkeit, Körperbewegungen geschickt zu koordinieren, wie es beim Maschineschreiben, beim Tanzen und beim Sport notwendig ist. Hunde, die gelernt haben, hoch oder weit zu springen, auf einem Balken zu balancieren oder eine Leiter hinaufzuklettern, zeigen diese Form von Intelligenz. Man kann sie mit bestimmten Gehorsamsübungen oder Beweglichkeitstests messen. In Kanada gibt es sogar einen musikalischen Freistilwettbewerb, das Hunde-Gegenstück zu einer Eislaufkür. Allerdings nehmen daran nicht nur Einzelpersonen mit einem Hund teil, sondern manchmal ganze Teams von vier bis sechs Menschen mit einer entsprechenden Zahl von Hunden. Zum Wettbewerb gehören bestimmte Bewegungsabläufe zur Musik. Bei den besten Darbietungen scheinen die Hunde und ihre Hundeführer in einer koordinierten Bewegung miteinander zu tanzen. Manchmal muß der Hund zwischen den Beinen des Hundeführers hindurchlaufen, über einen ausgestreckten Arm hinwegspringen, den Hundeführer umkreisen und wieder zu ihm zurückkehren, um sich dann synchron mit den anderen Mitgliedern des Teams auf der dafür vorgesehenen Fläche zu bewegen. Hier sieht man in mancherlei Hinsicht die gleichen körperlich-kinästhetischen Fähigkeiten wie bei Tanzpaaren.

Weitere Fähigkeiten, die Hunde zu besitzen scheinen, sind Bestandteile der *intrapersonalen Intelligenz*. Hier geht es um Selbsterkenntnis. Der Hund muß also in etwa seine Fähigkeiten und seine Grenzen erkennen. Ein Hund, der vor einem Hindernis zögert oder sich weigert, über einen Zaun oder einen tiefen Graben hinwegzuspringen, Dinge also, von denen er weiß, daß sie entweder zu hoch oder zu breit sind, zeigt diese Form von Intelligenz. Intrapersonale Intelligenz ist theoretisch sehr wichtig, da wir davon ausgehen müssen, daß der Hund dabei vorhandenes Wissen bewußt verarbeitet oder sich vielleicht sogar von der ihm bevorstehenden Aufgabe ein Bild macht. So bedenkt der Hund die Höhe des Sprungs, schätzt ihn im Licht seiner Fähigkeiten ein, stellt sich vielleicht vor, wie hoch er springen kann, und so weiter. Natürlich gibt es noch andere Erklärungen dafür, was Hunde unter solchen Umständen tun; ich werde gleich darauf zurückkommen.

Die nächste Form von Intelligenz, über die Hunde verfügen, entstammt der Tatsache, daß sie gesellige Wesen sind. Hier handelt es ich um *interpersonale Intelligenz*. Dazu ist ein bestimmtes Sozialverhalten nötig. Der Hund muß beispielsweise in der Lage sein, mit anderen auszukommen, die Führung zu übernehmen und andere Rollen zu spielen. Wildhunde etwa wissen genau, wer in der Rangordnung ganz oben steht, und reagieren entsprechend auf das Leittier des Rudels. Hunde reagieren auch mit passenden sozialen Signalen an Menschen und andere Hunde (etwa wenn ein Hund einen ansieht und auffordernd mit dem Schwanz wedelt, weil er hofft, daß man ihm etwas zu essen gibt): Dies sind Belege für diese Art Intelligenz. Interpersonale Intelligenz zeigt sich auch, wenn ein

Hund andere Hunde zum Spielen auffordert oder einem Menschen zu vermitteln versucht, was er will. Interpersonale Intelligenz ist mit anderen Worten die Grundlage der Kommunikation: Wenn man nicht erkennt, daß es noch andere Lebewesen gibt, deren Verhalten einen direkt betreffen kann, besteht keine Notwendigkeit, überhaupt zu kommunizieren.

Mancher Leser fragt sich jetzt vielleicht, warum soziale Kompetenz und Reaktionsfähigkeit mit in den Topf der Fähigkeiten geworfen werden, die wir *Intelligenz* nennen. Die Antwort darauf bringt uns wieder zu der Frage des Bewußtseins. Das Bindeglied ist folgendes: Einige Psychologen wie etwa Nicholas Humphrey haben argumentiert, daß sich Bewußtsein und vielleicht auch ein großer Teil der höheren Intelligenz überhaupt erst entwickelt haben, um Tieren die Bewältigung sozialer Situationen zu ermöglichen. Sie müssen mit anderen Individuen der eigenen Art auskommen, deren Handeln vorhersagen können, ihre Motive oder Ziele erraten, einen passenden Gefährten oder eine Gefährtin finden, das Verhalten der Nachkommen kontrollieren. Humphrey zufolge gehört all das zu den kompliziertesten Dingen, mit denen ein Tier es je zu tun haben wird. Daher sei es nicht überraschend, daß das Gehirn eine Reihe von Fähigkeiten entwickelt habe, um diesen Herausforderungen zu begegnen.

Stellen wir uns ein Tier vor, das alles Nötige besitzt, um in der Welt zurechtzukommen. Es hat Gliedmaßen, mit deren Hilfe es sich bewegt. Es ist in der Lage, Gegenstände zu greifen und zu bewegen, verfügt über ein wohlentwickeltes System von Sinnesorganen, um Reize und Informationen der Umwelt zu empfangen. Ferner ist sein Gehirn in der Lage, bestimmte Informationen zu verarbeiten und Entscheidungen zu treffen. Ihm fehlt jedoch das innere Auge des Bewußtseins. Wenn man dieses Geschöpf mit einem fast identischen vergleicht, das jedoch über Bewußtsein verfügt, über dieses innere Auge, das es ihm erlaubt, den eigenen Seelenzustand zu erkennen: Auf der reinen Verhaltensebene scheinen die beiden Geschöpfe nicht voneinander zu unterscheiden zu sein. Beide scheinen sehr intelligent zu sein und zeigen emotionale Verhaltensweisen, darunter auch die, die wir «Wünsche», «Stimmungen» oder «Leidenschaften» nennen. Der Unterschied ist folgender: Für das unbewußt lebende Tier scheinen sich bestimmte Verhaltensweisen einfach zu ereignen, als würden sie durch eine Art psychologischen Autopiloten gesteuert, während das bewußt lebende Tier die Dinge anders sieht. Bei ihm wird intelligentes Handeln von einigem Bewußtsein der beteiligten Denkprozesse begleitet. Vor allem wird beim bewußten Tier die visuelle Stimulation von bewußter Wahrnehmung begleitet, und seine Emotionen werden bewußt gefühlt. Bei diesem Tier blickt das innere Auge des Bewußtseins auf sein Handeln und liest sozusagen die eigenen Gedanken. Daher weiß das bewußte Tier, wie es ist, es selbst zu sein. Diese Selbsterkenntnis erleichtert es ihm auch, das Handeln anderer Individuen zu deuten. Das bewußt lebende Tier kann sich vorstellen, was andere vielleicht fühlen oder wie sie in einer bestimmten Situation reagieren werden. Es tut dies, indem es realistische Vermutungen über das Seelenleben anderer anstellt, und zwar auf der Grundlage seiner Selbsterkenntnis und des Bildes davon, wie es in einer vergleichbaren Situation reagieren wird. Im Kern hat das Bewußtsein seiner eigenen Seelenzustände ihm die Fähigkeit gegeben, buchstäblich die Gedanken anderer zu lesen. Das könnte sich an einem Ende positiv auswirken, indem es nämlich die Tür zu empathischen Reaktionen öffnet wie etwa Sympathie, Mitgefühl und Vertrauen, aber es ermöglicht am anderen Ende auch Verrat, Betrug und Täuschung. Mit anderen Worten: Das Bewußtsein ermöglicht die reiche Vielfalt adaptiver und sinnvoller Verhaltensweisen, die wir von Menschen, Hunden und anderen sozialen Wesen erwarten. Dieser Theorie zufolge sind bei einem anpassungsfähigen sozialen Lebewesen sowohl Intelligenz als auch Bewußtsein nötig. Wenn die Theorie zutrifft, können wir ferner die selbstverständliche Folge bestätigen, daß allein schon die Existenz komplexer sozialer Interaktionen als Beleg dafür dient, daß ein Tier sowohl über Bewußtsein als auch Intelligenz verfügt.

Während die bisher erörterten Dimensionen von Intelligenz bei Hunden recht klar zutage liegen, ist dies bei anderen Formen der Intelligenz schon zweifelhafter. Die erste davon ist *musikalische Intelligenz*. Die damit verbundenen Fähigkeiten dürften beim Hund nur dann anzutreffen sein, wenn sich beweisen läßt, daß Hunde eine Auffassung davon haben, was Musik ausmacht, etwa Harmonie, denn sie selbst können vermutlich keine Musik machen. Bei der Beobachtung des musikalischen Freistil-Wettbewerbs, den ich oben beschrieben habe und bei dem sich Hunde und Hundeführer zu Musik bewegen oder tanzen, habe ich nie feststellen können, daß die Hunde sich im Takt mit der Musik bewegen. Sie bewegen sich mit ihren Hundeführern und passen ihre Bewegungen denen der Menschen an, statt eigene rhythmische Reaktionen zu zeigen. Die Illusion von Tanz entsteht folglich dadurch, daß der Mensch auf die Musik reagiert.

Manche Geschichten lassen vermuten, daß Hunde für Musik empfänglich sind. Ein Bekannter hat mir einmal erzählt: «Mein Hund mag Mozarts Kammermusik und andere klassische Stücke. Wenn ich eine Mozart-Kassette eingelegt habe, kommt er ins Zimmer und legt sich in der Nähe der Lautsprecher hin. Wenn ich aber ein Band mit Rockmusik einlege, verläßt er meist das Zimmer.» Es liegt auf der Hand, daß sich aus einem solchen Verhalten nur schwer Schlüsse ziehen lassen. Zeigt sich darin Wertschätzung von Musik, oder kann es sein, daß einige elektronisch verstärkte Laute Hundeohren unangenehm sind?

Man hat mir schon oft von singenden Hunden erzählt. In einem Fall ging es um einen Basset, der immer dann losheulte, wenn seine Menschen-Familie sich am Klavier versammelte, um Weihnachtslieder zu singen. Angeblich heulte der Hund nur, wenn die Familie im Chor sang, und hörte sofort auf, wenn sie mit dem Singen aufhörte. Sollten wir das als Musizieren werten und somit als musikalische Intelligenz des betreffenden Hundes? Ich verfüge nicht über wirkliche Beweise, um die Möglichkeit zu verwerfen; auf der Grundlage anderer Überlegungen scheint es mir jedoch unwahrscheinlich zu sein. Von Wildhunden und Wölfen ist bekannt, daß sie im Chor heulen oder jaulen, wenn ein anderes Mitglied des Rudels losheult. Man nimmt an, dies sei eine Art von Kommunikation, daß die Laute der Hunde in Wahrheit so etwas bedeuten wie «ich bin hier» oder «wir gehören alle zum selben Rudel», und keinen Versuch darstellen, Musik zu machen. Andererseits fällt mir etwas aus meiner Jugend ein: Als ich zwölf oder dreizehn war, lernte ich, meinen Gesang auf einer Ukulele zu begleiten. Mein Beagle-Foxterrier-Mischling Tippy fing immer höchst jämmerlich an zu heulen, wenn ich zu üben anfing. Das muß nicht unbedingt bedeuten, daß mein Hund etwas von Musik verstand, obwohl sich der Rest der Familie durchaus darin einig war, daß Tippys Kritik an meiner Musik berechtigt war!

Als nächstes sollten wir uns der *logisch-mathematischen Intelligenz* zuwenden. Beim Menschen zeigt sie sich als Fähigkeit, Probleme zu lösen, mathematische Techniken einzusetzen, wissenschaftliche Lösungen zu erarbeiten und so weiter. Dieser Aspekt der Intelligenz muß jedoch modifiziert, erläutert und ein wenig begrenzt werden, bevor es sinnvoll ist, ihn auf Hunde anzuwenden. Einfach ausgedrückt: Hunde sind keine Wissenschaftler. Hunde lösen keine Algebra-Aufgaben und können auch keine komplexen allgemeinen Grundsätze und Regeln abstrahieren, um die Funktionsweise der natürlichen Welt zu erklären. Das setzt der Intelligenz des Hundes auf diesem Gebiet natürliche Grenzen.

Gleichwohl sollten wir Hunde bei dieser Gruppe von Fähigkeiten nicht unberücksichtigt lassen. Sie sind nämlich durchaus in der Lage, Probleme zu lösen und bei neuen Situationen rationale Strategien einzusetzen. Wenn es aber um die Bewertung von Beziehungen geht, bei denen Menge oder Größe eine Rolle spielen, also um mathematische Aufgaben, heißt es bei Hunden meist, sie könnten in solchen Begriffen nicht denken. Ein Beispiel: Samuel Johnson, der englische Schriftsteller, Kritiker und Schöpfer des ersten Wörterbuchs der englischen Sprache, der im achtzehnten Jahrhundert lebte, bemerkte einmal zu den Fähigkeiten des Hundes auf diesem Feld der Intelligenz: «Haben Sie noch nie beobachtet, daß Hunde keine Vergleiche anstellen können? Ein Hund wird ein kleines Stück Fleisch genauso bereitwillig nehmen wie ein großes, wenn man ihm beide hinlegt.»

Daniel Greenberg, Chefredakteur der Zeitschrift *Science and Government Report*, hat ein leichtes Experiment vorgeschlagen, das jeder zu Hause durchführen kann, um Johnsons Beobachtung zu widerlegen und zu zeigen, daß Hunde durchaus logische Menschenvergleiche anstellen können. Zunächst formt man aus Hackfleisch ein paar größere und einige kleinere Kugeln. Bei einem großen Hund wie dem Deutschen Schäferhund oder einem Rottweiler können die kleinen Fleischbällchen etwa die Größe von Tischtennisbällen haben, während die großen etwa tennisballgroß sein sollten. Bei kleinen Hunden wie dem Yorkshire-Terrier oder Zwergschnauzern können die kleinen Fleischbällchen die Größe einer Murmel haben und die größeren die von Golfbällen. Während der Hund zusieht, legt man einen großen und einen kleinen Fleischball auf den Küchenfußboden. Man wird sehen, daß der Hund zunächst das ihm am nächsten liegende Stück Fleisch frißt, ob groß oder klein. Diese Wahl deutet anscheinend darauf hin, daß es der Hund nicht geschafft hat, einen Vergleich anzustellen und die Größen zu erkennen. In Wahrheit haben wir es hier mit dem Ergebnis eines einfachen Opportunismus zu tun, einer Mentalität, die der Maxime folgt: «Der Spatz in der Hand ist mir lieber als die Taube auf dem Dach.» Das näherliegende Fleischbällchen läßt sich am einfachsten schnappen. Wenn man andererseits die Entfernung zwischen Hund und Köder korrigiert, so daß sich beide Fleischbällchen in gleicher Entfernung vom Hund befinden, wird sich dieser fast immer erst das größere schnappen. Das belegt seine Fähigkeit, Mengen zu vergleichen und sich einen Plan zurechtzulegen, der auf einer mathematischen Einschätzung beruht, wie primitiv sie auch sein mag.

Hunde scheinen auch bei anderen Gelegenheiten Mengen abschätzen zu können. Man hat mir mal eine Geschichte von zwei Männern erzählt, die mit einem Golden Retriever namens Buck auf die Entenjagd gingen. Als die Jäger am Nachmittag mit ihrem Kombi nach Hause fahren wollten, fiel einem von ihnen ein, daß sie neben ihrem Versteck ihre Kopfbedeckungen hatten liegenlassen. Bucks Herr hatte ihm beigebracht, jeden Gegenstand zu apportieren, auf den er zeigte. Statt also selber zurückzugehen, schickte der Mann einfach den Hund los, um sie zu holen. Die beiden Kopfbedeckungen, eine Baseballmütze und ein Cowboyhut, lagen nebeneinander. Die beiden Männer sahen zu, als der Hund erst den Cowboyhut aufhob und dann versuchte, sich auch noch die Mütze zu schnappen. Als das nicht ging, ließ er den Cowboyhut fallen und nahm sich erst die Baseballmütze, schaffte es aber immer noch nicht, beide Kopfbedeckungen zu halten. Irgendwann nahm Buck die Baseballmütze in der Fang und ließ sie in den Cowboyhut fallen. Dann stopfte er sie mit der Vorderpfote in den Hut, bis sie einigermaßen sicher darin lag. Schließlich schnappte er sich den Cowboyhut, der jetzt als eine Art Korb für die Mütze diente, und kehrte fröhlich mit dem Schwanz wedelnd zu den wartenden Männern zurück.

Der Hund hatte offensichtlich eine logische Problemlösung geschafft; diese Lösung hatte jedoch zusätzlich ein quantitatives und beziehungsmäßiges Urteil verlangt. Man darf nicht vergessen, daß der Hund die kleinere Mütze in den Cowboyhut legte, statt es umgekehrt zu versuchen. Damit zeigte er, daß er die Größen der beiden Kopfbedeckungen bewertet hatte.

Hunde können sogar noch mehr, als solche Einschätzungen vorzunehmen. Manchmal könnte man fast sagen, sie zählten sogar. An einem Frühlingsnachmittag nahm ich einmal an einer Gehorsamsprüfung für Hunde auf Vancouver Island in der kanadischen Provinz British Columbia teil. Einer der Mitbewerber und ich hatten für den Tag schon alles hinter uns gebracht, und wir gingen auf einem nahegelegenen großen Feld spazieren. Mein Bekannter hatte seine liebenswerte Labrador Retriever-Hündin namens Poco bei sich. Ihr Herrchen hatte eine Schachtel mit Apportierböcken aus Gummi bei sich und erklärte mir, er werde damit demonstrieren, daß sein Hund zählen könne.

«Sie kann einigermaßen zuverlässig bis vier zählen, und wenn es bis fünf geht, verrechnet sie sich nur gelegentlich», sagte er. «Ich werde Ihnen zeigen, wie es funktioniert. Wählen Sie eine Zahl zwischen eins und fünf.»

Ich entschied mich für die Zahl drei. Während die Hündin zusah, warf ihr Herr die drei Apportierböcke in das hohe Gras auf dem Feld. Er schleuderte sie in verschiedene Richtungen und unterschiedlich weit. Nachdem ich mich auf allen vieren vergewissert hatte, daß die drei Gegenstände in Augenhöhe des Hundes nicht zu erkennen waren, befahl mein Bekannter dem Hund einfach: «Poco, bring», ohne ein Sichtzeichen oder andere Hinweise zu geben. Der Hund rannte los, um den zuletzt weggeworfenen Gegenstand zu suchen, hob ihn auf und brachte ihn zurück. Das Herrchen nahm ihn ihm ab und wiederholte dann, «Poco, bring.» Der Hund wirbelte herum und suchte nach dem nächsten. Nachdem Poco auch den zweiten Gegenstand gebracht hatte, befahl ihr Herr erneut, «Poco, bring», worauf der Hund den dritten und letzten Apportier-

bock holte. Mein Bekannter nahm der Hündin den letzten Gegenstand aus der Schnauze und befahl nochmals, «Poco, bring.» Bei
diesen Worten sah die Hündin ihn nur an, bellte einmal und trat an
seine linke Seite, wo sie die gewohnte *Fuß*-Position einnahm und
sich setzte.

Mein Bekannter drehte sich zu mir um und sagte: «Sie weiß, daß
sie alle drei apportiert hat und daß nicht mehr da sind. Sie zählt mit.
Wenn es nichts mehr zu suchen gibt, sagt sie es mir mit ihrem Bellen.
Es heißt nichts weiter als ‹Ich hab doch schon alles geholt, du
Dummkopf›. Dann wartet sie einfach darauf, was sie als nächstes
tun soll.»

Wir wiederholten die Übung noch mehrmals fast eine halbe
Stunde lang. Wir variierten die Zahl der zu apportierenden Gegenstände bis zu fünf, wobei ich und ein weiterer Zuschauer die Apportierböcke wegschleuderten. Das sollte eine Art Prüfung sein, um zu
erkennen, ob die Hündin irgendwelche versteckten Hinweise erhalten hatte oder ob ein bestimmter Tonfall bei den Befehlen für ihren
Erfolg verantwortlich gewesen war. Einmal ließen wir jemanden
sogar mehrere Gegenstände gleichzeitig werfen, so daß der Hund
zwar sah, wo sie landeten, aber der Betreffende wußte nicht, wie
viele Apportierböcke er geworfen hatte. So konnte er dem Hund
keine verborgenen Hinweise geben wie etwa die, die der Kluge
Hans bei seinen vermeintlichen Zählungen genutzt hatte. Der Hündin schienen all diese Variationen jedoch nichts auszumachen, und
selbst bei fünf Apportierböcken verzählte sie sich kein einziges Mal.

Niemand wird behaupten, Hunde seien Mathematiker oder
könnten logisch denken, aber man sollte fairerweise sagen, daß sie
einige mathematische und logische Fähigkeiten haben. Vor allem
die Fähigkeit, Mengen zu vergleichen und zu zählen, sind die
Grundlage der Mathematik, und die Fähigkeit, neuartige Probleme
zu lösen, verrät logisches Denken.

Die letzte von Gardners Intelligenzen ist die *sprachliche Intelligenz*. Hier scheint Descartes wieder den Kopf zu erheben. Natürlich
können Hunde nicht sprechen und somit auch nicht die höheren
Ebenen des Sprechvermögens erreichen. Selbst wenn der Hund als
Poet eine Phantasie bleiben muß, wäre es vielleicht übertrieben zu
leugnen, daß Hunde sprachliche Fähigkeiten haben.

Die Frage der sprachlichen Intelligenz des Hundes ist für den Menschen wichtig, da wir mit unseren Tieren natürlich kommunizieren wollen. Es leuchtet ein, daß diese Intelligenz für Hunde genauso wichtig ist, da sie soziale Lebewesen sind. Soziale Organisationen und Strukturen können ohne eine gewisse Kommunikation nicht existieren. Je komplexer die soziale Struktur und das soziale Handeln, um so komplexer auch die dazu nötige Sprache oder Kommunikation. In der Wildnis organisieren Hunde und Wölfe die Jagd in Gruppen, erhalten im Rudel eine soziale Ordnung aufrecht und weisen bestimmten Mitgliedern des Rudels Pflichten zu, etwa die Sorge für die Welpen, die zwar nicht mehr gesäugt werden, für die Jagd aber noch zu jung sind. All dies legt den Schluß nahe, daß die Tiere über ein einigermaßen vielfältiges Kommunikationssystem verfügen müssen. In philosophischer Hinsicht hat die Frage, ob Tiere sprechen können, natürlich immer im Mittelpunkt des Streits gestanden, ob nichtmenschliche Lebewesen denken können und ein Bewußtsein haben. Aus diesem Grund scheint es angemessen zu sein, etwas länger bei der Frage sprachlicher Intelligenz bei Hunden zu verweilen, als ich es in diesem Kapitel bei den anderen Aspekten der geistigen Fähigkeiten von Hunden getan habe.

6. Kapitel

Sprachliche Intelligenz bei Hunden

> Niemand weiß die ganz besondere
> Originalität deiner Konversation so
> zu schätzen wie ein Hund.
>
> *Christopher Morley*

Die Sprache hat immer als eines der ausschließlich menschlichen Merkmale gegolten. Indem Descartes das Vorhandensein von Sprechvermögen als einen Beweis dafür ansah, ob Intelligenz in einem Tier vorhanden sei oder nicht, raubte er damit allen nichtmenschlichen Lebewesen jede Chance. In den siebziger Jahren wurde der Descartesschen Vorstellung, Sprache sei bei nichtmenschlichen Arten nicht möglich, ein schwerer Schlag zugefügt. Die Psychologen Beatrix und Allen Gardner erreichten mit Hilfe eines Schimpansen einen wissenschaftlichen Durchbruch. Sie wußten, daß man schon mehrmals versucht hatte, Schimpansen das Sprechen beizubringen, wie man es mit einem kleinen Kind macht, indem man nämlich jeden Tag intensiv zu ihm spricht. Leider hatte das erfolgreichste dieser Experimente nur ein primitives aktives Vokabular von vier Wörtern zum Ergebnis. Die Gardners gingen davon aus, daß die früheren fehlgeschlagenen Versuche, Tieren Sprache beizubringen, auf die Tatsache zurückzuführen waren, daß viele Ausbilder erwartet hatten, die Tiere könnten tatsächlich sprechen. Da die meisten Primaten (und Hunde natürlich auch) keinerlei Kontrolle über Zunge, Lippen, Gaumen und Stimmbänder haben wie der Mensch, erschien es den beiden Gardners denkbar, daß Primaten vielleicht nicht sprechen konnten, obwohl sie die geistige

Fähigkeit besaßen, andere Aspekte der Sprache zu meistern. Um die vokale Sprachkomponente zu umgehen, begannen die Gardners, einem Schimpansen die amerikanische Taubstummensprache beizubringen. Bei der American Sign Language werden Sichtzeichen statt Hörzeichen verwendet, und Schimpansen sind sehr geschickt darin, Hände und Finger zu gebrauchen. Der erste Schimpanse der beiden, Washoe, lernte ein umfangreiches Vokabular von mehr als einhundertfünfzig Zeichen. Die Schimpansin konnte einfache Sätze bilden, grammatische Grundregeln befolgen und neue Gedanken zusammensetzen. Diese und weitere Fähigkeiten legten den Schluß nahe, daß die Schimpansin eine Sprechfähigkeit entwickelt hatte, die etwa dem eines zweieinhalb- bis dreijährigen Kindes entsprach.

Andere Wissenschaftler sind mit nichtmenschlicher Sprache noch weiter gegangen. David Premack, der Wörter durch Kunststoffsymbole ersetzte, konnte seiner Schimpansin Sarah so tatsächlich das Lesen und Schreiben beibringen. Sue Savage-Rumbaugh und ihre Kollegen am Yerkes Laboratory brachten ihren zwei Schimpansen (Sheman und Austin) bei, Schreibmaschine zu schreiben, wobei sie eine besondere Tastatur benutzten, auf der jede Taste ein Wort oder eine Silbe bezeichnete. Nach einiger Zeit hatte die Sprachbeherrschung der Schimpansen das Stadium erreicht, an dem sie einander gegenseitig Botschaften übermitteln konnten. In diesen Botschaften ging es um Fragen, die für beide eine klare Bedeutung hatten. So konnte das eine Tier schriftlich erklären, daß das andere ein Werkzeug auswählen sollte, um Speisen an einem bestimmten Ort herauszuholen, wo die Forscher sie untergebracht hatten. Das entsprechende Werkzeug sollte dem Tier gegeben werden, das näher an dem Versteck war, und beide sollten später die Beute teilen, die bei einer solchen erfolgreichen Zusammenarbeit gewonnen wurde.

Nicht alle Psychologen sind der Meinung, daß die von Schimpansen, Gorillas und anderen Primaten stammenden Zeichen und Signale tatsächlich Sprache sind. Manche haben eingewandt, diesen Äußerungen fehle die Komplexität echter menschlicher Sprache. Mir will es jedoch scheinen, als wäre der Unterschied lediglich graduell und nicht grundsätzlich. Für die meisten Anthropologen würde beispielsweise die Fähigkeit eines primitiven Volkes, zu addieren und zu subtrahieren, als Beweis für ein grundlegendes mathematisches Wissen gelten, obwohl ein höherer Maßstab für die Annahme einer mathematischen Begabung – etwa Beherrschung von Multiplikation und Division oder gar die Fähigkeit, mit Algebra umzugehen – eine solche Kultur ausschließen würde. Viele der Verhaltensforscher, die Affen die Begabung absprechen wollen, Sprache zu benutzen, scheinen zu verlangen, daß sie das sprachliche Äquivalent der Infinitesimalrechnung beherrschen, bevor man ihnen den Beweis für nichtmenschliche Sprache abnimmt.

Für mich scheint es der beste Weg zu sein, Sprachvermögen bei Tieren zu bewerten, wenn man es anhand des Sprachvermögens kleiner Kinder beurteilt. Kindern sprechen wir durchaus sprachliche Fähigkeiten zu, wenn sie auch nur ein paar Worte und Gesten beherrschen, aber schon in der Lage sind, ihre Wünsche mitzuteilen und über ihren Gemütszustand Auskunft zu geben. Im Wörterbuch heißt es, Sprache sei unter anderem ein «System von Zeichen, die (dem Menschen) zum Ausdruck von Gedanken, Gefühlen, Willensregungen und so weiter dienen», ferner ein «der Verständigung dienendes, der Sprache vergleichbares festgelegtes System von Zeichen mit bestimmter Bedeutung», was mit Gewißheit den größten Teil des hier erörterten Materials einschließen würde.

Ich habe mir vor kurzem einen Sprachentwicklungstest angesehen, mit dem das Sprechvermögen von Kindern im Alter von etwa zwei Jahren geprüft wird. Washoe, die Schimpansin der Gardners, oder Premacks Schimpansin Sarah hätten auf dieser Skala eine sehr hohe Punktzahl erreicht. Wenn gute Ergebnisse auf einer solchen Skala bei Kindern auf ein gewisses Sprachvermögen hindeuten, scheint es nur fair zu sein, bei der Bewertung linguistischer Fähigkeiten bei Schimpansen eine ähnliche Interpretation vorzunehmen.

Sprachrezeption bei Hunden

Nun ist es schön und gut, bei Primaten von Sprache zu sprechen.
Aber wie steht es mit Sprache bei Hunden? Wir müssen hier eine
Unterscheidung vornehmen, die Descartes vergessen zu haben
scheint: Zum frühesten Stadium der Sprachentwicklung gehört
Sprachverständnis eher als Spracherzeugung. Die Fähigkeit, Laute
oder Signale zu erzeugen, um mit anderen zu kommunizieren, folgt
der Fähigkeit, Sprache zu verstehen, und stellt somit etwas wie eine
höhere sprachliche Leistungsebene dar.

Das sogenannte rezeptive Sprachvermögen von Hunden ist recht
gut, was sich zeigt, wenn Hunde auf sorgfältig ausgesprochene
Wörter reagieren. Nehmen wir als Beispiel das folgende kleine
Wörterverzeichnis. Es enthält das Vokabular meiner Hunde. Ich
stelle jeden Begriff mit den Aktionen vor, die das Sprachverständnis
des Hundes demonstrieren. Einige der Wörter und Ausdrücke sind
natürlich nicht Bestandteil eines offiziellen Ausbildungsprogramms
für Hunde, sondern im Lauf der Zeit beim Zusammenleben mit
meinen Tieren entstanden. Überdies reagieren nicht alle meine
Hunde auf sämtliche Wörter; dies hängt von ihrem Ausbildungs-
niveau ab. Andererseits schließt diese – unvollständige – Liste nur
solche Wörter und Begriffe ein, die ich absichtlich benutze, um Reaktionen bei den Tieren zu erreichen. Sie enthält keine Wörter, die
sie vielleicht verstehen, auf die sie aber nicht reagieren müssen.

Away (Weg): Der Hund zieht sich von allem zurück, was er gerade
untersucht oder womit er sich beschäftigt.

Back (Nach hinten): Wird nur im Wagen benutzt. Es bringt den
Hund dazu, sich vom Vordersitz auf den Rücksitz zu begeben.

Bad dog (Böser Hund): Dies ist ein Begriff des Mißvergnügens, der
den Hund meist veranlaßt, sich zusammenzukrümmen und das
Zimmer zu verlassen.

Be close (Bleib bei mir): Dies bringt einen Hund, der nicht schnell
genug mitläuft, dazu, die Entfernung zu mir zu verringern.

Be quick (Beeil dich): Diese Worte benutze ich, wenn ich einen Hund stubenrein mache. Sie sollen ein bestimmtes Verhalten auslösen: Sowie er sie gelernt hat, bringen sie ihn dazu, sofort nach einer Stelle zu suchen, an der er urinieren oder den Kot ausscheiden kann.

By me (Zu mir): Das bringt einen frei umherstreifenden Hund dazu, sich links von mir zu halten, in der Nähe der *Fuß*-Position.

Collar off (Halsband ab): Der Hund senkt den Kopf, damit man ihm leichter das Halsband abstreifen kann.

Collar on (Halsband an): Der Hund hebt den Kopf und reckt die Schnauze in die Höhe, damit man ihm leichter das Halsband überstreifen kann.

Come (Komm): Der Hund kommt und setzt sich vor mich.

Den (Bau): Der Hund begibt sich in mein privates Arbeitszimmer, um dort auf mich zu warten.

Dog's name (Name des Hundes): Jeder meiner Hunde kennt seinen Namen und dreht sofort den Kopf zu mir, um auf weitere Anweisungen zu warten, wenn er ihn hört.

Downstairs (Nach unten): Der Hund geht die Treppe hinunter, die er vor sich hat.

Down (Hinlegen): Der Hund legt sich hin.

Do you want to play? (Willst du spielen?): Darauf läuft der Hund im Kreis herum, bellt und verneigt sich spielerisch.

Drop it (Aus): Der Hund spuckt alles aus, was er im Fang hat.

Excuse me (Entschuldige): Wird benutzt, wenn mir ein Hund den Weg versperrt, wenn er etwa quer in einer Türöffnung liegt. Dann steht er auf und tritt zur Seite, zumindest bis ich hindurchgegangen bin.

Find glove (Such den Handschuh): Der Hund apportiert einen Handschuh, den ich irgendwo habe fallen lassen und der nicht zu sehen ist (Teil einer offiziellen Gehorsamsübung).

Find it (Such): Der Hund sucht einen Gegenstand mit meinem Duft unter einer Gruppe anderer Gegenstände (Teil einer offiziellen Gehorsamsübung).

Front (Hier): Der Hund stellt sich vor mir in Positur (Teil einer Gehorsamsübung).

Give me a kiss (Gib mir einen Kuß): Der Hund leckt mir das Gesicht ab.

Give me a paw (Gib Pfötchen): Der Hund hebt die Pfote, die meiner Hand am nächsten ist.

Give (Gib her): Dies veranlaßt den Hund, den Gegenstand, den er in der Schnauze hält, nicht mehr festzuhalten, so daß ich ihn herausziehen kann.

Go back (Zurück): Der Hund bewegt sich weg von mir, und zwar in der angegebenen Richtung.

Good dog (Braver Hund): Dies ist ein Lob, das meist ein Schwanzwedeln auslöst (ebenso verwendbar wie *good boy*, da ich nur Rüden besitze).

Heel (Fuß): Der Hund geht an meiner linken Seite oder kommt zurück, um sich links von mir hinzusetzen (in der *Fuß*-Position).

Hugs (Schmusen): Der Hund springt an mir hoch und legt mir die Pfoten auf die Schenkel, so daß ich ihn streicheln kann, ohne mich zu bücken.

In (Rein): Der Hund geht durch eine offene Tür oder ein offenes Tor, und zwar in die Richtung, die ich durch eine Handbewegung anzeige.

Jump (Hopp): Der Hund springt über den angegebenen Gegenstand oder ein Hindernis.

Kennel (Hütte): Der Hund begibt sich in seine Hütte.

Lead on (Leine an): Der Hund hebt den Kopf, damit ich ihn anleinen kann (*Lead off* löst die gleiche Reaktion aus).

Let's go (Gehen wir): Der Hund folgt mir, aber nicht unbedingt in der *Fuß*-Position an meiner linken Seite.

No (Nein): Der Hund erstarrt und verharrt regungslos.

OK: Dies ist ein Hinweis darauf, daß eine Übung beendet ist und kein neuer Befehl mehr erfolgt. Es bringt den Hund dazu, seine Position zu verlassen und zu mir zu kommen, damit ich ihn lobe.

Open your mouth (Mach die Schnauze auf): Das bringt den Hund dazu, den Fang zu öffnen, so daß ich ihm die Zähne säubern kann.

Out (Raus): Der Hund verläßt den Raum oder seine Hütte.

Protect (Schutz): Dies bringt den Hund dazu, sich zwischen mich und jede beliebige Person in meiner Nähe zu stellen und drohend zu bellen.

Puppies (Kinder): Wenn ich zu mehr als einem meiner Hunde spreche, rede ich sie so an, statt ihre Namen zu nennen. Jeder meiner Hunde reagiert auf dieses Wort, als wäre es sein Name.

Quiet (Still): Der Hund hört auf zu bellen.

Relax (Langsam): Der Hund verlangsamt sein Tempo oder bleibt stehen, so daß die Leine nicht mehr gespannt ist.

Roll over (Auf den Rücken): Der Hund legt sich auf den Rücken, damit ich ihm den Bauch kraulen kann.

Seek (Such): Der Hund folgt dem angegebenen Duft (Teil der Nasenarbeit, Fährtensuche).

Settle (Bleib da): Meist in Verbindung mit einem Sichtzeichen. Veranlaßt den Hund, still dort zu bleiben, wo er ist.

Sit (Sitz): Der Hund setzt sich.

Sit high (Hoch): Der Hund setzt sich mit den Hinterläufen auf den Boden und hält die Vorderbeine hoch – die traditionelle Bettelposition.

Stand (Steh): Der Hund steht.

Stay (Bleib): Der Hund bleibt in seiner Position, solange man es wünscht.

Steady (Stillhalten): Diese Variante oder Verstärkung von *bleib* wird etwa beim Bürsten benutzt, wenn eine Bürste oder ein Hundekamm am Haar des Tiers zupft. Dieser Befehl bringt den Hund dazu, still zu sein und seine Position zu halten, obwohl er sich unwohl fühlt.

Straight (Gerade): Der Hund stellt sich in eine gerade *Fuß*-Position (Teil der Gehorsamsausbildung).

Swing (Herum): Der Hund geht um mich herum und nimmt die *Fuß*-Position ein.

Take it (Heb auf): Der Hund hebt einen vor ihm liegenden Gegenstand mit dem Fang auf.

Time to clean your eyes (Augen saubermachen): Das sage ich nur bei meinem Spaniel. Er legt dann den Kopf in meine linke Hand, so daß ich ihm die Augen reinigen kann.

Towel time (Abtrocknen): Der Hund begibt sich in die Mitte des Küchenfußbodens und wartet dort, bis er nach einem Spaziergang im Regen abgetrocknet wird.

Up (Hoch): Der Hund springt auf die mit einem Sichtzeichen angedeutete Fläche.

Upstairs (Nach oben): Der Hund geht die Treppe hinauf.

Wait (Warte): Der Hund hält vorübergehend mit allem inne, was er gerade vorhat, behält mich aber im Auge.

Watch me (Sieh mich an): Auf diesen Befehl hin behält der Hund mich im Auge.

Where's Joannie? (Wo ist Joannie?): Der Hund geht zu dem Zimmer, in dem sich meine Frau gerade befindet, oder zur Treppe, wenn sie im Obergeschoß oder im Keller ist.

Where's your ball? (Wo ist dein Ball?): Der Hund holt seinen Ball.

Where's your stick? (Wo ist dein Stock?): Der Hund holt seinen Stock.

Who wants a cookie? (Wer will ein Stück Kuchen?): Der Hund läuft zum Küchentresen und wartet dort auf ein Stück Hundekuchen.

Who wants a ride? (Wer will mitfahren?): Wenn der Hund im Freien ist, läuft er zum Wagen und wartet, bis man ihn hineinspringen läßt (wenn er im Haus ist, geht er zur Tür und wartet dort).

Who wants some food? (Wer möchte was zu essen?): Der Hund läuft in die Küche und stellt sich vor seinen Freßnapf.

Who wants to go for a walk? (Wer möchte spazierengehen?): Der Hund geht zur Haustür und wartet.

X-pen (Gehege): Der Hund wartet in der Nähe des Übungsgeheges, bis ich ihm das Gatter öffne und ihn einlasse.

Diese Liste von mehr als sechzig Wörtern ist, wie ich schon gesagt habe, unvollständig; ich habe nur die häufig gebrauchten Begriffe genannt und solche ausgelassen, die untrainierte Reaktionen auslösen. Das Wort *bath* (Bad) beispielsweise bringt meinen Cairn-Terrier dazu, sich sofort irgendwo zu verstecken, während mein King Charles-Spaniel einfach zur Badezimmertür geht, um sich in das Unvermeidliche zu fügen. Ich bin sicher, daß die Hunde auch auf andere Wörter reagieren, etwa auf den Ausdruck *dog class* (Hundeschule), aber die Reaktionen darauf sind weniger vorhersehbar. J. Paul Scott, ein Psychologe, der in seiner Zeit als Direktor des Animal Behavior Laboratory an der Hamilton Station auf Mount Desert Island im Bundesstaat Maine Hunde intensiv studiert hat, ist der Meinung, daß Hunde lernen könnten, mehr als einhundert gesprochene Worte zu unterscheiden.

Der passive Wortschatz meiner Hunde schließt auch eine Reihe von Gesten oder Sichtzeichen ein (die Entsprechung der Zeichensprache). Viele dieser Signale können gesprochene Wörter einfach ersetzen, während andere eine entscheidende Information erhalten, um einen gesprochenen Befehl zu erläutern. So gibt es ein Sichtzeichen für *komm her*, zwei verschiedene Sichtzeichen für *Platz* und zwei für *sitz* (je nachdem, ob sich der Hund neben mir befindet oder in einiger Entfernung vor mir), ein Sichtzeichen für *Fuß* (wenn er an meiner linken Seite geht), eines für *bleib* und ein weiteres für *weg*. Es gibt zwei verschiedene Sichtzeichen, um den Hund in die *Fuß*-Position zu schicken, je nachdem, ob der Hund hinter mir herumgehen oder zu meiner Linken eine Pirouette drehen soll. Es gibt auch zwei Sichtzeichen für *steh*, je nachdem, ob der Hund sich gerade bewegt oder sitzt. Ebenso verwende ich zahlreiche Richtungssignale: Ich zeige nach links oder rechts, um die Richtung anzudeuten, in die der Hund springen soll; ich zeige nach links, rechts oder geradeaus, um anzudeuten, welcher Gegenstand auf den Befehl *bring her* apportiert werden soll; ich zeige auf eine bestimmte Tür, ein Tor oder eine Öffnung, wenn ich gleichzeitig das Hörzeichen *rein* oder *raus* gebe; ich tippe auf eine bestimmte Fläche, um anzudeuten, wohin der Hund auf den Befehl *hoch* springen soll; oder wenn ich die Richtung andeute, in die der Hund nach dem Befehl *lauf zurück* laufen soll. Ein weiteres Sichtzeichen weist darauf hin, wo die Fährte ist, der der Hund nach dem Befehl *such* folgen soll, und ein weiteres Sichtzeichen zieht eine imaginäre Linie, die der Hund nach dem Befehl *bleib da* nicht überschreiten darf.

Ich habe mich bisher nur auf absichtlich gegebene Hör- und Sichtzeichen konzentriert, aber Hunde erkennen auch Körpersprache. Körpersprache bedeutet für einen Psychologen, wie wir uns bewegen und welche Position wir einnehmen, und auch unser Gesichtsausdruck fällt unter diesen Begriff. Er verändert sich mit unseren Gefühlen und auch in verschiedenen sozialen Situationen. Hunde reagieren recht gut auf die Nuancen der Körpersprache. So wird ein Hund etwa mit eingeklemmtem Schwanz herumstreichen, als hätte er etwas falsch gemacht, wenn man wütend ist, selbst wenn man gar nicht auf den Hund wütend ist oder versucht, seine Gefühle zu unterdrücken. Der Hund reagiert einfach auf die unbewußten Signale, die man aussendet. Bei der Hundeausbildung fällt uns oft auf, daß ein Hund nicht sehr gut arbeitet und kaum etwas lernt, wenn der Hundeführer angespannt ist – in solchen Situationen scheint auch der Hund angespannt zu sein und sich unwohl zu fühlen. Wir sagen dann immer: «Die Spannung strömt durch die

Leine.» Das bedeutet nichts anderes, als daß der Hund die unbewußten Signale der Körpersprache seines Herrn aufnimmt und darauf reagiert. Es liegt auf der Hand, wie schwierig es ist, all die subtilen zusätzlichen Signale zu isolieren, die Hunde empfangen und auf die sie reagieren. Allgemein jedoch sollte man die Fähigkeit des Hundes, Körpersprache zu deuten, wohl als zusätzlichen Faktor seiner Kommunikationsfähigkeit werten.

Hundesprache

All diese Signale und Wörter dienen als Sprache, mit denen der Mensch dem Hund Informationen übermittelt. Hunde sind jedoch auch in der Lage, mit uns zu kommunizieren; sie benutzen dabei wie wir sowohl Laute als auch Signale und Körperbewegungen. Manche dieser Signale finden wir bei fast allen Hunden und vielleicht auch bei Wölfen, Schakalen und Wildhunden, während andere nur in einem bestimmten Wohnort zu finden sind (etwa wie bei einem lokalen Dialekt). Die allgemeingültigen Signale sind an einer Vielzahl von Orten gesammelt worden. Eine solche Sammlung wurde von Douglas Kirk für eine Organisation namens *Animals for the Performing Arts* zusammengestellt. Dem lag der Gedanke zugrunde, daß Menschen, die mit Hunden arbeiten, etwa wenn diese in Filmen und Videoproduktionen eingesetzt werden, unbedingt wissen müssen, was Hunde zu kommunizieren versuchen. Auch Psychologen haben auf diesem Feld umfangreiche Studien angestellt. Sie haben herausgefunden, daß Hunde über drei Hauptthemen kommunizieren. Beim ersten geht es um ihren Gemütszustand. Das zweite sind soziale Beziehungen. Dazu gehören Aspekte der Dominanz, der sozialen Stellung sowie Revierfragen. Drittens kommunizieren Hunde, um Wünsche und Sehnsüchte mitzuteilen. Auf diesem letzten Gebiet legen Hunde die größte Vielfalt an den Tag. Sie zeigen sich dabei auch am willigsten, erlernte Sprache oder Signale zu zeigen.

Hundesprache

Menschen sind oft daran schuld, daß sie ihren Hunden nicht aufmerksam genug zuhören und so vieles von dem übersehen, was mit Hundesprache gemeint ist. Das menschliche Ohr ist für Hundestimmen so unempfänglich, daß nicht einmal darüber Einigkeit besteht, welche Grundlaute Hunde von sich geben. Für den Engländer oder Amerikaner sagen Hunde *bow-wow, woof-woof* oder *arf-arf*. Für den Spanier sagen sie *jau-jau*; für den Holländer *waf-waf*; für den Franzosen *woa-woa*; für den Russen *gav-gav*; für den Israeli *hav-hav*; für den Deutschen *wau-wau*, den Tschechen *haff-haff*; für den Chinesen *wung-wung*. Natürlich kann es sein, daß die Hunde einfach in Dialekten sprechen.

Wenn Wissenschaftler jedoch sorgfältig auf Hundelaute hören, identifizieren sie eine Reihe verschiedener Laute mit unterschiedlichen Bedeutungsnuancen. Ich werde im folgenden einige davon mit ihrem ungefähren Sinn wiedergeben und darauf hinweisen, in welchem Kontext sie verwendet werden.

Es gibt einige wichtige Dimensionen, auf die man bei Hundelauten achten muß. Da ist erstens die Tonhöhe. Wenn ein Hund bellt oder andere Laute von sich gibt, deutet eine tiefe Stimmlage meist auf Drohung, Zorn und mögliche Aggression hin, während schrillere Laute Furcht oder Schmerz bedeuten können oder, wenn sie weniger scharf sind, Vergnügen oder Verspieltheit. Bei der menschlichen Sprache haben Psychologen die gleichen Besonderheiten erkannt. Wenn ein Mensch zornig ist, wird die Stimmlage meist tiefer, und wenn er Angst hat, wird die Stimme schrill, und die Worte neigen dazu, kürzer zu werden. Auch unsere Stimme kann trällern oder in einen Singsang verfallen, um Verspieltheit anzudeuten, oder wenn wir zu Kleinkindern und Babys sprechen. Die kanadische Psychologin Janet Werker hat demonstriert, daß Menschen erkennen können, ob eine Person mit einem Erwachsenen oder zu einem Baby spricht, selbst wenn in beiden Fällen die genau gleichen Worte verwendet werden. Der Unterschied wird allein am Tonfall oder an der Stimmlage erkennbar.

Die zweite Dimension bei Hundelauten ist die Häufigkeit oder das Wiederholungstempo des Lauts. Laute, die oft und in schneller

Folge wiederholt werden, deuten auf eine gewisse Erregung sowie auf Dringlichkeit hin. Laute, die seltener geäußert oder nicht wiederholt werden, weisen auf ein geringeres Erregungsniveau oder einen vorübergehenden Gemütszustand hin. Die Dauer der Laute ist ebenfalls wichtig. Hohe, schrille Laute von kurzer Dauer lassen oft Furcht oder Schmerz erkennen, während die gleichen Laute auf Verspieltheit oder Vorfreude schließen lassen, wenn sie langsamer wiederholt werden. Allgemein läßt sich sagen, daß anhaltendere Laute auf bestimmte Absichten hindeuten, auf ein Verhalten, das kurz bevorsteht, wie wir es etwa bei dem tiefen, anhaltenden Knurren finden, das einem Angriff vorausgeht.

Bellen

Wiederholtes schnelles Bellen in mittlerer Tonlage: «Trommelt das Rudel zusammen! Uns steht wahrscheinlich ein Problem bevor! Jemand dringt in unser Revier ein!»

Anhaltendes Bellen, aber etwas langsamer und tiefer: «Der Eindringling (oder die Gefahr) wird gleich dasein. Macht euch bereit, euch zu verteidigen!»

Mehrmaliges, drei- oder viermaliges Bellen mit Pausen dazwischen in mittlerer Tonlage: «Ich habe den Verdacht, daß es in der Nähe unseres Reviers ein Problem oder einen Eindringling gibt. Ich finde, das Leittier sollte sich mal darum kümmern.»

Anhaltendes oder unaufhörliches Gebell mit mäßigen bis langen Intervallen zwischen jedem Gebell: «Ist da jemand? Ich bin allein und brauche Gesellschaft.» Dies ist meist die Reaktion auf Eingesperrtsein oder darauf, daß ein Hund über längere Zeiträume hinweg allein gelassen wird.

Ein- oder zweimaliges scharfes kurzes Bellen in mittlerer Tonlage: «Hallo!» Dies ist der typische Begrüßungslaut.

Einzelnes, scharfes kurzes Bellen, untere bis mittlere Tonlage: «Hör auf damit!» Dieses Bellen hört man oft bei einer Mutter-hündin, wenn sie ihre Welpen tadelt, kann aber bei jedem Hund auch Ärger ausdrücken, etwa wenn er im Schlaf gestört wird oder wenn man ihm beim Bürsten Haare ausrupft, und so weiter.

Kleine Abweichungen oder Veränderungen in den Lauten des Hundes können die beabsichtigte Bedeutung erheblich verändern. Ähnlich ist es beim Menschen, wo eine Veränderung der Modulation den Sinn einer Äußerung ändern kann. So kann aus der einfachen Feststellung «Es ist fertig» eine Frage werden, wenn wir am Ende des Satzes die Stimme heben, statt sie zu senken. Ähnliche Veränderungen zeigen sich auch in den einfachen oder kurzen Gebell-Sequenzen:

Einzelnes, scharfes kurzes Bellen, obere mittlere Tonlage: «Was ist das?» oder «Huch?» Dieser Laut kündet von Erschrecken oder Überraschung. Wenn er zwei- oder dreimal wiederholt wird, verändert sich der Sinn in «Komm her, seht euch das mal an!», womit das Rudel auf ein unerwartetes Ereignis aufmerksam gemacht wird. Die gleiche Art von Gebell, jedoch nicht so kurz und scharf, bedeutet: «Kommt her!» Viele Hunde bellen so an der Haustür, um kundzutun, daß sie hinauswollen. Wenn die Tonlage im entspannten mittleren Bereich liegt, bedeutet das «Großartig!» oder etwas ähnliches, vielleicht: «Oh, fabelhaft!» Mein Cairn-Terrier zum Beispiel, der liebend gern hochspringt, läßt dieses einzelne kurze Freudengebell hören, wenn ich ihn über ein Hindernis schicke. Andere Hunde lassen das gleiche Gebell hören, wenn man ihnen einen gefüllten Freßnapf hinstellt.

Einzelnes Kläffen oder sehr kurzes schrilles Bellen: «Aua!» Dies ist eine Reaktion auf einen plötzlichen, unerwarteten Schmerz.

Eine Reihe kurzer Kläff-Laute: «Es tut mir weh!» – «Ich habe wirklich Angst.» Dies ist eine Reaktion auf große Furcht und Schmerz.

Gestottertes Bellen in mittlerer Tonlage: Wenn man das Bellen eines Hundes als «Wuff» schreiben würde, müßte man das gestotterte Bellen als «Arr-wuff» schreiben. Es bedeutet: «Laßt uns spielen!» Der Hund möchte damit zum Spielen auffordern.

Ein in der Tonlage höher werdendes Bellen: Dieses Bellen ist nicht ganz leicht zu beschreiben, obwohl es unverkennbar ist, wenn man es schon einmal gehört hat. Meist handelt es sich um eine Reihe von Bell-Lauten, von denen jeder in mittlerer Tonlage beginnt, dann aber schnell schrill wird – es ist fast ein Bell-Kläffen, wenn auch nicht ganz so hoch. Es ist ein spielerisches Bellen, das ein Hund beim Herumtollen hören läßt. Es zeigt seine Aufregung und bedeutet etwa: «Das macht Spaß!»

Knurren

Ein Knurren erfolgt manchmal für sich, kann aber auch eingesetzt werden, um gebellte Laute zu modifizieren, um drohender zu klingen.

Weiches, tiefes Knurren: «Sieh dich vor!» – «Verschwinde!» Dieses Knurren wird als Drohung eingesetzt und bringt den Adressaten meist dazu, sich zurückzuziehen, um dem Hund mehr Raum zu lassen.

Tiefes geknurrtes Bellen: Dies ist ein deutlich vernehmbares Knurren, das zu einem Bellen führt. Es bedeutet: «Ich bin verärgert und bereit zu kämpfen!» Dies ist eine deutliche Warnung, daß ein Angriff erfolgt, wenn sich der Hund noch mehr bedrängt fühlt.

Ein Knurren und Bellen in der höheren mittleren Tonlage: «Ich bin besorgt (oder ich habe Angst), werde mich aber verteidigen.» Dies ist die Drohung eines weniger selbstbewußten Tiers, das jedoch höchstwahrscheinlich kämpfen wird, wenn es sich bedrängt fühlt.

Ein wellenförmiges Knurren: Dieses Knurren reicht von der unteren mittleren Tonlage bis zur höheren mittleren Tonlage. Oft kommt noch so etwas wie ein angedeutetes Bellen hinzu, wenn die Tonlage höher wird. Es bedeutet «Ich habe schreckliche Angst. Wenn du auf mich losgehst, werde ich vielleicht kämpfen, aber vielleicht laufe ich auch weg.» Dies ist der ängstlich-aggressive Laut eines sehr unsicheren Hundes.

Ein lautes Knurren mit verdeckten Zähnen: «Dies ist ein gutes Spiel!» – «Das macht mir Spaß!» Dieses Knurren ist meist ein Teil der Spiel-Sequenz und kann zwischen einer Reihe gestotterter Bell-Laute erfolgen. Es weist meist auf intensive Konzentration hin, etwa bei einem Tauziehen oder einer gespielten Rauferei.

Andere Laute

Leises Winseln: «Es tut mir weh!» – «Ich habe Angst.» Der durchschnittliche Hundehalter wird diese Laute meist in der Praxis des Tierarztes zu hören bekommen, wenn der Hund krank ist oder Schmerzen hat, oder wenn ein ängstlicher Hund sich an einem fremden Ort aufhält, der ihm bedrohlich erscheint. Dies ist ein Überbleibsel des fiependen, fast miauenden Lauts, den kleine Welpen von sich geben, wenn ihnen kalt ist oder wenn sie hungrig sind oder Kummer haben.

Ein lauterer, langgezogener Winsellaut: «Bitte gib mir...» – «Ich will...» Diesen Laut bekommt man meist zu hören, wenn der Hund auf sein Fressen wartet oder wenn er angeleint werden soll, manchmal auch, wenn er die Aufmerksamkeit seines Herrn zu erregen versucht, und so weiter.

Seufzen: Dieser Laut, der unfehlbar dadurch begleitet wird, daß der Hund sich mit dem Kopf auf den Vorderpfoten hinlegt, kann zweierlei bedeuten, je nach Kontext und Gesichtsausdruck. Mit halbgeschlossenen Augen ist es ein Zeichen des Wohlbefindens und bedeutet: «Ich bin zufrieden und mache es mir jetzt hier gemütlich.» Mit offenen Augen ist es ein Zeichen der Enttäuschung, wenn etwas nicht so klappt wie erwartet. Am besten läßt es sich als ein «Ich geb's auf!» deuten.

Aufgeregtes Bellen: Dieser Laut ist typisch für Jagdhunde auf der Jagd. Man deutet es meist als «Folgt mir!», «Schnappen wir ihn uns» oder «Alle zusammen jetzt!»

Jaulendes Heulen: Hierbei stößt der Hund mehrere Klagelaute hintereinander aus, wobei das letzte Geheul langgezogen ist. Es bedeutet meist «Ich bin einsam», «Ich fühle mich von aller Welt verlassen!» oder «Ist jemand da?»

Geheul: «Ich bin hier!» – 1Dies ist mein Revier!» – «Ich kann dich da draußen hören!» Ein selbstbewußtes Tier heult oft nur, um seine Gegenwart zu melden. Manche Hunde heulen auch, um auf das jaulende Geheul eines anderen Hundes zu antworten. Dieses Geheul klingt für das menschliche Ohr etwas sonorer als das jaulende Geheul, das oft als klagender Laut beschrieben wird.

Stöhnen: Dieses «Stöhnen» hört sich etwa wie «ar-aul-waul-waul...» an und dauert nicht allzu lange. Es ist ein Ausdruck spontaner Freude und Aufregung und bedeutet: «Ich bin aufgeregt!» oder «Gehen wir!» Ein Hund läßt diesen Laut meist hören, wenn etwas Angenehmes bevorsteht.

Keuchendes Schnaufen: «Los, gehen wir!» Dies ist ein Zeichen von Aufregung.

Hunde können auch bestimmte Laute lernen. So hört sich beispielsweise das Bellen, das Hunde auf die Aufforderung *Wie spricht der Hund?* hören lassen, ganz anders an als ein spontanes Bellen. Das gleiche läßt sich von dem Bellen sagen, das Polizei- und Schutzhunde lernen müssen. Manchen Hunden kann man sogar bestimmte Laute für bestimmte Situationen beibringen. Das reicht vom einfachen Bellen, Stöhnen oder einem spielerischen Knurren bis zu komplexeren Lauten, die sich sogar wie Jodler anhören können oder Versuche zu sprechen. Die Psychologin Janet Werker hat zum Beispiel einen Pudel, der tagsüber allein zu Hause bleibt. Wenn die Familie abends nach Hause kommt, begrüßt jeder den wartenden Hund mit einem fröhlichen, fast gesungenen Hallo. Nach einiger Zeit lernte der Hund, diesen Laut nachzuahmen, und begrüßt die Familienmitglieder seitdem spontan mit einem zweisilbigen «arl-wau». Dieser Laut ist jedoch der Familie vorbehalten. Fremde bekommen ihn nie zu hören.

Signale und Gebärden

Hunde benutzen auch den Körper, um etwas über soziale Dinge oder ihren Gemütszustand auszusagen. Rute, Augen, Ohren und Fang können uns etwas mitteilen, und bestimmte Körperhaltungen vermitteln uns weitere Informationen, die manchmal die übermittelte Botschaft modifizieren.

Rute

Die Haltung der Rute ist ein wichtiger Indikator für den sozialen Rang und den Gemütszustand eines Hundes. Natürlich gibt es Abweichungen, je nach der natürlichen Rutenhaltung: Ein West Highland White Terrier wird seine karottenförmige Rute höher tragen als ein Golden Retriever seinen langen, buschigen Schwanz, und ein Greyhound wird seine Rute noch tiefer halten.

Fast horizontal, vom Hund abstehend, aber nicht steif: Dies ist ein Zeichen von Aufmerksamkeit. Es läßt sich etwa als «Vielleicht passiert jetzt was Interessantes» deuten.

Horizontal vom Hund abstehend: Dies ist ein Teil einer ersten Herausforderung, wenn der Hund einem Fremden oder Eindringling begegnet. Es läßt sich etwa so übersetzen: «Wollen doch mal sehen, wer hier der Boss ist.»

Rute im Winkel von etwa fünfundvierzig Grad hochgestellt: Dies ist das Zeichen eines dominanten Hundes oder eines Tiers, das seine dominante Stellung behaupten möchte. Es heißt: «Ich bin hier der Chef.»

Aufgerichtete, zum Teil über den Rücken geschwungene Rute: «Ich bin der Größte.» Es ist der Ausdruck eines selbstbewußten, dominanten Hundes, der das Gefühl hat, alles im Griff zu haben.

Rute etwas tiefer als in horizontaler Stellung, aber immer noch ein wenig von den Hinterläufen entfernt: «Ich fühle mich entspannt.» – «Alles in Ordnung.»

Rute unten in der Nähe der Hinterläufe: Diese Rutenstellung verändert ihren Sinn mit der Körperhaltung des Hundes. Wenn die Läufe immer noch gerade sind und die Rute leicht hin und her bewegt wird, bedeutet dies: «Ich fühle mich nicht wohl» oder «Ich bin ein bißchen traurig». Wenn die Läufe leicht nach innen gebeugt sind und den Rücken leicht abschüssig erscheinen lassen, bedeutet es: «Ich fühle mich etwas unsicher», vor allem in einer unbekannten Umgebung oder Situation.

Rute zwischen die Beine geklemmt: «Ich habe Angst» oder «Tu mir nicht weh». Diese Rutenhaltung findet man vor allem in Anwesenheit eines dominanten Hundes oder eines dominanten Menschen. Dann kann sie auch bedeuten: «Ich akzeptiere meine untergeordnete Stellung im Rudel und werde nicht versuchen, dich herauszufordern.»

Die von der Rutenhaltung ausgehende Information kann durch mehrere Faktoren verändert werden:

Gesträubtes Haar an der Rute: Gesträubtes Haar an der Rute ist ein Zeichen von Aggression. Damit kann jede Rutenhaltung modifiziert werden. Wenn die Rute vom Körper wegzeigt, bedeutet es: «Wenn du kämpfen willst, ich bin bereit!» Wenn die Rute leicht nach oben oder auf dem Rücken gehalten wird, bedeutet es: «Ich habe keine Angst vor dir und werde kämpfen, um dir zu zeigen, daß ich der Boss bin.»

Verkrampfte Haltung oder stark gekrümmte hochgehaltene Rute: Diese Rutenhaltung ist für die wolfsähnlichen Hunde wie etwa den Deutschen Schäferhund typisch und bedeutet etwa das gleiche wie gesträubtes Rutenhaar: Vorbote möglicher Aggression.

Das Schwanzwedeln kann einfach auch nur ein Zeichen von Aufregung sein, deren Ausmaß durch die Lebhaftigkeit oder Geschwindigkeit des Wedelns angedeutet wird. Wenn man die Aufregung beurteilen will, sollte man auf die Geschwindigkeit des Schwanzwedelns achten, unabhängig vom Umfang der Bewegung. Ein Jagdhund mit einer üppigen langen Rute scheint sie stärker zu bewegen als ein Terrier mit seinem kurzen Stummelschwanz (bei ihm kann selbst ein stürmisches Wedeln aussehen wie ein leichtes Zittern). In beiden Fällen bedeuten schnelle Bewegungen jedoch nichts weiter als «Ich bin aufgeregt». Das relative Ausmaß eines Schwanzwedelns übermittelt jedoch bei jedem Hund noch weitere Informationen.

Leichtes Schwanzwedeln: Dies ist meist ein Gruß, am besten gedeutet als «Hallo». Wenn der Hund so seinen Herrn begrüßt, hat es oft die Bedeutung: «Wie ich sehe, siehst du mich an. Du magst mich, nicht wahr?» Dann ist es einfach eine Reaktion auf die Aufmerksamkeit, die dem Hund zuteil wird.

Breites Schwanzwedeln: «Ich mag dich.» Dies zeigt sich oft beim Spiel, wenn ein Hund einen anderen anzugreifen scheint, wenn er knurrt, bellt und herumtollt. Das Schwanzwedeln soll versichern, daß es sich nur um einen Spaß handelt. In anderen Zusammenhängen bedeutet es auch: «Das gefällt mir».

Langsames Schwanzwedeln, wobei die Rute auf Halbmast steht: Bei der Ausbildung von Hunden interpretiere ich dies als «Ich versuche, dich zu verstehen. Ich möchte gern wissen, was du meinst, kann es mir aber noch nicht so genau vorstellen.» Wenn der Hund das Problem schließlich erkannt hat und löst, werden Geschwindigkeit und Umfang des Schwanzwedelns meist stark zunehmen.

Das Schwanzwedeln ist eine rein soziale Gebärde. In mancherlei Hinsicht hat es die gleiche Funktion wie das Lächeln eines Menschen. Menschen scheinen ihr Lächeln meist für Situationen zu reservieren, in denen jemand sie besucht, oder wenn sie an einen bestimmten Menschen oder etwas Besonderes denken. Für Hunde scheint das Schwanzwedeln die gleichen Funktionen zu haben. Man wird es sehen, wenn er einen Menschen oder einen anderen Hund begrüßt. Wenn ein Hund jedoch allein ist, wird er nichts, was er für leblos hält, mit einem Schwanzwedeln beehren. Ein Hund wird mit dem Schwanz wedeln, um seine Dankbarkeit zu zeigen, wenn man ihm einen vollen Freßnapf hinstellt, aber sollte er allein in die Küche gehen und den Napf voll finden, wird er hingehen und genauso gern fressen, aber ohne mit dem Schwanz zu wedeln. Man könnte höchstens ein leichtes, erregtes Zittern entdecken. Dies ist ein Hinweis darauf, daß das Schwanzwedeln als Kommunikation oder Sprache gedacht ist. So wie wir auch nicht zu Wänden sprechen, wedeln Hunde nicht mit dem Schwanz, wenn sie Dinge sehen, die anscheinend leblos sind und nicht auf das Tier reagieren.

Bei den meisten Hunderassen wird die Rute zur Spitze hin heller, und viele Rassen haben eine charakteristische weiße Schwanzspitze. Diese findet man auch gut sichtbar bei Schakalen, Füchsen, Wildhunden und Dingos. Einige Evolutionsbiologen haben gemeint, diese hellere Färbung habe den Zweck, Signale der Rute sichtbarer zu machen. Bei einigen Wölfen hat der Schwanz eine dunkle Spitze, was natürlich den gleichen Zweck erfüllen kann, Rutenposition und Bewegung leichter zu erkennen. Hunde mit kupierten Ruten sind hier natürlich im Nachteil. Das Fehlen dieser wichtigen Kommunikationsmöglichkeit kann ihre Fähigkeit beeinträchtigen, mit anderen Hunden Informationen auszutauschen.

Am anderen Ende des Hundes spricht viel dafür, daß die Art und Weise, wie ein Hund Blickkontakt einsetzt, die Ohren hält und den Fang bewegt, Informationen übermitteln soll. Ferner soll damit das Verhalten anderer Hunde sowie von Menschen modifiziert werden, mit denen es zu sozialer Interaktion kommt.

Ohren

Wie bei der Rute sollten auch alle Ohrenstellungen eines Hundes danach beurteilt werden, wie der Hund sie normalerweise hält, wenn er sich ruhig und gelassen fühlt. Bei Hunden mit stark kupierten oder sehr langen Ohren wird es schwerer sein, den Gemütszustand zu erkennen.

Ohren aufgerichtet oder leicht nach vorn geneigt: «Was ist das?» Dies ist ein Zeichen von Aufmerksamkeit, eine Reaktion auf einen Laut oder das Erkunden einer neuen Situation. Wenn der Kopf dabei leicht geneigt wird und der Fang leicht offen steht, verändert sich die Bedeutung in: «Das ist wirklich interessant» oder «Das verstehe ich nicht» und ist mit der Beobachtung eines neuen Ereignisses verbunden. Wenn jedoch die Zähne entblößt werden und die Nase krausgezogen wird, handelt es sich um die offensive Drohung eines selbstbewußten Hundes.

Ohren am Kopf angelegt: «Ich habe Angst» oder «Ich werde mich gegen einen möglichen Angriff verteidigen». Dieses Signal ist meist mit irgendeiner Herausforderung verbunden.

Ohren leicht nach hinten geneigt: Bei einem Hund mit Stehohren wie etwa dem Deutschen Schäferhund werden die Ohren hierbei leicht zur Seite geneigt. Es bedeutet: «Dies gefällt mir gar nicht» und «Wenn's drauf ankommt, kämpfe ich oder laufe weg». Dieser Ausdruck verrät Mißtrauen und kann sowohl Aggression wie Ambivalenz verraten.

Augen

Es gibt zwei wichtige Augensignale, und beide haben etwas mit Dominanz oder Mangel an Dominanz zu tun.

Direktes Anstarren, Auge in Auge: «Für wen hältst du dich eigentlich?» und «Ich fordere dich heraus. Mal sehen, wer der Stärkere ist». Dies ist meist Teil einer sozialen Konfrontation und kommt nur bei einem dominanten Hund vor.

Augen abgewandt, um direkten Augenkontakt zu vermeiden: «Ich akzeptiere die Tatsache, daß du der Boss bist» und «Ich will keinen Ärger». So reagiert ein unterwürfigerer Hund auf eine Herausforderung.

Fang

Hunde können mit dem Mund nicht die gleiche Vielfalt von Gesichtsausdrücken erzeugen wie ein Mensch; es gibt jedoch einige grundlegende Erkennungsmerkmale von Bedeutung.

Fang entspannt und leicht geöffnet. Die Zunge kann dabei leicht zu sehen sein oder ist vielleicht sogar über die unteren Zähne gelegt: Dies ist beim Hund die Entsprechung des Lächelns bei Menschen. Es bedeutet: «Ich bin glücklich und gelassen».

Gähnen: Dies ist vermutlich eins der am häufigsten mißverstandenen Signale eines Hundes. Es wird vom Menschen meist so gedeutet, als wäre der Hund erschöpft oder gelangweilt. In Wahrheit ist es ein Signal, das Streß verrät. Am besten läßt es sich so interpretieren: «Ich bin im Augenblick angespannt, ängstlich oder nervös.»

Die Lippen werden hochgezogen und entblößen einige Zähne, aber der Fang bleibt trotzdem überwiegend geschlossen: «Du ärgerst mich!» Dies ist das erste Anzeichen einer drohenden Haltung.

Lippen hochgezogen, so daß sie die Reißzähne entblößen. Die Nase ist leicht krausgezogen, der Fang zum Teil offen: «Wenn du etwas tust, was ich als Bedrohung empfinde, kann es sein, daß ich zubeiße.» Dies ist die nächste Stufe einer drohenden Haltung, kann aber auch auf Furchtlosigkeit hindeuten. Wenn man einen Hund in diesem Stadium weiter bedrängt, kann es zu einem aggressiven Angriff führen.

Lippen hochgezogen, so daß nicht nur sämtliche Zähne, sondern auch das Zahnfleisch über den Vorderzähnen entblößt wird. *Sichtbar krausgezogene Nase:* «Verschwinde, sonst...!» Dies ist die volle Drohhaltung eines Hundes und zeigt, daß er jederzeit angreifen und zubeißen kann. Wenn man sich einem solchen Hund gegenübersieht, darf man sich nicht umdrehen und weglaufen: Das Erregungsniveau ist jetzt so hoch, daß eine solche Bewegung vermutlich den Jagdinstinkt weckt. Der Hund wird einen verfolgen und angreifen. Statt dessen sollte man leicht den Blick senken (eine leicht unterwürfige Augenhaltung), den Mund ein wenig öffnen (was der Hund als leichte Gegendrohung deuten könnte) und sich langsam zurückziehen.

Immer dann, wenn der Hund einen drohenden Ausdruck zeigt, wird beim Hochziehen der Lippe der Mund leicht geöffnet, was den Eindruck erweckt, daß der Mundwinkel ein wenig nach vorn gezogen wird. Der Ausdruck verändert sich leicht, wenn der untere Mundwinkel ein wenig nach unten oder zurückgezogen wird, was der aggressiven Haltung des Hundes ein Element der Furcht hinzufügt. Er kann sich immer noch für den Angriff entscheiden, läuft aber vielleicht auch weg, wenn er heftig attackiert wird. So verwandelt der zurückgezogene Mundwinkel die dominante Drohung in etwas wie: «Du machst mir zwar Angst, aber wenn es sein muß, werde ich kämpfen.»

Rumpf und Beine

Hunde können mit Rumpf und Beinen eine Vielzahl verschiedener Dinge ausdrücken. Übermittelt werden überwiegend soziale Informationen.

*Der Hund kauert mit ausgestreckten Vorderläufen und mit hochge-
recktem Hinterteil und hält den Kopf nahe dem Erdboden:* Dies
ist die klassische spielerische Verneigung und bedeutet einfach:
«Laß uns spielen!»

*Steifbeinige, aufrechte Körperhaltung oder langsame, steifbeinige
Vorwärtsbewegung:* «Ich habe hier das Sagen» und «Du hast
hier nichts zu melden». Ein dominanter Hund wird mit dieser
Haltung andeuten, daß er seine Autorität nicht in Frage stellen
läßt und notfalls dafür kämpfen wird.

Leicht vorgeneigter Körper, leicht gespreizte Beine: «Ich nehme
deine Herausforderung an und bin bereit zu kämpfen!»

Der Hund wälzt sich auf die Seite oder entblößt den Bauch:
«Komm, wir wollen nicht streiten» oder «Ich bin keine Bedrohung für dich» oder «Ich akzeptiere, daß du hier das Sagen
hast». Dies ist eine unterwürfige Reaktion, um einen Konflikt
abzuwenden. Viele Hunde nehmen diese Haltung recht entspannt und zufrieden ein, wenn sie in der Nähe ihres Leittiers
sind. Wenn ein Haushund sich auf den Rücken legt, damit man
ihm den Bauch krault, akzeptiert er einen als Leittier des Rudels.

*Ein Hund legt einem anderen den Kopf auf die Schulter oder eine
Pfote auf den Rücken:* «Ich möchte, daß du weißt, wer hier der
Boss ist.» Diese Gebärden werden meist von dominanten Hunden gebraucht, von Leittieren sowie Hunden, die es darauf anlegen, in der Rangordnung nach oben zu kommen.

Schnappen: Dieses zeigt sich bei Interaktionen zwischen Hund und
Mensch, etwa wenn der Hund die Hand seines Herrn in den
Mund nimmt oder beim Spaziergehen die Leine schnappt. Das
Schnappen kann ein ernstzunehmendes Anzeichen dafür sein,
daß die Dominanz des Herrn herausgefordert wird. Es zeigt, daß
der Hund den Menschen nicht als Leittier akzeptiert.

Der Hund legt seinem Herrn die Pfote aufs Knie: «Sieh mal, ich bin
da» oder «Beschäftige dich mit mir». Dieses Signal, mit dem um
Aufmerksamkeit geworben wird, hat viele Abweichungen.
Manchmal rudert der Hund vor seinem Herrn mit der Vorder-

pfote in der Luft herum oder läßt den Kopf unter die Hand seines Herrn gleiten.

Das Haar sträubt sich auf Rücken und Schultern: Dies ist ein Zeichen von bevorstehender Aggression. Wenn sich das Haar auf dem Rücken des Hundes sträubt, bedeutet es: «Ärgere mich nicht noch mehr, ich bin wütend!» Wenn sich das gesträubte Haar bis zu den Schultern erstreckt, heißt dies: «Ich bin mit dir fertig» und ist das Zeichen eines unmittelbar bevorstehenden Angriffs. Einige Wölfe haben einen auffälligen dunklen Haarstreifen auf dem Rücken, gelegentlich dunklere Flecken auf den Schultern, mit denen der Blick vermutlich auf diese Signale gelenkt werden soll.

Der Hund sitzt und hebt leicht eine Vorderpfote hoch: Dies ist ein weiteres Zeichen von Streß, aber in Verbindung mit Unsicherheit. Es bedeutet: «Ich bin ängstlich, fühle mich unwohl und besorgt.»

Der Hund legt sich auf den Rücken und reibt sich am Erdboden: Dem geht manchmal etwas anderes voraus, etwa wenn der Hund die Nase an etwas reibt. Dann stößt er mit dem Gesicht und vielleicht auch mit der Brust gegen den Erdboden, um sich zu reiben, oder reibt sich mit einer Vorderpfote das Gesicht, und zwar von den Augen bis zur Nase. Ich deute diese Zeichen gern als Teil einer Zeremonie von Zufriedenheit. Man erlebt sie oft nach dem Füttern oder sieht sie, wenn der Herr des Hundes dessen Fressen zubereitet. Man kann diese Gebärden jedoch auch vor oder nach anderen angenehmen Erlebnissen sehen.

Der Hund kratzt mit den Pfoten den Erdboden und reißt die Grasnarbe auf: Dies erfolgt meist, nachdem der Hund den Darm entleert hat, kommt aber auch zu anderen Zeiten vor. Hunde haben Drüsen neben den Fußballen, die jedes Tier mit einem einzigartigen Duft versehen. Ein Hund will damit also sagen: «Jeder sollte sich merken, daß ich hier gewesen bin. Ich habe meine Visitenkarte dagelassen!»

Urinieren: Es bedeutet «Dies ist mein Revier», «Dieser Gegenstand gehört mir», «Achtung, ich bin jetzt da». Das Hinterlassen einer Duftmarke erfolgt meist an vertikalen Gegenständen, damit der Duft in Nasenhöhe des nächsten Hundes zurückbleibt und sich besser in der Luft ausbreiten kann. Hunde urinieren auch auf die Duftmarken anderer Hunde. Wenn ein Hund auf einen anderen Hund oder einen Menschen uriniert, verändert sich die Botschaft. Dann will das Tier nicht nur seine Dominanz markieren, sondern auch Besitzansprüche anmelden.

Der Sinn vieler dieser Signale erschließt sich einem ohne weiteres, wenn man sie sieht, aber es ist nicht ganz leicht, sie mit Worten zu beschreiben. Um einige Dinge zu verdeutlichen, verweise ich auf die Zeichnungen 6.1 bis 6.7 auf den Seiten 153 bis 156. Sie stellen so etwas wie ein Bildwörterbuch der Hundesprache dar.

Sind diese Signale wirklich Sprache?

Von der Zeit an, in der ein Kleinkind erstmals auf die Nennung seines Namens reagiert, indem es sich umdreht und den Menschen ansieht, der ihn geäußert hat, schreiben Psychologen Kleinkindern eine rudimentäre sprachliche Fähigkeit zu. In den frühesten Entwicklungsstadien gilt die Sprachrezeption – das heißt die Fähigkeit des Kindes, die gesprochene und Gebärdensprache anderer zu verstehen – als wichtiger Hinweis auf das Sprechvermögen des Kindes. Mehr noch: Das Kind mag seine ersten Worte zwar erst mit zwölf Monaten sprechen, aber einige Psychologen sind der Ansicht, daß Weinen, Gurren und Lallen sowohl einen sprachlichen als auch einen kommunikativen Inhalt haben, da sie Freude oder Mißvergnügen vermitteln sowie einige Informationen über die Bedürfnisse des Kindes. Die ersten gesprochenen Wörter selbst sind oft nur Annäherungen an richtige Sprache. In meiner Familie waren es das «Nana», mit dem meine Tochter ihre Großmutter meinte, oder das «Mil», mit dem mein Sohn darauf hinwies, daß er Durst hatte. Andere Laute, die Kinder von sich geben, dienen auch der Kommunikation; ein freudiges Lallen oder ein erregtes Keuchen vermitteln eine Aussage über den Gemütszustand des Kindes und ähneln auffällig den Lauten, die Hunde unter ähnlichen Umständen hören lassen.

Außer Vokalisationen erkennen Psychologen auch Gebärden als Sprachkomponenten an. Die schon früher erwähnte Skala zur Kommunikationsentwicklung, mit der die Sprachentwicklung bei Kindern bewertet wird, enthält eine ganze Sektion über kommunikative Gebärden, die als Sprache gewertet werden. Dazu gehört das Zeigen auf interessante Gegenstände oder Ereignisse, das Winken, wenn jemand weggeht, das Hochrecken der Arme, mit dem signalisiert wird, daß das Kind auf den Arm genommen werden will, und sogar das Schmatzen mit den Lippen, mit dem gezeigt wird, daß etwas gut schmeckt. Man kann wohl kaum leugnen, daß die kommunikativen Gebärden von Hunden den Signalen von Kindern an Komplexität nicht nachstehen.

Bei Hunden wie bei Kleinkindern ist der passive Wortschatz umfangreicher und verläßlicher als der aktive. Die Wörter und Begriffe, die sie verstehen, enthalten meist Informationen über den Zustand der Welt und die Dinge, die sie auf Aufforderung tun sollen. Wenn ein Kind korrekt auf die Bitte reagiert «Gib mir die Hand», sprechen wir ihm so etwas wie Sprachvermögen zu; dann liegt es auf der Hand, daß die angemessene Reaktion eines Hundes auf die Aufforderung «Gib Pfötchen» ein entsprechendes Sprachvermögen verrät. Was Kleinkinder und Hunde äußern, ist fast ausschließlich sozialer Natur. Sie versuchen anderen damit Reaktionen zu entlocken. Was Hunde durch Laute und Gebärden zu erkennen geben, ist sogar ein wenig komplexer als entsprechende Äußerungen von Kleinkindern, da dabei nicht nur Dominanz- und Statusfragen betont werden, sondern auch der Gemütszustand und die Wünsche des Tiers. Bei Kindern erfolgen Äußerungen über Dominanz und Unterwerfung erst im Alter von vier bis sechs Jahren.

Der Vergleich von Kleinkindsprache mit Hundekommunikation wird jedoch unmöglich, wenn es um Grammatik oder Satzbau geht. Einfach ausgedrückt: Beim Satzbau ist zu berücksichtigen, daß sich in der Sprache von Menschen der Sinn einer Äußerung verändern

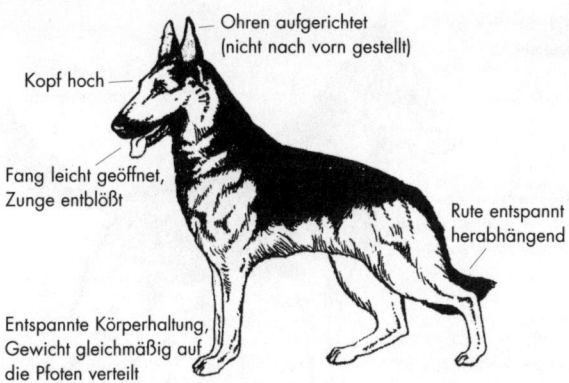

Kopf hoch

Ohren aufgerichtet
(nicht nach vorn gestellt)

Fang leicht geöffnet,
Zunge entblößt

Rute entspannt
herabhängend

Entspannte Körperhaltung,
Gewicht gleichmäßig auf
die Pfoten verteilt

Ein entspannter, einigermaßen zufriedener Hund, den nichts, was in seiner unmittelbaren Umgebung vorgeht, besorgt macht oder für ihn eine Bedrohung darstellt.

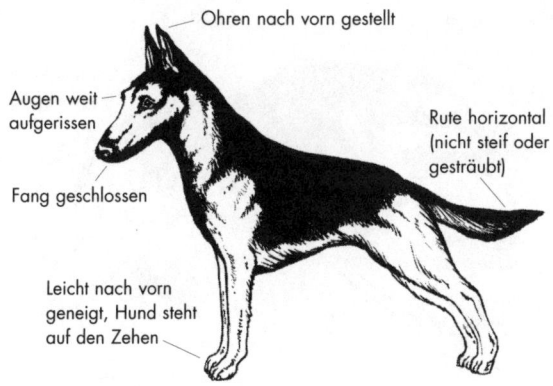

Ohren nach vorn gestellt

Augen weit
aufgerissen

Rute horizontal
(nicht steif oder
gesträubt)

Fang geschlossen

Leicht nach vorn
geneigt, Hund steht
auf den Zehen

Ein wachsamer Hund, der auf das Auftauchen von etwas Interessantem in seiner Umgebung reagiert.

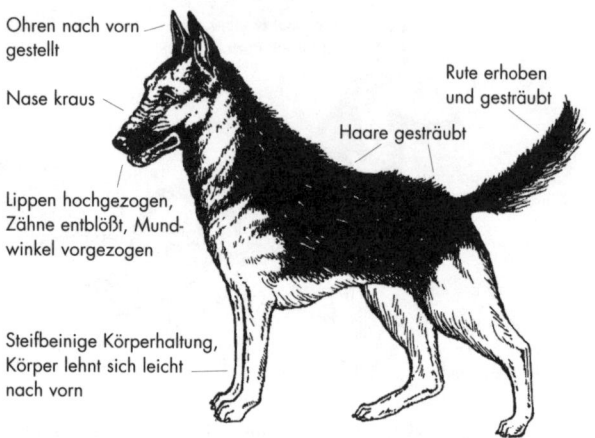

Ein sehr dominantes Tier, das sowohl Dominanz als auch drohende Aggressivität vermittelt, wenn es sich herausgefordert fühlt.

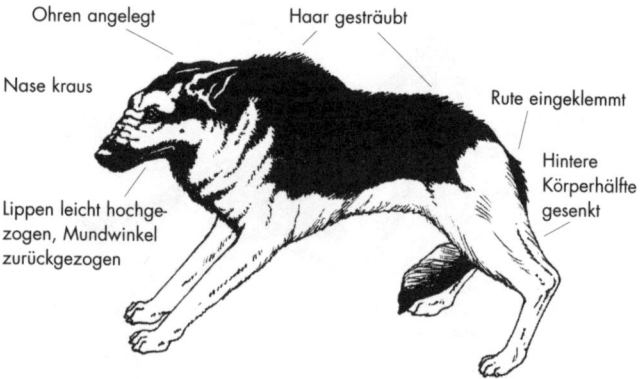

Ein verängstigter Hund, der vielleicht angreift, wenn er sich in die Enge getrieben fühlt.

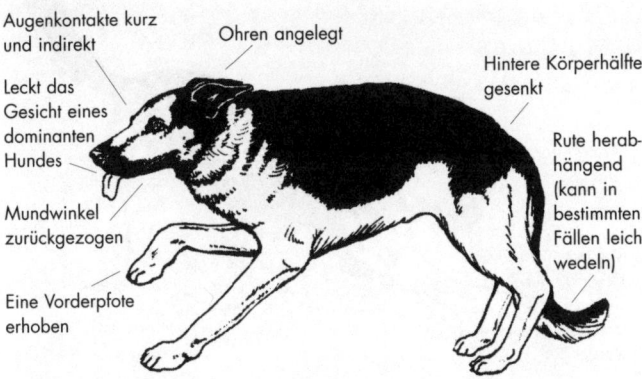

Augenkontakte kurz und indirekt

Ohren angelegt

Hintere Körperhälfte gesenkt

Leckt das Gesicht eines dominanten Hundes

Rute herabhängend (kann in bestimmten Fällen leicht wedeln)

Mundwinkel zurückgezogen

Eine Vorderpfote erhoben

Ein etwas ängstlicher Hund, der durch Zeichen der Unterwerfung und der Unterordnung zu erkennen gibt, daß er weitere Herausforderungen oder Drohungen vermeiden will.

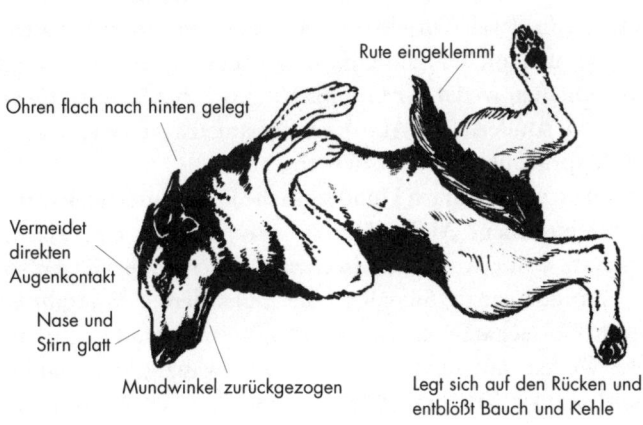

Rute eingeklemmt

Ohren flach nach hinten gelegt

Vermeidet direkten Augenkontakt

Nase und Stirn glatt

Mundwinkel zurückgezogen

Legt sich auf den Rücken und entblößt Bauch und Kehle

Ein Hund, der sich vollständig ergibt und Furcht und Unterwürfigkeit signalisiert.

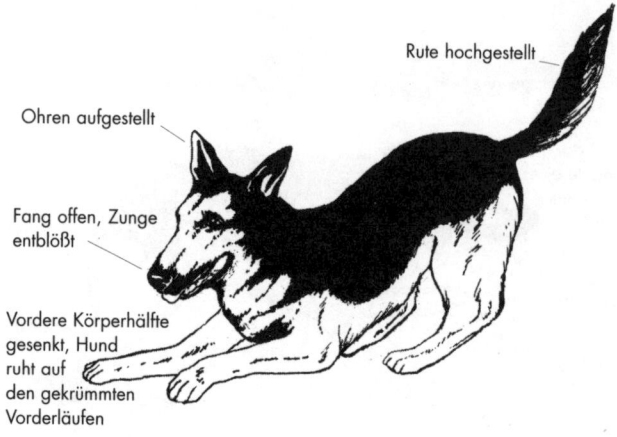

Rute hochgestellt

Ohren aufgestellt

Fang offen, Zunge
entblößt

Vordere Körperhälfte
gesenkt, Hund
ruht auf
den gekrümmten
Vorderläufen

Eine einfache Aufforderung zum Spielen – eventuell begleitet von aufgeregtem Bellen oder spielerischem Vorrücken und Zurückweichen.

kann, wenn wir die Abfolge von Signalen oder Wörtern ändern. So gibt es einen einleuchtenden Unterschied zwischen einem menschenfressenden Hai und einem haifressenden Menschen, obwohl die drei verwendeten Wörter – «Mensch», «Hai» und «fressen» – die gleichen sind. Im Alter zwischen achtzehn und vierundzwanzig Monaten werden die meisten normalen Kleinkinder mit der Verwendung von Zwei-Wort-Sätzen beginnen, und in dieser Zeit beginnen sie auch mit der Befolgung einfacher grammatischer Regeln. Hunde scheinen weder für Grammatik noch für Syntax empfänglich zu sein, sondern jede Abfolge von Lauten als eine einzige, feststehende sprachliche Einheit zu betrachten.

Wo sollen wir demnach Hundesprache in Begriffen menschlicher Sprache einordnen? Meine Hunde verfügen über einen passiven Wortschatz von etwa fünfundsechzig Wörtern oder Sätzen sowie rund fünfundzwanzig Signalen oder Gebärden. Das ergibt einen passiven Wortschatz von etwa neunzig Wörtern und Begriffen. Ihr aktiver Wortschatz umfaßt etwa fünfundzwanzig Laute und rund fünfundzwanzig Körpersignale, was einen aktiven Wortschatz von etwa sechzig Wörtern und Begriffen ergibt. Von Satzbau oder Grammatik ist bei ihnen nichts zu erkennen. Wenn sie Kinder wären, würden sie etwa das Sprachniveau zeigen, das diese im Alter von achtzehn bis zweiundzwanzig Monaten besitzen. Schimpansen, die eine Zeichensprache gelernt haben, erreichen Ergebnisse, die denen eines Kleinkindes von etwa dreißig Monaten entsprechen.

Ich weiß nicht, ob das Sprachvermögen von Hunden, wie ich es hier behandelt habe, auch nur in die Nähe der Grenzen dessen kommt, was Hunde wirklich leisten können. Mir ist keine Studie bekannt, die den ausdrücklichen Versuch unternommen hat, aktives und passives Sprachvermögen von Hunden genau auszuloten.

Wenn man etwa mit einem Dobermann, einem Pudel oder einem Deutschen Schäferhund begänne, Hunden also, die ein hohes Lernvermögen und eine große Merkfähigkeit besitzen, würde man vermutlich einen weit höheren Wortschatz erreichen als bei meinen Haushunden, die dafür nicht ausgebildet sind und sich auch weniger dafür eignen. Es könnte jedoch interessant sein, diese Dinge irgendwann durch ein wissenschaftliches Experiment zu klären.

Wie auch immer: Es scheint ungerechtfertigt zu sein, Hunden sprachliche Intelligenz abzusprechen. Wenn wir behaupten, Kinder im Alter von achtzehn bis zweiundzwanzig Monaten besäßen Sprache, sollten wir – Descartes zum Trotz – auch Hunden einige sprachliche Intelligenz zubilligen, wenn sie eine entsprechende und gleichwertige Fähigkeit an den Tag legen. Sie kommen zwar nicht für den Pulitzer-Preis in Betracht, aber wir sollten doch anerkennen, daß sie mit uns und untereinander auf etwa der gleichen Ebene kommunizieren können wie Kleinkinder bis zum Alter von etwa zwei Jahren.

7. Kapitel

Unterschiedliche Intelligenzen des Hundes

> Wenn man einem Hund etwas noch
> so Albernes sagt, wird er einen trotz-
> dem mit diesem Blick ansehen, der
> etwa sagt: «Himmel, du hast ja
> SO RECHT! Darauf wäre ich NIE
> gekommen!»
> *Dave Barry*

Die Verbindung des Hundes mit dem Menschen scheint in der Tatsache begründet zu sein, daß Hunde Funktionen ausüben, die uns nützlich sind. Einige dieser Funktionen sind rein praktischer Natur, während andere eher persönlich und psychologisch begründet sind. Unter den nützlichen Funktionen sind das Bewachen und Beschützen von Eigentum und Menschen zu nennen (hier sind auch Polizeihunde und Tiere zu erwähnen, die im Krieg zum Einsatz kommen). Ähnliche Arbeit verrichten Jagdhunde. Sie müssen Wild aufstöbern, stellen, aus dem Bau treiben und apportieren. Hütehunde halten nicht nur Herden von Schafen, Vieh und Rentieren zusammen, sondern hüten sogar Gänse oder Enten. Auch als Last- und Transporttiere werden Hunde eingesetzt. Sie ziehen Karren oder Schlitten und tragen Lasten. Ferner müssen besonders ausgebildete Hunde Gegenstände, Menschen oder Substanzen aufspüren (Suchhunde, Drogenhunde, Trüffelhunde, Gashunde). Sie werden als Rettungshunde eingesetzt (sie holen Menschen aus dem Wasser, befreien Verschüttete oder spüren Lawinenopfer auf). Dann sind noch Blindenhunde sowie Führhunde für Gehörlose und Behinderte zu nennen. Auf der eher psychologischen Ebene besteht Bedarf an Hunden, die uns nur als Gefährten dienen sollen. In den letzten Jahren sind noch weitere Spezialaufgaben hinzugekommen. So werden Hunde heute etwa in der Präventivmedizin und in der Therapie für ältere, sozial vereinsamte oder psychologisch gestörte Menschen eingesetzt. Schon diese höchst unvollständige Liste zeigt, wie viele unterschiedliche Fähigkeiten Hunden abverlangt werden. Manche davon (etwa das Jagen, das Fährtensuchen und Aufspüren) beruhen auf Verhaltensweisen, die bei allen Wildhunden und deren Verwandten vorkommen und somit wahrscheinlich ererbt oder instinktiv sind. Andere Fähigkeiten (etwa die von Blindenhunden) erfordern eine intensive Ausbildung.

Umfang und Art der Intelligenz von Hunden läßt sich vielleicht am besten abschätzen, indem man beobachtet, wie sie sich in den verschiedenen von Hunden bewältigten Aufgaben zeigen, die sie entweder für sich selbst oder für Menschen leisten. Es handelt sich hier um drei verschiedene Dimensionen der *manifesten Intelligenz*, der gesamten meßbaren Intelligenz eines Hundes, nämlich: der adaptiven, der Arbeits- und der instinktiven Intelligenz.

Adaptive Intelligenz

Wenn wir den Begriff Intelligenz im alltäglichen Sinn gebrauchen, meinen wir damit meist Lernfähigkeit und die Gabe, Probleme zu lösen. Wenn etwa Paulinchen komplexe mathematische Aufgaben lösen kann, sagen wir: «Was für ein kluges Mädchen sie ist!» Und wenn Paulchen nach nur ein- oder zweimaligem Lesen ein Gedicht auswendig hersagen kann, sagen wir: «Er muß ein sehr intelligenter kleiner Junge sein!» *Lernfähigkeit* wird meist als die Zahl der Erfahrungen definiert, die für einen Menschen nötig sind, um etwas als relativ stabile Erinnerung zu speichern. Menschen mit einer guten Lernfähigkeit brauchen einer bestimmten Situation nur wenige Male ausgesetzt zu sein, um verwendbare Erinnerungen und Assoziationen zu bilden. Die Gabe der *Problemlösung* wird als die Fähigkeit definiert, Widerstände geistig zu überwinden, einzelne Informationen zu einer korrekten Antwort zusammenzusetzen oder neue Wege zu entdecken, wie bereits erlernte Informationen auf neue Situationen in dem persönlichen Umfeld anzuwenden sind. Gute Problemlöser brauchen weniger Zeit als andere, um zu einer Lösung zu kommen; sie unternehmen weniger Fehlversuche und landen seltener in einer Sackgasse. Lernen und Problemlösung sind die Dimensionen von Intelligenz, wie sie traditionell in den Schulzeugnissen eines Kindes gemessen worden sind.

Bei Menschen wie Tieren ergeben diese Fähigkeiten die *adaptive Intelligenz*, da sie es dem einzelnen erlauben, sich an seine Umwelt anzupassen, oder sie statten ihn mit den Fertigkeiten aus, seine Umgebung nach seinen Bedürfnissen umzugestalten. Alltägliche Beispiele für den Gebrauch adaptiver Intelligenz könnten bei Menschen etwa sein, daß man lernt, wie man ein Produkt besser verkauft oder ein bestimmtes Gericht auf bestmögliche Weise zubereitet. Bei wilden Tieren ist es die Fähigkeit, ein Beutetier zu erlegen oder Junge aufzuziehen. Wenn bestimmte Probleme häufig auftauchen, werden die dafür notwendigen Lösungen im Gedächtnis gespeichert (erlernt), damit der einzelne bei späteren Begegnungen mit ähnlichen Situationen schneller zu der besten Reaktion darauf kommt. Somit gibt es eine Interaktion zwischen Lernen und Problemlösung, um das Verhalten effizienter zu machen.

Robert Sternberg, Psychologe an der Yale University, hat wichtige Beiträge zu unserem Verständnis der menschlichen Intelligenz geleistet. Im Rahmen seiner theoretischen Arbeiten hat er die adaptive Intelligenz bei Menschen analysiert und herausgefunden, daß sie sich in mehrere Bestandteile oder Komponenten unterteilen läßt. Aus diesem Grund beschloß er, statt des Begriffs *adaptive Intelligenz*, der hier verwendet wird, den allgemeinen Begriff *zusammengesetzte (componential) Intelligenz* zu verwenden. Sternbergs Analyse zufolge bilden *Meta-Komponenten* eine wichtige Komponentengruppe der adaptiven Intelligenz. Die griechische Vorsilbe *meta* bedeutet «höhere Ebene» oder «über… hinausgehend», was darauf hindeutet, daß diese Komponenten dazu dienen, eine große Zahl spezifischerer Verhaltensweisen zu kontrollieren oder zu organisieren. Die Meta-Komponenten sind die Mechanismen, mit denen Menschen Aufgaben planen und durchführen und sich für bestimmte Verhaltens- oder Problemlösungsstrategien entscheiden. Wenn sie sich vor Probleme und neue Situationen gestellt sehen, entwickeln Personen, die auf diesem Feld der Intelligenz Stärken aufweisen, meist recht schnell sinnvolle Aktionspläne, die ihr künftiges Verhalten bestimmen. Die adaptive Intelligenz enthält auch *Leistungskomponenten (performance components)*, darunter die Fähigkeit, die für die Bewältigung einer bestimmten Aufgabe nötigen Aktionen und Methoden auszuwählen. So gehört zu den Leistungskomponenten etwa die Fähigkeit, von den Meta-Komponenten entwickelte Pläne zu verwirklichen oder deren Entscheidungen in die Tat umzusetzen. Ferner sind da die *Aneignungskomponenten (acquisition components)*, Prozesse, die beim Erlernen neuer Informationen beteiligt sind. Dazu gehören die Prozesse, die es dem einzelnen erlauben, neues Wissen zu erwerben und relevante von irrelevanten Informationen zu unterscheiden. Einfach ausgedrückt: Personen mit guten Aneignungskomponenten lernen schnell. Ferner gibt es noch die *Speicherungskomponenten (retention components)*, die es dem einzelnen erlauben, erinnerte Informationen schnell abzurufen. Schließlich hält Sternberg fest, daß die adaptive Intelligenz auch *Übertragungskomponenten (transfer components)* enthält, die es ermöglichen, in einer bestimmten Situation erlernte Informationen auf eine neue zu übertragen oder in einer neuen anzuwenden.

Diese Sicht der adaptiven Intelligenz hat den Vorteil, daß sie die tatsächlichen geistigen Fähigkeiten, die hier am Werk sind, deutlicher hervortreten läßt: Planung des Verhaltens, Auswahl bestimmter Handlungsweisen, Erlernen oder Abrufen von Informationen und Anwendung dieser Informationen auf die gegebene Situation. Bei einem Hund würde sich adaptive Intelligenz darin zeigen, was der Hund für sich selbst tun kann, und sich darin widerspiegeln, wie effizient er lernt und Probleme löst. Dazu ein einfaches Beispiel.

Ein Besucher meines Hauses war ein wenig erstaunt zu sehen, wie mein Cairn-Terrier Flint seine leere Wasserschüssel über den Küchenfußboden auf mich zuschob. Der Hund schob seinen Napf etwa dreißig Zentimeter weiter und sah dann erwartungsvoll zu mir hoch. Als ich nicht reagierte, schob er ihn noch ein Stück auf mich zu und sah mich dann erneut an. Er wiederholte dies noch mehrmals, bis ich fragte: «Möchtest du etwas Wasser, Flint?» Darauf ließ er ein erwartungsvolles Bellen hören und wedelte mit dem Schwanz, als er zusah, wie ich die Schüssel füllte. Kaum hatte ich sie wieder an den gewohnten Platz gestellt, trank Flint ausgiebig und tänzelte dann glücklich aus der Küche.

Obwohl mein Besucher spürte, daß dieses Vorgehen des Hundes ohne einiges an Denkvermögen, Planung und Verstand nicht denkbar sein konnte, war es in Wahrheit ein ziemlich grundlegendes Beispiel der Anwendung adaptiver Intelligenz. Die Lernschritte waren recht einfach und umfaßten ungeplante Ereignisse im Umfeld des Hundes. Die adaptive Modifikation von Flints Verhalten begann wahrscheinlich eines Tages, als er seine Wasserschüssel fast leer vorfand. Vielleicht schob er die Schüssel ein paar Zentimeter über den Fußboden, während er versuchte, die letzten Tropfen zu erwischen. Da die Schüssel aus Metall ist, macht sie auf dem gekachelten Fußboden ein unverkennbares kratzendes Geräusch. Wahrscheinlich habe ich die Schüssel wieder mit Wasser gefüllt, als ich das Geräusch hörte, worauf Flint mit dem ersehnten Wasser belohnt wurde. Nachdem es ein paarmal zu dieser Abfolge von Ereignissen gekommen war, erlaubten ihm die Aneignungskomponenten seiner Intelligenz, zwischen dem kratzenden Geräusch der leeren Schüssel und der anschließenden Gelegenheit, den Durst zu löschen, eine Verbindung herzustellen. Die Speicherungskomponenten erlaubten ihm, sich an diese Verbindung zu erinnern sowie vielleicht auch daran, daß lautere und energischere Kratzlaute mich meist dazu bringen, schneller und zuverlässiger zu reagieren. Wann immer seine Schüssel jetzt leer ist, bieten ihm die Leistungskomponenten Gelegenheit, sich für ein Handeln zu entscheiden, dem das kratzende Geräusch folgt – und so schiebt er die Schüssel mit der Nase über den Fußboden. Hätte Flint das gleiche Verhalten einem anderen Menschen vorgeführt oder versucht, sich eine zusätzliche Mahlzeit zu verschaffen, indem er auch seinen leeren Freßnapf quer über den Fußboden schob, hätte er die Übertragungskomponenten seiner adaptiven Intelligenz unter Beweis gestellt.

Arbeits- oder Gehorsamsintelligenz

Wenn wir an Hundeintelligenz denken, stellen wir uns oft einen Hund vor, der sich in einem Übungsring oder auf einem Podium durch komplexe Gehorsamsübungen hindurcharbeitet. Wir stellen uns vielleicht auch gut ausgebildete Tiere vor wie etwa Polizeihunde, Blindenhunde, Hirtenhunde oder Such- und Rettungshunde, die ihre komplizierten Aufgaben auf intelligente und erfahrene Art und Weise erledigen. Der Anblick eines Hundes, der den Befehlen und Signalen seines Herrn folgt und sich gleichzeitig schnell und selbstbewußt an die gegebene Aufgabe macht, vermittelt uns den Eindruck, den Gipfel der Hundeintelligenz zu erleben. Wenn ein Hund durch entsprechende Reaktionen zeigt, daß er die einzelnen Befehle verstanden hat, legt er damit einen der wichtigsten Aspekte seiner manifesten oder meßbaren Intelligenz an den Tag – wichtig insofern nämlich, als Hunde für uns nicht nützlich und nicht fähig wären, die Aufgaben zu erfüllen, um derentwillen wir sie schätzen, wenn sie nicht auf unsere Kontrolle und unsere Befehle reagierten. Da diese Formen der Intelligenz auch bei Gehorsams-Wettbewerben demonstriert werden, bei denen Hunde nach Anweisungen von Menschen erlernte Übungen absolvieren müssen, könnten wir diese Dimension der Intelligenz ohne weiteres *Gehorsamsintelligenz* nennen. Da es sich jedoch auch um die Intelligenz handelt, die nötig ist, um Aufgaben in der realen Welt unter Anleitung eines Hundeführers zu bewältigen, könnten wir sie genausogut *Arbeitsintelligenz* nennen.

Auf den ersten Blick scheint es logisch zu sein anzunehmen, daß Hunde mit der höchsten Lern- und Problemlösungsfähigkeit auch über die beste Arbeits- und Gehorsamsintelligenz verfügen. Dies ist jedoch nicht der Fall. Viele Hunde mit einer sehr hohen adaptiven Intelligenz scheinen relativ schlecht auf Versuche zu reagieren, ihnen Gehorsamsübungen beizubringen; selbst einfachste Befehle lassen sie manchmal völlig hilflos erscheinen. Andererseits können einige Hunde mit einer mäßigen adaptiven Intelligenz bei richtiger Ausbildung recht gute Gehorsamsleistungen zeigen und selbst anscheinend komplexe Kunststücke und Übungen vorführen.

Um unter menschlicher Anleitung effektiv zu arbeiten, scheint es offenbar nötig zu sein, daß ein Hund zumindest genügend adaptive Intelligenz besitzt, um sich klarzumachen, welches Verhalten bei einem bestimmten Befehl von ihm erwartet wird. Aus der Sicht des Hundes ist es nichts weiter als ein neues Problem, das gelöst werden muß, wenn man von ihm verlangt, die Bedeutung eines bestimmten Wortes oder einer bestimmten Gebärde zu entziffern. Erfahrene Hundeausbilder sagen oft, daß es zum schwierigsten Teil der Ausbildung von Hunden für Wettbewerbe in den schwierigeren Gehorsamsübungen gehört, sie dazu zu bringen zu begreifen, was von ihnen erwartet wird. Um den Titel «Utility Dog» (Gebrauchshund) des American Kennel Club zu verdienen, muß ein Tier zum Beispiel neben anderen die folgende Gehorsamsübung beherrschen: Auf einen einfachen Befehl hin muß das Tier zu einigen auf der Erde verstreut herumliegenden Gegenständen gehen und allein mit Hilfe der Nase den Gegenstand finden, den sein Herr als letzten in der Hand gehabt hat, ihn aufnehmen und dann zum Hundeführer bringen. Die Aufgabe selbst ist nicht sehr schwierig, wenn der Hund erst verstanden hat, was verlangt wird. Da der Hund leider nicht über genügend Sprachverständnis verfügt, um direkte Anweisungen zu befolgen, kann der Mensch nur Hinweise darauf geben, was gewünscht wird. Das läßt den Hund mit dem Problem allein, sich vorzustellen, was mit dem Befehl *Such!* gemeint ist. Der Kommunikationsprozeß ist oft so etwas wie ein Ratespiel. Der Hundeführer gibt verschiedene Hinweise, und der Hund muß eine Vielzahl verschiedener Lösungen ausprobieren. Ein erfahrener Ausbilder kann dem Hund bessere Hinweise geben, aber dieser muß sich trotzdem Klarheit darüber verschaffen und selbst auf die Lösung kommen, um die Antwort dann so gut zu lernen, daß er sie bei späteren Gelegenheiten jederzeit parat hat.

Eine gute adaptive Intelligenz allein genügt jedoch nicht, um zu garantieren, daß ein Hund zuverlässig auf bestimmte Befehle reagiert. Der Hund muß über eine weitere wichtige Eigenschaft verfügen, nämlich den Wunsch oder die Bereitschaft, zum Vergnügen und auf Anleitung seines Herrn erlernte Tätigkeiten zu zeigen oder bestimmte Probleme auf der Stelle zu lösen. Dies ist eher ein Persönlichkeits- als ein Intelligenzfaktor (im elften Kapitel gehe ich erneut auf die Bedeutung der Persönlichkeit ein, wenn es darum geht, das Verhalten eines Hundes zu bestimmen). Im Bereich der Intelligenz-Variablen muß der Hund überdies eine lange Aufmerksamkeitsspanne besitzen (das heißt, der Hund muß fähig sein, sich über einen längeren Zeitraum hinweg auf eine Aufgabe zu konzentrieren). Dies ist bei Gehorsamsarbeit sehr wichtig, da die Befolgung eines neuen Befehls manchmal nicht gleich auf Anhieb klappt; es müssen mehrere Versuche unternommen werden, und es sind vielleicht etliche Übungen nötig, bis die Verbindung fest im Gedächtnis des Hundes verankert ist. Also geht es folglich nicht nur darum, daß der Hund seine Aufmerksamkeit auf die Aufgabe richten muß, sondern er muß auch noch beharrlich sein und darf sich nicht allzuleicht langweilen oder frustriert werden. Überdies muß der Hund eine gewisse geistige Beweglichkeit zeigen. Wenn die ersten Reaktionen auf einen bestimmten Befehl nicht belohnt werden, muß der Hund so flexibel sein, daß er es mit einer anderen Strategie versucht und nicht einfach die vorhergehende falsche Reaktion wiederholt. Damit hängt die ebenso notwendige Fähigkeit zusammen, Ablenkungen zu widerstehen. Der Hund braucht genügend Selbstbeherrschung, um andere Aktivitäten zu unterdrücken und seine Reaktionen auf interessante Anblicke, Laute und Gerüche zu beherrschen. Ohne diese Selbstbeherrschung wird er sich bei der Ausbildung oder bei der Erfüllung seiner Aufgaben leicht ablenken lassen. Diese Fähigkeit, Ablenkungen zu widerstehen, gilt bei Psychologen als einer der Charakterzüge, die man allgemein bei hochintelligenten Menschen findet. Ferner gehören zur Arbeit unter Anleitung eines Hundeführers soziale Interaktionen zwischen Hund und Mensch; der Hund muß auch einigermaßen kommunikationsfähig sein. Er muß erkennen, daß sein Führer mit ihm zu kommunizieren versucht, und muß ferner auf die Zeichen, Laute und Signale reagieren, die sein Verhalten steuern und ihm sagen sollen, ob sein gegenwärtiges Verhalten korrekt ist.

Während adaptive Intelligenz mißt, was ein Hund für sich selbst tun kann, sollte man die Arbeits- oder Gehorsamsintelligenz als ein Maß dessen ansehen, was der Hund für Menschen leisten kann. Dies scheint zu bedeuten, daß Arbeitsintelligenz nur bei Haushunden relevant ist; bei Wildcaniden findet man jedoch eine Parallele dazu, denn Arbeitsintelligenz enthält eine soziale Komponente. Aus menschlicher Sicht umfaßt sie die Reaktionen auf einen menschlichen Herrn, doch aus der Sicht des Hundes ist sie eine Reaktion auf den Leithund des Rudels. In der Wildnis jagen die meisten Caniden in Gruppen, deren Handeln vom Leittier des Rudels koordiniert wird, dem dominanten oder «Alpha»-Tier. Jedes Tier des Rudels lernt, vom Leittier Anweisungen entgegenzunehmen, und prägt sich auch ein, welche Rolle es bei der Jagd zu spielen hat. Dies sind die gleichen Komponenten des Lernens und der sozialen Kontrolle, die zur Gehorsamsintelligenz bei Hunden gehören.

Instinktive Intelligenz

Es gibt eine Form der Intelligenz, der wir selten Beachtung schenken. Sie schließt all die Fähigkeiten und Verhaltensweisen ein, die Bestandteile unseres genetischen Programms sind. Bei Hunden kann sie einen beträchtlichen Teil ihrer Fähigkeiten ausmachen.

Menschen sind von Natur aus bemerkenswert träge und überdies schlau genug, um Mittel und Wege zu ersinnen, wie sich ihre Arbeitslast verringern läßt. Ich habe weiter oben erwähnt, daß bestimmte Hunderassen für verschiedene Zwecke durch selektive Zuchtprogramme gleichsam «erfunden» worden sind. In der Frühzeit des Haushundes erkannten die Menschen, daß durch Kreuzung von Hunden mit bestimmten erwünschten Verhaltensweisen manchmal ein Geschlecht von Tieren entwickelt werden konnte, das diese Verhaltensweisen in den Genen hatte. Mit Hilfe dieser selektiven Zucht haben wir bewußt Größe, Gestalt, Farbe und Temperament von Hunden erschaffen; ebenso sind bestimmte Besonderheiten des Verhaltens durch selektive Zucht entstanden.

Nehmen wir etwa den Chesapeake Bay-Retriever. Die Rasse entstand mit zwei Welpen, einem roten Rüden und einer schwarzen Hündin, die 1807 aus dem Wrack eines englischen Schiffs vor der Küste von Maryland gerettet wurden. Die beiden wuchsen zu guten Retrievern heran und wurden für die Zucht verwendet. Die besten

Hunde der daraus hervorgehenden Würfe wurden ebenfalls zur Zucht verwendet, wobei gelegentlich besonders gute Retriever aus der unmittelbaren Umgebung zur Zucht herangezogen wurden. Nach mehreren Generationen war der Chesapeake Bay-Retriever als eine Rasse erschaffen, die äußerlich gleichbleibend und durch ihr Aussehen sofort erkennbar war. Wichtiger noch: Die Rasse zeigte das typische Verhalten, das die Jäger hatten bewahren wollen. Chesapeake Bay-Retriever apportieren so gut wie automatisch. Heute gelten die Tiere als eine der besten Retriever-Rassen, die sich besonders für Regionen eignet, in denen die Hunde kalte offene Gewässer überwinden müssen.

In anderen Fällen erfolgte die genetische Selektion nicht um eines besonderen Verhaltens willen, etwa dem Apportieren, sondern eher wegen eines Bündels von Fähigkeiten. Die Geschichte der Spaniels ist ein Beispiel dafür. Das altenglische Wort *spanyell* datiert vom Ende des zwölften Jahrhunderts, als man damit einen vermutlich aus Spanien nach England eingeführten Hund benannte (das *span-* in *Spaniel* weist vermutlich auf das Herkunftsland hin). Diese Hunde waren in Irland schon recht beliebt. Jäger hatten entdeckt, daß sie sich gut darauf verstanden, Wildvögel aus dem Wasser zu apportieren. Unterlagen von der Mitte des vierzehnten Jahrhunderts belegen, daß Spaniels systematisch gezüchtet wurden. Eine Linie wurde wegen ihrer Eignung zur Arbeit im Wasser ausgewählt, doch daneben gab es noch eine Zucht für Land- oder Feldspaniels. Der Amerikanische Wasserspaniel und der Irische Wasserspaniel von heute haben ihre Selektion der guten Arbeit im Wasser zu verdanken. Die beliebtesten Rassen unter den getrennt gezüchteten Land- oder Feldspaniels sind der Cocker-Spaniel (benannt nach der Waldschnepfe, «Woodcock», bei deren Jagd er besonders häufig eingesetzt wurde) und der Springer-Spaniel (der das Wild in Netze treibt, «to spring»). Weitere Spezialisten für die Arbeit an Land sind der weniger bekannte Field-Spaniel, der Sussex-Spaniel und der Clumber-Spaniel. Der Umstand, daß Hunde wegen besonderer Eigenschaften gezüchtet werden können, etwa wegen guter Arbeit im Wasser oder auf dem Feld, deutet wohl darauf hin, daß die ausgewählten Gene ein recht breites Spektrum eigenständiger Verhaltensformen umfassen.

Viele spezifische Verhaltensweisen bei Hunden scheinen genetisch determiniert zu sein und lassen sich somit durch selektive
Zucht kontrollieren. Das Bellen ist ein weiteres Beispiel. Ob ein
Hund bellt oder nicht, wie oft oder unter welchen Umständen, all
das ist weitgehend genetisch bestimmt. Dem Genetiker L. F. Whit-
ney fiel auf, daß die meisten Bloodhounds bei der Fährtenarbeit
bellen. Nur einige wenige tun es nicht. Indem er die nicht bellenden
Hunde selektiv züchtete, brachte er ein Geschlecht von Bloodhounds hervor, die bei der Fährtenarbeit stumm bleiben.

Das vielleicht auffallendste Beispiel einer genetischen Kontrolle
von Hundeverhalten, das wissenschaftlich abgesichert ist, ist durch
die Arbeit zweier Harvard-Forscher in den dreißiger Jahren belegt.
Sie beschäftigten sich in ihrer Studie mit Dalmatinern. Hunde dieser
Rasse wurden in England manchmal auch «Kutschenhunde» genannt, weil sie sich offensichtlich zu Pferden hingezogen fühlten
und gern unter Wagen oder Kutschen liefen, die von Pferdegespan-
nen gezogen wurden. Wegen dieser Eigenheit wurden sie im neunzehnten Jahrhundert gezüchtet. Der damaligen Mode entsprechend
war die ideale Position unter der Kutsche eine Stelle unter der Vor-
derachse eines Wagens, so daß der Hund in der Nähe der Hufe der
hinten angespannten Pferde lief. Je näher der Hund an die Pferde-
hufe kam, als um so besser galt seine Position. Demnach befand sich
ein Hund, der unter der Mitte der Kutsche lief oder unter der Hin-
terachse, in einer schlechten Laufposition, und als schlimmste galt,
wenn der Hund hinter der Kutsche herlief.

Die Forscher machten sich die Tatsache zunutze, daß sie Kontakt
mit einem Züchter hatten, der Dalmatiner seit mehr als fünfundzwanzig Jahren darauf trainiert hatte, mit Kutschen zu laufen. Den
beiden fiel auf, daß bestimmte Hunde eine Vorliebe für gute oder
schlechte Laufpositionen zeigten. Bei der Untersuchung der Zucht-
unterlagen wurde entdeckt, daß die Nachkommen zweier Hunde,
die beide gute Laufpositionen bevorzugten, eher zu guten Positionen neigten als die Nachkommen von Eltern, von denen der eine
Teil eine gute und der andere eine schlechte Laufposition bevorzugte. Die schlechtesten Ergebnisse zeigten die Nachkommen
zweier Hunde mit schlechten Laufpositionen. Wie nicht anders zu
erwarten, war diese letzte Gruppe die kleinste, da der Züchter kein

Interesse daran hatte, ein Geschlecht von Dalmatinern zu züchten, das sozusagen automatisch zu schlechten Positionen neigte.

Die Fähigkeiten, die ein Hund erbt, ob nun durch das Eingreifen des Menschen, der den genetischen Bauplan von Hunden bewußt manipuliert, oder durch natürliche Auslese, werden zu den typischen Eigenschaften, welche die Unterschiede der verschiedenen Rassen bestimmen. Diese genetisch bestimmten Fähigkeiten und Verhaltensanlagen machen die *instinktive Intelligenz* dieses Hundes aus – nämlich die Teile der geistigen Ausstattung eines Hundes, die durch die biologischen Mechanismen der Vererbung von Generation zu Generation weitergegeben werden können. Manche Aspekte der instinktiven Intelligenz können so spezifisch sein wie die Neigung zu bellen oder nicht oder die Begabung zum Apportieren; andere wiederum können nicht allgemein und breit gefächert sein und haben vielleicht einen Einfluß auf die Leistung eines Hundes insgesamt, beispielsweise bei Problemlösungen, beim Gehorsam oder bei anderen Verhaltensformen.

Mischformen

Wenn Hunde drei verschiedene Intelligenzformen in sich vereinigen (die adaptive, die Arbeits- und die instinktive Intelligenz) – welche ist dann die wichtigste, oder welche dominiert das Verhalten eines Hundes? Haben diese verschiedenen Intelligenzformen einen wechselseitigen Einfluß aufeinander? Ich habe schon erwähnt, daß ein Mindestmaß an adaptiver Intelligenz nötig ist, um eine nennenswerte Arbeits- oder Gehorsamsintelligenz hervorzubringen, aber wenn ein Hund eine nur geringe Gehorsamsintelligenz hat, muß das noch lange nicht heißen, daß es um seine adaptive Intelligenz schlecht bestellt ist. Die Frage der Wechselwirkung der instinktiven Intelligenz mit anderen Intelligenzformen ist jedoch etwas komplizierter. Zwar haben die meisten Hunderassen irgendeine Form von instinktiver Intelligenz, die sie von den anderen abhebt, was sich etwa in einem bestimmten Spektrum von Fertigkeiten, Fähigkeiten, verhaltensmäßigen Anlagen und so weiter zeigt. Einige Hunde scheinen jedoch von ihrer instinktiven Intelligenz stärker beherrscht zu werden als andere, und bei einigen Rassen bringt die instinktive Intelligenz keine einzige herausragende Begabung hervor. Der Dobermann und der Pudel beispielsweise zeigen keine sehr betonten instinktiven Fähigkeiten, die sie von anderen Rassen abheben. Beide zeichnen sich zwar durch hohe adaptive und Arbeitsintelligenz aus, aber Ausbilder, die Dobermänner dazu ausgebildet haben, Schafe zu hüten, und Pudel auf die Vernichtung von Ratten und anderem Ungeziefer, berichten dessenungeachtet, daß es für die Hunde sehr schwer und anstrengend gewesen sei, ihre Aufgaben zu lernen. Mehr noch: Selbst nach vollendeter Ausbildung muß man mit hoher Wahrscheinlichkeit davon ausgehen, daß die Leistung dieser Rassen letztlich nicht gerade beispielhaft sein wird. Die Hunde werden zwar in der Lage sein, ihre Aufgaben einigermaßen zu erfüllen, werden aber nie herausragende Leistungen zeigen.

Collies und Manchester-Terrier hingegen haben nicht nur bekannte und klar umrissene Dimensionen instinktiver Intelligenz, sondern ihr Verhalten wird überdies von diesen genetisch festgelegten Reaktionsmustern beherrscht. Der Collie etwa kann nicht nur fast automatisch Schafe hüten, sondern will es geradezu und wird sich sogar darum bemühen, selbst wenn dies bedeutet, daß er sämtliche Mitglieder einer Familie umkreist, um sie in einer Gruppe beisammenzuhalten, als wären sie eine Schafherde. Das kann schon passieren, wenn sie sich nur von der Haustür zu dem auf der Straße geparkten Wagen begeben wollen. Und Manchester-Terriern braucht man gar nicht erst beizubringen, auf Mäuse, Ratten und anderes Ungeziefer Jagd zu machen. Sie rennen instinktiv hinter allem her, was klein ist und sich in Zickzacklinien bewegt, und werden es angreifen. Dieses Verhalten ist so fest in ihnen verankert, daß sie sogar zu fressen aufhören, wenn man vor ihren Augen eine Stoffmaus über den Fußboden kullern läßt. Um die besonderen Aufgaben zu erfüllen, um derentwillen man sie gezüchtet hat, brauchen beide Hunde kaum Ausbildung. Sie werden auch so ihr volles Potential entwickeln. Anderseits ist es so gut wie unmöglich, einen Manchester-Terrier dazu auszubilden, Schafe zu hüten, und einen

Collie auf Rattenjagd zu drillen. Der Manchester-Terrier wird eher die Schafe oder ihre Schatten jagen, als sie zu umkreisen, um die Tiere beisammenzuhalten. Und der Collie wird eine Gruppe von drei Ratten eher zusammentreiben, als Anstalten machen, sie zu töten.

Es scheint so etwas wie eine Systematik darin zu liegen, wie adaptive und instinktive Intelligenz bei den verschiedenen Hunderassen verteilt sind. Allgemein läßt sich sagen, daß Tiere mit weniger klar umrissenen Dimensionen instinktiver Intelligenz dies durch eine höhere adaptive Intelligenz kompensiert zu haben scheinen. Umgekehrt scheinen Hunde mit klar umrissenen Dimensionen instinktiver Intelligenz in der Bandbreite ihres möglichen Verhaltens weniger flexibel zu sein, was auch für ein Tier mit einer geringeren adaptiven Intelligenz typisch ist. Dies scheint bei der Erschaffung der verschiedenen Rassen eine bewußte Entscheidung des Menschen gewesen zu sein. Es scheint ihm zu genügen, bei bestimmten Rassen etwas von der adaptiven Intelligenz zu opfern, um Hunde zu erhalten, die nur wenig Ausbildung brauchen, um bestimmte Funktionen zufriedenstellend zu erfüllen. Dies bedeutet, daß ein Hund, der auf einem bestimmten Gebiet in seinem Verhalten ganz besondere Fähigkeiten an den Tag legt und für diese Begabung mit einer klaren und entwickelten instinktiven Intelligenz ausgestattet ist, für diesen besonderen Arbeitsbereich wahrscheinlich besonders geeignet ist. Man kann davon ausgehen, daß er sich an eine andere Umgebung, in der dieses Verhalten gar nicht anwendbar oder unerwünscht ist, nicht gut anpaßt. Umgekehrt wird vielleicht ein Hund, der keine herausragenden instinktiven Fähigkeiten hat, eine etwas höhere adaptive Intelligenz besitzen. Je nach Persönlichkeitsstruktur und einigen anderen Faktoren kann er aber die richtige Wahl für Situationen sein, in denen die Aufgaben, die man ihm abverlangen wird, und die Umgebung, an die er sich anpassen muß, komplex und vielfältig sind.

8. Kapitel

Instinktive Intelligenz

> Jedes Kind muß das Weltall für sich
> neu erlernen. Jeder Hundewelpe
> trägt das Weltall in sich. Die Men-
> schen haben ihre Weisheit veräußer-
> licht – sie ist in Museen gespeichert,
> in Bibliotheken, in den Schriften der
> Gelehrten. Den Hunden steckt die
> Weisheit im Blut und in den Kno-
> chen.
> *Donald McCaig*

Wir werden vermutlich nie mit Sicherheit wissen, wie Hunde und
Menschen dazu kamen, eine persönliche und eine Arbeitsbeziehung
zueinander zu entwickeln. Es ist jedoch zu vermuten, daß es nicht
die Menschen waren, die sich die Hunde erwählten, sondern daß
vielmehr die Hunde sich dafür entschieden, mit den Menschen zu
leben. Wie schon früher erwähnt, wurden Menschen und Hunde
schon Gefährten, bevor es einen geregelten Ackerbau gab. Angesichts der geringen Neigung der damaligen Menschen, den sanitä-
ren Verhältnissen Aufmerksamkeit zu widmen, dürften Knochen,
Hautstücke und andere Überreste der Opfer von Jagdausflügen in
der Nähe der menschlichen Siedlungen herumgelegen haben. Die
Vorläufer der Hunde, die ewig auf Nahrungssuche waren, lernten
bei ihrem Herumlungern in der Nähe menschlicher Siedlungen
zweifellos sehr schnell, daß sie dort ab und zu schnell einen Happen
ergattern konnten, ohne sich die Mühe machen zu müssen, selbst zu
jagen. Und obwohl primitive Völker sich um Sauberkeit, Gesund-

heit oder Hygiene kaum gesorgt haben dürften, verbreitet faulende Nahrung einen üblen Geruch und zieht überdies Insekten an, was dem Menschen unangenehm ist. So kann man wohl davon ausgehen, daß die Menschen Hunde im Umfeld ihrer Lager duldeten, weil sie den Abfall beseitigten. Diese Müllbeseitigungsfunktion setzte sich ungezählte Jahrhunderte lang fort. Die Paria-Hunde erfüllen sie in zahlreichen unterentwickelten Weltregionen noch heute.

Die Nahrungssuche war für den primitiven Menschen ein ebenso ständiges Problem wie für Hunde. Wahrscheinlich ging unseren Vorfahren irgendwann auf, daß Hunde in der Nähe einer Siedlung vielleicht mehr konnten, als nur bei der Beseitigung von Abfall zu helfen. Immerhin sind Hunde Lebewesen, die überwiegend aus Proteinen bestehen und durchaus eßbar sind. Unsere jagenden Vorfahren dürften sich zweifellos gesagt haben, daß sie die Caniden, die sich in so bequemer Nähe niedergelassen hatten, leicht finden, töten und essen konnten, falls die Zeiten einmal schwierig wurden und größeres Wild seltener. Hundeknochen, die man in einigen Siedlungsplätzen aus der Steinzeit gefunden hat, weisen Schnitte auf und sogar Furchen, die an menschliche Zähne denken lassen. Das deutet darauf hin, daß der Hund, der zum Abendessen erschien, manchmal zum Abendessen wurde.

Wie abstoßend einem im Westen aufgewachsenen Menschen die Vorstellung auch erscheinen mag: Hunde zu essen blieb Praxis noch weit über prähistorische Zeiten hinaus. Man findet sie noch heute. Viele Feinschmecker der griechischen und römischen Antike wußten Hundefleisch sehr zu schätzen und haben uns ausführliche Rezepte über die besten Zubereitungsarten hinterlassen. In Mexiko waren Kleinhunde wie etwa der Chihuahua und der Mexikanische Nackthund beliebte Nahrungsmittel, die ausschließlich zu diesem Zweck gezüchtet wurden. Einheimische Völker Nordamerikas aßen oft Hunde, manchmal als Delikatesse, in anderen Fällen aus Not. Das Volk der Samojeden (der Name gehört heute den schönen weißen Hunden, die auf dem nordamerikanischen Kontinent so beliebt sind) benutzte seine Hunde nicht nur zum Ziehen von Schlitten in der russischen Arktis, sondern man aß sie auch.

Not hat Menschen schon oft dazu getrieben, Hunde zu essen. Als

Paris 1870 während des Deutsch-Französischen Krieges belagert wurde, mußten die Stadtbewohner angesichts der Lebensmittelknappheit dazu übergehen, unter anderem auch Hunde zu essen. Der radikale englische Journalist und Politiker Henry Du Pré Labouchère war damals in Paris zu Besuch und wohnte bei wohlhabenden Bürgern, die es sich noch leisten konnten, Fleisch zu kaufen, mochte es auch nur Hundefleisch sein. Er behauptete, der Geschmack sei angenehm, und verteilte folgende Noten: «Spaniel – wie Lammfleisch; Pudel – bei weitem am besten; Bulldogge – zäh und ohne jeden Geschmack.»

In Hawaii und ganz Polynesien und Mikronesien wurde Hundefleisch nicht nur hochgeschätzt, sondern man machte aus Hundezähnen, Hundehaaren und der Haut Kleidungs- und Schmuckstücke. Hunde, die nur aufgezogen wurden, um später gegessen zu werden, wurden mit Gemüse gefüttert. Aus diesem Grund nannte man sie oft «Poi-Hunde» (Poi ist meist ein Brei aus Taro-Wurzeln). Junge Hunde wurden am höchsten geschätzt und ähnlich zubereitet wie Schweine – entweder wurden sie mit heißen Steinen gefüllt, nachdem man sie ausgeweidet hatte, worauf man sie in Blätter wickelte, oder das Fleisch wurde auf einem Kohlefeuer geröstet. Im Jahre 1880 gründeten einige Hawaiianer in Lahainia einen Verein von Hundeessern. Zunächst fingen sie alle Hunde ein, deren sie habhaft werden konnten und die keine Hundemarke trugen. Anschließend wurden die Hunde gesäubert und gebürstet und eine Zeitlang gemästet. Und schließlich, am 11. Juni, dem Nationalfeiertag Hawaiis, veranstalteten die Gourmets ein Festessen. In einem Zeitungsbericht wird einer der Organisatoren mit dem Satz zitiert: «An diesem Tag werden nur Hunde und Süßkartoffeln serviert werden.»

Bei den Chinesen gilt das Fleisch des Chow-Chow noch heute als kulinarische Köstlichkeit. Einem alten Volksglauben zufolge gelten Hunde mit schwarzem Fell als nahrhafter, und überdies sollen sie besseres Bratfett enthalten. Im heutigen China fällt es nicht schwer, Hundefarmen, Hundeschlachter und Restaurants zu finden, die sich auf Hundefleisch spezialisiert haben. Das gleiche gilt für Chinas Nachbarländer. Als 1988 im südkoreanischen Seoul die Olympischen Sommerspiele stattfanden, erließ die Regierung für einige

Zeit ein Dekret, mit dem Restaurants der Stadt verboten wurde, Gerichte mit Hundefleisch zu servieren. Die Behörden fürchteten, solche Menüs würden die Besucher aus dem Westen vor den Kopf stoßen. Die koreanische Öffentlichkeit machte jedoch solchen Druck, daß schon kurz nach Ende der Spiele Hundegerichte wieder verfügbar waren. Nun konnte man in den Schlachterläden auch wieder Hunde an den Haken hängen sehen. Wenn man in Hunden nur eine Nahrungsquelle sieht, wird die Frage nach ihrer Intelligenz müßig. Wer will schon schlaues Essen? Dann wünscht man sich nur einen Hund, der sich langsam bewegt (der nicht viel Fett verbrennt oder durch viel Bewegung muskulös wird) und der nicht klug genug ist, sich der Gefangennahme zu entziehen. So kann es nicht überraschen, daß die hauptsächlich der Ernährung dienenden Hunde wohl die geistig Minderbemittelten der Hundewelt gewesen sein dürften. Wie es scheint, hat so gut wie jeder Besucher Polynesiens und Mikronesiens, der über die dortigen Poi-Hunde geschrieben hat, auch deren völligen Mangel an Intelligenz kommentiert. In seiner *Voyage Round the World* (geschrieben 1777) beschrieb beispielsweise Georg Forster, einer der Naturforscher, die Kapitän James Cook begleiteten, die Hunde Polynesiens und der Südseeinseln als «träge» und «unintelligent». So bemerkte er etwa:

An diesem Tag verspeisten wir zum erstenmal ein geröstetes (Hunde-)Bein, das genau wie Hammelfleisch schmeckte, so daß es von diesem nicht zu unterscheiden war... In Neuseeland und auf den tropischen Inseln der Südsee sind die Hunde die dümmsten und beschränktesten Tiere, die man sich nur vorstellen kann. Was Klugheit betrifft, scheinen sie nicht einmal unseren Schafen etwas voraus zu haben.

1967 startete Jack L. Throp, der Direktor des Zoos von Honolulu, ein Projekt zur Wiedererschaffung des polynesischen Hundes, der völlig verschwunden war, nicht nur durch kulinarischen Druck, sondern durch Kreuzung mit Hunden, die von den Europäern eingeführt worden waren. Das Projekt war von rein historischem Interesse: Angesichts der Beschreibungen früher Forschungsreisender wie Forster kann es kaum überraschen, daß die wiederbelebte

Rasse keine große Beliebtheit erlangte. Ein träger, dummer, beschränkter Hund konnte einfach nicht in Mode kommen, wie wohlschmeckend er auch vielleicht gewesen wäre.

Wach- und Schutzhunde

Die Aufgabe eines Wachhundes ist es, Alarm zu schlagen. Das Gebell eines Hundes trägt weit und ist ein perfektes Warnsignal. Tatsächlich hatte das Bellen ursprünglich die Funktion, das Rudel zu sammeln, damit es sich einem Problem oder einem möglichen Eindringling stellen konnte. Überdies kann jeder Hund von Natur aus bellen, ob er nun groß oder klein ist – wenn man einen Wachhund haben will, will man einen wachsamen Hund, der bei verdächtigen Geräuschen anschlägt, und kein lethargisches und friedliches Tier. Der schottische Dichter Sir Walter Scott erhielt einmal aus sehr glaubwürdiger Quelle einen Rat, was für einen Wachhund man sich zulegen solle. Scott begann seine Laufbahn als Rechtsanwalt in der Kanzlei seines Vaters. Sein Debüt vor Gericht war die erfolgreiche Verteidigung eines Einbrechers. Dieser Mann, der sich in Wahrheit nicht nur des Verbrechens schuldig gemacht hatte, dessen er angeklagt war, sondern auch einiger anderer, verriet Scott die folgende Weisheit: «Sie sollten sich immer einen kleineren Hund halten, der bellt, statt eines großen. Dieser mag zwar eindrucksvoller erscheinen, schläft aber vielleicht die meiste Zeit. Es kommt nicht auf die Größe an, sondern auf den Lärm.» Scott nahm sich diesen Rat zu Herzen und hielt sich immer Terrier, wachsame kleine Hunde, die jederzeit bereit sind, bei einem ungewohnten Geräusch oder beim Näherkommen eines Fremden Laut zu geben.

Wahrscheinlich wurden Hunde wegen ihrer verhaltensmäßigen Besonderheiten bewußt erst als Wachhunde eingesetzt. Für den prähistorischen Menschen war die Erde ein recht unwirtlicher Ort. Es gab wilde Tiere, für die der Mensch eine jagdbare Beute war, und Lagerplätze boten hervorragende Bedingungen. Ein sich heimlich anschleichendes Raubtier konnte recht gefährlich sein, besonders

wenn es nachts angriff, wenn im Lager alles schlief. Ebenso gefährlich waren Angriffe anderer Menschen. Manchmal kam es zu Stam-
mesfehden, oder feindlich gesinnte Gruppen wollten Beute machen
– Lebensmittel, Güter des täglichen Bedarfs, Frauen oder Kinder.
Aber die Hunde, die auf der Suche nach Nahrungsresten in einem
solchen Lager herumlungerten, gaben sofort Laut, wenn sich Raubtiere oder eine Gruppe fremder Menschen näherten. Das Gebell der
Hunde hatte manchmal einen doppelten Effekt: Einmal alarmierte
es die Lagerbewohner so rechtzeitig, daß sie reagieren konnten, und
zum anderen hielt der Lärm mögliche Angreifer manchmal davon
ab, ihr Vorhaben zu verwirklichen, um sich statt dessen anderswo
eine leichtere Beute zu suchen. Als den Menschen allmählich bewußt wurde, daß Hunde ihre Lager sicherer machten, wuchs ihnen
neben der Abfallbeseitigung eine zweite Funktion zu: die von
Wachhunden.

Die Neigung zu bellen ist wahrscheinlich das erste besondere
Verhaltensmerkmal, das der Mensch beim Hund durch Auslese
züchtete. Der erste Versuch, Hunde zu domestizieren, dürfte das
Großziehen von Wolfs- oder Schakalwelpen gewesen sein. Die
Tiere, die sich als gute Wachhunde bewährten, indem sie bei jeder
auffälligen Störung bellten, dürften diejenigen gewesen sein, die
von ihren Herren behalten und weitergezüchtet wurden. Und die
Tiere, die diese Funktion nicht so gut erfüllten, konnte man immerhin verspeisen.

Es gibt ungezählte Beispiele dafür, wie Wachhunde Menschen
gedient und sie oft gerettet haben. Während des niederländischen
Unabhängigkeitskrieges gegen Spanien beispielsweise unternahmen die Spanier im Jahre 1572 einen nächtlichen Überraschungs-
angriff, um den Anführer der Holländer gefangenzunehmen,
Wilhelm von Oranien. Der Angriff war äußerst gut geplant. Sechs-
hundert ausgewählte Männer wurden von einem gewissen Julien
Romero angeführt. Die Überraschung war vollständig. Die Wachposten wurden niedergemäht, und die Spanier erschlugen Hunderte
von Niederländern. Eine kleine Gruppe von Spaniern, die von Romero angeführt wurde, begab sich direkt zum Zelt des Fürsten. Dieser und seine Wachen schliefen, aber ein kleiner Hund, der immer
auf dem Bett Wilhelms schlief, machte seiner Funktion als Wach-

hund alle Ehre. Er reagierte, wie es von ihm erwartet wurde, und begann beim Geräusch der näher kommenden Schritte wie wild zu bellen. Als Wilhelm wach war, hatte er gerade noch Zeit, sein Pferd zu besteigen, das stets gesattelt für ihn bereitstand, und er entkam mit knapper Not. Seine Wachposten, seine Diener, sein Reitknecht und zwei seiner Sekretäre (die es ein paar Augenblicke nach dem Fürsten ebenfalls geschafft hatten, ihre Pferde zu erreichen) wurden sämtlich erschlagen. John Lathrop Motley hat in seinem Buch *Rise of the Dutch Republic* über diesen Zwischenfall berichtet: «Wäre der kleine Hund nicht so wachsam gewesen, hätte Wilhelm von Oranien, auf dessen Schultern die Last der Verantwortung ruhte, sein Land zu retten, vielleicht innerhalb einer Woche einen schmählichen Tod erlitten. Bis zu seinem Tod hielt der Fürst danach immer einen Hund derselben Rasse in seinem Schlafzimmer. An Standbildern des Fürsten sieht man zu seinen Füßen oft einen kleinen Hund.»

Jedes Ereignis vermag bei den meisten Hunden die Wachhundfunktion auszulösen. Es gibt unzählige Geschichten von Hunden, die Menschen vor wilden Tieren, Strauchdieben und Einbrechern gewarnt haben, so daß solche Berichte heute nichts Neues mehr darstellen. Ebenso wissen wir von vielen Menschen, die von ihren wachsamen Hunden vor Feuer, Gas, Überschwemmung oder anderen Katastrophen gerettet worden sind. Hier ein ungewöhnlicher Bericht:

Ein Mann namens Stephen Marks hatte sich vorgenommen, den Pazifik in einem kleinen Segelboot mit Holzrumpf zu überqueren. Sein einziger Reisegefährte war ein Zwergschnauzer namens Major. Die Stunden schleppten sich endlos dahin, und das Wetter war auch nicht dazu angetan, Stephens Stimmung zu verbessern. Er hatte schon zwei schwere Stürme hinter sich, in denen er lange Zeit am Ruder hatte verbringen müssen. Kaum hatte sich der letzte Sturm einigermaßen gelegt, fiel der erschöpfte Skipper in tiefen Schlaf. Plötzlich wurde er durch Majors wildes Gebell geweckt. Marks wußte zunächst nicht, was los war, doch dann fiel ihm auf, daß Major in die Kajüte hinunterblickte. Als Stephen den Kajütenboden untersuchte, sah er, daß der Rumpf der Beanspruchung durch den schweren Sturm nicht standgehalten hatte und Wasser durch ein Leck hereinströmte. Marks arbeitete fieberhaft, um das

Leck provisorisch abzudichten. Er ließ die Lenzpumpen mit Hochdruck arbeiten, und so gelang es ihm, die Lage vorübergehend zu stabilisieren. Er ging wieder an Deck und nahm Kurs auf die Philippinen, wo er die nächstgelegene Landkennung erwartete. Die Aufregung, das Leck zu sehen, und die Anstrengung des Abdichtens hatten seinen ohnehin erschöpften Körper noch mehr geschwächt, so daß er bald wieder einschlief. Er weiß selbst nicht mehr, wie lange er schlief, doch irgendwann wurde er wieder durch Majors hartnäckiges Gebell geweckt. Als er wieder in die Kajüte hinunterging, entdeckte er, daß die Dichtung sich gelöst hatte und daß erneut Wasser hereinströmte. Diesmal sicherte er die Dichtung sorgfältiger ab, und am nächsten Morgen schaffte er es, an Land zu kommen. «Ich bin sicher, daß Major mir das Leben gerettet hat», sagte er. «Wenn er mich nicht geweckt hätte, nachdem er das Leck wahrnahm, und auch beim zweitenmal nicht aufmerksam gewesen wäre, hätte ich mit Sicherheit weitergeschlafen, bis das ganze Deck unter Wasser stand.»

Die meisten Hunde werden bellen, wenn etwas Ungewöhnliches passiert, doch einige Rassen sind weit wachsamer als andere. Um dazu einige Informationen zu erhalten, habe ich mit vierzehn Experten Verbindung aufgenommen. Elf von ihnen bilden Hunde für den Personen- und Objektschutz aus, und die drei übrigen Ausbilder und Hundeführer arbeiten bei der Polizei. Insgesamt nannten sie fünfzehn Rassen, die sich am besten als Wachhunde eignen und zuverlässig bellen; ihre Einstufung in der folgenden Liste entspricht – mit geringen Abweichungen ihrer Wachsamkeit:

Die besten Wachhunde, die zuverlässig anschlagen

1. Rottweiler
2. Deutscher Schäferhund
3. Scotchterrier
4. West Highland White-Terrier
5. Zwergschnauzer
6. Yorkshire-Terrier
7. Cairn-Terrier
8. Chihuahua
9. Airedale-Terrier
10. Pudel (Standard- oder Zwergpudel)
11. Boston-Terrier
12. Shih-Tzu
13. Dachshund
14. Silky-Terrier
15. Foxterrier

Alle diese Rassen sind leicht erregbar und werden sofort laut anschlagen, wenn ein Eindringling in der Nähe ist oder in den meisten Situationen, die sie für ungewöhnlich halten. Obwohl meine
Informanten betonten, die meisten Hunde seien einigermaßen
wachsam und würden zumindest in der Mehrzahl der Fälle Laut
geben, gibt es doch Hunde, die für die Aufgabe eines Wachhundes
weniger geeignet sind. Die Experten nannten mir einige Rassen,
die nicht immer zuverlässig anschlagen. In dieser Frage waren die
fünfzehn Fachleute nicht so einig wie bei der vorigen, doch mindestens die Hälfte bezeichnete die folgenden zwölf Rassen als am wenigsten geeignet. Wer sich also einen zuverlässig anschlagenden
Wachhund zulegen will, sollte auf den Rat der Experten hören
und die genannten Rassen meiden. Die folgende Liste geht in der
Reihenfolge umgekehrt vor, so daß Nummer zwölf am wachsam-
sten ist.

Weniger geeignete Wachhunde

1. Bloodhound	7. Clumber-Spaniel
2. Neufundländer	8. Irish Wolfhound
3. Bernhardiner	9. Schottischer Hirschhund
4. Basset	10. Mops
5. Englische Bulldogge	11. Sibirischer Husky
6. Old Englih Sheepdog (Bobtail)	12. Alaskan Malamute

Wenn man natürlich einen Hund sucht, der in jeder Lebenslage
ruhig bleibt und einen nicht stört, was in der Nachbarschaft
auch vorgehen mag, könnte einer dieser Hunde die richtige Wahl
sein.

Laut zu geben ist eine vitale Funktion. Der nächste logische
Schritt ist der vom Wach- zum Schutzhund. Ein Schutzhund soll
körperlich eingreifen, wenn ein Eindringling sich an fremdem Eigentum zu schaffen macht, ein Grundstück betritt oder jemanden
angreift. Der gute Schutzhund ist von Natur aus aggressiv gegenüber allen Fremden, die sein Revier betreten. In vielen Fällen erweckt er auch den Eindruck, gegenüber Fremden jederzeit mißtrau-
isch zu sein. Es kann sein, daß er angreift, wenn er sich bedroht oder

provoziert fühlt. Manche Eindringlinge hält er einfach durch Bellen und Knurren in Schach und nimmt dabei eine sichtlich aggressive Haltung an.

Die aggressiven Reaktionen eines guten Schutzhundes werden durch die gleichen Dinge ausgelöst wie bei Wölfen und anderen Wildcaniden. Der Schutz des Reviers ist das häufigste Motiv. Die meisten Schutzhunde werden jeden körperlich bedrohen, von dem sie das Gefühl haben, daß er in ihr Territorium eindringt. Wer Hunde einsetzt, um Läden, Fabriken oder Lagerhäuser vor Diebstahl oder Vandalismus zu schützen, verläßt sich auf diesen Revierinstinkt. Meist wird dabei so verfahren, daß man die Hunde einfach nach der normalen Geschäftszeit von der Leine läßt, so daß sie frei durch ein Gebäude oder ein zu bewachendes Gelände laufen können. Die Tiere werden dies als ihr Revier ansehen und die Objekte instinktiv beschützen. Sie patrouillieren mehrmals im Lauf einer Nacht über das ganze Gelände. Sie reagieren auf jeden Laut oder irgendwelche Störungen. Überdies werden sie jeden Eindringling angreifen.

Seit es eine Geschichtsschreibung gibt, sind Hunde als Wachen eingesetzt worden. Die Römer der Antike hielten sich oft recht aggressive Hunde, die in der Nähe der Haustüren angekettet wurden. (Wenn man einen Hund auf relativ engem Raum ankettet oder festbindet, steigert das seine Aggressivität erheblich.) So kann es nicht überraschen, daß viele römische Häuser Schilder mit einer warnenden Aufschrift trugen. Oft waren es Mosaiken, die einen knurrenden angeketteten Hund zeigten so wie die Inschrift *cave canem*, «Hüte dich vor dem Hund», was etwa dem heutigen «Vorsicht, bissiger Hund» entspricht.

Wölfe und andere Wildcaniden werden nicht nur bei entsprechenden Anlässen ihr Revier verteidigen, sondern sich auch zur Verteidigung des Rudels zusammenschließen oder dem Befehl eines Leittiers folgen, das einen Eindringling als Bedrohung empfindet. Diese Instinkte werden vor allem bei den sogenannten Angriffshunden geschätzt, Wach- und Schutzhunden, die entweder spontan oder auf Befehl reagieren und jeden Menschen angreifen, der in ihr Territorium eindringt oder von einem Hundeführer als Angreifer bezeichnet wird. Ein Polizeihund beispielsweise ist darauf trainiert,

Eine der ältesten Funktionen des Hundes war die Bewachung von Eigentum und Personen. Dieses römische Mosaik aus Pompeji warnt mit der Inschrift *cave canem* – «hüte dich vor dem Hund».

unter zwei Voraussetzungen anzugreifen: wenn er seinen Herrn bedroht sieht oder auf ein erlerntes Signal hin. Schutzhundausbildern zufolge brauchen natürlich begabte Wachhunde nur wenig Training, damit die aggressive Reaktion ausgelöst wird; man muß sie vielmehr dazu ausbilden, daß sie sich zuverlässig zurückrufen lassen. Überdies muß man sie gezielt dazu ausbilden, ihre Aggression auf das richtige Ziel zu richten. Die mit der Wach- und Schutzfunktion verbundenen Fähigkeiten sind zwar ein Teil der instinktiven Intelligenz eines Hundes, während die Kontrolle dieser Fähigkeit zusätzlich einige Arbeits- und Gehorsamsintelligenz erfordert.

Daß Wachhunde ihre Funktionen wirksam erfüllen, läßt sich nicht in Zweifel ziehen. Es gibt buchstäblich Tausende von Berichten darüber, wie ein Hund Leben oder Eigentum seines Herrn geschützt hat. Ich möchte nur ein ergreifendes Beispiel anführen. Es stammt aus dem Jahr 79 n. Chr. und wurde von Archäologen bei Ausgrabungen in den Ruinen des von einer dicken Ascheschicht überzogenen Pompeji entdeckt.

Während ihrer Ausgrabungen legten die Wissenschaftler einen Hohlraum frei, dessen Umrisse erkennen ließen, daß dort einmal ein Hund auf einem Kind gelegen hatte. Das erhalten gebliebene Halsband des Hundes erzählte jedoch den wichtigsten Teil der Geschichte. Der Hund namens Delta hatte das Leben seines Herrn, des Knaben Severinus, dreimal gerettet. Beim erstenmal hatte er wie ein Rettungshund Severinus aus dem Meer gezogen und ihn vor dem Ertrinken gerettet. Später hatte Delta vier Männer abgewehrt, die seinen Herrn hatten ausrauben wollen. Dann rettete Delta Severinus, als dieser bei einem Besuch des heiligen Hains der Diana in Herculaneum von einem Wolf angegriffen wurde. Und beim Ausbruch des Vesuv hatte Delta anscheinend erneut versucht, seinen Herrn zu beschützen. Der heldenhafte Hund hatte seinen jungen Herrn mit dem eigenen Körper vor der heißen Asche des Vulkans zu schützen versucht, als beide von den giftigen Gasen überrascht wurden, die der Berg ebenfalls ausspie. Vor fast zweitausend Jahren opferte der Hund Delta bei dem verzweifelten Versuch, noch einmal die Rolle des Wachhunds zu erfüllen, sein Leben.

Wach- und Schutzhunde sind jedoch nicht unfehlbar, und es ist nicht ganz leicht, ihnen den Unterschied zwischen harmlosen Fremden und feindseligen Eindringlingen beizubringen. Wir lesen jedes Jahr von Kindern, die von Wachhunden gebissen werden, weil diese sich bedroht gefühlt haben.

Eine interessante Geschichte legt den Schluß nahe, daß die Gründung der Anglikanischen Kirche möglicherweise beschleunigt worden ist, weil ein Hund eine bestimmte Situation mißdeutete. Er reagierte nämlich aggressiv auf die falsche Person. Der Vorfall ereignete sich um 1530, als der Earl of Wiltshire mit einer Petition in den Vatikan geschickt wurde, um den Papst dazu zu bringen, die Ehe Heinrichs VIII. mit Katharina von Aragon für ungültig zu erklären, damit der König Anne Boleyn heiraten konnte. Der Earl hatte zu dieser Audienz seinen Hund mitgebracht, und als der Papst sein Bein vorstreckte, damit der Earl ihm den Fuß küssen konnte, mißdeutete der Hund die Fußbewegung als Angriff auf das Gesicht seines Herrn. Der Hund reagierte, wie es ein Wachhund tun soll, und attackierte die vermeintlich feindseligen Zehen des Papstes. Das Ergebnis dieses Zusammentreffens wurde von einem zeitgenössischen Historiker als «tumultuarisch» bezeichnet, und das Mißvergnügen des Papstes war anscheinend weit mehr als bloßer Ärger oder Entrüstung – es soll an «Zorn» gegrenzt haben. Natürlich können wir nicht mit letzter Sicherheit wissen, welche Auswirkungen diese Begegnung auf die Entscheidung des Papstes hatte, denn immerhin waren dabei auch politische Fragen zu bedenken, aber wir wissen, daß Lord Wiltshire ohne die ersehnte Annullierung zurückkehrte. Wir wissen auch, daß König Heinrich sich anschließend von der Katholischen Kirche löste und die Anglikanische Kirche ins Leben rief. Da der König deren Oberhaupt war, konnte er sicher sein, daß sein Scheidungswunsch erfüllt wurde. Man fragt sich unwillkürlich, ob es dazu gekommen wäre, wenn der Hund anders reagiert hätte. Was wäre gewesen, wenn er bei seinem falsch verstandenen Schutzauftrag darauf verzichtet hätte, den römischen Kirchenfürsten in den Fuß zu beißen?

Kriegshunde

In keiner anderen Funktion sind die aggressiven Eigenschaften von Hunden so genutzt worden wie im Krieg. Die alten Ägypter, Römer, Gallier und Kelten bevorzugten für diese Rolle Mastiffs. Die heutigen Mastiffs sind recht große Hunde. Ich weiß von einem, der einhundertzehn Kilogramm wiegt und mit zwölf Kilo schweren Steinbrocken spielt, so wie es andere Hunde mit Bällen tun. Eine frühere Version des Mastiffs, der sogenannte Molosser-Hund, wog jedoch rund einhundertvierzig Kilo und war wegen seiner aggressiven Neigungen bekannt und gefürchtet. Diese großen Tiere wurden in nagelbewehrte Rüstungen gesteckt, um Pferde damit zu reißen oder Infanteristen, die zu nahe kamen. Andere, die darauf abgerichtet waren, Männer oder Pferde anzugreifen, trugen auf dem Rücken befestigte Lanzen. Wieder andere waren darauf abgerichtet, unter Pferde zu laufen. Sie trugen Töpfe mit brennendem Harz auf dem Rücken. Mit anderen Worten: Diese Hunde waren in der Antike das Gegenstück unserer heutigen Boden-Boden-Raketen.

Vor dem Aufkommen der Feuerwaffen waren Kriegshunde eine nicht zu unterschätzende Waffengattung. Fußsoldaten hatten eine Todesangst vor ihnen, und beim Einsatz gegen Reiter waren sie oft sehr effektiv. Die Kelten hatten ihre Hunde darauf abgerichtet, Kavalleriepferden in die Nüstern zu beißen, worauf die verängstigten Tiere natürlich ihre Reiter abwarfen. Diese Taktik war zum Beispiel bei der Ausschaltung der römischen Kavallerie während der Erobe-

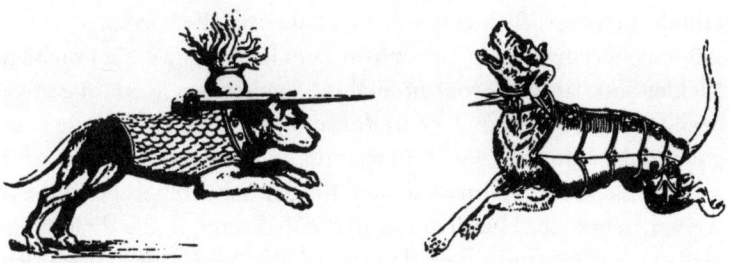

Zwei Kriegshunde mit Rüstungen. Der eine trägt eine Lanze und einen Topf mit brennendem Harz zum Einsatz gegen Kavallerie, und der andere hat ein Halsband mit spitzen Nägeln, um damit Fußsoldaten anzugreifen.

rung Britanniens von größter Bedeutung. Die germanischen Stämme setzten Kriegshunde ebenfalls sehr wirkungsvoll ein. Der Hunnenkönig Attila setzte riesige Molosser und auch Talbots ein, die Vorläufer unseres heutigen Bloodhound. Später spielten Kriegshunde auch in den Schlachten der Spanier mit den einheimischen Völkern Süd- und Mittelamerikas eine entscheidende Rolle.

Die Schlagkraft von Kriegshunden zeigt sich vielleicht am besten in ihrer Verwendung durch die Cimbern, einem germanischen Stamm, der sich mit den Teutonen und anderen Stämmen verbündete, um tiefer in römisches Reichsgebiet einzudringen. Mit Unterstützung ihrer großen Kriegshunde schlugen die Cimbern die Römer in den Jahren 113, 109, 107 und 105 v. Chr. Schließlich schickten die Römer zwei ihrer erfahrensten Kriegsherren ins Feld, Gaius Marius und Quintus Lutatius Catulus, die sich im Jahre 101 v. Chr. in der Nähe von Vercelli im nordwestlichen Italien der Cimbern-Armee entgegenstellten. Die Cimbern wurden in dieser Schlacht vernichtend geschlagen; die Verfolgung durch die Römer und sogar die Besetzung des Schlachtfelds wurden jedoch fast einen halben Tag durch die Kriegshunde der Cimbern verzögert. Diese setzten die Schlacht trotz der Niederlage ihrer menschlichen Herren fort.

Während des Ersten Weltkrieges kehrten Hunde auf die Schlachtfelder zurück. Die Deutschen setzten sie sehr wirksam beim Wach- und Meldedienst ein, und am Ende des Ersten Weltkrieges waren auf beiden Seiten mehr als fünfundsiebzigtausend

Hunde dienstverpflichtet worden. Vor allem die Franzosen machten sich das hervorragende Gehör von Hunden zunutze. Sie brachten Meldehunde an der Front in Stellung, meist zwei Tiere, die etwa dreißig Meter voneinander entfernt standen. Wenn die Hunde Laut gaben oder knurrten, um auf einen näher kommenden Feind oder irgendwelche Bewegungen außerhalb der Schützengräben hinzuweisen, zeigte der Hundeführer in die Richtung, in die die Hunde geblickt hatten, und ortete dann mit Hilfe der beiden Linien den Zielpunkt für die Artillerie. Auf diese Weise wurden zahlreiche deutsche Geschützstellungen, Bunker und Maschinengewehrnester geortet und anschließend mit Granaten beschossen.

Die Zahl der im Zweiten Weltkrieg eingesetzten Hunde wird auf mehr als zweihunderttausend geschätzt. Sie wurden nicht nur im Wach- und Meldedienst eingesetzt, bei der Such- und Rettungsarbeit, sondern warnten vor der Einführung des Radars auch Schiffe vor anfliegenden Flugzeugen. Man schickte oft auch Hunde mit Luftlandetruppen ins Feld, bei denen sie Wach- und Meldedienste übernahmen, nachdem die Truppen eine Basis errichtet hatten (obwohl die Hunde aus den Flugzeugen geworfen werden mußten, da sie sich weigerten, freiwillig zu springen). Kamikaze-Hunde wurden von beiden Seiten eingesetzt. Während des deutschen Überfalls auf die Sowjetunion wurden angreifende deutsche Panzerkolonnen zweimal von Hunden gestoppt. Die Sowjets hatten die Hunde darauf abgerichtet, in Panzern und gepanzerten Fahrzeugen nach Fressen zu suchen. Man schnallte den halbverhungerten Tieren elektromagnetische Minen auf den Rücken und ließ sie beim Anblick der näherkommenden feindlichen Panzer los. Die gleiche Grundidee wurde von den Japanern benutzt, die mit Fünfzig-Pfund-Bomben beladene Karren von Hunden in Feldlager der Alliierten ziehen ließen.

Später wurden Hunde auch im Koreakonflikt, während des Vietnamkrieges und sogar im letzten Golfkrieg während der kurzfristigen Invasion in den Irak durch die USA eingesetzt. In Vietnam verwendete man Hunde dazu, der Sabotage und den Diebstählen in US-Einrichtungen ein Ende zu machen. Schon sechs Monate nach Einführung dieser Wachhunde ging die Zahl der Zwischenfälle und der damit verbundenen Schäden oder Diebstähle um fünfzig Prozent zurück.

Um ein guter Wachhund zu sein, braucht ein Tier mehr als einen ausgeprägten Territorialsinn und die Bereitschaft, körperlich zu kämpfen. Ein Chihuahua ist zwar ein effektiver Wachhund, da er laut kläffend Alarm schlägt, aber wie groß sein Mut oder seine Loyalität auch sein mögen, so kann ein drei Pfund schwerer Chihuahua einfach keinen Eindringling aufhalten. Zwergschnauzer, Foxterrier, Scotchterrier, West Highland White-Terrier und Cairn-Terrier besitzen zwar alle den Willen, ihr Rudel oder ihr Revier zu verteidigen, und alle haben auch den Mut, einen Eindringling anzugreifen. Allerdings ist keiner von ihnen ein effektiver Wachhund, da ein einziger Fußtritt dem Angriff ein Ende machen kann. Körpermasse und Kraft sind bei der Bestimmung des Werts eines Wachhundes ebenso wichtig.

Die gleichen Experten, die Hunde nach ihrer Wachhund-Eignung beurteilt haben, haben auch die Schutzhund-Begabung der verschiedenen Rassen beurteilt, wobei sie die Agressivität der Hunde, ihre Körperkraft, ihren Mut sowie ihren Widerstand bei Gegenangriffen zur Grundlage ihrer Bewertung machten. Von mindestens der Hälfte der Fachleute wurden dreizehn Hunderassen ausgewählt.

Die effektivsten Schutzhunde

Bullmastiff	Rhodesian Ridgeback
Dobermann	Kuvasz
Rottweiler	Staffordshire-Terrier
Komondor	Chow-Chow
Puli	Mastiff
Riesenschnauzer	Belgischer Schäferhund /
Deutscher Schäferhund	Malinois / Tervueren *

Drei der Fachleute machten unabhängig voneinander eine interessante Zusatzbemerkung. Sie sagten, der Großpudel könne ein äußerst guter Schutzhund sein, allerdings fehle es ihm ein wenig an Körpermasse. Das Hauptproblem scheint die allgemeine Ansicht zu

---

* Bei diesen drei Rassen sahen die Experten keine Unterschiede.

sein, ein Pudel sei nur eine Art «Luxushund» ohne Substanz, der nur wegen seines Aussehens gehalten werde. Einer meiner Fachleute schrieb:

Eine Hauptfunktion eines Schutzhundes ist die Abschreckung. Er muß allein schon dadurch einen Angriff verhindern können, daß er hart und kämpferisch aussieht. Pudel können zwar recht hart und aggressiv sein, sehen aber einfach nicht danach aus, und das verringert ihren Wert bei dieser Aufgabe. Selbst ein feiger Deutscher Schäferhund wäre als Abschreckung wirkungsvoller, denn jeder weiß, daß diese Tiere als Polizei- und Schutzhunde besonders beliebt sind, was die Neigung verringert, diese Qualitäten durch einen Angriff auf die Probe zu stellen.

Jagdhunde

Die einzigartige Verbindung von Mensch und Hund begann, als unsere Vorfahren noch vorwiegend von der Jagd lebten. Es war nämlich die Jagd, die viele der einzigartigen Qualitäten der Hunde ans Licht brachte. Und für die Jagd begann der Mensch auch bestimmte Rassen zu züchten, weil er sich viele brauchbare Merkmale zunutze machen wollte. Dabei lernte er, daß es möglich ist, die instinktive Intelligenz des Tieres systematisch zu verändern. Hunde kommen für jede Phase einer Jagd in Frage. Zu ihren Aufgaben gehört es, jagdbares Wild zu finden, es aufzuscheuchen, zu verfolgen, niederzuwerfen und zu apportieren.

Zwischen den Techniken, deren sich Wölfe bei der Jagd bedienen, und den Jagdtechniken primitiver Menschen besteht eine bemerkenswerte Ähnlichkeit. Der Ablauf ist in etwa der gleiche: Das Wild wird aufgespürt, man zeigt den anderen in der Gruppe dessen Standort an, kreist es ein und treibt es vielleicht einem Mitglied der Gruppe zu, das in einem Hinterhalt wartet. All das wird in der Wildnis von dem Leittier koordiniert. Im Verlauf der Domestizierung des Hundes nahm der menschliche Hundeführer allmählich die Position des Leittiers ein, das den Ablauf der Jagd bestimmt. Insoweit Hunde die Führung des Menschen akzeptiert haben, jagen sie bereitwillig mit Menschen. Wir wissen, daß Hunde schon in der Altsteinzeit dazu benutzt wurden, das Wild in Fallen zu treiben, über Felsvorsprünge oder in Positionen, in denen Menschen mit Pfeil und Bogen oder Speeren warteten, um das Wild zu erlegen. Oder Vögel wurden aufgescheucht, sobald die Menschen mit Pfeil und Bogen irgendwo schußbereit standen. Es kam auch vor, daß Vögel in strategisch plazierte Netze gescheucht werden. Diese Techniken werden heute noch von manchen primitiven Stämmen Afrikas angewandt. Wilde Tiere (vor allem Wildschweine) werden von Menschen und Hunden systematisch gehetzt, bis sie in aufgespannte Netze geraten oder in einen Hinterhalt, in dem Männer bereitstehen, um die Tiere mit Speeren zu erlegen.

Waffenhunde

Die bekanntesten der heutigen Jagdhunde sind die sogenannten Waffenhunde: Vorstehhunde, Spaniel, Setter und Retriever. Jede dieser Hundegruppen wurde durch selektive Zucht sorgfältig auf bestimmte Aufgaben hin gezüchtet. Der Begriff *Waffenhund* ist angemessen, da die Fähigkeiten dieser modernen Jagdhunde darauf angelegt sind, dem Jäger zu assistieren, wenn dieser das Wild mit Feuerwaffen erlegt. Beispielsweise wurden Vorstehhunde entwikkelt, um eine Art Ergänzung zu der Erfindung des Vorderladers zu bilden. Um diese Waffe wirksam einsetzen zu können, brauchte der Jäger einen Hund, der seinen Herrn still an das Wild heranführte und ihm dessen Position zeigte. Vorstehhunde haben ein wohlentwickeltes Gehör und einen hervorragenden Geruchssinn. Sie können sich auch sehr langsam, präzise und still bewegen. Sie bewegen sich völlig lautlos durch Unterholz und halten den Kopf dabei hoch, damit sie mit der Nase jeden Duft wahrnehmen, den der Wind mit sich trägt. Sobald ein Vorstehhund Wild entdeckt hat, erstarrt er und bleibt reglos stehen und zeigt mit dem Kopf und oft mit seinem ganzen Körper direkt auf die Beute. Dabei hebt er oft eine Vorderpfote hoch. Manchmal setzen Jäger auch zwei Hunde ein. Einer kann die Richtung angeben, in der die Beute zu finden ist, aber nicht deren Distanz vom Jäger. Mit zwei Hunden kann man das Wild sozusagen anpeilen, etwa so wie bei den französischen Artilleriehunden. Dort, wo sich die Sichtlinien der beiden Hunde kreuzen, befindet sich das Ziel. Es ist belegt, daß gute Vorstehhunde, wenn nötig, eine Stunde oder länger an demselben Punkt stehenbleiben. Dies war vor allem in den Tagen der Vorderlader nützlich, da es dem Jäger genügend Zeit ließ, sich anzuschleichen und das Wild so aufzuscheuchen, daß er eine gute Chance besaß, die Vögel mit einem einzigen Schuß zu treffen. Dabei war es wichtig, daß der Jäger sein Ziel nicht verfehlte, denn es konnte eine Minute oder länger dauern, eine solche Waffe nachzuladen.

Einige Wissenschaftler sind der Meinung, daß das Vorstehen in Wahrheit eine Art neuraler Kurzschluß oder eine Überbelastung von Nervenzellen sein kann, was den Hund in dem Moment, in dem er das Beutetier sonst anspringen würde, erstarren läßt. Ein ähnliches Verhalten hat man auch bei Wölfen beobachtet; es kommt vor, daß ein Leitwolf innehält und in seiner Position verharrt, um so den Standort des Wilds zu markieren. Er verharrt in dieser Stellung, bis der Rest des Rudels aufschließt und den Standort erkennt. Ein Wolf wird eine solche Position jedoch nur ein paar Sekunden oder höchstens eine Minute halten.

Obwohl eine Ausbildung das Verhalten eines Pointers präziser und beherrschbarer machen kann, ist die Neigung zum Vorstehen angeboren. Dies läßt sich leicht beweisen, indem man nämlich mit einem Vogelflügel vor einem Vorstehhundwelpen herumwedelt. Ich habe gesehen, wie ein zwölf Wochen alter Welpe die klassische Vorsteh-Position einnahm, als er einem solchen Reiz ausgesetzt wurde, obwohl er noch keinerlei Jagdausbildung erhalten hatte.

Die laufende Verbesserung der Jagdwaffen machte eine Modifikation des Hundes notwendig. Hinterlader erlaubten ein schnelleres Feuern, und überdies machte der technische Fortschritt das Schießen auf längere Distanz genauer. Schnellere und intelligentere Hunde waren für diese Jagd nötig, und die Züchter reagierten mit der Entwicklung des Setters. Der Begriff *Setter* hat seine Wurzel in dem Wort *sitten*: Der Hund hat die Aufgabe, innezuhalten und sich zu setzen und dabei direkt auf den Standort des Wilds zu blicken. Wenn man diese Hunde aus ihrer sitzenden Position entläßt, nähern sie sich dem Wild mit schlängelnden Bewegungen, wobei sie die Rute mit zunehmender Geschwindigkeit hin und her bewegen.

Ein wichtiges Einsatzgebiet des Hundes ist die Jagd. Die instinktive Reaktion des Pointers auf die Nähe von Wild: Er erstarrt in seiner Bewegung, wobei der Kopf oder der ganze Körper direkt auf den Vogel weist.

Dieses Schwingen der Rute erlaubt es dem erfahrenen Jäger, recht genau vorherzuberechnen, wann der Vogel die Deckung verläßt und aufflattert.

Bei der Jagd mit Spaniels geht es zwar weniger diszipliniert, dafür aber aufregender zu. Spaniels sind besonders gut für die Arbeit in Unterholz oder auf sumpfigem Gelände geeignet. Sie durchstöbern das Gelände in nur geringer Entfernung vor dem Jäger, geben aber keinerlei Warnsignal, wenn sie das Wild finden, obwohl sie es suchen. Die heutigen Feuerwaffen machen diese schnellere, aber weniger berechenbare Form der Jagd möglich. Wenn man sich jedoch vorgenommen hat, möglichst viel Wild zu erlegen, werden Vögel eher in Netze getrieben als vor die Flinten der Jäger. Spaniels können sich auch in kauernder Stellung an das Wild heranschleichen und es dann aufscheuchen (daher die Bezeichnungen *crouchers* und *springers*); in früherer Zeit scheuchten sie Vögel auf, die dann von Jagdfalken verfolgt wurden, oder trieben Hasen und Kaninchen aus ihren Verstecken, worauf Greyhounds die Verfolgung übernahmen.

Gegen Ende des achtzehnten Jahrhunderts hatten sich die Jagd-
formen geändert. Die zunehmende Bevölkerungsdichte hatte be-
wirkt, daß das zugängliche Land jetzt meist gerodet war. Dies
führte zur Entwicklung einer Art Treibjagd auf Vögel, bei der Jäger
in Reihe quer über ein Feld schlendern und auffliegende Vögel wie
etwa Rebhühner und Fasane erlegen. Diese Art der Jagd erfordert
Hunde, die sich merken können, wo Vögel vom Himmel fallen, um
sie dann auf Befehl unbeschädigt zu apportieren. Während man
Vorstehhunden, Settern und Spaniels beibringen kann zu apportieren, wurde ein Spezialist für diese Aufgabe gezüchtet: der Retriever.
In sumpfigen Regionen oder in der Nähe von Seen sind Hunde
wie der Labrador Retriever besonders gut zu gebrauchen, da sie das
Wasser lieben. Sie lassen sich auch bei der Jagd von einem Versteck
aus einsetzen. Sie können stundenlang bereitwillig warten, um die
ins Wasser fallenden Vögel dann zu markieren und zu apportieren.
Tatsächlich besitzen die Retriever eine verblüffende Fähigkeit, eine
Flugbahn zu markieren und zu erkennen, wo ein Gegenstand zur
Erde fallen wird. Das kann jeder beobachten, der an einem sonnigen Sommertag durch einen Park flaniert und zusieht, wie Labra-
dor- oder Golden Retriever unfehlbar die Flugbahnen von Bällen
oder Frisbee-Scheiben markieren und sie aus der Luft schnappen.
Man könnte meinen, sie hätten eine Art eingebautes Radar.

Wenn ein Hund Wild apportiert und es unangetastet zu seinen
menschlichen Jagdgefährten bringt, zeigt er damit die Variante
eines bei Wildcaniden zu beobachtenden Verhaltens. Man hat
schon Wölfe gesehen, die Nahrung zu den im Bau verbliebenen
Hündinnen und ihren frisch entwöhnten Welpen brachten. Ja,
selbst Rudelmitglieder, die bei der Jagd zurückgeblieben waren, um
den Bau zu bewachen, sind auf diese Weise versorgt worden.

Meuten- und weitere Jagdhunde

Die Jagd mit Meutenhunden ist etwas völlig anderes als die Jagd mit
Waffenhunden. Einzelne Meutenhunde erhalten meist nicht die
fürsorgliche Aufmerksamkeit und die Ausbildung eines Waffen-
hundes, und überdies werden sie außerhalb der Jagdsaison kaum
als Haushunde gehalten. Vorstehhunde, Setter, Spaniels und Re-

Bei der Jagd mit Spaniels geht es zwar weniger diszipliniert, aber oft aufregender zu als bei der Jagd mit Vorstehhunden oder Settern. Diese Hunde suchen den Boden in einer Position vor dem Jäger ab, geben keinerlei Laut, sondern scheuchen einfach jeden Vogel auf, den sie entdecken.

triever sind sozusagen Zubehörteile der Waffe eines Jägers, während Meutenhunde den Jäger überhaupt nicht brauchen: Sie jagen und töten selbständig.

Es gibt zwei verschiedene Arten von Meutenhunden, obwohl man sie manchmal zusammen eingesetzt hat. Greyhounds, Whippets, Afghanische Windhunde und Barsois (früher unter der Bezeichnung Russische Wolfshunde bekannt) jagen mit den Augen. Sie treten erst in Aktion, wenn sie das Wild erspäht haben. Sie hetzen es mit unerhörter Geschwindigkeit und töten es, sobald sie es sehen. Salukis und Afghanische Windhunde sind früher bei der Hetzjagd auf Antilopen und Gazellen, aber auch auf Füchse und Hasen eingesetzt worden. Manche der größten und mutigsten Hunde von allen findet man unter diesen «Augen»-Hunden. Der riesige Irische Wolfshund und der ebenso große Schottische Hirschhund wurden bei der Jagd auf Elche, Hirsche, Karibus und selbst Löwen eingesetzt. Die Römer kannten den ursprünglichen Irischen

Viele der großen «Augen»-Hunde, wie etwa der hier gezeigte Schottische Hirschhund, haben Großwild so wirksam gejagt, daß Wölfe, Hirsche und ähnliche Arten in einigen Regionen Europas ausgerottet worden sind. Das hatte zum Ergebnis, daß auch diese großartigen Hunde Gefahr liefen auszusterben.

Wolfshund, den sie schon im vierten Jahrhundert beschrieben und wegen seiner Wildheit und seines Muts gepriesen haben. Er wurde oft bei Gladiatorenkämpfen eingesetzt.

Die wichtigste Aufgabe, die man diesen Hunden übertrug, war die Befreiung bewohnter Gebiete von Wölfen. In Rußland beispielsweise begann eine Wolfsjagd meist mit Jägern zu Pferde, von denen jeder drei Barsois an der Leine hatte, die nicht nur in ihrer Färbung, sondern in Größe und Körperbau perfekt zueinander paßten. Der Lärm der näher kommenden Jäger veranlaßte den Wolf meist, sich aus der Deckung zu begeben, wenn die Leinen gelöst wurden und die Hunde sich an die Verfolgung machten. Bei einer perfekten Jagd mußten diese Hunde den Wolf am Hals packen und festhalten, bis der Anführer der Jägergruppe erschien, um die Beute mit einem Messer zu erlegen. Bei der Wildheit dieser Jagden wurde der Wolf allerdings oft von den Hunden getötet.

Daß man darauf achtete, daß die Hunde zueinander paßten, hatte nicht einfach nur ästhetische, sondern praktische Gründe. Wenn etwa ein Hund viel schneller war als die anderen und der Wolf sich umdrehte, um sich den Verfolgern zu stellen, konnte ein einzelner Hund leicht getötet werden. Wenn drei zugleich eintrafen, verlieh das den Hunden einen entscheidenden Vorteil.

Diese Hunde haben ganze Arbeit geleistet, und das so sehr, daß viele der großen Beutetiere, für deren Jagd sie gezüchtet wurden, in der Nähe bewohnter Regionen fast vollständig ausgerottet wurden. Mit Hilfe dieser Hunde wurden Hirsche, Elche, Wölfe und Großkatzen auf den Britischen Inseln ausgerottet und in weiten Teilen Europas in ihrem Bestand schwer geschädigt. Das Endergebnis: Diese Hunde hatten keine Funktion mehr. Der Irische Wolfshund zum Beispiel war nicht nur bei der Jagd auf Wölfe, sondern auch auf den riesigen irischen Elch verwendet worden, dessen Schulterhöhe von mehr als 1,80 Metern diesen gewaltigen Hunden keinerlei Angst machte, denn sie selbst hatten die beachtliche Schulterhöhe von fast 1,20 Metern aufzuweisen. Mit dem Verschwinden des Großwilds starb jedoch auch diese Rasse praktisch aus. Nur besonderen Anstrengungen von Captain George A. Graham, einem Schotten in der britischen Armee, ist es zu verdanken, daß die letzten Exemplare 1862 versammelt werden konnten. Die Rasse wurde wiederhergestellt, wenn auch etwas kleiner als zuvor – mit einer Schulterhöhe von nur rund neunzig Zentimetern. Selbst diese Höhe genügt, um den Irischen Wolfshund zur größten der heute lebenden Rassen zu machen. In ähnlicher Weise hatte Lord Colonsay im neunzehnten Jahrhundert den Schottischen Hirschhund vor dem Aussterben bewahrt, lange nach dem Verschwinden der großen schottischen Hirsche.

Die zweite Form der «Hounds» ist der Spürhund. Diese Hunde benutzen die Nase, um Beute zu verfolgen; darunter finden wir Foxhounds, Beagles, Bassets, Harrier, Coonhounds und sogar Bloodhounds. Sie werden meist bei der Jagd auf Schädlinge eingesetzt, die Ernteschäden verursachen oder kleinere Nutztiere töten.

In Europa gehören dazu Fuchs, Dachs, Kaninchen und Hase, und in Nordamerika kann man die Liste um Waschbären, Rotluchs, Puma und Opossum erweitern. In Großbritannien und anderswo hat die Jagd mit Meuten dieser Hunde Tradition und ist mit viel Pomp verbunden.

Spürhunde sind wegen ihrer hervorragenden Nasenarbeit systematisch gezüchtet worden, wegen ihres Arbeitseifers und ihrer Stimmen. Ihre breiten Nüstern zeigen nach vorn und nach unten, was es ihnen ermöglicht, Fährten aufzunehmen, die mit der Luft vom Erdboden aufsteigen. Diese Düfte kommen von Stellen, wo die Pfoten ihrer Beute die Erde berührt haben, wo sie Felsen oder Unterholz gestreift haben. Diese Hunde nehmen auch die winzigen Hautschuppen und einzelne Haare wahr, die von den Tieren ständig abgesondert werden. Die Nasenarbeit dieser Hunde ist wahrhaft bemerkenswert: Sie haben im Durchschnitt rund zweihundertzwanzig Millionen Duftrezeptoren in der Nase im Vergleich zu fünf Millionen beim Menschen. Wenn es möglich wäre, die sensorischen Membranen zu entfernen und auszubreiten, mit denen das Naseninnere eines solchen Fährtenhundes bedeckt ist, würde die gesamte Oberfläche sogar größer sein als die gesamte Hautoberfläche des Hundes!

Eine sogenannte *Anpassung des Geruchssinns* setzt dem Geruchssinn dieser Hunde jedoch eine wichtige Grenze. Wenn man einen Raum betritt, nimmt man manchmal einen schwachen Duft wahr – etwa das Parfum einer Frau, den Duft eines Blumenstraußes, frisch gebrühten Kaffee oder ähnliches. Innerhalb weniger Minuten wird man diese Düfte jedoch nicht mehr wahrnehmen, nämlich wegen der Anpassung des Geruchssinns, ein Ergebnis der Ermüdung der Duftrezeptoren in der Nase. Das gleiche passiert mit Jagdhunden. Wenn ein Hund eine Spur aufnimmt, wird er typischerweise bellen oder «Laut» geben. Bei einem starken Duft setzt die Anpassung des Geruchssinns jedoch schon nach rund zwei Minuten ein, was das Tier die Fähigkeit verlieren läßt, die Quelle des Dufts aufzuspüren. Wenn dies geschieht, wird der Hund verstummen und den Kopf heben, um frische, «fährtenfreie» Luft zu atmen, damit die Rezeptoren in der Nase wieder funktionstüchtig werden. Aus diesem Grund läßt man diese Tiere in Meuten jagen. Irgendwann werden einige Hunde eine Spur aufnehmen und «Laut» geben, während andere stumm mit der Meute mitlaufen. Verschiedene Angehörige der Meute wechseln sich bei der Nasenarbeit ab, so daß es theoretisch nie einen Augenblick geben sollte, in dem alle Hunde sich gleichzeitig ausruhen. Das Bellen der Hunde bei der Fährtensuche ist äußerst wichtig. Seine Hauptfunktion besteht darin, die Jäger jederzeit wissen zu lassen, wo genau sich die Meute aufhält. Die Zahl der Hunde, die jeweils bellen, sowie die Intensität des Gebells geben den Jägern überdies einen Hinweis darauf, wie stark und frisch die Fährte ist, so daß man sich vorstellen kann, wie nahe das Wild ist oder wie weit noch entfernt. Jagdhornsignale können die Bewegungen des Rudels einigermaßen steuern.

Der Lärm einer bellenden Meute kann sogar recht methodisch sein, und manche Jäger wählen bestimmte Hunde bewußt aus, um einen möglichst harmonischen Gesamteindruck zu erzielen. So beschrieb zum Beispiel Gervase Markham 1615 in seinem Buch *Country Contentments*, wie man verschiedene Meuten zusammenstellen kann, um unterschiedliche Klangbilder zu erzeugen. Um eine Meute mit einem lieblichen Gesamteindruck zu erhalten, empfahl er, «mit ein paar großen Hunden anzufangen, die tiefe, feierliche Stimmen haben... denen sozusagen ein wohlklingender Baß beigegeben werden muß, dann eine doppelte Zahl von brüllenden und lauten, durchdringenden Stimmen, unter denen die Altstimme zu finden sein muß, dann ein paar hohle, liebliche Stimmen, welche die mittlere Tonlage beisteuern». Schließlich schlug er vor, «ein oder zwei Paar kleiner, singender Beagles beizugeben, die den Sopranpart trällern könnten», um eine harmonische Symphonie zu erhalten.

Fährtenhunde sind gezüchtet und immer wieder umgezüchtet worden, um bestimmten Anforderungen zu genügen. So sind zum Beispiel Foxhounds und Beagles darauf gezüchtet worden, mit berittenen Jägern zu laufen, wobei die Foxhounds natürlich bei der Fuchsjagd und die Beagles bei der Jagd auf Hasen oder Kaninchen eingesetzt wurden. Die Geschwindigkeit dieser Tiere verführte die Jäger oft dazu, manchmal übermütige oder gar gefährliche Reitkünste vorzuführen, wenn die typische Jagd irgendwann zu einem

wilden Querfeldeinrennen wurde. Foxhounds wurden dazu erschaffen, nichts als Füchse im Kopf zu haben, und werden so andere Düfte ignorieren und immer nur die frischeste Fährte verfolgen. Sie besitzen eine unglaubliche Ausdauer und große Vitalität.
Sie setzen über Hecken, Mauern und Zäune hinweg, preschen
durch dichtes Buschwerk und laufen unermüdlich weiter, solange
es noch den Hauch einer Fährte gibt, der sie folgen können. Während der Jagdsaison in Großbritannien (meist von September bis
April) kann eine aktive Meute bei jeder Jagd rund sechzig bis
neunzig Kilometer zurücklegen, wobei man nicht vergessen darf,
daß meist zwei Jagden pro Woche stattfinden.

Im Gegensatz dazu wurden andere Fährtenhunde wie etwa die
Bassets mit Absicht schwer und mit geringer Schulterhöhe gezüchtet, so daß sie bei der Verfolgung von Kaninchen oder Dachsen
den Jägern nicht davonlaufen können, die ihnen zu Fuß folgen.
Das Ergebnis war eine etwas gemächlichere Jagd, bei der es weit
weniger wild und prunkvoll zuging – und die erheblich ungefährlicher war.

Um das Jahr 1960 wurde ich bei der U. S. Army in Fort Knox
(Kentucky) ausgebildet. In dieser Zeit lernte ich vor allem wegen
meiner Liebe zu Hunden einige Menschen kennen, die nicht weit
vom Fort entfernt auf dem Land lebten. Einer meiner dortigen Bekannten lud mich einmal zu einer Fuchsjagd ein, die für einen spä-
ten winterlichen Freitagnachmittag angesetzt war. Ich stellte mir
Männer in roten Jagdröcken und hohen, blitzblanken Stiefeln vor,
die hinter einer Meute aufgeregter Hunde auf gepflegten Pferden
herritten und den klagenden Lauten des Jagdleiters mit seinem
Jagdhorn folgten. In Wahrheit war es ganz anders. Die Jagd war
von einem alten Mann organisiert worden, den jeder Onkel Tyler
nannte. Die Meute wurde aus den Hunden der Jagdgäste zusammengestellt, die meist jeweils zwei Hunde mitbrachten. Es waren
vier Foxhounds dabei, zwei Bluetick-Hounds, ein Paar Beagles,
ein Bloodhound, etwas, was ein schwarzrostbrauner Coonhound
sein konnte, ein Jagdhund, den ich noch nie gesehen hatte, ein
«Drever», wie man mir sagte, sowie zwei Mischlingshunde. Star
der Gruppe war ein Redbone-Hound namens Hamilton, der wegen seiner Fähigkeit, Wildkatzen aufzuspüren und auf Bäume zu

Viele Fährtenhunde wurden eigens für eine bestimmte Wildart oder eine bestimmte Form der Jagd gezüchtet. So wurden Beagles darauf gezüchtet, mit Pferden zu laufen sowie Kaninchen aufzuspüren und zu jagen.

treiben, in der Gegend berühmt war. Insgesamt waren es mehr als ein Dutzend Hunde.

Die Jagd begann zu Fuß. Die Männer führten die Hunde zu einem Berghang in einer Gegend, in der Füchse angeblich zu einem Problem geworden waren. Irgendwann nahmen die Hunde die Fährte auf, begannen zu kläffen und an den Leinen zu zerren. In dem schwächer werdenden Licht wurden sie dann von der Leine gelassen, worauf die Meute unter lautem Gebell losrannte. Zwanzig Minuten später saß ich mit den Männern weiter oben am Hang an einem lodernden Feuer. Wir hatten die Stelle vorher schneefrei gemacht. Die Hunde setzten die Jagd ohne menschliche Anleitung fort, während die sechs Männer und ich dasaßen und Onkel Tyler zusahen, der ein paar Metallbecher mit Bourbon füllte. Wir nippten an unserem Whiskey, rauchten und lauschten der Hundemusik, die in der Abendluft zu uns herüberdrang. Von Zeit zu Zeit erzählte einer von uns eine kurze Geschichte, die meist mit den Worten begann: «Ich weiß noch, als...» Meist hörten wir jedoch nur das melodische Bellen der Hunde in der Ferne, das nur von dem Knistern und Knacken des brennenden Holzes begleitet wurde.

Terrier

Die letzte Gruppe der spezialisierten Jagdhunde sind die Terrier. Die lateinische Wurzel *terra* in *Terrier* bedeutet «Erde» oder «Erdboden». Damit wird die besondere Begabung dieser Hunde angedeutet, die dem Wild bis in den Bau oder ein natürliches Versteck folgen und es dort entweder hinaustreiben oder töten. Ein schottischer Terrier-Züchter hat die wünschenswerten Eigenschaften des Terriers als «Fell und Mut» bezeichnet. Das schwere, harte oder drahtige Haar schützt den Hund vor Schürfwunden, wenn er über Stock und Stein geht und einem Fuchs oder Dachs in dessen Bau folgt. Es schützt ihn auch vor den schweren Bissen, die ein in die Enge getriebenes Beutetier ihm zufügen könnte. Überdies braucht der Hund Mut, um völlig auf sich gestellt zu arbeiten, und das oft in Dunkelheit unter der Erde und in Situationen, in denen ein Rückzug oft schwierig, wenn nicht unmöglich ist. Dann hängt das Leben eines Terriers oft von seiner Kampfkraft ab. In ihrem Eifer, einen unterirdischen Gang zu vergrößern, in dem sie gegraben haben, sind schon viele Terrier lebendig begraben worden; andere sind im Kampf mit ihrer Beute umgekommen.

Der schottische Züchter hat jedoch ein wichtiges Merkmal vergessen, das Terriern angezüchtet worden ist: ihr Bellen. Ein Terrier, der diesen Namen verdient, muß bellen, wenn er auch nur im mindesten aufgeregt ist. Es ist nämlich dieses wütende Bellen, das die Jäger auf den Standort des Baus aufmerksam macht. Und das Bellen unter der Erde sagt ihnen, wo sie graben müssen, um an das Wild heranzukommen.

Die frühen Terrier bellten jedoch nicht ohne weiteres und mußten Halsbänder mit Glöckchen tragen, um den Jägern bei der Verfolgung und beim Graben den Weg zu weisen. Leider sind viele Hunde erstickt, wenn sich ihre Halsbänder unter der Erde an irgendeinem Hindernis verfingen. Andere starben, weil die Jäger das Glöckchengeläut nicht hören konnten, wenn Fuchs und Terrier

Alle Terrier wurden ursprünglich mit der instinktiven Fähigkeit gezüchtet, Schädlinge zu jagen, sowie der Bereitschaft, sich in den Bau von Tieren wie Fuchs und Dachs zu begeben. Jäger, die dem Hundegebell folgten und so den Standort des Wildes orten konnten, gruben dann die in der Falle sitzende Beute mit Mistgabeln und Schaufeln aus.

sich in ihrem Kampf auf Leben und Tod unter der Erde ineinander verbissen hatten.

Terrier zeichnen sich auch auf andere Weise aus. So vernichten sie zum Beispiel Ratten und andere Schädlinge. Wer auf diesem Gebiet keine direkte Erfahrung hat, neigt dazu anzunehmen, die tüchtigsten Rattenjäger seien Katzen. Katzen verstehen sich zwar darauf, Mäuse zu töten, denn dabei sind Listenreichtum und Geduld die wichtigsten Eigenschaften, aber Ratten sind oft zu groß und bösartig für sie. Einige Terrierrassen wurden spezifisch auf die Vernichtung von Ratten hin gezüchtet. Da Terrier ihre Beute meist dadurch erledigen, daß sie eine Ratte oder ein anderes kleines Säugetier im Nacken packen und ihrem Opfer dann mit ein paar schnellen Kopfbewegungen das Genick brechen, wurden diese Hunde mit Kiefern gezüchtet, die für ihre Größe unerhört kräftig sind. Auch heute noch setzen viele Bauern Terrier gezielt gegen Ratten ein, vor allem in Gegenden mit einem bedeutenden Getreide- oder Maisanbau. Zunächst wird das Lager des Wildes mit Gas oder Rauch beschickt, oder man schickt Frettchen hinein, um die Ratten hinauszutreiben, wo Terrier sie dann töten können. Manchester-Terrier, Scotchterrier, Cairn- und West Highland White-Terrier, Foxterrier und Bullterrier sind sämtlich erstklassige Rattenvernichter. Selbst der winzige Yorkshire-Terrier macht dabei keine schlechte Figur.

Um wirklich zu ermessen, wie effizient Terrier als Rattentöter sein können, müssen wir einen Blick auf die viktorianische Zeit werfen, in der Rattenkämpfe eine Art Sport waren, der vor allem in den ärmeren Vierteln der Städte beliebt war, aber auch unter jungen Leuten der Oberschicht Anhänger hatte. Terrier und Ratten wurden in eingezäunte Kampfplätze gesetzt, um bis zum Tod miteinander zu kämpfen. Es wurden oft Wetten darauf abgeschlossen, ob Hunde oder Ratten überleben würden oder wie lange einer der besseren Hunde brauchen würde, um eine bestimmte Gruppe von Nagetieren zu erledigen. Es haben sich Unterlagen erhalten, in denen bestimmte Hunde beschrieben werden. So wissen wir zum Beispiel, daß ein hervorragender Rattenkämpfer ein Bullterrier namens Tiny war, der nur fünfeinhalb Pfund wog. An einem Abend tötete Tiny fünfzig Ratten (von denen einige fast so groß waren wie er selbst), und das in achtundzwanzig Minuten und fünf Sekunden. Sein Eigentümer schätzte, daß Tiny im Lauf seines Lebens mehr als fünfundzwanzigtausend Ratten getötet hatte, was rund eineinhalb Tonnen Ratten entspricht!

Der Hang zur Jagd auf Schädlinge sowie die Art des Angriffs sind Bestandteile der instinktiven Intelligenz von Terriern. Die meisten Besitzer eines Terriers wissen, daß sie ihren Hund in höchste Erregung versetzen können, indem sie mit einer Taschenlampe auf den Fußboden leuchten und den Lichtstrahl im Zickzack hin und her bewegen. Ein kleines bewegliches Ziel löst automatisch den Jagdtrieb eines Terriers aus. Die von diesen Hunden bevorzugte Art des Angriffs ist ebenfalls ein Bestandteil des genetischen Bauplans. Mein Cairn-Terrier Flint war schon neun Jahre alt, als er das Landleben kennenlernte. Wir hatten eine kleine Farm gekauft, und unter dem alten Häuschen hatten einige kleinere Tiere ein Refugium gefunden. Eines Nachmittags sah ich mit einiger Verblüffung, wie Flint ein Opossum verfolgte, es im Nacken packte, zubiß und mit einer einzigen heftigen Bewegung sofort zu Tode beförderte. Und dies war ein alter Hund, der sein ganzes Leben in der Stadt verbracht hatte und nie den Situationen ausgesetzt gewesen war, für die Terrier einmal gezüchtet worden sind! Doch in dem Augenblick, in dem sich der richtige Reiz zeigte, schaltete sich Flints genetisches Programm sofort ein und brachte ihn dazu, diesen Aspekt seiner instinktiven Intelligenz zu demonstrieren.

Hütehunde

Beim Hüten von Vieh haben Hunde eine ihren Eigenschaften besonders gut entsprechende Einsatzmöglichkeit gefunden. Selbst in Ländern, in denen Hunde als unrein gelten oder aus religiösen Gründen verachtet werden, wird trotzdem anerkannt, daß Hunde etwa als Helfer von Hirten wichtige Arbeiten leisten können. Während einige Hunde wie etwa der Puli oder der Komondor im Grunde nur Wachhunde sind, die bei der Herde bleiben, um sie vor Raubtieren zu schützen, werden die meisten Hütehunde beim Zusammenhalten von Schafen, Gänsen oder Rindern eingesetzt. Sie hüten aber auch Ziegen, Schweine, Rentiere und Enten. Sie treiben die Herde zu bestimmten Formationen zusammen oder an einen anderen Standort.

Diese Fähigkeit, Tiere zusammenzutreiben und zusammenzuhalten, haben die Hunde von den Wölfen und anderen Caniden geerbt, die in Rudeln jagen. Das koordinierte Handeln des Rudels schließt ein, daß eine Gruppe möglicher Beutetiere zusammengehalten wird, daß diese an einen bestimmten Standort getrieben werden, wo dann das einzelne Tier, das getötet werden soll, von der Herde getrennt wird. Dieses Jagdverhalten beruht auf genetisch programmierten Anweisungen. Bei den ersten beiden geht es um die Position

Viele Hütehunde sind wegen bestimmter Merkmale gezüchtet worden. Eines der seltsamsten war das Fehlen der Rute beim Old English Sheepdog, dem Bobtail – dieses Merkmal war sehr erwünscht, weil die damalige Steuerordnung Englands vorsah, daß nur Tiere, die mit einem Schwanz oder einer Rute geboren seien, als steuerpflichtig zu gelten hätten.

gegenüber der vorgesehenen Beute: Anweisung Nummer eins lautet, daß jeder Wolf sich der Beute bis auf etwa die gleiche Entfernung zu nähern hat, sobald sie gesichtet worden ist. Regel Nummer zwei: Jeder Wolf hält den gleichen Abstand zu seinem links und rechts postierten Jagdgefährten. Die Befolgung dieser Anweisungen ergibt das elegante und komplexe Muster der Einkreisung. Das Rudel bildet einen fast vollkommenen Kreis, der im Verlauf der Jagd immer enger gezogen wird.

Wie führt nun ein einzelner Hütehund die genetischen Anweisungen aus, die darauf abzielen, die Bewegungen eines ganzen Rudels zu koordinieren? Schon als Welpe wird ein Hütehund sich anpirschen und den Versuch machen, alles zu hüten, was sich bewegt. Ich habe schon von Hunden gehört, die spontan nicht nur Lämmer zusammengetrieben haben, sondern auch Küken und sogar Kinder. Eine Frau erzählte mir einmal, ihr Border-Collie habe sogar versucht, ein paar Insekten zusammenzutreiben, die über ihre Auffahrt krochen. Eine andere hat mir berichtet, ihr Shetland Sheepdog habe versucht, die durch Regen ausgelöste Kräuselung des Wassers in einer Pfütze zusammenzutreiben. Alle diese Bemühungen stellen den Versuch dar, die beiden ersten genetischen Anweisungen bezüglich der Einkreisung bei der Jagd zu erfüllen. Für ein allein handelndes Tier besteht das Problem darin, daß es versuchen wird, die Arbeit von einem Dutzend Wölfen zu erledigen, und das gesamte Verhaltensmuster ableistet, als wäre es jedes Mitglied des Rudels. Erst bestimmt es die richtige Distanz, die das Rudel von der Herde halten sollte. Dann rennt es herum, um all die Positionen einzunehmen, die sonst von den Rudelgenossen besetzt worden wären. Während es sich von einem Posten zum nächsten begibt, spielt es nacheinander die Rollen sämtlicher fehlender Jagdgefährten und kreist die Herde in weit ausholenden Kreisbewegungen ein. Dieses Herumrennen im Kreis, wobei immer dort innegehalten wird, wo ein anderer Wolf sein sollte, treibt die Schafe an den Außenrändern der Herde in die Mitte des Kreises und hält diese somit zusammen. Die dritte genetisch programmierte Jagdanweisung betrifft den Hinterhalt. Wenn ein Wolfsrudel jagt, trennt sich meist ein einzelner Wolf vom Rest des Rudels und versteckt sich vor dem Beutetier. Er kauert auf dem Erdboden und wartet, während der Rest des Rudels die Herde langsam auf ihn zutreibt. Dies erklärt die Neigung von Schäferhunden, erst zu laufen und sich dann hinzulegen, um die Schafherde anzustarren. Damit übernimmt das Tier die Rolle des Wolfs, der im Hinterhalt liegt und wartet. Das *Auge* oder das Starren des Hundes scheint alle Schafe in Bann zu schlagen, die sich vom Rest der Herde zu entfernen beginnen, und besitzt offenbar die Gabe, diese in Schach zu halten. In dem Augenblick jedoch, in dem sich die Herde als Ganzes wieder zu bewegen beginnt, kehrt der Hund sofort zu dem Verhalten zurück, mit dem er das kreisende Wolfsrudel nachahmt.

Bei dem vierten genetischen Programm geht es um das Treiben der Herde. Von Wölfen wissen wir, daß sie schon ganze Bisonher-

den, Antilopen oder Rehe in ein Gelände getrieben haben, in dem
bestimmte Merkmale des Terrains die Bewegungsmöglichkeiten
der Herde einschränken, etwa Felsen oder Wasserflächen. Sowie
die Zahl der Fluchtmöglichkeiten eingeschränkt ist, wird es leichter, einzelne Tiere abzusondern und zu isolieren. Wölfe erreichen
dies, indem sie schnell auf die Tiere zulaufen, die dann in die entgegengesetzte Richtung flüchten. Die Richtung der getriebenen
Tiere läßt sich auch dadurch ändern, daß ein Wolf nach ihren Hinterläufen oder Flanken schnappt. Schäferhunde handeln genauso,
um einzelne Tiere einer Herde unter Kontrolle zu halten. Ein amü-
santes Beispiel eines solchen Verhaltens: Dabei geht es um einen
Flanderntreibhund, einen großen belgischen Hund, der darauf gezüchtet worden ist, Vieh zu hüten. Die Hündin namens Lucky war
Ronald Reagan zum Geschenk gemacht worden, kurz nachdem er
Präsident der USA geworden war. Lucky machte ständig Anstalten, den Präsidenten «zu hüten» und schnappte nach dessen Fersen, wobei mindestens einmal Blut floß. Die Hündin sprang auch
Mrs. Reagan gelegentlich von der Seite an, wie es große Hütehunde tun, um ihre Schutzbefohlenen in eine bestimmte Richtung
zu drängen. Die Pressefotos, die den Präsidenten und seine Frau so
von der Hündin bedrängt zeigten, brachten das Paar in Verlegen-
heit. So wurde Lucky, obwohl sie von den Reagans durchaus geliebt wurde, schließlich ins Exil geschickt, nämlich auf die Ranch
im kalifornischen Santa Barbara, wo es Tiere zu hüten gab und
keine Politiker.

Die letzte genetische Programmanweisung, die das Verhalten
des Hütehundes bestimmt, hat etwas mit der sozialen Ordnung zu
tun, der sich Wölfe auf natürliche Weise fügen. Jedes Wolfsrudel
hat ein Leittier, meist «Alpha»-Wolf genannt. Dieses Leittier bestimmt und kontrolliert die verschiedenen Bewegungen des Rudels, und die anderen Wölfe behalten das Leittier sorgfältig im
Auge und folgen seinen Anweisungen. Damit wird die Ordnung
des Rudels aufrechterhalten, das so zu einer leistungsfähigen Jagd-
gesellschaft wird. Für den Hütehund ist offenbar der Hirte das Al-
pha-Tier. Dieser verläßt sich auf den Gehorsam und die Arbeitsintelligenz seines Hundes, die es ihm ermöglicht, dessen instinktives
Verhalten zu kontrollieren. Tatsächlich braucht ein Hirte seinem

Hund nur ein rundes Dutzend Befehle beizubringen, um ihn vollständig zu beherrschen:

Komm her: Der Hund geht zu dem Hirten.

Aufhören oder *Aus:* Der Hund hört mit allem auf, was er tut.

Geh nach links oder *Geh nach rechts:* Der Hund bewegt sich in die angegebene Richtung, wobei die Bewegungen sich auf die Position der Herde beziehen.

Links herum oder *Rechts herum:* Dies ist ein Hinweis darauf, daß der Hund mit dem Einkreisungsmanöver beginnen soll.

Hinlegen: Dieser Befehl löst die Hinterhalt-Position aus, in der sich der Hund hinlegt und die Herde anstarrt.

Näher: Der Hund rückt näher an die Herde heran.

Weg: Der Hund vergrößert die Entfernung zur Herde.

Langsam oder *Schneller:* Mit diesen Befehlen veranlaßt man den Hund, das was er gerade unternimmt, langsamer oder schneller zu tun.

Genug: Auf dieses Stichwort hin hat der Hund die Herde zu verlassen und an die Seite des Hirten zurückzukehren.

Diese Befehle kann man mit diesen Hörzeichen, aber auch mit Sichtzeichen erteilen, etwa mit der Hand, aber auch durch Pfiffe auf einer Hundepfeife oder eine Kombination von Sicht- und Hörzeichen. Überraschenderweise genügt diese kurze Liste mit Befehlen im Verein mit den fünf genetisch programmierten Anweisungen vollauf, um das komplexe Verhalten zu orchestrieren, das es einem einzelnen Menschen und einem Hund ermöglicht, große Tierherden zu beherrschen. Ohne den Hund wäre es vielleicht nie möglich gewesen, Tierherden zu hüten und zusammenzuhalten. Das bedeutet, daß die Entwicklung der Landwirtschaft als der ökonomischen Grundlage eines wichtigen Teils der menschlichen Gesellschaft vielleicht verzögert oder gar verhindert worden wäre.

Einige Rassen besitzen eine instinktive Intelligenz, die es ihnen ermöglicht, sich unter bestimmten Gegebenheiten, in besonderem Gelände oder bei besonderen Tierarten hervorzutun. Collies (deren Name von Bergschafen mit schwarzen Füßen und Masken abgeleitet ist, den sogenannten Colleys), Border-Collies und Shetland Sheepdogs sind ungewöhnlich intelligente und tüchtige Hütehunde für Schafe. Belgische Schäferhunde, Tervuerens, Malinois, Deutsche Schäferhunde, Schottische Schäferhunde und Briards sind ebenfalls vorzügliche Hütehunde, die überdies groß genug sind, Schutz gegen Wölfe, Kojoten und andere Raubtiere zu bieten. Die Welsh Corgis (sowohl Cardigan als auch Pembroke) sind absichtlich mit so geringer Schulterhöhe gezüchtet worden, daß sie bei einem eventuellen Auskeilen eines verärgerten Ponys unverletzt davonkommen.

Ziehhunde

Wenn heute von Hunden als Lasttieren die Rede ist, denken die meisten Menschen sofort an Schlittenhunde, manchmal auch «Huskies» genannt, die in den Polarregionen der Erde eingesetzt werden. Das Wort *Husky* ist von dem Slangwort für Eskimo abgeleitet, *esky*; die Entdeckung des Hundeschlittens wird allgemein den Eskimos zugeschrieben. Die meisten Menschen erkennen ohne weiteres die verschiedenen Schlittenhunde. Sie stammen sämtlich vom Spitz ab, haben Stehohren, mittellanges, nicht zu weiches Haar und dichter Unterwolle und natürlich die charakteristische Rute – dicht behaart und auf dem Rücken geringelt. Zu den geübten Schlittenhunden gehören Malamutes, Samojeden, Sibirische Huskies, Keeshonds und Elkhounds.

Solche Hundegespanne sind fast genauso organisiert wie Wolfsrudel. Es gibt ein Leittier (manchmal auch «König» genannt), dessen Bewegungen die der anderen Hunde des Gespanns koordinieren. Solche Schlittenhunde achten fast ausschließlich auf das Leittier und schenken dem Fahrer des Schlittens so gut wie keine Beachtung. Dies mag die vielen Berichte über verschwundene

Gespanne sogenannter Huskies ziehen noch heute Schlitten über schneebedecktes Gelände. Die Hundegespanne sind fast genauso wie ein Wolfsrudel organisiert: Sie haben ein Leittier oder einen König, dessen Bewegungen die der anderen Tiere koordinieren. Die meisten Mitglieder des Gespanns achten nur auf das Leittier und schenken dem Schlittenführer kaum Beachtung.

Schlitten erklären, wenn etwa der Fahrer heruntergefallen sein soll oder es versäumt hat, sich schnell genug auf die Kufen zu stellen. Schlittenhunde haben im Leben der einheimischen Arktisbewohner Amerikas wie etwa der Inuit und auch in den heutigen Siedlungen des hohen Nordens eine so oft beschriebene und besungene Rolle gespielt, daß ihre Leistungen fast schon zur Folklore geworden sind.

Heute weniger bekannt ist die Tatsache, daß Hunde früher in anderen Teilen der Welt als Zugtiere eingesetzt wurden. Sie zogen kleine Karren oder trugen Lasten auf dem Rücken. Rassen wie Neufundländer, Pyrenäenberghund, Bernhardiner und Berner Sennenhund wurden wegen ihrer Kraft und Ausdauer beim Ziehen von Karren von Schlachtern, Gemüsehändlern, Milchmädchen, Webern, Kesselflickern, Bäckern und anderen sehr gelobt. Im acht-

zehnten und frühen neunzehnten Jahrhundert zum Beispiel wurde
in England Fisch (der wegen seiner geringen Haltbarkeit schnell
transportiert werden muß) in Karren von Southampton nach London gebracht. Ein solches Gespann wurde vielleicht von vier Neu-
fundländern gezogen und transportierte drei- bis vierhundert Pfund
Fisch zusätzlich zu dem Fahrer. In der Stadt Bern konnte ein einziger Berner Sennenhund bequem einen Weberkarren ziehen, der mit
mehr als einhundert Pfund Textilien beladen war (zusätzlich zum
Gewicht des Karrens). Selbst kleine Hunde konnten in Gespannen
recht beachtliche Lasten ziehen. So transportierten etwa vier Foxhounds einen durchschnittlich großen Mann auf einem leichten
Karren mit der beachtlichen Geschwindigkeit von gut achtzehn
Stundenkilometern.

Für die Armen war der Hund das beste verfügbare Transportmit-
tel überhaupt. Hunde waren leicht zu bekommen, klein genug, um
mit Menschen zusammen zu wohnen, und konnten sich überdies
von Abfällen und Resten ernähren, von allem, was gerade verfügbar war. Doch Hunde schleppten und zogen nicht nur Lasten, sie
bewachten auch die Handelsware ihrer Eigner, wenn ein Verkäufer
etwa seinen Karren kurz verlassen mußte, und bewachten überdies
Haus und Wohnung, wenn die Familie schlief.

Heute werden Hunde in vielen Teilen der Welt immer noch als
Zugtiere eingesetzt. In England ist es jedoch per Gesetz verboten.
Im Jahre 1824 wurde die Society for the Prevention of Cruelty to
Animals gegründet, und seitdem haben deren Mitglieder gegen
Grausamkeit an Hunden Front gemacht. Unter «grausamem Verhalten» verstand die SPCA auch den Einsatz von Hunden beim Tragen und Ziehen von Lasten. Obwohl immer wieder betont wurde,
daß für viele dieser Hunde sehr gut gesorgt werde und daß die Tiere
zudem wesentlich zum Unterhalt der Armen beitrügen, die sich weder Pferde noch Esel leisten könnten, gelang es der SPCA mühelos,
einige krasse Fälle von Grausamkeit zu belegen, die dann im Rahmen einer Pressekampagne benutzt wurden und zudem mithalfen,
widerstrebende Parlamentarier umzustimmen. Mitte des neunzehnten Jahrhunderts schaffte es die SPCA dann, ein Gesetz durchzusetzen, mit dem Hundetransporte verboten wurden. In Verbindung mit der Erhebung einer Hundesteuer hatte das sofort kata-

Hunde mußten früher oft kleine Karren ziehen, was vor allem bei den Armen üblich war. Diese Straßenszene im New York von 1867 zeigt eine Gruppe von Lumpensammlern mit ihren Hundekarren. Darauf transportierten die Händler verkäufliche Kleidungsstücke, die sie im Abfall der Stadt gefunden hatten.

strophale Folgen für die Hundepopulation Englands. Überall im Land fanden wahre Hundemassaker statt, da die Tiere legal nicht mehr als Zugtiere eingesetzt werden durften und überdies steuerpflichtig waren. In Birmingham wurden mehr als eintausend Hunde abgeschlachtet, und in Liverpool kam es zu ähnlichen Massentötungen. In Cambridge waren die Straßen mit Hundeleichen übersät. Weil sie zu einer Gefahr für die Gesundheit der Menschen wurden, arrangierte der Kommandeur einer Hundertschaft Polizeibeamter eine Massenbeerdigung von vierhundert Hunden.

Weitere Spezialaufgaben für Hunde

In der heutigen Welt haben sich vielfältigere Einsatzmöglichkeiten für Hunde entwickelt, die sich deren instinktive Intelligenz zunutze machen. Sehen wir uns einige dieser Hundekarrieren von heute an:

Blindenhunde, die ihre blinden Herren um Hindernisse herumführen, sie vor näherkommenden Fahrzeugen warnen und es ihnen ermöglichen, sich in einer schwierigen städtischen Umgebung von anderen Personen unabhängig zu bewegen;

Gehörlosenhunde, die ihre tauben Herren auf Laute aufmerksam machen, etwa auf das Läuten einer Türglocke, des Telefons oder auf das Pfeifen eines Wasserkessels;

Such- und Rettungshunde, die Menschen aufspüren können, die etwa bei Erdbeben oder Lawinen verschüttet worden sind;

Wasserrettungshunde, die Menschen und Gegenstände aus dem Wasser holen können, mit Leinen zu gestrandeten Seglern schwimmen und sogar kleinere Boote zu wartenden Helfern ziehen können;

Drogen- und Sprengstoffhunde, die mit ihrem hochempfindlichen Geruchssinn Konterbande finden können. Den Geruchssinn nutzt man auch bei Trüffelhunden, die wie Trüffelschweine in der Lage sind, die von Feinschmeckern so geschätzte Delikatesse aufzuspüren. Allerdings sind Hunde besser dafür geeignet als Schweine, die traditionell dafür eingesetzt worden sind, und zwar aus zwei Gründen: Hunde haben einen schärferen Geruchssinn und mögen den Geschmack von Trüffeln nicht, so daß man sich weniger darum zu sorgen braucht, sie könnten die Pilze auffressen, bevor die Sammler sie holen können;

Hunde, die in der Unterhaltungsindustrie eingesetzt werden: Dazu gehören Rennhunde, Tauchhunde, Tanzhunde und schauspielernde Hunde.

Wenn wir Hunde bei diesen hochkomplizierten Funktionen beobachten, können wir uns nur schwer vorstellen, daß ihr komplexes Verhalten tatsächlich aus den gleichen Komponenten ihrer instinktiven Intelligenz heraus entwickelt worden ist, die wir bei Hüte-, Wach-, Schutz- und Jagdhunden finden. So wird beispielsweise die spezifische Fähigkeit, andere Angehörige des Rudels zu beschützen oder zu alarmieren, durch Ausbildung so modifiziert, daß ein Gehörlosenhund einen tauben Menschen darauf aufmerksam macht, daß die Türglocke läutet. Das bei Such- und Rettungshunden notwendige Verhalten wiederum hängt von genau den gleichen Fähigkeiten ab, die auf der Jagd, beim Apportieren und so weiter gefordert sind; für kompliziertere Arbeitsaufgaben müssen die spezifischen instinktiven Fähigkeiten einfach nur modifiziert und der direkten Kontrolle des Menschen unterstellt werden. Dies geschieht durch Ausbildung, und der Erfolg des Lernprozesses hängt sowohl von der adaptiven Intelligenz als auch von der Arbeits- oder Gehorsamsintelligenz des Hundes ab.

Gesellschaftshunde

Hunde erfüllen noch eine weitere wichtige Funktion im Leben von Menschen: die von Gesellschaftshunden, eine Aufgabe, die keine besondere instinktive Intelligenz zu erfordern scheint, sondern vielmehr von der Persönlichkeit eines Hundes abhängt. Es haben sich Belege erhalten, die dafür sprechen, daß schon im prädynastischen Ägypten eine Nachfrage nach kleinen «Spielzeug»-Hunden bestand, die keine weitere Funktion zu haben schienen als die von Gefährten und Haustieren. Zeichnungen, Malereien sowie verschiedene Skulpturen solcher Hunde legen den Schluß nahe, daß die ersten reinen Gesellschaftshunde Malteser oder Spitze waren. Viele andere Rassen wie der in England entwickelte Cavalier King Charles-Spaniel und der Englische Toy-Spaniel sowie der in China gezüchtete Pekinese hatten keine andere Funktion als die von Haus- und Hätscheltieren.

Viele Hunde haben nie eine andere Funktion gehabt, als dem Menschen als Haustier und Gefährte zu dienen. Der Mops, der vermutlich aus China stammt und in Europa zunächst in Holland zu Beliebtheit kam, ist ein Beispiel. Er wurde ausschließlich wegen seiner Eignung als Gefährte gezüchtet.

Solche Gesellschaftshunde haben zu bestimmten Zeiten unter dem Vorurteil gegen Hunde gelitten, die nicht arbeiten. Der Mops beispielsweise läßt sich schon im vierten vorchristlichen Jahrhundert nachweisen, wo er gezüchtet worden zu sein scheint, um buddhistischen Mönchen in einem tibetanischen Kloster als Gefährte zu dienen. In einer Zeitung des viktorianischen England wurde diese Rasse einmal rundheraus attackiert. Der Autor behauptete, solche Hunde seien vollständig «nutzlos», und erklärte, selbst die besten Hundeausbilder hätten sich als «total unfähig erwiesen, einen Mops dazu zu bringen, auf irgend etwas Jagd zu machen». Dieser sehr praktisch und nüchtern denkende Mann scheint die Fähigkeit dieser kleinen Hunde, ihren Herren Vergnügen zu bereiten und Gesellschaft zu leisten, nicht für nützliche Arbeit gehalten zu haben.

Heute haben sich die Ansichten in dieser Hinsicht gewandelt. Inzwischen wird anerkannt, daß Hunde als Gefährten etwa dem Spieltrieb von Kindern entgegenkommen. Da Hunde überdies Menschen jeden Lebensalters lebensnotwendige Zuneigung und soziale Interaktion bieten, werden sie auch in der Psychotherapie eingesetzt. Kindern mit Kommunikationsproblemen, Erwachsenen, die unter Depressionen oder mangelndem sozialem Umgang leiden, sowie älteren Menschen, denen Isolation und Vereinsamung zu schaffen machen, ist mit der Gesellschaft von Hunden sehr geholfen worden. Es gibt sogar Anzeichen dafür, daß Streßsituationen durch Kontakt mit Hunden verringert werden. Die Psychiater James Lynch und Aaron Katcher von der University of Pennsylvania haben nachgewiesen, daß sich die Herzschlagfrequenz verringert, der Atem regelmäßig wird und die Muskelspannung nachläßt, wenn jemand einen vertrauten und geliebten Hund streichelt. Mit anderen Worten: Die körperlichen Anzeichen von Streß beginnen dann zu verschwinden. Mehrere andere Studien deuten darauf hin, daß ältere Menschen, die mit Hunden leben, medizinisch weniger auffällig sind und seltener bei Ärzten auftauchen als Menschen des gleichen Lebensalters, die ohne Hunde leben. Vor einiger Zeit hat eine Wissenschaftlerin namens Erica Friedman die Überlebensquote von Menschen angesehen, die mit schweren Herzkrankheiten ins Krankenhaus gebracht worden waren. Sie fand heraus, daß der Prozentsatz der Hundebesitzer, die ein Jahr nach einer Krankenhausbehandlung noch am Leben waren, viermal so hoch war wie der von Patienten, die ohne Hunde lebten. Das legt die Vermutung nahe, daß das Zusammenleben mit einem Gesellschaftshund sogar lebensverlängernd wirken kann!

9. Kapitel

Adaptive Intelligenz

> Ich habe Hunde gekannt, vor allem
> Welpen, die in ihren mentalen Reak-
> tionen fast so dumm waren wie
> Menschen.
>
> *Robert Benchley*

Während die instinktive Intelligenz eines Hundes erkennen läßt, welche Verhaltensformen und Fähigkeiten im genetischen Code des Tiers vorprogrammmiert sind, hat die adaptive Intelligenz etwas mit dem Wissen, den Fähigkeiten und der allgemeinen Tüchtigkeit zu tun, die ein Hund im Lauf seines Lebens erwerben kann. Bei einem Hund setzt sich die adaptive Intelligenz aus zwei Hauptkompomenten zusammen. Die erste ist die *Lernfähigkeit (learning ability)*. Dazu gehört unter anderem die Geschwindigkeit, mit der ein Hund neue Beziehungen erlernen kann. Es gibt jedoch viele Formen des Lernens. *Das Lernen durch Beobachtung (observational learning)* ist das natürliche, eher beiläufige Lernen, das die Entstehung bestimmter Assoziationen zwischen Gegebenheiten und Ergebnissen ermöglicht, jedoch keine unmittelbare Beteiligung des Beobachtenden erfordert. So lernt ein Hund etwa, daß für ihn vielleicht etwas Eßbares herausspringt, wenn sein Herr zum Kühlschrank geht und ihn öffnet. Der Hund sieht dieses mögliche Ereignis voraus, begleitet seinen Herrn in die Küche und macht diesen auf seine Anwesenheit aufmerksam. Ferner prägt sich ein Hund seine *Umwelt* ein *(environmental learning)*. Er speichert eine Art Karte oder Darstellung seiner unmittelbaren Umgebung. Dazu gehört auch das

Wissen, wo sich häufig anzutreffende Gegenstände befinden, wo bestimmte Personen meist zu finden sind oder wo sich bestimmte Ereignisse normalerweise abspielen. Beim *sozialen Lernen (social learning)* erwirbt der Hund die Fähigkeit, auf emotionale und soziale Signale von Menschen oder Hunden zu reagieren. Zum *Sprachverständnis (language comprehension)* eines Hundes gehört seine Fähigkeit, verbale Signale und Hörzeichen von Menschen zu lernen. Schließlich muß ein Hund lernen, welche *Aufgaben* er zu erfüllen hat *(task learning)*. Das erfordert von ihm eine aktive Beteiligung und ist oft mit immer neuen Anläufen und Fehlversuchen verbunden. Am Ende reagiert der Hund auf bestimmte Signale, die ihm unter Umständen eine Belohnung einbringen. Ein einfaches Beispiel: Wenn der Hund auf den Befehl *Sitz!* reagiert, wird er mit einem Streicheln oder einem Stück Hundekuchen belohnt.

Mit den verschiedenen Dimensionen des Lernens ist die Fähigkeit eng verbunden, sich etwas zu merken und dem Gedächtnis einzuverleiben. So wie Menschen dabei und beim Lernen höchst unterschiedliche Fähigkeiten an den Tag legen, gibt es auch große Unterschiede beim Kurz- und Langzeitgedächtnis. Das *Kurzzeitgedächtnis* ist das erste entscheidende Stadium jeder Verarbeitung von Informationen. Jeder hat schon mal die Auskunft angerufen, um eine Nummer zu erfragen, und diese dann sofort gewählt. Die Telefonnummer wurde im Kurzzeitgedächtnis gespeichert; wenn der Anschluß besetzt ist und man nach einigen Minuten neu wählen muß, kann es sein, daß man die Nummer schon vergessen hat. Es kann passieren, daß eine Telefonnummer in den dreißig oder vierzig Sekunden seit dem ersten Wählen aus dem Kurzzeitgedächtnis verschwunden ist.

Zum *Langzeitgedächtnis* scheint eine relativ unbeschränkte Speicherfähigkeit zu gehören, die zu einem praktisch permanenten Gedächtnis führt. Psychologen haben nachgewiesen, daß Information, die man etwa fünf Minuten im Gedächtnis behalten kann, eine mehr als fünfzigprozentige Chance hat, noch einen Monat später genau erinnert zu werden, und bei immerhin noch vierzig Prozent liegt die Chance bei einem Jahr.

Die zweite wichtige Dimension der adaptiven Intelligenz ist die *Fähigkeit zur Problemlösung*, die Fähigkeit, korrekte Lösungen zu entwickeln, die es dem einzelnen erlauben, äußere oder begriffliche Hindernisse und Barrieren zu überwinden, die den Zugang zu Belohnungen blockieren. Bei der Problemlösungsfähigkeit gibt es zwei entscheidende Aspekte. Erstens die Fähigkeit, das Verhalten auszuwählen und zu planen, das zur Lösung führen kann. Der zweite: die Fähigkeit, sich an andere erlernte Strategien oder Informationen zu erinnern, die von früheren Problemlösungs-Strategien stammen, sowie deren Übertragung auf die jetzige Situation.

Während die Rasse eines Hundes meist ein verläßlicher Indikator für die Natur seiner instinktiven Intelligenz ist, ist die adaptive Intelligenz weit individueller. Es ist schwieriger, einen Hund auf eine hohe adaptive Intelligenz hin zu züchten, als die Zucht auf eine oder zwei spezifische Gruppen von Verhaltensanlagen anzulegen. Aus diesem Grund besteht die beste Möglichkeit, die adaptive Intelligenz eines einzelnen Hundes zu bestimmen, darin, daß man ihn einem Test unterzieht. Dieser Test muß nicht in einem Labor stattfinden oder von einem Psychologen durchgeführt werden, aber wer genaue Ergebnisse erhalten will, sollte mit großer Sorgfalt vorgehen.

Für Hundehalter, die Hunde auf ihre adaptive Intelligenz hin testen wollen, habe ich den Hunde-IQ-Test (HIQ) entwickelt. Er setzt sich aus zwölf Einzelproblemen oder Unter-Tests zusammen, die das breite Spektrum der adaptiven Intelligenz bei Hunden abdekken. Bei fünf der Sub-Tests geht es um Problemlösung, bei den sieben anderen um Lernen und Erinnerung. Einige davon, wie etwa Test Nummer 1, mag für manche Hunde vielleicht als fast zu leicht erscheinen (allerdings können Sie mir glauben, daß manche Hunde ihn recht schwierig finden); andere sind für viele Tiere schon etwas schwieriger. Sämtlichen Tests liegen Testverfahren zugrunde, die im Labor und im Feld geprüft und anschließend verändert worden sind. Sie sind somit recht leicht anzuwenden und erfordern überdies keine umfangreiche Ausrüstung.

Der Hunde-IQ-Test

Die einzelnen Bestandteile des HIQ sind recht einfach, die Durchführung der meisten Tests dürfte obendrein recht vergnüglich sein. Hunden machen diese Prozeduren Spaß, weil sie nicht wissen, daß sie auf dem Prüfstand stehen. Sie glauben, man spiele mit ihnen. Ich habe die Tests so arrangiert, daß sie relativ unabhängig voneinander sind, so daß die meisten getrennt und in jeder beliebigen Reihenfolge durchgeführt werden können. Dies gilt für alle Tests mit Ausnahme von Nummer 7 und 8 (bei denen es um das Kurz- und Langzeitgedächtnis geht). Sie sollten in einer Sitzung erfolgen, wobei Test Nummer 7 an erster Stelle stehen muß. Sämtliche Tests müssen auch nicht am selben Tag erfolgen, und da man bei vielen dem Hund einen Leckerbissen gibt, um ihn zu motivieren, wäre es zweckmäßig, sie auf zwei oder drei Sitzungen zu verteilen. Damit wird verhindert, daß der Hund satt wird, und zudem schaltet man die Möglichkeit aus, daß Erschöpfung die Leistung des Hundes beeinträchtigt. Der gesamte HIQ-Test erfordert zwischen dreißig Minuten und einer Stunde, was sowohl vom Prüfer wie vom Hund abhängt. Bei einigen Tests ist es erforderlich, daß man auf die richtige Reaktion des Hundes wartet, so daß es bei manchen Tieren einfach länger dauert.

Wenn der Prüfer sich entsprechend auf die Tests vorbereitet, kann er die Dinge erheblich beschleunigen. Außer Leine und Halsband sind bei den meisten Tests kaum weitere Ausrüstungsgegenstände nötig. Bei manchen Tests kann eine Stoppuhr recht nützlich sein, obwohl eine normale Armbanduhr mit einem Zentralsekundenzeiger durchaus genügt. Bei Test Nummer 2 braucht man eine leere Blechdose, bei Test Nummer 4 ein großes Badehandtuch, bei Test Nummer 6 ein kleines Handtuch. Bei Test Nummer 9 braucht man einen Stapel dicker Bücher oder ein Brett und ein paar Ziegel- oder Glasbausteine, und bei Test Nummer 12 ist ein großes Stück Pappe erforderlich. Außerdem sollte man für den Hund immer ein paar Leckerbissen parat haben. Man sollte dabei Dinge auswählen, die der Hund wirklich mag, denn das wird ihn motivieren, die Probleme zu lösen. Wenn ein Hund auf einen entsprechenden Befehl nicht zuverlässig sitzt oder bleibt, werden sich einige Tests (zum Beispiel Nummer 2, 7, 8, 9 und mit ziemlicher Sicherheit Nummer 12) leichter durchführen lassen, wenn eine Hilfsperson den Hund in seiner Position hält, während man selbst mit dem Test beginnt.

Um bei diesem HIQ-Test verläßliche Ergebnisse zu erhalten, müssen jedoch einige Bedingungen erfüllt sein. Erstens: Der Hund sollte mindestens ein Jahr alt sein, obwohl man einige der schneller reif werdenden Rassen (vor allem die größeren Hunde) dem Test schon mit neun oder zehn Monaten unterziehen kann. Ich empfehle allerdings, nichts zu übereilen. Es wäre schade, einen Hund nur deshalb schlechter einstufen zu müssen, weil er bei dem Test zu jung war, um sein Bestes zu geben. Zweitens: Der Hund sollte mindestens drei Monate mit dem Prüfer gelebt haben – ob es nun sein jetziger Herr ist oder ein anderes Familienmitglied –, denn sonst werden die Tests Nummer 1, 5 und 10 wertlos sein. Ferner ist wünschenswert, daß der Hund mindestens zehn Wochen lang an ein und demselben Ort gelebt hat, denn sonst wird Test Nummer 3 ungültig sein. Schließlich beruht die Analyse des HIQ-Tests auf dem jeweils ersten Versuch. Man sollte ihn nicht wiederholen, nur um eine höhere Punktzahl zu erreichen. Allerdings haben manche Hundehalter herausgefunden, wie interessant es ist zu beobachten, wie sich das Verhalten ihrer Hunde bei einigen Tests verändert. Bestimmte Tests scheinen so etwas wie Sozialisationserfahrungen zu sein, die dem Herrn genausoviel Spaß machen wie dem Hund. Einige Hundehalter haben mir erzählt, daß sie einige der Tests von Zeit zu Zeit nur zum Spaß wiederholen.

Gleichgültig, was während des Tests passiert (ob Ihr Hund nun besser oder schlechter abschneidet, als Sie erwartet haben), sollten Sie ruhig bleiben. Schimpfen Sie nicht mit dem Hund, erheben Sie die Stimme nicht. Sie sollten auch keinen Unwillen zeigen und sich auch nicht übermäßig aufregen. Betrachten Sie jeden Test als ein kleines Spiel und versuchen Sie auch, den Hund dazuzubringen, es ebenso zu sehen. Bei einigen Tests müssen Sie den Hund dazu ermuntern, etwas zu tun, während Sie bei anderen still sein müssen. Wieder andere erfordern von Ihrer Seite ein wenig Schauspielerei, wenn Sie dem Hund etwas erklären wollen.

Test	Zeit	Punktzahl
1 Lernen durch Beobachtung (zur Tür gehen)	———	———
2 Problemlösung (Fressen unter Dose)	———	———
3 Lernen durch Aufmerksamkeit und Beobachtung der Umwelt (Umstellen von Möbeln im Zimmer)	———	———
4 Problemlösung (Hund unter Handtuch)	———	———
5 Soziales Lernen (Lächeln)	———	———
6 Problemlösung (Fressen unter Handtuch)	———	———
7 Kurzzeitgedächtnis (Hund findet Fressen nach kurzer Verzögerung)	———	———
8 Langzeitgedächtnis (Hund findet Fressen nach längerer Verzögerung)	———	———
9 Problemlösung (Apportieren trotz eines Hindernisses)	———	———
10 Sprachverständnis (Name / falscher Name)	———	———
11 Lernprozeß (Einübung des Befehls *frontal*)	———	———
12 Problemlösung (Herumgehen um ein Hindernis)	———	———
Gesamtergebnis		———

Bewertungstabelle für den HIQ-Test

Durchführung des Hunde-IQ-Tests

Sie können obige Ergebnistabelle als Muster benutzen oder vielleicht fotokopieren. Tragen Sie die Testergebnisse des Hundes an den entsprechenden Stellen ein.

TEST NUMMER 1

Der erste Test prüft das *Lernen durch Beobachtung*, wie es sich in alltäglichen Zusammenhängen ergibt; der Hund sollte die geforderten Assoziationen einfach durch das Leben in seiner gewohnten Umgebung gelernt haben. Dieser Test ist ein leichter Ausgangspunkt, wenn man die adaptive Intelligenz eines Hundes testen will.

Wählen Sie eine Tageszeit, zu der Sie normalerweise *nicht* mit Ihrem Hund spazierengehen. Vergewissern Sie sich, daß Ihr Hund wach ist und sich in Ihrer Nähe aufhält. Wenn der Hund Sie ansieht, sollten Sie *schweigend* Ihren Mantel, die Schlüssel und die Hundeleine an sich nehmen (falls Sie auch sonst eine mitnehmen) und dann stehenbleiben, wo Sie sich befinden, ohne sich in Richtung Haustür zu bewegen. Wenn der Hund zur Tür läuft oder mit einigen Anzeichen von Aufregung oder Interesse auf Sie zukommt: fünf Punkte. Falls nicht, gehen Sie direkt zur Tür und bleiben Sie dann stehen. Wenn der Hund voller Vorfreude auf einen Spaziergang oder das Ausgehen auf Sie zukommt: vier Punkte. Falls nicht – legen Sie die Hand auf die Türklinke und drücken Sie sie ein paarmal, um ein Geräusch zu machen. Wenn der Hund jetzt zu Ihnen kommt: drei Punkte. Wenn der Hund bei Ihren oben genannten Vorbereitungen einige Aufmerksamkeit zeigt, aber weder zu Ihnen kommt noch zur Tür geht: zwei Punkte. Wenn der Hund keinerlei Reaktion zeigt: ein Punkt.

TEST NUMMER 2

Dies ist ein Test der Fähigkeit zur *Prolemlösung*. Sie brauchen dazu eine leere Dose (etwa in der Größe einer normalen Suppendose), einen kleinen Leckerbissen, den der Hund mag, und eine Stoppuhr (oder eine Armbanduhr mit Zentralsekundenzeiger). Zunächst zeigen Sie dem Hund den Leckerbissen und lassen ihn daran schnuppern. Dann legen Sie den Happen etwas theatralisch auf den Boden und decken ihn mit der leeren Dose zu. Dann drücken Sie auf die Stoppuhr und fordern den Hund auf, sich den Köder zu holen. Wenn der Hund die Dose in fünf Sekunden oder weniger zur Seite stößt und sich seine Belohnung holt: fünf Punkte; wenn es in fünf bis fünfzehn Sekunden geschieht: vier Punkte; in fünfzehn bis dreißig Sekunden: drei Punkte; in dreißig bis sechzig Sekunden: zwei Punkte. Wenn der Hund einen oder zwei Anläufe macht, an der Dose schnuppert, aber selbst nach einer Minute den Köder noch nicht geholt hat: ein Punkt. Wenn der Hund keinerlei Anstalten macht, sich den Köder zu holen: null Punkte.

TEST NUMMER 3

Dieser Test betrifft die *Aufmerksamkeit* und das *Lernen durch Beobachtung der Umwelt.* Wenn der Hund einmal nicht im Haus ist, sollten Sie oder ein anderer die Möbel in einem Zimmer umstellen, das dem Hund vertraut ist. Sie könnten beispielsweise ein paar zusätzliche Stühle in den Raum stellen, ein großes Möbelstück in die Mitte des Zimmers rücken, einen Couchtisch in eine Ecke stellen, in der er noch nie gestanden hat, einen Beistelltisch in die Mitte des Raums rücken oder das gewohnte Muster der Möblierung auf andere Weise sichtbar durcheinanderbringen. Versuchen Sie, darauf zu achten, daß mindestens fünf Dinge anders im Raum stehen als sonst. Dann holen Sie den Hund und starten Sie die Stoppuhr, während Sie schweigend stehenbleiben. Wenn der Hund innerhalb von fünfzehn Sekunden merkt, daß etwas anders ist als sonst, und beginnt, das Zimmer zu erforschen oder zu schnuppern: fünf Punkte. Wenn er die Unterschiede bemerkt und einen davon in fünfzehn bis dreißig Sekunden feststellt: vier Punkte. Wenn er dies in dreißig bis sechzig Sekunden schafft: drei Punkte. Wenn der Hund sich vorsichtig umsieht und zu bemerken scheint, daß sich etwas geändert hat, die Veränderungen aber nicht erforscht: zwei Punkte. Wenn eine Minute vergeht und der Hund die Veränderungen immer noch ignoriert: ein Punkt.

TEST NUMMER 4

Hierbei geht es um *Problemlösen.* Sie brauchen dazu ein großes Badehandtuch, eine kleine Decke oder irgendein anderes schweres Stück Stoff von ähnlicher Größe. Zunächst sollten Sie sich vergewissern, daß der Hund wach und einigermaßen lebhaft ist, um ihn dann an dem Handtuch schnuppern zu lassen. Dann werfen Sie dem Hund mit einer schnellen und weichen Bewegung (die Sie vielleicht ein paarmal ohne den Hund üben können) das Handtuch über den Kopf, so daß sein Kopf und seine Schultern vollständig bedeckt sind. Starten Sie die Stoppuhr und sehen Sie schweigend zu. Wenn sich der Hund in fünfzehn Sekunden oder weniger befreit: fünf Punkte; wenn er es in fünfzehn bis dreißig Sekunden schafft:

vier Punkte; in dreißig bis sechzig Sekunden: drei Punkte; in ein bis
zwei Minuten: zwei Punkte. Wenn der Hund das Handtuch nach
zwei Minuten nicht abgeschüttelt hat: ein Punkt.

TEST NUMMER 5

Dies ist ein Test des *sozialen Lernens*. Wählen Sie eine Zeit, zu der
Ihr Hund etwa zwei Meter von Ihnen entfernt sitzt, ohne daß Sie
ihm ausdrücklich gesagt haben, daß er sitzen- und dableiben soll.
Dann starren Sie ihn unverwandt an. Wenn der Hund Sie ansieht,
zählen Sie schweigend bis drei und lächeln dann breit. Wenn der
Hund dann mit einer Andeutung von Schwanzwedeln auf Sie zukommt: fünf Punkte. Wenn der Hund zwar kommt, aber langsam
oder nur einen Teil des Weges, und zwar ohne jedes Schwanzwedeln: vier Punkte. Wenn der Hund aufsteht oder sich von einer liegenden in eine sitzende Position begibt, sich aber nicht auf Sie zu
bewegt: drei Punkte. Wenn der Hund sich von Ihnen weg bewegt:
zwei Punkte. Wenn der Hund Ihnen keinerlei Aufmerksamkeit
schenkt: ein Punkt.

TEST NUMMER 6

Dieser nächste Test der Fähigkeit zur *Problemlösung* ähnelt Test
Nummer 2, ist aber etwas schwieriger. Der Hauptunterschied besteht darin, daß dieser Test etwas mehr Cleverness bei der Manipulation von Gegenständen erfordert. Sie brauchen dazu ein Hand-
oder Geschirrtuch (aber nicht das große Badehandtuch, das bei
Test Nummer 4 verwendet wurde). Zeigen Sie dem Hund einen
nicht zu kleinen Leckerbissen – ein Hundekuchen ist bestens geeignet. Lassen Sie ihn daran schnuppern und vergewissern Sie sich,
daß er ihn etwa fünf Sekunden lang ansieht. Dann legen Sie den
Hundekuchen mit übertrieben großer Gebärde auf den Fußboden,
und dann, während der Hund zusieht, werfen Sie das Handtuch
darüber. Starten Sie die Stoppuhr und fordern Sie den Hund auf,
sich den Köder zu holen. Wenn er es schafft, ihn in fünfzehn Sekunden oder weniger unter dem Handtuch hervorzuholen: fünf
Punkte; wenn er es in fünfzehn bis dreißig Sekunden schafft: vier

Punkte; in dreißig bis sechzig Sekunden: drei Punkte; in ein oder zwei Minuten: zwei Punkte. Wenn der Hund versucht, an den Hundekuchen heranzukommen, aber vorher aufgibt: ein Punkt. Wenn der Hund in zwei Minuten nicht einmal den Versuch gemacht hat, an den Hundekuchen heranzukommen: null Punkte.

TEST NUMMER 7

Dies ist ein Test des *Kurzzeitgedächtnisses*, dem sich Test Nummer 8 unmittelbar anschließen sollte. Führen Sie diesen Test in einem Zimmer von durchschnittlicher Größe durch, das nicht allzu viele Möbelstücke enthält oder sonstwie überladen ist. Sie brauchen für den Hund einen Leckerbissen, der allerdings nicht stark riechen darf (denn sonst würde der Geruchssinn des Hundes die Ergebnisse beeinträchtigen). Wenn Ihr Hund auf Befehl nicht zuverlässig sitzt und bleibt, sollten Sie ihn von einem Helfer festhalten lassen. Legen Sie Ihren Hund zunächst an die Leine und lassen Sie ihn in der Mitte des Raums sitzen. Während der Hund Sie beobachtet, zeigen Sie ihm den Köder; Sie können ihn sogar daran schnuppern lassen. Dann legen Sie den Köder mit übertrieben großer Gebärde (aber geräuschlos) in eine Ecke. Vergewissern Sie sich, daß der Hund Sie dabei beobachtet. Führen Sie den Hund aus dem Zimmer, lassen Sie ihn einmal im Kreis herumlaufen und bringen Sie ihn dann wieder in die Mitte des Raums, in dem der Köder liegt. Der ganze Vorgang des Hinausgehens und Wiederkehrens sollte nicht mehr als fünfzehn Sekunden dauern. Lassen Sie den Hund von der Leine und starten Sie die Stoppuhr. Wenn der Hund direkt auf den Köder zusteuert: fünf Punkte. Wenn der Hund die Ecke des Raums systematisch schnuppernd absucht und den Leckerbissen findet: vier Punkte. Wenn der Hund unsystematisch zu suchen scheint, den Leckerbissen aber trotzdem innerhalb von fünfundvierzig Sekunden findet: drei Punkte. Wenn der Hund den Köder zu suchen scheint, es aber nach fünfundvierzig Sekunden noch nicht geschafft hat: zwei Punkte. Wenn der Hund keinerlei Anstalten macht, den Köder zu suchen: ein Punkt.

TEST NUMMER 8

Dieser Test hängt mit Test Nummer 7 zusammen und prüft das *Langzeitgedächtnis*. Er sollte sich unmittelbar an den vorhergehenden anschließen. Die Umgebung ist die gleiche wie bei Test Nummer 7. Achten Sie jedoch darauf, daß Sie den Leckerbissen in eine andere Ecke legen als beim Test des Kurzzeitgedächtnisses. Führen Sie den Hund aus dem Raum und bleiben Sie etwa fünf Minuten mit ihm draußen. Dann kehren Sie mit ihm in die Mitte des Zimmers zurück, lassen ihn von der Leine und starten die Stoppuhr. Wenn der Hund sich direkt zu dem Köder begibt: fünf Punkte. Wenn der Hund sich zu der Ecke begibt, in der der erste Köder lag, und sich anschließend schnell zur richtigen Ecke begibt: vier Punkte. Wenn der Hund systematisch an der Fußleiste entlang schnuppert und den Köder findet: drei Punkte. Wenn der Hund unsystematisch zu suchen scheint, den Leckerbissen aber trotzdem innerhalb von fünfundvierzig Sekunden findet: zwei Punkte. Wenn der Hund den Köder zwar zu suchen scheint, es aber nach fünfundvierzig Sekunden noch nicht geschafft hat: ein Punkt. Wenn der Hund keinerlei Anstalten macht, den Köder zu suchen: null Punkte.

TEST NUMMER 9

Mit diesem Test wird die *Problemlösungs- und Manipulationsfähigkeit* auf die Probe gestellt. Sie brauchen dazu so etwas wie einen niedrigen Tisch, den Sie aus einem Brett und ein paar dicken Büchern aufbauen können. Legen Sie jeweils zwei Bände in einiger Entfernung voneinander auf den Boden und darauf ein Brett. Dann können Sie Ihren «Tisch» mit noch ein paar weiteren Büchern oder anderen Gegenständen beschweren, so daß der Hund ihn nicht bewegen kann. (Lexikonbände sind sehr geeignet.) Der Grundgedanke ist: so etwas wie einen Tisch zu schaffen, dessen Platte so niedrig ist, daß der Kopf des Hundes nicht darunter paßt, die aber doch so hoch ist, daß der Hund mit den Pfoten herankommt. Bei kleinen bis mittelgroßen Hunden dürfte eine Höhe von sieben oder acht Zentimetern geeignet sein. Ein niedriger Sessel oder ein entsprechendes Sofa erfüllt den gleichen Zweck.

Tester

Bücher

Brett

Öffnung zu niedrig für den Kopf des Hundes

Sichtbarer Köder

Anordnung für Test Nummer 9. Statt der Bücher lassen sich auch Glasbau- oder Ziegelsteine verwenden, solange sie schwer genug sind, den Hund daran zu hindern, den «Tisch» zu bewegen.

Achten Sie darauf, daß Ihr Hund Sie aus der Nähe beobachtet. Dann zeigen Sie ihm zunächst den Leckerbissen, lassen ihn vielleicht sogar daran schnuppern und legen den Köder dann mit großer Geste unter das Möbelstück oder den improvisierten Tisch. Starten Sie die Stoppuhr und fordern Sie den Hund auf, sich den

Köder zu holen. Wenn der Hund es mit den Pfoten schafft, den Leckerbissen in sechzig Sekunden oder weniger zu holen: fünf Punkte. Wenn er es in ein bis drei Minuten schafft: vier Punkte. Wenn der Hund nur mit dem Fang herangeht und es nicht schafft, sich den Köder zu holen, oder wenn er ihn auch nach drei Minuten nicht mit den Pfoten hervorgeholt hat: drei Punkte. Wenn der Hund die Pfoten nicht einsetzt und einfach nur schnuppert oder ein paarmal versucht, den Köder mit dem Fang hervorzuholen, und dann aufgibt: zwei Punkte. Wenn der Hund nach drei Minuten keinerlei Anstalten gemacht hat, sich den Leckerbissen zu holen: ein Punkt.

TEST NUMMER 10

Hier wird das *Sprachverständnis* geprüft. Man sollte den Hund etwa zwei Meter von einem entfernt bequem liegen lassen. Sagen Sie «Kühlschrank», und zwar in dem Tonfall, mit dem Sie normalerweise Ihren Hund rufen. Wenn er daraufhin Anstalten macht, zu Ihnen zu kommen: drei Punkte. Wenn der Hund nicht kommt, rufen Sie in dem gleichen Tonfall «Kino». Wenn der Hund dann kommt: zwei Punkte. Sollte der Hund immer noch nicht reagiert haben, rufen Sie seinen Namen (und sagen dazu «komm her»). Wenn der Hund kommt oder Anstalten macht, sich auf Sie zu zu bewegen: fünf Punkte. Falls nicht, rufen Sie den Namen des Hundes ein zweites Mal. Wenn der Hund kommt: vier Punkte. Wenn nicht: ein Punkt.

TEST NUMMER 11

Bei diesem Test geht es um den *Lernvorgang*. Am besten ist es natürlich, sich anzusehen, wie gut Ihr Hund tatsächlich etwas lernt. Zu diesem Zweck habe ich mir einen Befehl ausgedacht, den nur wenige Hunde zuvor gehört haben dürften – den Befehl *Frontal*. Der Befehl löst ein Verhalten aus, das Ihrem Hund wahrscheinlich genauso unvertraut sein wird wie der Befehl: Dieser weist den Hund einfach an, sich aus der *Fuß*-Position zu begeben, einen Schritt vorzutreten, sich umzudrehen, so daß er Sie ansieht, und sich dann so hinzusetzen. (Zufällig ist es eine Übung, die manchmal nützlich sein kann, so daß Sie sie vielleicht auch nach dem Test gern im Repertoire des Hundes behalten wollen.) Um genaue Ergebnisse zu erhalten, müssen Sie den Test unter standardisierten und vorschriftsmäßigen Bedingungen durchführen; es ist wichtig, daß Sie den Anweisungen genau folgen, sowohl was die Zahl der Wiederholungen betrifft als auch das Bewegungsmuster während der Ausbildung. Dieser Test wird etwas mehr Zeit in Anspruch nehmen als die anderen – etwa zehn Minuten, wenn Sie den Test in voller Länge durchführen müssen.

Sie werden eine Tasche voller Leckerbissen brauchen, und während der kurzen Ausbildungs- / Test-Sitzung sollten Sie auch nicht mit Lob geizen. Beginnen Sie damit, daß der Hund in der gewohnten *Fuß*-Position sitzt – das heißt an ihrer linken Seite. (Ich gehe davon aus, daß Sie Ihrem Hund schon beigebracht haben, an Ihrer Seite zu sitzen. Falls nicht, sollte dies der erste Schritt sein. Jedes Gehorsams-Programm beginnt mit dem Befehl *Sitz*, weil jeder zivilisierte Hund ihn beherrschen sollte. Er ist überdies notwendig, um Ihnen selbst viel Ärger zu ersparen.) Der Hund sollte sein gewohntes Halsband umhaben und auch angeleint sein.

Versuche 1 bis 3 : Beginnen Sie mit dem Befehl *Frontal*, der mit klarer Stimme gesprochen und durch ein Sichtzeichen mit der Hand begleitet wird. Klatschen Sie sich dazu mit einer Hand oder beiden Händen leicht auf die Schenkel oberhalb der Knie. (Wenn Sie das Wort *Frontal* schon zu einem anderen Zweck verwenden, wählen Sie einfach einen anderen Befehl, etwa *Vor mir*.) Ihr Hund wird zu diesem Zeitpunkt natürlich noch nicht wissen, wovon Sie reden. Daher sollten Sie den Hund in die *Frontal*-Position führen. Dazu treten Sie mit dem rechten Fuß vor, zerren den Hund mit der Leine horizontal vor seinem Kopf, was ihn veranlaßt, aufzustehen und einen Schritt oder zwei vorzutreten. Dann treten Sie mit dem rechten Bein zurück und zerren an der Leine, was den Hund veranlaßt, sich im Uhrzeigersinn zu Ihnen umzudrehen. Bei einem großen Hund werden Sie vielleicht noch einen weiteren Schritt zurücktreten müssen. Dann drücken Sie ihn vor sich in eine sitzende Position. Anschließend sollten Sie ihn sofort loben und / oder ihm einen Leckerbissen zustecken. Dann ziehen Sie den Hund wieder in die *Fuß*-Position neben sich und wiederholen das Ganze noch zweimal.

Versuche 4 bis 5: Es sind die gleichen Versuche wie Nummer 1 bis 3, nur sollten Sie diesmal nach dem Befehl *Frontal* etwa eine Sekunde innehalten und dann versuchen, den Hund in die *Frontal*-Position zu bewegen, wobei Sie das rechte Bein nur wenig oder gar nicht bewegen.

Versuch 6: Dies ist ein Testversuch. Erteilen Sie den Befehl *Frontal*, machen Sie aber keinen Versuch, den Hund durch sanfte Gewalt zu bewegen. Wenn der Hund sich von Ihrer Seite in die *Frontal*-Position begibt, wie nachlässig auch immer: sechs Punkte. Damit ist der Test beendet. Sollte der Hund sich nach etwa fünf Sekunden nicht bewegen, werten Sie den Versuch einfach als weitere Übung: Führen Sie den Hund in die richtige Position und belohnen Sie ihn.

Weitere Versuche und Tests: Lassen Sie den Hund noch weitere zehnmal üben, etwa wie bei den Versuchen 4 und 5, und zum Abschluß einmal einen Testversuch machen wie bei Nummer 6. Wenn der Hund das Manöver beim Test beherrscht: fünf Punkte. Wenn nicht, sollten Sie noch zehn weitere Versuche folgen lassen. Danach wird der Test ein letztes Mal wiederholt. Wenn der Hund die *Frontal*-Übung dann ohne jede Hilfe Ihrerseits bewältigt (gleichgültig wie schief, langsam oder unkoordiniert): drei Punkte. Wenn der Hund die *Frontal*-Stellung einnimmt, aber nicht sitzt: zwei Punkte. Wenn der Hund auf den Befehl *Frontal* hin steht, aber sich nicht umdreht: einen Punkt. Wenn der Hund sitzen bleibt: null Punkte.

TEST NUMMER 12

Der Test erfordert eine recht schwierige *Problemlösung*, denn es wird verlangt, daß der Hund sich von dem Gegenstand entfernt, den er gern haben möchte.

Das Arrangement erfordert einige Vorbereitungen. Man braucht ein großes Stück Pappe. Es muß so hoch sein, daß der Hund keine Lust verspürt, darüber hinwegzuspringen, wenn man es hochkant stellt. Schneiden Sie eine vertikale Öffnung heraus, die oben und unten einige Zentimeter vom Rand entfernt endet und etwa acht Zentimeter breit ist. Sie können die Pappe an zwei Seiten-«Wänden»

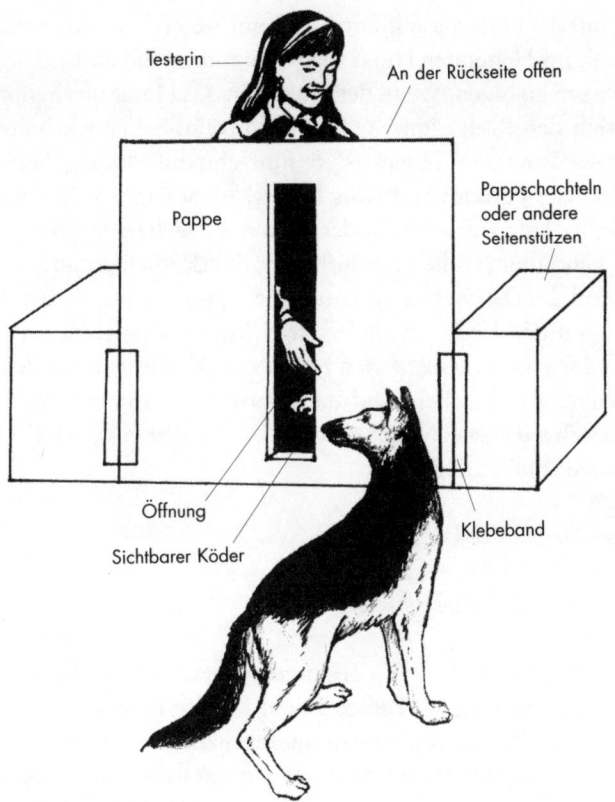

Testerin

An der Rückseite offen

Pappe

Pappschachteln oder andere Seitenstützen

Öffnung

Sichtbarer Köder

Klebeband

Das Arrangement für Test Nummer 12. Auf der Seite liegende Stühle oder Pappstücke sind als Seitenstützen ebenso geeignet wie die hier gezeigten Pappschachteln.

festkleben (dazu genügen durchaus zwei Pappkartons oder zwei auf der Seite liegende Stühle), so daß das Ganze etwa wie auf der Zeichnung aussieht. Stellen Sie den Hund vor das Hindernis (lassen Sie ihn notfalls von jemandem festhalten) und ziehen Sie seine Aufmerksamkeit auf sich, so daß er Sie durch die vertikale Öffnung betrachtet. Zeigen Sie dem Hund jetzt mit übertrieben großer Geste einen Leckerbissen durch das «Fenster» und legen Sie ihn dreißig oder sechzig Zentimeter von der Öffnung entfernt hin. Der Hund darf nicht mit der Pfote herankommen. Wenn Sie jetzt die Stoppuhr starten, läßt Ihr Helfer den Hund frei, während Sie ihn auffordern, sich den Bissen zu holen. Wenn der Hund um das Hindernis herumgeht und sich den Köder innerhalb von fünfzehn Sekunden holt: fünf Punkte. Wenn der Hund es in fünfzehn bis dreißig Sekunden schafft: vier Punkte; in dreißig bis sechzig Sekunden: drei Punkte. Wenn der Hund sich den Köder auch nach sechzig Sekunden noch nicht geholt hat, sollten Sie aufhören, ihn dazu zu ermutigen, sondern still danebenstehen und nur die Stoppuhr laufenlassen. Wenn der Hund den Köder in ein bis zwei Minuten holt: zwei Punkte. Wenn der Hund versucht, den Köder mit der Pfote durch den Fensterschlitz zu erreichen, und dann aufgibt: ein Punkt. Wenn der Hund sich nach zwei Minuten keine Mühe mehr gibt, den Köder zu erreichen: null Punkte.

Zählen Sie die Punkte zusammen

Bewertung der Testergebnisse

Die Interpretation der HIQ-Testergebnisse ist unkompliziert.

54 Punkte oder mehr: Diesen Hund könnte man als brillant bezeichnen. Hunde von diesem Intelligenzniveau sind recht selten. Weniger als fünf Prozent in unserer standardisierten Gruppe (ein unter allen getesteten Rassen ermittelter Durchschnitt) erreichten dieses Niveau.

48 bis 53 Punkte: Ein großartiger Hund von sehr hoher Intelligenz.

42 bis 47 Punkte: Dieser Hund ist überdurchschnittlich intelligent und müßte fähig sein, so gut wie alles zu können, was von einem normalen Hund erwartet wird.

30 bis 41 Punkte: Diese Punktzahl entspricht der durchschnittlichen Intelligenz eines Hundes. Ein Hund mit dieser Bandbreite stellt sich manchmal zwar klug an, kann bei anderen Aufgaben aber versagen und ein bißchen doof erscheinen.

24 bis 29 Punkte: Dieser Hund ist von unterdurchschnittlicher Intelligenz. Es mag zwar scheinen, als stellte er sich gelegentlich recht geschickt an, aber er wird meist hart arbeiten müssen, um überhaupt zu verstehen, was von ihm verlangt wird.

18 bis 23 Punkte: Die Intelligenz dieses Hundes würde ich als an der Grenze liegend bezeichnen. Ein Hund mit einer solchen Punktzahl kann Schwierigkeiten haben, sich den Anforderungen des täglichen Lebens anzupassen, und dürfte die Erwartungen seines Herrn kaum erfüllen. In einer Umgebung jedoch, die ihm nicht viel abverlangt, kann er durchaus funktionieren. *Weniger als 18 Punkte:* Hunde mit einer Punktzahl unter 18 zeigen auf vielen Feldern ihrer adaptiven Intelligenz schwere Defizite. Das Zusammenleben mit einem solchen Hund könnte sich als äußerst schwierig erweisen.

Unterschiede der adaptiven Intelligenz bei verschiedenen Rassen

Bei jeder Hunderasse findet sich eine große Bandbreite an adaptiver Intelligenz. Leider sind nicht genügend Hunde dem HIQ-Test unterzogen worden, um definitive Äußerungen über alle Rassen zu ermöglichen. Nach meinen Erfahrungen mit dem HIQ haben jedoch einige der beliebteren Hunderassen sehr gut abgeschnitten (in absteigender Reihenfolge): Dobermann, Deutscher Schäferhund, Norwegischer Elchhund, Pudel (in allen Größen), Puli und Shetland Sheepdog. Diese Hunde brillieren sowohl beim Lernen, bei Gedächtnisleistungen sowie beim Problemlösungsaspekt der adaptiven Intelligenz.

Überraschenderweise ergeben Vergleiche von Lern- und Gedächtnistests des HIQ (vor allem der Tests 1, 3, 7 und 8) mit den Ergebnissen der Problemlösungtests (vor allem den Tests 2, 4, 6, 9, 12), daß einige Rassen sich zwar auf einem Gebiet hervortun, auf dem anderen jedoch nicht. Hunde, die sehr gut lernen und ein vorzügliches Gedächtnis aufweisen, aber nicht sehr helle sind, wenn es um Problemlösungen geht, sind folgende: Beagles, Belgischer Malinois, Belgischer Schäferhund, Tervueren, Berner Sennenhund, Border-Collie, Bouvier de Flandres, Welsh Corgi (sowohl Cardigan wie Pembroke), Golden Retriever und Labrador-Retriever.

Zu den Hunden, die sich besonders gut auf Problemlösungen verstehen, aber beim Lernen und beim Gedächtnis weniger gut abschneiden, gehören eine Reihe von Terriern und Arbeitshunden. Zu den guten Problemlösern unter den Terriern gehören der Australische, der Cairn- und der Foxterrier (sowohl Glatthaar- wie Drahthaar-), ferner Kerry Blue- und West Highland White-Terrier. Zu den guten Problemlösern unter den Arbeitshunden gehören Malamute, Sibirischer Husky und Samojede. Weitere Hunde, die gute Problemlösungsfähigkeiten zeigen: Basenji, Chihuahua, Schipperke und sämtliche Schnauzer (Riesen-, Mittel- und Zwerg-Schnauzer).

Diese Analyse besagt, daß die adaptive Intelligenz in Wahrheit aus zwei sehr verschiedenen Formen von Intelligenz zusammengesetzt ist. Hunde, die gut lernen und ein gutes Gedächtnis haben, müssen nicht unbedingt auch gute Problemlöser sein. Während einige Rassen auf beiden Feldern hohe Ergebnisse erzielen, tun sich andere auf einem Gebiet hervor, zeigen auf dem anderen aber nur durchschnittliche Leistungen. Überdies gibt es bei jeder einzelnen Rasse sowohl kluge wie weniger kluge Tiere.

10. Kapitel

Arbeits- oder Gehorsamsintelligenz

> Ob ausgebildet oder nicht, er wird in
> mancherlei Hinsicht immer ein selb-
> ständiger Hund sein.
>
> *Carol Lea Benjamin*

Jeder Hundebesitzer wird Ihnen nicht nur bestätigen, daß die verschiedenen Rassen große Intelligenzunterschiede aufweisen, sondern Ihnen auch mit den Vorzügen bestimmter Rassen und den
Nachteilen anderer auf die Nerven gehen. Solche Leute benutzen
zwar das Wort *Intelligenz*, meinen in Wahrheit aber *Ausbildungsfähigkeit*. Ihre Einschätzungen haben etwas mit der *Arbeits- oder
Gehorsamsintelligenz* zu tun. Sehen wir uns einige Äußerungen
über bestimmte Rassen an, wie sie sich in der Hunde-Literatur finden. Da haben wir etwa die Bemerkung des amerikanischen Nach-
richtenmoderators Peter Jennings über den Malamute: «Sein Gehirn ist wie ein Felsbrocken»; der Tierarzt Michael Fox sagt über
den Irish Setter: «Er ist so dämlich, daß er sich selbst an der Leine
verlaufen könnte.» Der Schriftsteller Donald McCaig: «Border-
Collies sind sehr helle, von schneller Auffassungsgabe und mehr als
nur ein bißchen eigenartig.» Manche Menschen überschlagen sich
geradezu in ihrem Lob bestimmter Rassen. So der Hundeausbilder
Morton Wilson mit seiner Ansicht über den Dobermann: «Man
sollte jeden Dobermann ‹Einstein› nennen. Na schön, dieses Lob ist
vielleicht etwas zu hoch gegriffen. Sie sind in Mathematik ein bißchen schwach auf der Brust, aber auf jedem anderen Gebiet könnten sie ohne weiteres ihren Doktor machen.» Andere äußern sich

geradezu vernichtend über ihre Beobachtungen. Etwa der Schriftsteller I. B. White über den Dackel: «Sollte ich je die Gelegenheit dazu haben, werde ich eines Tages ein Buch, ein warnendes Buch, über Charakter und Temperament des Dackels schreiben. Ich werde erklären, weshalb man ihn nicht ausbilden kann und es gar nicht erst versuchen sollte. Ich würde es lieber auf mich nehmen, ein gestreiftes Zebra darauf zu dressieren, eine indianische Kampfkeule zu balancieren, als den Versuch machen, einen Dackel dazu zu bringen, auch nur den einfachsten meiner Befehle zu befolgen.»

Hinter all diesen Äußerungen steckt die Vermutung, daß sich einige Rassen leicht ausbilden lassen, während bei anderen schon der Versuch hoffnungslos ist. Die meisten Experten sind sich darin einig, daß jeder Hund ein bestimmtes Maß von instinktiver Intelligenz haben muß, die ihn für den Menschen nützlich macht. Andererseits gehen sie davon aus, daß manche Hunderassen geistig zu schwerfällig oder unwillig sind, Aufgaben zu lernen, die über das hinausgehen, worauf ihr genetisches Erbe sie programmiert. Trifft das zu? Weichen die Hunderassen in ihrer Arbeits- und Gehorsamsintelligenz tatsächlich so stark voneinander ab?

Sind Rassenunterschiede durch Daten belegt?

Da ich ausgebildeter Psychologe bin, bin ich angesichts der Frage, ob Hunderassen unterschiedlich intelligent seien, von der Voraussetzung ausgegangen, daß es dazu eine große Zahl systematischer Laborstudien geben müsse. Ich nahm an, daß die verschiedenen Rassen in dieser Frage längst vergleichenden Untersuchungen unterzogen worden sind und daß ich folglich nur die wissenschaftliche Literatur studieren müssen, um die relative Intelligenz verschiedener Rassen zu bestimmen. Das hat sich leider als Irrtum herausgestellt.

Mir hätte von Anfang an klarsein müssen, daß der Umfang dieser Aufgabe für Laborarbeit unter den gegenwärtigen Bedingungen

einfach zu groß war. Man stelle sich vor, daß man eine Probandengruppe von zehn Hunden braucht, um Abweichungen individueller
Fähigkeiten bei Hunden festzustellen, wenn man die relative Arbeitsintelligenz einer beliebigen Hunderasse bewerten will. Viele
Hundeausbilder und Hundeführer behaupten jedoch, daß es auch
noch Unterschiede zwischen Rüden und Hündinnen gebe. Somit
müßte man, um sicherzugehen, die Probandengruppe auf jeweils
zwanzig Tiere erhöhen – zehn Rüden und zehn Hündinnen. Das
bedeutet, daß die Bewertung der 134 gegenwärtig beim American
Kennel Club registrierten Hunderassen die Prüfung von 2680 Hunden bedeuten würde. Selbst wenn es einem Wissenschaftler gelänge,
alle diese Hunde zu Freundschaftspreisen zu kaufen – sagen wir für
350 Dollar pro Tier –, würde sich die Rechnung auf 938 000 Dollar
belaufen. Und dabei sind die Kosten für Unterbringung, Tierärzte,
Medikamente, Nahrungsmittel, Betreuungspersonal und so weiter
gar nicht eingerechnet.

Nach dem Kauf der Hunde müßte der Forscher sie systematisch
ausbilden, um überhaupt in der Lage zu sein, ihre Arbeits- und Gehorsamsintelligenz zu testen. Dabei wäre es nicht einmal nötig, jeden Hund bis an die Grenzen seiner Fähigkeiten zu treiben, denn
das würde Hunderte oder gar Tausende von Stunden erfordern,
wie jeder Hundeausbilder und Hundeführer weiß. Doch jedes Tier
müßte zumindest ein standardisiertes Minimalprogramm an Ausbildung durchlaufen, um diese wenigstens auf ein Niveau zu heben,
auf dem feststellbare Leistungsunterschiede der Rassen sichtbar
werden. Dies würde etwa dem entsprechen, was ein Hund nach
einem fortgeschrittenen Anfängerkurs in Gehorsam wissen müßte.
Ein typischer Gehorsamskurs für Hunde (entweder für Anfänger
oder fortgeschrittene Anfänger) läuft normalerweise zehn Wochen
lang mit einer Wochenstunde. Das ergibt zehn Stunden theoretischen Unterrichts. Nehmen wir ferner an, daß der durchschnittliche
Hundeführer seinen Hund pro Woche zwischen zwei Kursstunden
etwa zehn Minuten pro Tag trainiert (sonntags nicht). Das würde
eine zusätzliche Ausbildungsstunde pro Woche ergeben, was die
Ausbildungszeit auf etwa zwanzig Stunden tatsächlichen Unterrichts bringen würde. Wenn die Hunde jeweils zwei Kurse durchlaufen müßten (für Anfänger und fortgeschrittene Anfänger), um

wenigstens den minimalen Ausbildungsstand zu erreichen, der zu sinnvollen Tests führen könnte, bedeutet dies, daß jeder Hund etwa vierzig Stunden Ausbildung braucht – pro Hund also etwa eine volle Arbeitswoche. Angesichts der 2680 Hunde, die den Tests unterzogen werden müßten, würde der Tester bei geschätzten fünfzig Arbeitswochen pro Jahr fast vierundfünfzig Jahre lang zu tun haben. In Wahrheit eher noch mehr, da ihm die Hunde im Lauf der Zeit immer wieder wegsterben würden – in Wahrheit wäre es ein Job für die Ewigkeit! Und diese Berechnungen berücksichtigen nicht einmal die für das Füttern, für Bewegung, Pflege und Säuberung nötige Zeit.

Ich schätze jedoch, daß es mit einem Etat von 3,5 Millionen Dollar pro Jahr über einen Zeitraum von drei bis vier Jahren mit einem Stab von fünfundzwanzig Menschen möglich wäre, das Projekt zu verwirklichen. Die Gesamtkosten würden sich auf etwa 14 Millionen Dollar belaufen. Und sollten Angehörige des Vorstands des American Kennel Club, des Verbands für das Deutsche Hundewesen oder eines sonstigen Zuchtverbandes diese Zeilen lesen und zufällig über einen Etat verfügen, der Geld für Forschungsausgaben vorsieht, würde ich mit Freuden gern ein Stipendium annehmen, um mit dem Vorhaben zu beginnen!

Als mir aufging, daß es keine verfügbaren Daten gibt und daß zu deren Gewinnung ein Forschungsbudget nötig wäre, das die alljährlichen Ausgaben vieler Staaten für die gesamte medizinische Forschung auf Feldern wie Krebs, Herzkrankheiten oder Aids übersteigt, wußte ich, daß ich einen anderen Ansatz wählen mußte, um je zu den erwünschten Informationen zu kommen. Da fiel mir ein, daß die Akten über Gehorsamsprüfungen eine mögliche Quelle für Arbeits- und Gehorsamsintelligenz bei Hunden sein könnten.

Die Akten von Gehorsamsprüfungen

Der American Kennel Club (AKC) und der Canadian Kennel Club (CKC) beschreiben das Ziel von Gehorsamsprüfungen bei Hunden mit praktisch den gleichen Worten. In der Satzung des AKC heißt es: «Gehorsamsprüfungen haben zum Ziel, die Nützlichkeit des reinrassigen Hundes als Gefährten des Menschen zu demonstrieren... Hauptziel von Gehorsamsprüfungen ist es, Hunde hervorzubringen, die darauf trainiert und ausgebildet worden sind, sich zu Hause, an öffentlichen Orten und in Gegenwart anderer Hunde jederzeit so zu benehmen, daß es der Disziplin des Gehorsams Ehre macht.» Das bedeutet folgendes: Man bringt den Hunden nicht einfach Tricks bei; vielmehr sollen die im Gehorsamsring geprüften besonderen Übungen einen Hinweis darauf liefern, daß die Hunde ausbildungsfähig und bereit sind, unter der Kontrolle ihrer Herren zu agieren. Dies bedeutet, daß bei den Gehorsamsprüfungen genau das gleiche Verhalten getestet wird, das die Arbeits- und Gehorsamsintelligenz definiert.

Auf der ersten Stufe von Gehorsamswettbewerben sind die Ausbildungsanforderungen recht einfach. Für die Einstufung als Gefährte (*companion dog*, CD) muß der Hund nur kontrolliert *bei Fuß* gehen können; auf Befehl sitzen, sich hinlegen und aufstehen; auf Zuruf kommen und ein paar Minuten an einer Stelle bleiben, wenn ihm dies befohlen wird. Ein Hund, der als Gefährte eingestuft wird, hat die Mindestanforderungen demonstriert, die ein guter Gefährte unter einiger Kontrolle seines Herrn aufweisen muß. Auf den höheren Wettbewerbsstufen sind die Anforderungen erheblich komplexer. Auf der Ebene des offenen Wettbewerbs beispielsweise müssen Hunde auf Befehl apportieren sowie hoch und weit springen. Bei Gebrauchshundwettbewerben müssen Hunde mit Hilfe des Geruchssinns Gegenstände finden und apportieren, einen bestimmten Gegenstand, den man irgendwo fallen läßt, apportieren, eher auf Sichtzeichen als auf Hörzeichen reagieren, und so weiter. Selbst auf dieser Ebene ist jede Hunderasse körperlich durchaus in der Lage, die verschiedenen Übungen zu absolvieren. Obwohl einige Rassen einen besseren Geruchssinn haben und andere instinktiv zum Apportieren neigen, können sämtliche Hunde eine Fährte verfolgen und apportieren, jedenfalls so gut, daß sie die für eine dieser Gehorsamsbewertungen nötigen Übungen bewältigen. Dies bedeutet, daß die Leistung jedes einzelnen Hundes davon abhängt, wie gut er die Übungen gelernt hat und wie bereitwillig er für Menschen arbeitet. In den Vorschriften über die Gehorsamsprüfung finden sich an anderer Stelle Anforderungen, die es wahrscheinlich machen, daß Daten von Gehorsamswettbewerben die Einschätzung der relativen Arbeitsintelligenz von Hunden möglich machen. In den Vorschriften heißt es, «alle Wettbewerbsteilnehmer eines Kurses müssen die gleichen Übungen im wesentlichen auf die gleiche Weise absolvieren, damit die relative Qualität der verschiedenen Leistungen verglichen und mit Punkten bewertet werden kann». Dies bedeutet, daß sämtliche Hunde unabhängig von der Rasse die gleichen Übungen auf die gleiche Weise absolvieren, wenn man einmal von Sprunghöhe und Sprungweite absieht, die der Größe des einzelnen Hundes angepaßt sind. Obwohl die tatsächliche Kontrolle geringer ist als etwa in einem Laborversuch, sollte es bei diesen Prüfungen doch genug Einheitlichkeit der Testmethoden geben, um aussagefähige Vergleiche der verschiedenen Rassen anzustellen.

Der AKC veröffentlicht routinemäßig die Ergebnisse seiner Gehorsamswettbewerbe. Ich erhielt die Daten für ein ganzes Wettbewerbsjahr, die fast 2000 Gehorsamsprüfungen in den USA mit annähernd 125 000 Eintragungen umfaßten und den Auszeichnungen von mehr als 11 000 Hunden, die in einer der Leistungsklassen bewertet wurden. Angesichts dieses großartigen Materials stellte ich mir vor, anhand der Wettbewerbsergebnisse mühelos die besten Rassen von den schlechtesten unterscheiden zu können. Dabei ging ich davon aus, daß jede Rasse, die während dieses Jahres keine einzige Auszeichnung erworben hatte, zu den schlechtesten Hunden gehören würde, was Arbeits- und Gehorsamsintelligenz betrifft. Diese Hypothese ergab die folgende Liste: Dandie Dinmont-Terrier, American Foxhound, English Foxhound, Lakeland-Terrier, Australischer Kelpie und Harrier. Zu den Rassen mit nur einer einzigen Auszeichnung im ganzen Jahr gehörten: English Toy-Spaniel, Zwerg-Bullterrier, Tibet-Terrier, Otterhound, Briquet Griffon, Vendeen, Canaan-Dog und Komondor. Die zehn Rassen mit der größten Zahl von Auszeichnungen waren Golden Retriever, Shetland Sheepdog, Deutscher Schäferhund, Labrador-Retriever, Rottweiler, Pudel, Dobermann, Border-Collie, Cocker-Spaniel und Collie.

Als ich mir die in diesen Listen aufgeführten Hunderassen ansah, erkannte ich, daß ich in meiner Analyse zu simpel vorgegangen war. So hatten beispielsweise Otterhounds in dem Testjahr keinen einzigen Wettbewerb gewonnen, Golden Retriever dagegen 1284 Auszeichnungen erhalten – ein bemerkenswerter und wichtiger Unterschied. Im selben Jahr gab es jedoch rund 670 000 beim AKC registrierte Golden Retriever, jedoch nur 300 registrierte Otterhounds. Selbst wenn Otterhounds die klügsten aller Hunde wären und wenn jeder von ihnen in dem Testjahr eine Auszeichnung erhalten hätte, hätten sie trotzdem nur insgesamt 300 Wettbewerbe gewinnen können. Andererseits brauchten nur zwei von tausend Golden Retriever eine Auszeichnung zu gewinnen, um 1284 Sieger hervorzubringen. Relativ seltene Hunde können einfach nicht so viele Gehorsamswettbewerbe für ihre Rasse gewinnen wie die beliebten Rassen.

Dennoch: An diesen Daten war noch mehr abzulesen als allein die Beliebtheit von Rassen. So gab es beispielsweise in diesem Jahr 570 000 beim AKC registrierte Beagles, dagegen nur rund 200 000 registrierte Dobermänner. Gleichwohl war es 466 Dobermännern gelungen, in dem fraglichen Testjahr Gehorsamswettbewerbe zu gewinnen im Vergleich zu nur 34 Auszeichnungen für Beagles. Mit anderen Worten: Obwohl Beagles fast dreimal so häufig waren wie Dobermänner, hatten sie nicht einmal ein Zehntel der von Dobermännern gewonnenen Auszeichnungen erhalten. Diese Zahlen lassen einen wirklichen Unterschied der Rassen vermuten.

Anschließend machte ich mich mit größerer Sorgfalt daran, mit anderen Analysemethoden eine sinnvolle Rangordnung der Rassen zu erhalten. Leider hatte jede Methode ihre Nachteile. So halten beispielsweise Menschen, die einen Hund einer wirklich beliebten Rasse besitzen, diesen oft nur als reines Haustier. Somit wird es prozentual weniger wahrscheinlich, daß sie ihre Hunde bei Gehorsams- und Fügsamkeitsprüfungen vorführen. Umgekehrt gilt das gleiche für Eigentümer relativ seltener Rassen, denn solche Hundebesitzer geben sich jede erdenkliche Mühe, ihre Tiere bei Prüfungen vorzuführen, vielleicht in der Hoffnung, die Beliebtheit der Rasse zu steigern. Dies bedeutet, daß einfache Statistiken wie etwa der Prozentsatz registrierter Hunde, die Gehorsamsprüfungen gewinnen, die Beliebtheit einer bestimmten Rasse nicht genügend kompensieren, um eine Rangfolge der verschiedenen Rassen zu ermöglichen.

Was sagen die Experten?

Als ich mit meinen Bemühungen so weit gediehen war, war mein Schreibtisch mit den Ergebnissen stundenlanger Analysen überladen, Analysen der Daten von Gehorsamswettbewerben. Ich fühlte mich allmählich wirklich frustriert. Es mußte doch irgendeine Möglichkeit geben, die bei all diesen Prüfungen gewonnenen Informationen und Vergleiche zu einer Schlußfolgerung heranzuziehen. Es mußte einfach einen Weg geben, die Vergleiche auf Hunde zu beschränken, die tatsächlich an Wettbewerben teilgenommen hatten, um so einen Überblick über die Rassen mit den besten Leistungen zu gewinnen. Ich überlegte, ob ich mit Punktrichtern von Gehorsamswettbewerben sprechen sollte. Vielleicht hatten die einen Vorschlag für mich. Dann traf mich die Erkenntnis: Ich mußte mich mit jedem Punktrichter unterhalten, dessen ich irgendwie habhaft werden konnte. Diese Leute sind dazu ausgebildet, zu beobachten und zu bewerten, welche Leistungen Hunde unter kontrollierten Bedingungen erbringen. Es kommt nicht selten vor, daß ein Punktrichter an einem Wochenende zwölf bis zwanzig Stunden damit verbringt, Hunde verschiedener Rassen zu beurteilen und mit Punkten zu bewerten. Überdies sind die meisten Punktrichter auch Hundeausbilder und verbringen viele weitere Stunden damit, mit Hunden zu arbeiten und sie zu beobachten. Wenn überhaupt eine Personengruppe Wissen über die relative Leistungsfähigkeit verschiedener Hunderassen gesammelt hatte, dann diese Punktrichter und Ausbilder, denn niemand sonst dürfte eine so umfangreiche Erfahrung damit haben, Hunde zu beobachten und zu bewerten.

Ich ließ mir vom American und Canadian Kennel Club Listen sämtlicher Punktrichter geben, an die ich dann Fragebögen verschickte. Der Fragebogen war recht lang und kompliziert. Darin bat ich die Punktrichter zunächst, die vierundsiebzig beliebtesten Hunderassen nach verschiedenen Aspekten ihrer Intelligenz und ihrer Fähigkeiten einzustufen. Danach wurden die Punktrichter mit einer Reihe von Fragen um Auskunft gebeten, welche Rassen ihrer Ansicht nach die zehn intelligentesten und die zehn unintelligentesten seien.

Zu meiner Verblüffung erhielt ich von 208 Experten – fast der Hälfte der in Nordamerika registrierten Punktrichter bei Gehorsamswettbewerben – eine Antwort. Von diesen 208 lieferten 199 vollständige Informationen zu allen Punkten des Fragebogens. Rund ein Viertel der Punktrichter fügte noch Briefe und Anmerkungen bei, von denen viele wertvolle Einsichten in das Denken von Hunden enthielten. Einige zusätzliche statistische Daten halfen mir, die Einstufung bestimmter Hunderassen zu korrigieren. Nach Abschluß der vorläufigen Analysen rief ich etwa zwei Dutzend der Punktrichter an, um Anschlußinterviews zu führen. Die Gespräche erlaubten mir, einige offene Fragen und Beobachtungen zu klären, und halfen mir überdies dabei, einige der Einstufungen zu interpretieren.

Rangfolge der Rassen
nach Arbeits- und Gehorsamsintelligenz

Bevor ich darauf zu sprechen komme, was ich von diesen Fachleuten über Arbeits- oder Gehorsamsintelligenz erfuhr, sollte ich mit der Warnung beginnen, die ich von vielen dieser Personen zu hören bekam. Sämtliche Punktrichter waren sich darüber klar, daß es große Unterschiede gibt, was Intelligenz und Ausbildungsfähigkeit der verschiedenen Rassen angeht; die Fachleute erklärten jedoch auch, daß es bei Hunden zahlreiche individuelle Abweichungen gibt. So zeigen selbst bei den beschränktesten Rassen einige Hunde extrem gute Leistungen, während umgekehrt bei einigen der klügsten Rassen bestimmte Exemplare einfach keinerlei Fähigkeit besitzen, etwas zu lernen oder zu leisten. Wie ein Punktrichter sich ausdrückte: «Es kommt sehr auf die Person an, die den Hund ausbildet. Man kann selbst mit Hunden einer dummen Rasse viel anfangen und recht kluge Tiere aus ihnen machen, wenn man etwas von Hundeausbildung versteht.» Dieser Punktrichter beschrieb die *manifeste Intelligenz* – das heißt die Gesamtsumme aller Dimensionen von Intelligenz, die ein bestimmter Hund erkennen läßt. So wie Menschen erreichen nur wenige Hunde je ihr volles psychologisches Potential. Der Unterschied der verschiedenen Rassen besteht folglich darin, wie leicht jede von ihnen ein bestimmtes Leistungsniveau erreichen kann und wie das absolute Minimum aussieht, das von einem Hund einer bestimmten Rasse erwartet werden kann. Gute Ausbilder können mit jeder Hunderasse eine Menge anfangen; ihre Arbeit ist nur sehr viel leichter, wenn sie mit einem Tier beginnen, das eine hohe Arbeits- und Gehorsamsintelligenz besitzt.

Eines der auffallendsten Merkmale an diesen Daten war die Übereinstimmung der verschiedenen Punktrichter bei bestimmten Rassen. Das legte den Schluß nahe, daß sich bei ihnen echte und feststellbare Unterschiede zuverlässig erkennen lassen. So stuften beispielsweise 190 der 199 Punktrichter den Border-Collie unter den ersten zehn ein! Ähnlich war es bei einigen anderen Rassen. 171 Punktrichter stuften den Shetland Sheepdog in der Spitzengruppe ein, 169 den Pudel, 167 den Deutschen Schäferhund, und ebenso viele nannten den Golden Retriever als einen der zehn für die Ausbildung am besten geeigneten Hunde. Bei den Rassen mit der schlechtesten Arbeits- oder Gehorsamsintelligenz waren sich die Experten nicht ganz so einig, obwohl auch hier die Übereinstimmung immer noch hoch war. Von den 199 Punktrichtern nannten 121 den Afghanischen Windhund als eine der für die Gehorsamsausbildung am wenigsten geeigneten Rassen. 99 nannten den Basenji und 81 den Chow-Chow.

Die Tabelle auf Seite 247 f. zeigt, wie 133 Hunderassen, für die entsprechende Daten verfügbar waren, nach Arbeits- und Gehorsamsintelligenz abschnitten. Die Rangfolge reicht vom Spitzenplatz Nummer 1 bis zu Nummer 79. Hunde mit dem gleichen Rang haben identische Punktzahlen erreicht. Wie nicht anders zu erwarten, findet man in der Mitte der Tabelle (wo sich die Hunde mit durchschnittlicher Gehorsamsintelligenz finden) mehr Hunde mit gleicher Punktzahl. Allgemein läßt sich sagen, daß Hütehunde die höchsten Punktzahlen erreichen und Jagdhunde die niedrigsten; jedoch gibt es auch innerhalb jeder Gruppe von Hunden klügere und schwerfälligere Rassen.

Und wie steht es mit Mischlingen oder gar Promenadenmischungen? Hier waren sich die Punktrichter, deren Arbeit es ist, das Verhalten reinrassiger Hunde zu beurteilen, weniger sicher. Als ich später eine Gruppe der Punktrichter interviewte, die auch Ausbilder sind und Gehorsamskurse abhalten, schienen diese der Meinung zu sein, daß es möglich ist, auch bei Mischlingshunden ungefähre Voraussagen zu machen und Bewertungen vorzunehmen. Allgemein waren diese Personen der Meinung, daß ein Mischlingshund sich höchstwahrscheinlich so verhält wie die Rasse, der er am ähnlichsten sieht. Wenn also eine Kreuzung aus Beagle und Pudel eher wie ein Beagle aussieht, wird er sich wahrscheinlich überwiegend wie ein Beagle verhalten. Wenn er eher wie ein Pudel aussieht, wird er sich wie ein Pudel verhalten. Auch nach meiner Erfahrung scheint dies zutreffend zu sein. Die Tochter meiner Frau aus erster Ehe, Kari, hat eine Mischlingshündin namens Tessa, die ihrer Mutter sehr ähnlich sieht, einer Deutschen Schäferhündin. Tessa zeigt auch die gleiche hohe Arbeits- und Gehorsamsintelligenz, die ich von einem Deutschen Schäferhund erwarten würde. Andererseits weisen die meisten Mischlingshunde einige Anlagen und Verhaltensweisen auf, die für die Rassen beider Elternteile typisch sind. Je «gemischter» die äußere Erscheinung eines Hundes ist, um so wahrscheinlicher ist es, daß sich auch das Verhalten des Hundes als Mischung der Charakteristika der beiden elterlichen Rassen erweist.

Interpretation der Bewertungen

Selbst wenn man es mit reinrassigen Hunden zu tun hat, genügt es nicht, einfach nur die Rangfolge beziehungsweise die Bewertung zu kennen, um vorherzusagen, was verschiedene Hunderassen leisten können. Bedeutet etwa die Differenz zwischen Rang 30 und 35 wirklich einen auffälligen Unterschied in der Leistung eines Hundes? Die folgende Interpretationshilfe wird erklären helfen, was die Bewertungen bedeuten.

Auf *Rang 1 bis 10* stehen die klügsten Hunde, was Arbeits- und Gehorsamsintelligenz angeht. Die meisten Hunde dieser Rassen werden schon nach weniger als fünf Wiederholungen ein Verständnis einfacher neuer Befehle erkennen lassen und sich ohne erkennbaren Übungsbedarf an diese neuen Gewohnheiten erinnern. Sie gehorchen dem von ihrem Führer gegebenen Befehl in 95 Prozent der Fälle oder noch öfter. Überdies reagieren sie schon Sekunden nach der Äußerung eines Befehls, selbst wenn sich der Eigentümer in einiger Entfernung befindet. Was diese Intelligenzdimension betrifft, sind dies ganz eindeutig die Spitzenrassen. Sie scheinen selbst bei unerfahrenen oder relativ ungeeigneten Ausbildern gut zu lernen.

Auf den *Rängen 11 bis 26* befinden sich hervorragende Arbeitshunde. Für die Einübung einfacher Befehle sollten etwa fünf bis fünfzehn Wiederholungen ausreichen. Die Hunde werden sich an solche Befehle gut erinnern, obwohl sie mit zunehmender Praxis besser reagieren werden. In 85 Prozent aller Fälle oder noch öfter werden sie auf den ersten Befehl reagieren. Bei komplizierteren Kommandos kann es manchmal zu einer leichten, gelegentlich aber auffälligen Verzögerung kommen, bevor der Hund reagiert. Solche Verzögerungen lassen sich jedoch durch Praxis beseitigen. Hunde dieser Rangstufen können unter Umständen etwas langsamer reagieren, wenn ihre Hundeführer weiter von ihnen entfernt sind. Dennoch kann so gut wie jeder Ausbilder diese Rassen dazu bringen, gute Leistungen zu zeigen, selbst wenn der Hundeführer nur wenig Geduld hat und eher unerfahren ist.

Auf den *Rängen 27 bis 39* finden wir über dem Durchschnitt stehende Arbeitshunde. Obwohl sie schon nach etwa fünfzehn Wiederholungen ein erstes Verständnis einfacher neuer Aufgaben an den Tag legen, werden bei diesen Hunden im Durchschnitt fünfzehn bis fünfundzwanzig Wiederholungen nötig sein, bevor eine relativ glatte Leistung erbracht wird. Hunde in dieser Gruppe profitieren sehr durch zusätzliche Praxis, vor allem in den Anfangsstadien des Lernens; nachdem sie eine bestimmte Gewohnheit erst einmal erlernt haben, behalten sie sie meist recht gut. Sie werden gewöhnlich in siebzig oder mehr Prozent aller Fälle auf den ersten Befehl reagieren. Ihre Zuverlässigkeit hängt vom Umfang der Aus-

Rangfolge von Hunden
nach Gehorsams- und Arbeitsintelligenz

Rang	Rasse	Rang	Rasse
1	Border-Collie	28	Riesenschnauzer
2	Pudel		Portugiesischer Wasserhund
3	Deutscher Schäferhund	29	Airdale-Terrier
4	Golden Retriever		Bouvier de Flandres
5	Dobermann	30	Border-Terrier
6	Shetland Sheepdog		Briard
7	Labrador-Retriever	31	Welsh Springer-Spaniel
8	Papillon	32	Manchester-Terrier
9	Rottweiler	33	Samojede
10	Australischer Schäferhund	34	Field Spaniel
11	Pembroke Welsh Corgi		Neufundländer
12	Zwergschnauzer		Australischer Terrier
13	English Springer-Spaniel		Amerikanischer Stafford-
14	Tervueren		shire-Terrier (Pitbull)
15	Schipperke		Gordon-Setter
	Groenendael, Laekenois		Bearded Collie
16	Collie	35	Cairn-Terrier
	Keeshond		Kerry Blue-Terrier
17	Kurzhaariger Deutscher		Irischer Setter
	Vorsteherhund	36	Norwegischer Elchhund
18	Flat-Coated Retriever	37	Affenpinscher
	Englischer Cocker-Spaniel		Silky-Terrier
	Mittelschnauzer		Zwergpinscher
19	Brittany-Spaniel		Englischer Setter
20	Cocker-Spaniel		Pharaonenhund
21	Weimaraner		Clumber Spaniel
22	Malinois	38	Norwich-Terrier
	Berner Sennenhund	39	Dalmatiner
23	Spitz	40	Soft-Coated Wheaten Terrier
24	Irischer Wasserspaniel		Bedlington-Terrier
25	Vizsla		Glatthaariger Foxterrier
26	Cardigan Welsh Corgi	41	Curly-Coated Retriever
27	Chesapeake Bay-Retriever		Irischer Wolfshund
	Puli	42	Kuvasz
	Yorkshire-Terrier		Australischer Schäferhund

Rang	Rasse	Rang	Rasse
43	Saluki	54	Boston-Terrier
	Finnenspitz		Akita Inu
	Pointer	55	Skye-Terrier
44	Cavalier King Charles-Spaniel	56	Norfolk-Terrier
			Sealyham-Terrier
	Drahthaariger Deutscher Vorstehhund	57	Mops
		58	Französische Bulldogge
	Coonhound	59	Griffon Bruxellois
	Amerikanischer Wasser-Spaniel		Malteser
		60	Italienischer Laufhund
45	Sibirischer Husky	61	Chinesischer Schopfhund
	Bichon à Poil Frisé	62	Dandie Dinmont-Terrier
	English Toy-Spaniel		Briquet Griffon Vendéen
46	Tibet-Spaniel		Tibet-Terrier
	English Foxhound		Japan-Chin
	Otterhound		Lakeland-Terrier
	American Foxhound	63	Old English Sheepdog
46	Greyhound	64	Pyrenäenhund
	Griffon à Poil Dur	65	Scotchterrier
47	West Highland White-Terrier		Bernhardiner
		66	Bullterrier
	Schottischer Hirschhund	67	Chihuahua
48	Boxer	68	Lhasa Apso
	Grand Danois	69	Bullmastiff
49	Dachshund	70	Shih-Tzu
	Staffordshire-Bullterrier	71	Basset
50	Malamute	72	Mastiff
51	Whippet		Beagle
	Shar-Pei	73	Pekinese
	Drahthaariger Foxterrier	74	Bloodhound
52	Rhodesian Ridgeback	75	Barsoi
53	Podenco Ibicenco	76	Chow-Chow
	(Laufhund der Balearen)	77	Bulldogge
	Welsh Terrier	78	Basenji
	Irischer Terrier	79	Afghanischer Windhund

bildung ab, die sie erhalten haben. Insgesamt verhalten sich diese Hunde fast so wie die vorzüglichen Hunde in der vorherigen Gruppe. Sie reagieren allerdings weniger zuverlässig, und oft ist eine deutliche Verzögerung zwischen Befehl und Reaktion festzustellen. Wenn die Entfernung von ihrem Hundeführer über ein bestimmtes Maß hinausgeht, werden sie nicht mehr zuverlässig reagieren, und auf größere Entfernung kann es sein, daß man überhaupt keine Reaktion mehr von ihnen erhält. Inkonsequente oder schlechte Ausbildung durch unerfahrene Hundeführer oder ungeduldige und grobe Behandlung wird bei diesen Rassen zu entschieden schlechteren Leistungen führen.

Auf den *Rängen 40 bis 54* finden wir Hunde mit durchschnittlicher Arbeits- und Gehorsamsintelligenz. Während des Lernens zeigen sie nach fünfzehn bis zwanzig Wiederholungen erste Ansätze von Verständnis der meisten Aufgaben: Eine annehmbare Leistung wird sich jedoch erst nach fünfundzwanzig bis vierzig Wiederholungen einstellen. Wenn man diesen Hunden genügend Zeit zum Üben läßt, werden sie sich auch merken, was sie zu tun haben. Wenn man in der Anfangszeit des Lernens zusätzliche Übungen einplant, kann das ganz und gar nicht schaden. Wenn nicht zusätzlich geübt wird, scheinen diese Hunde das eingeübte Verhalten zu vergessen. Sie reagieren in mehr als fünfzig Prozent der Fälle auf den ersten Befehl, aber die tatsächliche Dauerleistung und die Zuverlässigkeit hängen vom Umfang der Übungen und Wiederholungen während der Ausbildung ab. Es kann auch sein, daß sie auffallend schwerfälliger reagieren als die höher eingestuften Rassen. Überdies sind diese Hunde extrem empfindlich gegenüber der Entfernung zu ihren Herren. Wenn der Hundeführer sich noch in einiger Nähe befindet, wird die Leistung eines solchen Hundes weit verläßlicher sein. Mit zunehmender Entfernung zwischen Hund und Herrn wird die Leistung des Hundes sichtlich weniger vorhersehbar und zuverlässig. Jenseits einer bestimmten Entfernung (die nicht unbedingt groß sein muß) kann es sein, daß man einen Befehl mehrmals geben oder die Stimme erheben muß, damit der Hund dem Befehl folgt. Bei diesen Rassen ist die Qualität der Ausbildung der wichtigste Faktor. Die Ausbildung entscheidet über die Leistungsqualität. Gute Hundeführer können diese Hunde genausogut erscheinen lassen wie solche der besten Rassen, aber wer Ungeduld zeigt oder ungeschickt vorgeht, kann solche Hunde nachgerade verderben.

Hunde auf den *Rängen 55 bis 69* kann man nach ihrer Gehorsams- und Arbeitsfähigkeit nur als ausreichend bezeichnen. Es sind manchmal bis zu fünfundzwanzig Wiederholungen nötig, bevor sie bei der Einübung eines neuen Befehls auch nur einen Schimmer von Verständnis zeigen. Es kann zwischen vierzig und achtzig Wiederholungen kosten, bevor man eine zuverlässige Leistung erreicht. Selbst dann noch scheinen die neuen Gewohnheiten nicht fest eingeprägt zu sein. Umfangreiche Übungen mit zahlreichen Wiederholungen werden nötig sein, bis diese Hunde schließlich die Befehle beherrschen und eine solide und verläßliche Leistung zeigen. Wenn diese Rassen nicht immer wieder Gelegenheit erhalten, zusätzlich zu üben, verhalten sie sich oft, als hätten sie vergessen, was von ihnen erwartet wird. Es sind also gelegentlich neue Sitzungen nötig, um ihre Leistung aufzufrischen und auf einem annehmbaren Niveau zu halten. Bei einer nur durchschnittlichen Ausbildung werden diese Hunde nur in rund dreißig Prozent aller Fälle auf den ersten Befehl reagieren. Selbst dann zeigen sie nur ihre beste Leistung, wenn ihre Ausbilder ganz in ihrer Nähe sind. Diese Hunde scheinen ständig abgelenkt zu sein, und überdies gewinnt man den Eindruck, daß sie sich nur dann benehmen, wenn ihnen danach zumute ist. Eigentümer solcher Hunde müssen sie oft anbrüllen, da sie bei großer Entfernung zwischen sich und dem Hundeführer keinerlei Reaktionen zeigen. Die Eigentümer solcher Hunde erklären deren Verhalten meist mit den gleichen Argumenten wie Katzenhalter, die oft von der «Unzähmbarkeit» ihrer Haustiere sprechen und behaupten, die Tiere seien «unabhängig», «reserviert» oder «würden durch solche Gehorsamsübungen leicht gelangweilt», und so weiter. Diese Hunderassen sind für jemanden, der sich zum erstenmal einen Hund anschaffen will, definitiv nicht geeignet. Ein erfahrener Hundeausbilder, der über viel Zeit verfügt und mit fester, aber liebevoller Hand ans Werk geht, kann diese Hunde dazu bringen, gut zu reagieren, aber selbst ein erstklassiger Ausbilder wird größte Mühe haben, einen dieser Hunde mit einiger Verläßlichkeit agieren zu lassen.

Auf den *Rängen 70 bis 79* finden sich die Rassen, die als die schwierigsten gelten. Sie weisen die niedrigste Arbeits- und Gehorsamsintelligenz auf. Während der anfänglichen Ausbildung können diese Rassen zwischen dreißig und vierzig Wiederholungen brauchen, bevor sie auch nur andeutungsweise erkennen lassen, daß sie überhaupt ahnen, was von ihnen erwartet wird. Bei diesen Hunden ist es nicht ungewöhnlich, daß die Grundübungen mehr als hundertmal wiederholt werden müssen, oft über mehrere Übungssitzungen verteilt, bevor man einige Zuverlässigkeit erreicht. Selbst dann scheint die Leistung dieser Tiere schwerfällig und ungleichmäßig zu sein. Sobald ein Lernvorgang «sitzt», müssen trotzdem bestimmte Übungen öfter wiederholt werden; sonst scheint die Ausbildung wirkungslos zu verpuffen. Diese Hunde werden sich dann verhalten, als hätten sie bestimmte Übungen nie gelernt. Einige Punktrichter haben manche dieser Rassen als für jede Ausbildung so gut wie ungeeignet bezeichnet, während andere meinten, die Schwierigkeiten lägen vermutlich darin begründet, daß die ersten Übungen bei durchschnittlichen Ausbildern nicht lange genug fortgesetzt würden, um die erlernten Verhaltensweisen zu manifesten Gewohnheiten werden zu lassen. Aber selbst wenn eine Gewohnheit gelernt ist, kommt es bei diesen Rassen trotzdem noch zu unvorhersehbarem Versagen. Sie neigen dazu, in weniger als fünfundzwanzig Prozent der Fälle auf den ersten Befehl zu reagieren. Manchmal wenden sie sich sogar von ihren Hundeführern ab, als ignorierten sie Befehle oder als lehnten sie sich gegen die Autorität ihrer Herren auf. Und wenn sie reagieren, geschieht es oft recht langsam. Dann gewinnt man den Eindruck, als wären sie unsicher oder unzufrieden mit dem, was von ihnen erwartet wird. Manche dieser Hunde arbeiten nur an der Leine einigermaßen zufriedenstellend. Wenn man sie von der Leine läßt, werden sie unzuverlässig. Von all diesen Rassen brauchen die meisten eine feste Hand und erfahrene Hundeführer. Der durchschnittliche Ausbilder wird es bald frustrierend finden, mit der anscheinend widerspenstigen und unbeherrschbaren Leistung dieser Rassen zurechtzukommen. Selbst sehr fähige Ausbilder können gelegentlich an ihren Fähigkeiten verzweifeln, wenn sie mit diesen Hunden arbeiten.

Es sollte jedoch festgehalten werden, daß zwischen dem Hunde-

führer und der endgültigen Arbeits- und Gehorsamsleistung eines
Hundes eine enge Beziehung besteht, was sich bei den «schwierigeren» Rassen viel deutlicher zeigt. Barbara Baker beispielsweise,
eine Ausbilderin des Vancouver Dog Obedience Training Club,
besitzt einen Staffordshire-Bullterrier namens Meg. Staffordshire-
Bullterrier belegen in der obigen Rangliste Platz 49, womit sie fast
am unteren Ende der nur durchschnittlichen Leistungsgruppe für
Gehorsams- und Arbeitsfähigkeit landen. Trotzdem war Barbara in
der Lage, Meg für die härtesten Gehorsamswettbewerbe auszubilden und errang mit ihr sowohl amerikanische wie kanadische
Championate in den Bereichen Nutzhund und Gehorsamsausbildung. In einem Jahr wurde Meg sogar bei einem Gehorsamswettbewerb in Kanada der Hund mit der dritthöchsten Punktzahl. Sie ließ
Dutzende glänzend arbeitender Border-Collies, Pudel, Deutscher
Schäferhunde und Golden Retriever hinter sich.

Man könnte sich fragen, ob Meg nur ein glücklicher Zufall war.
Vielleicht war Barbara nur zufällig auf den Einstein unten den Staf-
fordshire-Bullterriern gestoßen. Davon kann jedoch keine Rede
sein: Nur wenige Jahre zuvor hatte Barbara einen anderen Staffordshire-Bullterrier namens Mori ausgebildet, der es in Kanada bei
einem landesweiten Gehorsamswettbewerb auf den achten Rang
brachte. Keiner der beiden Hunde war besonders ausgewählt oder
auf bemerkenswerte Intelligenz vorgetestet worden. Sie hatten ihren Erfolg ausschließlich einer geduldigen und vorzüglichen Ausbilderin zu verdanken, die an ihren beiden Haustieren demonstrierte,
daß man selbst bei einer vermeintlich schwierigen Hunderasse
durch richtige Ausbildung und behutsame Behandlung hervorragenden Gehorsam und beste Arbeitsleistungen erzielen kann.

Während ich an diesem Buch arbeite, habe ich selbst einen Cairn-
Terrier (in der obigen Rangliste auf Platz 35) und einen Cavalier
King Charles-Spaniel (Rang 44). Beide zeigen bei Gehorsamswettbewerben gute Leistungen (was ich weitgehend der Hilfe von Aus-
bilderinnen wie Barbara Baker, Barbara Merkley und Emma Jilg zu
verdanken habe). Allerdings habe ich auch bei meinen Ausbil-
dungs- und Gehorsamskursen Anlaß gehabt zu bemerken, wie die
Einstufung dieser Hunde unter den übrigen Rassen sich auch in
ihrem Verhalten zeigt. So meldete sich einmal eine Dame mit einem

Labrador-Retriever (Rang 7) für einen unserer Anfängerkurse in Gehorsam an. Aus irgendeinem Grund konnte sie zu Beginn des Kurses selbst nicht anwesend sein, sondern ließ ihren Hund von einer Bekannten mitbringen in der vagen Hoffnung, «ich könnte etwas mit ihm anfangen». Nach Ende des Kurses verbrachte ich noch einige Zeit mit diesem Hund. Nach einer Stunde Arbeit hatte er die Grundlagen der gesamten Gruppe von sieben Anfängerbefehlen des Gehorsamskurses gelernt – was mein Cairn-Terrier erst nach zehn Wochen intensiver Ausbildung geschafft hatte.

Ich werde jedoch damit fortfahren, «meine» Hunderassen auszubilden, denn ich mag ihr Temperament, ihr Aussehen, ihre Größe und ihr Verhalten. Aber manchmal kommt es doch vor, daß mir die schnelle Reaktionsfähigkeit dieses schwarzen Labrador-Retrievers in den Sinn kommt, wenn ich mit meinem Cavalier King Charles-Spaniel eine bestimmte Übung zum fünfundzwanzigstenmal durchnehme. Dennoch haben meine Hunde bewiesen, daß man auch aus ihnen etwas machen kann, wenn man nur genug Zeit und Geduld für die Übungen aufwendet. Und obwohl ich manchmal spöttische, amüsierte oder gar mitleidvolle Blicke ernte, wenn ich mit meinen weniger «hellen» Rassen in den Ring gehe, zeigen sie trotzdem einigermaßen gute und zuverlässige Leistungen. Ich habe also keinerlei Grund, unglücklich zu sein, und so macht es mir nach wie vor Spaß, mit ihnen bei Gehorsamswettbewerben anzutreten.

11. Kapitel

Der Persönlichkeitsfaktor

> Dinge, die einen Terrier in Aufre-
> gung versetzen, werden von einem
> Grand Danois unter Umständen
> nicht einmal bemerkt.
>
> *Smiley Blanton*

Wie Lehrer bekommen auch Hundeausbilder immer wieder die gleichen Ausreden zu hören: «Mein Hund ist wirklich recht intelligent und durchaus fähig, alles zu lernen, was er lernen soll. Der Grund, daß er in Ihrem Kurs so schrecklich versagt, ist...» Dann folgen Entschuldigungen von einer Liste, zu denen unter anderem zählen: 1. Ist nicht daran interessiert, solche Dinge zu lernen, 2. fühlt sich zu schnell gelangweilt, 3. ist zu unabhängig, 4. hat wichtigere Dinge im Kopf, 5. kommt nicht so gut mit anderen Hunden aus (oder Menschen, Lärm, Sonnenschein, Wänden oder sonst etwas), 6. läßt sich zu leicht ablenken, 7. ist auf die Jagd hin gezüchtet worden (Hütehund, Wachhund, Gefährte) und nicht dazu, ein gehorsamer Hund zu sein, 8. ist zu schüchtern (oder zu dominant, zu unbeständig, zu gehemmt, zu unbekümmert, zu deprimiert, zu verrückt, zu faul, zu sehr auf Hunde fixiert, zu sehr auf Menschen fixiert, et cetera), 9. ist der geborene Anführer und kein Herdentier. Es gibt unzählige Gründe, die man anführen kann, und letztlich laufen sie alle darauf hinaus, daß der Hund nicht unintelligent sei, sondern vielmehr bestimmte Persönlichkeitsmerkmale besitze, die seine Lernfähigkeit beeinträchtigten.

Mit diesen Ausreden soll meist nur die Furcht eines Hundebesitzers kaschiert werden, sein geliebtes Haustier könnte geistig nicht ganz auf der Höhe sein. Dennoch steckt mehr als nur ein Körnchen Wahrheit in der Vorstellung, daß die Persönlichkeit eines Hundes genauso wichtig ist wie seine Intelligenz, wenn es darum geht, inwieweit er Befehlen eines Menschen gehorcht und für seinen Herrn arbeiten wird. Aus diesem Grund habe ich die Frage der adaptiven Intelligenz, in der sich die Fähigkeit zum Lernen und zur Problemlösung zeigt, von der Frage Arbeits- oder Gehorsamsintelligenz getrennt behandelt. Viele der von mir befragten Punktrichter bei Gehorsamswettbewerben haben die Bedeutung der Persönlichkeit eines Hundes betont und dabei oft auch auf Unterschiede der Geschlechter hingewiesen.

Es gilt neuerdings als unhöflich, sexistisch und politisch unkorrekt, sowohl in Diskussionen als auch in schriftlichen Äußerungen, Unterschiede im Verhalten, in der Persönlichkeit oder der Intelligenz auf Geschlechtsunterschiede zurückzuführen, vor allem bei Menschen. Gleichwohl gibt es deutlich erkennbare Unterschiede im Verhalten von Rüden und Hündinnen (zumindest bei bestimmten Rassen), wenn man sich ihren Gehorsam und ihre Fähigkeit zur Problemlösung ansieht. Körperlich sind Rüden oft größer, kräftiger und in ihrer Aktivität lebhafter als Hündinnen. Bei einigen Rassen, besonders Dobermännern und Labrador-Retrievern, zeigen die Rüden auffällig bessere Leistungen, etwa bei Problemlösungstests wie den im neunten Kapitel aufgeführten. Umgekehrt neigen Hündinnen dieser Rassen dazu, bei Arbeitsaufgaben und beim Gehorsam besser abzuschneiden. Ein Punktrichter bemerkte in seiner Liste über die zehn gehorsamsten Rassen neben seinem Eintrag über Dobermänner: «Gilt nur für Hündinnen. Die Rüden sind meist stur und lassen sich nur schwer unter Kontrolle halten.»

Dies gilt jedoch nicht bei allen Hunderassen. Bei Terriern scheint es weder bei der adaptiven noch bei der Gehorsamsintelligenz von Hündinnen und Rüden Unterschiede zu geben, und die Persönlichkeitsunterschiede sind ebenfalls nicht so deutlich wie bei einigen Nutz- und Jagdhundrassen. Bei Jagdhunden gibt es auffällige Persönlichkeitsunterschiede. Die Hündinnen sind etwas geselliger, aber wenn es um den Gehorsam geht, zeigen sich wiederum keine meßbaren Unterschiede bei Intelligenz oder Leistung.

Die Bedeutung der Persönlichkeit

Einige Punktrichter von Gehorsamswettbewerben nannten die Persönlichkeit einen der Hauptfaktoren bei der Arbeitsleistung eines Hundes. Einer schrieb: «Es kommt auf die Bereitschaft des Hundes an, für den Menschen zu arbeiten, und nicht darauf, wie klug er ist. Terrier schneiden bei Gehorsamsübungen nicht sonderlich gut ab, weil man sie daraufhin gezüchtet hat, unabhängig und ‹einsame Wölfe› zu sein. Da ihnen gleichgültig ist, wie der Mensch auf ihr Verhalten reagiert, machen sie auch im Gehorsamsring keine gute Figur, und das trotz der Tatsache, daß es wirklich schlaue Viecher sind. Hütehunde wie Shelties (Shetland Sheepdogs) oder Border-Collies erzielen da weit bessere Ergebnisse, weil sie für Menschen arbeiten wollen und unglücklich zu sein scheinen, solange ihnen niemand sagt, was sie tun sollen.»

Ein anderer Punktrichter schrieb: «Der beste Hund bei Gehorsamsübungen ist ein dämlicher Golden Retriever. Selbst ein dummes Exemplar dieser Rasse ist klug genug, sich vorzustellen, was man von ihm will, und er möchte so sehr gefallen, daß er es tut. Ebenso wichtig ist aber, daß er sich nicht leicht ablenken läßt und sich auch nicht gelangweilt fühlt. Da er sich nicht vorzustellen versucht, was eigentlich los ist, fallen ihm auch keine neuen Reaktionsmöglichkeiten ein, und am Ende tut er genau das, was man ihm einmal beigebracht hat.»

Züchter und Ausbilder verwenden bei Hunden den Begriff *Persönlichkeit* nur selten, weil er eher geistige Qualitäten umfaßt wie etwa Bewußtsein und andere Merkmale, die zu menschenähnlich sind. Statt dessen verwenden sie lieber den Begriff *Temperament*, der als objektiver oder neutraler gilt. Er wurde auch von Clarence Pfaffenberger benutzt, der als einer der ersten die Ansicht äußerte, die Einschätzung der Persönlichkeit eines Hundes sei für bestimmte Arbeits- und Gehorsamsfunktionen von entscheidender Bedeutung.

Clarence Pfaffenberger hat bei der Entwicklung von Ausbildungs- und Auswahlprogrammen für Blindenhunde entscheidende Beiträge geleistet. Mitte der vierziger Jahre, als er mit dieser Arbeit begann, beendeten nur neun Prozent aller Hunde, die eine Ausbildung begannen, das Programm mit Erfolg. Diese geringe Erfolgsquote machte Pfaffenberger besorgt, und so begann er mit der Entwicklung einer Reihe von Tests. Dabei ging es vor allem um eine Prüfung der adaptiven Intelligenz, nämlich des Lernens und der Fähigkeit zur Problemlösung. Pfaffenberger wollte verläßliche Aussagen darüber machen können, welche Hunde am ehesten in der Lage sind, die komplexen Gehorsamsaufgaben zu bewältigen, die ein Blindenhund beherrschen muß. Er fand jedoch bald heraus, daß Intelligenz allein nicht genügt: Es kam immer noch vor, daß Hunde mit einer angemessenen oder gar hervorragenden Lern- und Problemlösungsintelligenz den Kurs nicht schafften. Pfaffenberger erkannte schnell, daß ein guter Blindenhund nicht nur eine angemessene Intelligenz besitzen muß, sondern auch über bestimmte Persönlichkeitsmerkmale verfügen sollte. Anscheinend gibt es einige Charakterzüge, die es bestimmten Hunden ermöglichen, ihre volle adaptive Intelligenz so einzusetzen, daß sie zu hervorragenden und gehorsamen Arbeitshunden werden, während andere Merkmale bestimmte Tiere für immer daran hindern, vorgegebene Funktionen angemessen zu erfüllen. Mit dieser Erkenntnis machte er sich daran, Hunde sowohl nach Persönlichkeit als auch nach Intelligenz auszuwählen und zu züchten, und Ende der fünfziger Jahre hatte er es geschafft, die Erfolgsquote der Hunde, die das Programm bewältigten, von neun auf neunzig Prozent zu steigern.

Gene und Persönlichkeit

Viele mit der Persönlichkeit verbundene Faktoren sind genetisch bedingt. Das bedeutet, daß man Hunde ebenso wegen bestimmter Persönlichkeitsmerkmale züchten kann, wie es bei anderen Verhaltensbesonderheiten geschieht, etwa bei denen, die die instinktive Intelligenz eines Hundes ausmachen. Viele Hunde, die vorwiegend als Gefährten dienen, sind wegen ihres Temperaments ebenso ausgewählt worden wie wegen ihrer Größe. Spaniels oder Hunde mit

Einige Hunderassen sind nur gezüchtet worden, um bestimmte Verhaltensmerkmale zu betonen. Beim King Charles-Spaniel etwa ist das seine liebevolle und sanfte Persönlichkeit.

Spanielblut in den Adern hat man oft wegen ihrer Sanftheit ausgesucht. Ein extremes Beispiel ist der Cavalier King Charles-Spaniel. Wie schon früher erwähnt, ist einer meiner Hunde ein Cavalier King Charles-Spaniel namens Wiz. Kleinere Spaniels wie der Cavalier sind in Europa seit dem sechzehnten Jahrhundert bekannt. Man schätzt sie wegen ihrer Liebenswürdigkeit und des Fehlens jeder Aggressivität. So ist es kein Wunder, daß sie seit jeher als Haushunde geschätzt werden. Bilder dieser Hunde sieht man auf den Arbeiten großer Künstler wie Tizian, van Dyck, Velázquez, Vermeer und Hogarth (um nur einige zu nennen). Auf den meisten Gemälden erscheinen sie als Familienhunde oder einfach nur als hübsche Dekorationen. Wie man schon am Namen erkennt, war der englische König Charles II. zum Teil für die Beliebtheit dieser Hunde verantwortlich. Er betete die Rasse geradezu an und ließ sie spezifisch auf ihre Sanftheit hin züchten. Wegen ihres sanften Gemütes durften sie in der Zeit seiner Herrschaft (1660–1685) frei im Palast herumlaufen.

Während eines Besuchs in England hörte ich eine Geschichte über Cavalier King Charles-Spaniels, die mir verriet, wie sehr König Charles seine Hunde geliebt haben muß. Vor angeblich nicht allzu langer Zeit begab sich ein englischer Gentleman in Begleitung seines Cavalier King Charles-Spaniels in London in ein Gerichtsgebäude. Dort ging er direkt in den Gerichtssaal, in dem sein Fall verhandelt wurde. Der Richter sah das Paar eintreten und unterbrach die Verhandlung. Mit hörbarer Gereiztheit in der Stimme befahl er, den Hund auf der Stelle aus dem Saal zu entfernen. Der Eigentümer des Hundes protestierte. «Entschuldigen Sie, Euer Ehren, meines Wissens haben sämtliche Cavalier King Charles-Spaniels sogar Zutritt zum Kronrat. Nach meinem Verständnis bedeutet dies, daß mein Hund sogar in den Buckingham Palace eingelassen wird, wenn er an dessen Toren kratzt. Überdies führen die Cavaliers nach einer Charta von König Charles II., die nie aufgehoben worden ist, einen königlichen Titel. Somit sind sie auch vor Gericht vorgelassen und dürfen von keinem königlichen Palast oder einem Regierungsgebäude, das dem Schutz oder dem Mandat der Krone untersteht, abgewiesen werden. Ich vermute, daß dies auch für Gerichtshöfe gilt.» Der Mann, der mir die Geschichte erzählt hat, versicherte, der Richter sei durch diesen Ausbruch völlig außer Fassung gebracht worden und habe dem Hund schließlich erlaubt, im Gerichtssaal zu bleiben.

Trotz einiger historischer Akten, welche die Vermutung nahelegen, daß sich einige Angehörige des Adels Meuten dieser kleinen Spaniels als Jagdhunde hielten, habe ich einige Mühe, mir das vorzustellen. Meine Stieftochter Kari hat die Rasse am besten beschrieben, als sie Wiz einmal «einen Liebesschwamm» nannte. Diese Spaniels bemühen sich ständig um Zuneigung, zeigen wenig Kampfgeist und so gut wie keine aggressiven Neigungen. Vor allem kennzeichnen diese Persönlichkeitsmerkmale alle Hunde dieser Rasse und werden zuverlässig weitervererbt, wie ich bei allen diesen Tieren habe feststellen können, denen ich je begegnet bin.

Der Cavalier King Charles-Spaniel ist jedoch kein Einzelfall. Pfaffenberger hat während seines systematischen Zuchtprogramms für Führhunde sorgfältig über alles Buch geführt. Da jeder Hund sowohl auf Persönlichkeit als auch auf Intelligenz getestet wurde,

bot dies eine wunderbare Gelegenheit zu erkennen, ob diese Merkmale genetisch bestimmt waren. Seine Unterlagen zeigen, daß viele
Persönlichkeitsmerkmale, darunter auch die Bereitschaft, für
Menschen zu arbeiten, genetisch weitergegeben werden. Die Persönlichkeiten in einem Wurf waren aufgrund der Persönlichkeiten
der Eltern direkt vorhersagbar. Pfaffenberger beurteilte die Bereitschaft zur Arbeit anhand einer Skala von o bis 5, um die Persönlichkeiten der verschiedenen Hunde zu verfolgen. Ein Beispiel:
Einmal paarte er einen Hund namens Odin, der in dieser Hinsicht
die Punktzahl 5 erreichte, mit einer Hündin namens Gretchen, die
eine 4 schaffte. Falls die Temperamente der Eltern an die Nachkommen weitergegeben wurden, mußten sämtliche Welpen Temperamente mit einer dieser beiden Punktzahlen haben. Genau so
war es auch. Als Pfaffenberger die sechs Welpen seinen Tests un-
terzog, entdeckte er, daß vier von ihnen fünf Punkte erreichten
und die beiden restlichen vier.

Die genetische Komponente der Hundepersönlichkeit erklärt
auch bestimmte regionale Unterschiede bestimmter Hunderassen.
So neigen beispielsweise in Nordamerika gezüchtete Dobermänner
und Rottweiler dazu, etwas ruhiger und weniger aggressiv zu sein
als europäische Hunde derselben Rassen. Dies scheint das Ergebnis
absichtlicher Bemühungen nordamerikanischer Züchter zu sein,
die aggressiven Neigungen dieser Hunde ein wenig zu dämpfen,
während europäische Züchter eher Wert darauf zu legen scheinen,
daß diese Hunde ein «feuriges Temperament» an den Tag legen,
was in Wahrheit nur die Bereitschaft ist, aggressive Neigungen
auszuleben.

Seit Pfaffenbergers anfänglicher Arbeit haben sich auch andere
an der Bewertung der Persönlichkeit von Hunden interessiert gezeigt. Manche wollten die besonderen Persönlichkeitsmerkmale
feststellen, die einen guten Polizeihund ausmachen, sowie Hunde
für Gehörlose, Blindenhunde und so weiter. Dies hat zur Entwicklung einer Reihe verschiedener Systeme geführt, mit denen sich die
Persönlichkeit eines Hundes testen läßt. Einer der besten Tests
wurde von Jack und Wendy Volhard entwickelt, die ihr System darauf anlegten, Hunde auszuwählen, die zum Lebensstil und den Bedürfnissen künftiger Eigentümer passen.

Bei dem Text, den ich für dieses Buch zusammengestellt habe, habe ich eine Reihe vorhandener Tests verwertet, wie etwa die von Pfaffenberger, den Volhards und der Hearing Dog Society. Dabei habe ich deren Ergebnisprotokolle verändert, um etliche Persönlichkeitsfaktoren messen zu können, welche die Arbeits- oder Gehorsamsintelligenz eines Hundes beeinflussen. Wenn ein Hund den Gehorsams-Persönlichkeitstest mit einer bestimmten Mindestpunktzahl besteht, kann man daran die Wahrscheinlichkeit ablesen, mit der er bereitwillig arbeiten und seinem Herrn gehorchen wird.

Der Gehorsams-Persönlichkeitstest

Für das Testen der Problemlösungs- und Lernintelligenz von Hunden anhand des IQ-Tests im neunten Kapitel ist es erforderlich, daß der Hund etwa ein Jahr alt ist und nach Möglichkeit etwa drei Monate mit dem Tester zusammengelebt hat. Bei Persönlichkeitstests gelten jedoch andere Erfordernisse. Zunächst ergeben diese Tests die besten Ergebnisse, wenn die Hunde noch recht jung sind. Man sollte die Persönlichkeit von Welpen beurteilen, wenn sie rund sieben Wochen alt sind – in dem Alter, in dem sie ihren Wurf verlassen und bei ihren neuen Eigentümern leben können. Je älter ein Hund wird, um so größer wird die Wahrscheinlichkeit, daß seine Reaktionen eher erlerntes Verhalten widerspiegeln als angeborene Persönlichkeitsmerkmale. Wenn ein Hund älter als acht Monate ist, werden mehrere der Testergebnisse ein wenig unzuverlässiger. Wenn man einen erwachsenen Hund hat, ist es jedoch immer noch möglich, diesen Tests nützliche Informationen zu entnehmen; man darf nur nicht vergessen, daß einige der Testpunkte erlernte Reaktionen auslösen können. Überdies werden einige der Tests, bei denen es um soziale Dominanz geht, bei einem größeren Hund schwieriger sein.

Ein weiterer wichtiger Unterschied zwischen Persönlichkeitstests und dem Testen der adaptiven Intelligenz: Beim Intelligenztest ist es wichtig, daß die testende Person jemand ist, den der Hund kennt, vorzugsweise das Herrchen oder Frauchen. Einige dieser Tests erfordern auch eine vertraute Umgebung. Beim Persönlichkeitstest gilt das genaue Gegenteil. Derjenige, der den Hund testet, sollte für diesen ein Fremder sein, während dem Hund vertraute Menschen sich im Hintergrund halten sollten. Der Hund sollte Sie entweder gar nicht sehen, oder man setzt Sie nur als Assistenten ein. Überdies sollte der Hund mit dem Testort nicht vertraut sein und nach Möglichkeit durch nichts abgelenkt werden können. Man muß jedoch nicht unbedingt das Haus verlassen; es genügt, den Test in einem Raum durchzuführen, den der Hund nur selten gesehen hat.

Schließlich gibt es noch einen letzten Unterschied zwischen Persönlichkeitstests und denen, mit denen die adaptive Intelligenz gemessen wird: Der Persönlichkeitstest muß haargenau so durchgeführt werden, wie er hier präsentiert wird, und sollte überdies in einer Sitzung bewältigt werden, die etwa zwanzig Minuten erfordert. Aus diesem Grund sollten Sie das gesamte benötigte Material vorher zusammenstellen. Vor allem brauchen Sie eine Stoppuhr oder eine Uhr mit Zentralsekundenzeiger; ferner eine zusammengeknüllte Papierkugel, die etwas kleiner sein sollte als ein Tennisball, ferner eine Bier- oder Limonadendose, in die man fünf oder sechs Münzen hat fallen lassen, um anschließend die Öffnung mit Klebeband zu verschließen, ferner ein Geschirrtuch oder einen Waschlappen, an dem man eine etwa zweieinhalb Meter lange Schnur befestigt hat, um so etwas wie eine Leine zu erhalten, dann einen Regenschirm, vorzugsweise einen sogenannten Knirps. Überdies benötigt man noch ein Stück eines stark riechenden Nahrungsmittels (Käse, Salami, Peperoni, Leber oder dergleichen) sowie zwei Stück nicht stark duftender Nahrungsmittel (Hundekuchen oder Getreideschrot, ein paar Stücke Brotrinde oder ähnliches), dann einen Bleistift und eine Kopie der Bewertungstabelle (siehe Seite 265). Überdies braucht man noch einen Assistenten oder eine Assistentin. Falls der Hund Sie kennt, sollten Sie einen Helfer wählen, der mit dem Hund nicht vertraut ist. Diese Person sollte die Tests durchführen. Vergessen Sie bitte nicht, wie wichtig es ist, daß es sich um einen Fremden handelt.

Die Tests sollten zu einer Tageszeit stattfinden, zu der der Welpe meist aktiv ist. Am besten eignet sich ein Zeitpunkt vor einer Mahlzeit, da Welpen meist lethargisch werden, wenn sie gerade gefressen haben. Überdies werden sie dann kaum richtig auf den Test reagieren, mit dem ihre Reaktion auf Fressen geprüft wird. Man sollte sich auch vergewissern, daß am Tag des Tests nichts Ungewöhnliches geschehen ist. Wenn der Hund etwa beim Tierarzt war, um eine Spritze zu erhalten oder eine Wurmkur verabfolgt zu bekommen, ist er für den Test nicht geeignet, auch dann nicht, wenn der Tag zuviel Aufregung gebracht hat. Schließlich sollen die Reaktionen des Welpen so typisch wie nur möglich sein.

Durchführung des Gehorsams-Persönlichkeitstests

Denken Sie daran, daß die Tests in einer einzigen Sitzung hintereinander durchgeführt werden müssen. Tragen Sie sämtliche Punkte auf einer Kopie der Bewertungstabelle von Seite 265 ein.

TEST NUMMER 1

Die beiden ersten Tests zeigen die *soziale Attraktion*. Bei beiden wird gemessen, wieviel Aufmerksamkeit der Welpe Menschen schenkt und wie sehr er sich zu ihnen hingezogen fühlt. Ein Hund, für den Menschen keine Anziehungskraft besitzen, wird schlecht lernen und auf Befehle nicht zuverlässig reagieren, denn das Mindesterfordernis jeder Ausbildung besteht darin, daß der Hund auf das achtet, was der Ausbilder tut.

Dieser erste Test mißt die *Bereitschaft des Hundes, sich einem ihm unvertrauten Menschen zu nähern*. Der Tester (den der Welpe nicht kennt) kniet auf dem Fußboden und sitzt auf den Fersen (damit wird der Umriß des Betreffenden niedriger, was ihn weniger bedrohlich macht). Der Assistent trägt den Welpen in den Raum (aber bitte nicht mit einem Griff im Nacken, da dies den Hund nur einschüchtern würde) und setzt ihn etwas mehr als einen Meter vom Tester entfernt ab, so daß er ihn anblickt. Sobald der Hund auf dem Fußboden ist, ruft ihn der Tester. Es ist wichtig, daß dabei der Name des Hundes nicht genannt wird und daß das Wort *komm* nicht verwendet wird. Statt dessen sollte der Tester den Hund anlocken, indem er in einem singenden Tonfall zu ihm spricht oder spielerisch «Welpe, Welpe, Welpe» ruft und dabei in die Hände klatscht. Bei einem älteren Hund ist es besonders wichtig, nur Variationen eines Wortes wie etwa *Welpe* zu benutzen und Namen, Befehle oder Wörter zu vermeiden, die der Hund vielleicht schon gelernt hat. Wenn der Hund sofort kommt: 3 Punkte; wenn er nur zögernd kommt: 2 Punkte; wenn er bereitwillig kommt, aber dann am Tester hochspringt oder dessen Hände in den Mund nimmt oder daran knabbert, oder wenn er überhaupt nicht kommt: 1 Punkt. Wenn ein Hund den Tester anspringt, dessen Arm oder Hand in den Fang nimmt oder leicht zuschnappt, sind dies Anzeichen von Aggressivität. Sie lassen vermuten, daß sich der Hund später weigert, Befehle zu befolgen. Wenn er nicht kommt, ist dies ein Hinweis auf Furcht oder sehr geringe soziale Ansprechbarkeit, was jede Ausbildung schwierig machen wird. Um diese Reaktionen weiter zu deuten, sollte die Rute des Hundes während des Tests im Auge behalten werden. Wenn sie hoch gehalten wird, sollten Sie in Spalte A der Wertungstabelle ein Kreuz machen; wenn sie niedrig gehalten wird, kreuzen Sie die Spalte U an. Wenn der Hund während des Tests sehr schüchtern war, sollte der Tester die Hand langsam nach dem Hund ausstrecken, damit er daran schnuppern kann, worauf der Welpe vor dem nächsten Test schnell getätschelt oder gekrault und mit einem freundlichen Wort bedacht werden sollte.

TEST NUMMER 2

Dieser zweite Test der *sozialen Attraktion* läßt *Aufmerksamkeit und Bereitschaft des Hundes erkennen, einem Menschen zu folgen oder bei ihm zu bleiben.* Das bedeutet in Wahrheit, daß er in einer nicht-bedrohlichen Situation die Führung des Menschen anerkennt. Der Tester sollte sich neben dem Welpen langsam erheben und ihn mit den Worten «Welpe, Welpe, Welpe» (nicht mit seinem Namen) ermuntern und sich auffordernd auf das Bein schlagen, um anschließend wegzugehen. Auch hier sei wieder darauf hingewiesen, daß der Tester – vor allem bei der Arbeit mit einem älteren Hund – darauf achten muß, daß er nur das Wort *Welpe* benutzt und

Test	Punktzahl	A	U
1 Soziale Attraktion (Näherkommen)			
2 Soziale Attraktion (Folgen)			
3 Soziale Dominanz (Beherrschung)			
4 Soziale Dominanz (Versöhnlichkeit)			
5 Soziale Dominanz (Verlust der Kontrolle)			
6 Bereitschaft zur Arbeit (Apportieren, Prüfung 1)			
7 Bereitschaft zur Arbeit (Apportieren, Prüfung 2)			
8 Berührungsempfindlichkeit			
9 Reaktion auf Laute			
10 Reaktion auf neue Reize			
11 Reaktion auf Lockmittel wie etwa Nahrung			
12 Stabilität (Reaktion auf bedrohliche Reize)			
Insgesamt			

Bewertungstabelle

nicht *Fuß!*, *Komm her!*, *Laß uns gehen!* oder ähnliches sagt, was der Hund vielleicht schon kennt. Wenn der Hund bereitwillig folgt: 3 Punkte; wenn er zögernd folgt: 2 Punkte; wenn er überhaupt nicht folgt oder zwar sofort folgt, dem Tester jedoch an den Füßen knabbert oder danach schnappt: 1 Punkt. Wie in Test Nummer 1 wird eine hochgehaltene Rute mit einem Kreuz in Spalte A vermerkt, eine tiefgehaltene Rute mit einem Kreuz in Spalte U.

TEST NUMMER 3

Mit den Tests Nummer 3, 4 und 5 wird die *soziale Dominanz* festgestellt. In dem ersten Test läßt sich *Dominanz oder Unterwürfigkeit* des Hundes direkt messen, denn sie entscheiden letztlich über seine Bereitschaft, in weniger freiwilligen Situationen als in der von

Test Nummer 2 die Führung durch einen Menschen zu akzeptieren. Hier wird festgestellt, wie der Hund reagiert, wenn er durch soziale Gegebenheiten oder durch körperliche Gewalt gezwungen wird, sich zu unterwerfen oder zu gehorchen. Solche körperliche Gewalt ist oft ein Teil der frühen Stadien der Gehorsamsausbildung, etwa wenn der Hund durch sanfte Gewalt dazu gebracht wird, sich zu setzen oder hinzulegen.

Zu Beginn sollte sich der Tester auf den Fußboden knien und den Hund sanft auf den Rücken wälzen. (Es ist wichtig, daß der Hund dabei mit dem Rückgrat auf dem Fußboden liegt und daß die Beine in die Höhe ragen statt zur Seite.) In diesem Augenblick sollte der Assistent auf die Stoppuhr drücken. Er sollte mit der Hand nur gerade so viel Druck auf die Brust des Hundes ausüben, daß dieser auf dem Rücken liegen bleibt. Der Tester sollte dabei den Hund direkt ansehen. Wenn dieser zur Seite blickt, sollte der Blickkontakt nicht erzwungen werden. Der Tester sollte dabei einen gleichmütigen Gesichtsausdruck wahren und nicht grob oder bedrohlich wirken und bis zum Ende des Tests schweigen. Wenn der Helfer darauf hinweist, daß dreißig Sekunden verstrichen sind, ist der Test beendet. Man sollte den Welpen dann sofort loslassen und ihm erlauben, wieder aufzustehen.

Die Punktzahl des Hundes beruht auf seinem Verhalten während der dreißig Sekunden, in denen er festgehalten wurde. Wenn er zunächst kämpft, aber dann ruhig liegen bleibt oder aufgibt: 3 Punkte. Wenn er nicht kämpft, aber einigen Blickkontakt erlaubt: 2 Punkte. Wenn der Hund nicht kämpft, sondern versucht, Blickkontakt zu vermeiden, oder wenn er während der dreißig Sekunden wie wild kämpft oder zu beißen versucht oder irgendwann knurrt: 1 Punkt. Wenn er sich ständig zu befreien versucht, wird das mit einem Kreuz in Spalte A vermerkt, während das Fehlen jeglichen Kampfes in Spalte U angekreuzt wird.

TEST NUMMER 4

Dieser Teil des Tests der *sozialen Dominanz* dient in Wahrheit der Feststellung der *Versöhnlichkeit* des Hundes, eines weiteren wichtigen Persönlichkeitsmerkmals für die Gehorsams- oder Arbeitsausbildung. Ein Hund, der einen Groll hegt oder gekränkt reagiert oder «schmollt», nachdem man ihn zurechtgewiesen oder gezwungen hat, etwas zu tun, was er nicht tun wollte, wird sich nur schwer ausbilden lassen.

Test Nummer 4 beginnt damit, daß sich der Tester hinkniet und den Welpen vor sich in eine sitzende Position bringt. Der Hund sollte dem Tester dabei gegenübersitzen, nicht direkt, sondern in einem Winkel von etwa fünfundvierzig Grad. Wenn der Hund diese Position eingenommen hat, sollte der Tester damit beginnen, ihn langsam und sanft mit einer Hand zu streicheln. Das Streicheln sollte auf dem Scheitel beginnen und sich allmählich bis zur Rute hin fortsetzen. Gleichzeitig sollte der Tester leise auf den Hund einreden und sich vorbeugen, so daß sein Gesicht so nahe kommt, daß der Welpe es ablecken kann, wenn er es will. Wenn der Hund sich näher an den Tester schmiegt und versucht, ihm das Gesicht zu lecken, oder wenn er sich krümmt und dem Tester die Hände leckt: 3 Punkte. Wenn der Hund sich herumwälzt und dem Tester dann die Hände leckt, oder wenn er aufspringt und dem Tester die Pfoten reicht: 2 Punkte. Wenn der Hund knurrt, schnappt, knabbert oder weggeht oder sich vom Tester zu entfernen versucht: 1 Punkt. Ein Hochspringen, Kratzen, Schnappen oder Knurren wird in Spalte A vermerkt, während man Spalte U ankreuzt, wenn der Hund sich herumwälzt oder entfernt.

TEST NUMMER 5

Mit dem Test der *sozialen Dominanz* wird die Reaktion des Hundes darauf geprüft, daß er eine Situation *nicht mehr unter Kontrolle hat*. Der Unterschied hier liegt nur darin, daß der Hund einer Situation ausgesetzt wird, in der er auf das Geschehen keinerlei Einfluß hat. Während der Ausbildung und im Alltag wird sich der Hund oft in einer Lage befinden, in der er nur noch begrenzte Einflußmöglichkeiten hat. Dazu gehören Besuche beim Tierarzt oder beim Hundetrimmer sowie Wettbewerbe, wenn der Hund von einem Punktrichter in einer Ausstellungsarena geprüft wird.

Zu diesem Test gehört es, daß man den Hund hochhebt (dies ist ein weiterer Grund, weshalb es leichter ist, Welpen zu testen). Der

Tester beugt sich über den Welpen, der in die entgegengesetzte Richtung blickt, und bildet dann mit den Händen eine Art Wiege (man hält die Handflächen nach oben und verschränkt die Finger), hebt den Hund hoch, so daß seine Beine den Boden nicht mehr berühren. Dann fängt der Helfer an, die Zeit zu messen. Wenn dreißig Sekunden um sind, stellt der Tester den Hund wieder auf den Boden.

Wenn der Hund in der Luft entspannt war und nicht kämpfte oder sich nur kurz wehrte, um sich dann zu beruhigen: 3 Punkte. Wenn der Hund nicht kämpft, aber winselt, knurrt oder wegläuft, wenn man ihn wieder auf die Erde stellt: 2 Punkte. Wenn der Hund beim Halten winselt oder sich wie wild zu befreien versucht oder knurrt oder schnappt: 1 Punkt. Wenn der Hund sich heftig wehrt, in Spalte A ankreuzen, während ein Winseln oder Weglaufen nach dem Abstellen mit einem Kreuz in Spalte U vermerkt wird. Bevor es mit dem nächsten Test weitergeht, sollte der Tester in ruhigem Tonfall auf den Hund einreden und ihn sanft streicheln oder kraulen.

Es liegt auf der Hand, daß man diesen Test eventuell leicht modifizieren muß, wenn man es mit einem älteren und großen Hund zu tun hat. Dann kann man ihm ein Badehandtuch unter den Bauch ziehen und ihn mit Hilfe des Assistenten leicht hochheben. Wenn der Hund einfach zu groß und schwer ist, um hochgehoben zu werden, sollte man diesen Test einfach überspringen und 2 Punkte eintragen.

TESTS NUMMER 6 UND 7

Bei Test Nummer 6 muß der Hund apportieren und seine *Bereitschaft zeigen, mit Menschen zu arbeiten.* Einige Hundeausbilder behaupten, Apportieren sei der beste Einzeltest für Führhunde, Hunde, bei denen es auf Gehorsam ankommt, sowie andere Nutz- und Arbeitshunde. Test Nummer 7 ist nur eine Wiederholung von Test Nummer 6.

Der Tester kniet sich hin, während der Welpe mit dem Rücken zu ihm direkt vor seinen Knien steht. Man läßt vor dem Hund einen Papierball baumeln (der etwas kleiner ist als ein Tennisball), wor-

auf der Tester den Hund ein wenig neckt und etwa mit den Worten
«Willst du ihn haben? Kannst du ihn dir holen?» spielerisch ermuntert. Zweck der Übung ist es, das Interesse des Hundes zu wecken.
Sowie der Welpe sich für den Ball zu interessieren scheint, wirft der
Tester ihn etwa einen Meter vor den Hund. Wenn der Welpe sich
auf den Papierball zuzubewegen beginnt, sollte der Tester etwa
einen halben Meter zurücktreten. Wenn der Hund den Papierball
aufhebt, ermuntert ihn der Tester, ihn zurückzubringen. Wenn er
mit dem Papierball zurückkehrt, sollte man den Hund mit reichlich
Lob bedenken. Falls sich der Hund den Ball nicht holt, sollte der
Tester den Hund auf sich aufmerksam machen und das Papier dann
selbst aufheben (oder den Hund zurückholen, falls dieser mit dem
Papierball weggelaufen ist). Wie immer der Hund reagiert, der
Tester sollte sofort wieder von vorn anfangen und die Prozedur
wiederholen. (Das ist dann Test Nummer 7.)

Für beide Tests gilt die gleiche Bewertung. Wenn der Hund hinter
dem Papierball herrennt und mit oder ohne ihn zum Tester zurückkehrt: 3 Punkte. Wenn der Hund zu dem Papierball läuft, über ihm
steht und nicht zurückkehrt, oder wenn er zunächst losrennt und
dann das Interesse verliert: 2 Punkte. Wenn der Hund den Papierball aufhebt und dann wegläuft: 1 Punkt. Anschließend Spalte A
ankreuzen. Wenn der Hund sich nicht für den Papierball zu interessieren scheint: 1 Punkt sowie ein Kreuz in Spalte U.

TEST NUMMER 8

Bei diesem Test geht es um die *Empfindlichkeit bei Berührung.* Bei
der Gehorsamsausbildung muß der Hund oft körperlich zurechtgewiesen werden, etwa indem man kurz an der Leine reißt, um
dem Hund ein kurzes Unbehagen zu bereiten. Dabei wird nämlich
das Halsband straffgezogen. Ein Hund, der solches Unbehagen
nicht gut verträgt, wird auf solche Zurechtweisungen nicht gut
reagieren und folglich erheblich schwerer zu beherrschen sein. Ein
gegenüber körperlichem Unbehagen allzu empfindlicher Hund
kann bei solchen sanften Zurechtweisungen mit Angst oder
Schmerzgefühlen reagieren, was bei der Ausbildung zu Schwierigkeiten führt.

Bei diesem Test ist es nötig, nach und nach den Fingerdruck zu verstärken. Der Tester sollte zuvor üben, indem er den Zeigefinger der einen Hand mit Daumen und Zeigefinger der anderen quetscht und den Druck langsam verstärkt, wobei er bis zwölf zählt, bis er so fest zupreßt, wie er nur kann. Die Fingernägel sollte man dabei allerdings nicht einsetzen. Wenn es dem Tester gelingt, diese Bewegung immer wieder gleich ablaufen zu lassen, ist die Zeit reif für den Test.

Der Tester sollte ein Stück vom Ohr des Hundes zwischen Daumen und Zeigefinger nehmen und wie beim Üben bis zwölf zählen, während der Druck auf das Ohr nach und nach verstärkt wird. Sobald der Welpe Anzeichen von Schmerz erkennen läßt, etwa wenn er sich umdreht, sich freizumachen versucht oder beißen will, sollte der Tester sofort das Ohr loslassen und den Hund loben und streicheln. Wenn man bis zur ersten Reaktion des Hundes von fünf bis acht gezählt hat: 3 Punkte. Wenn man nur bis drei oder vier gezählt hat: 2 Punkte und ein Kreuz in Spalte U. Hat man bis neun oder zehn gezählt: 2 Punkte und ein Kreuz in Spalte A. Hat man bis eins oder zwei gezählt: 1 Punkt und ein Kreuz in Spalte U, während eine Zahl von elf oder zwölf mit einem Punkt zu bewerten ist und einem Kreuz in Spalte A.

TEST NUMMER 9

Bei diesem Test geht es um die *Reaktion auf Laute.* Ein Hund, der durch Laute und Geräusche übererregt wird, wird sich zu leicht ablenken lassen und bei der Ausbildung Mühe haben, sich zu konzentrieren. Eine ängstliche Reaktion auf Laute läßt vermuten, daß man es mit einem verschüchterten Hund zu tun hat. Wenn keine Reaktion erfolgt, kann dies ein Hinweis auf Unaufmerksamkeit oder Ablenkung sein, aber auch auf Taubheit hindeuten. Taubheit ist bei Hunden weit häufiger, als der normale Hundebesitzer ahnt. Manche Rassen wie etwa Bullterrier, Sealyham-Terrier und Dalmatiner sowie weiße Hunde oder Tiere, die viel Weiß im Fell haben, sind für angeborene oder später sich entwickelnde Taubheit anfällig. Einige andere Rassen wie beispielsweise Foxterrier, Foxhounds und Scotchterrier neigen ebenfalls zu erblicher Taubheit, aber bei diesen Rassen hat das Problem nichts mit der Farbe des Fells zu tun. Taubheit bei einem Hund kann lange unentdeckt bleiben, vor allem dann, wenn man einen einigermaßen klugen Hund hat, der gut auf Sichtzeichen und andere Hinweise achtet. Wenn ein Hund bei diesem Test keine Reaktion zeigt, sollte man zum Tierarzt gehen und sein Gehör prüfen lassen.

Vor diesem Test stellt der Tester den Hund so hin, daß er von der Richtung abgewandt ist, aus der das Geräusch kommen wird, und rührt den Hund dann nicht mehr an, bis der Test beendet ist. Der Helfer sollte sich mit einer Bier- oder Limonadendose, in die man ein paar Münzen gesteckt hat, außerhalb des Blickfelds des Hundes hinstellen. Wenn der Hund seine Position eingenommen hat, sollte der Assistent die Dose dreimal schnell und kräftig schütteln, um ein lautes Geräusch zu erzeugen, und dann wie erstarrt stehenbleiben und keinen Blickkontakt zum Hund herstellen. Wenn der Hund sich interessiert zeigt und sich auf das Geräusch zubewegt oder eindeutig zuhört und den Kopf der Quelle des Geräuschs zuwendet, auch wenn er zunächst erschrocken zu sein scheint: 3 Punkte. Wenn der Hund das Geräusch ortet, jedoch stehenbleibt und bellt: 2 Punkte sowie ein Kreuz in Spalte A. Wenn der Hund das Geräusch ignoriert: 1 Punkt. Wenn der Hund direkt auf das Geräusch zugeht und bellt: 1 Punkt und ein Kreuz in Spalte A. Wenn der Hund zusammenzuckt, sich zurückzieht oder sich zu verstecken versucht: 1 Punkt sowie ein Kreuz in Spalte U.

TEST NUMMER 10

Hier geht es um die *Reaktion des Hundes auf neue Reize* – in diesem Fall um einen zwar nicht bedrohlichen, jedoch fremden Gegenstand. Da ein Hund in einer Vielfalt von Situationen, in denen es zu anscheinend fremden und neuartigen Ereignissen kommen kann (zumindest aus der Sicht des Hundes), arbeiten und auf die Befehle seines Herrn reagieren muß, wird aus einem selbstbewußten und neugierigen Welpen eher ein gehorsamer und guter Arbeitshund werden als aus einem jungen Hund, der ängstlich oder aggressiv reagiert.

Bei diesem Test stellt sich der Helfer etwas abseits auf und hält das Ende einer Schnur fest, die man an einem Handtuch festgebunden hat. Der Assistent zerrt dann ein paarmal an dem Handtuch (das seitlich vor dem Welpen hin und her bewegt werden sollte). Dieser Vorgang sollte fünf- oder sechsmal wiederholt werden. Der Test löst gelegentlich recht extreme Reaktionen aus. Das fängt bei Versuchen an, das Handtuch «zu töten», bis zu panischer Flucht. Man hat mir sogar berichtet, daß ein Hund sich mit dem Handtuch paaren wollte. Wenn der Hund das Testobjekt ansieht und einige Neugier zeigt, indem er näher kommt und es zu untersuchen versucht: 3 Punkte. Wenn der Hund das Handtuch ignoriert: 3 Punkte sowie ein Kreuz in Spalte U. Wenn der Hund bellt: 2 Punkte; wenn die Rute beim Bellen aufgerichtet war, ein Kreuz in Spalte A, und wenn die Rute beim Bellen herabhing oder eingeklemmt war, Spalte U ankreuzen. Wenn der Hund den Testgegenstand angreift oder bedroht oder knurrt und beißt: 1 Punkt und ein Kreuz in Spalte A. Wenn der Hund vor dem Testobjekt zurückscheut oder sich versteckt: 1 Punkt und ein Kreuz in Spalte U.

TEST NUMMER 11

Hier geht es darum, wie ein Hund darauf reagiert, daß man ihm *als Anreiz etwas zu fressen gibt*. Es ist zwar möglich, Hunde allein mit Lob auszubilden, aber eine Reihe wissenschaftlicher Studien hat gezeigt, daß Hunde schneller lernen und in ihrer Arbeit zufriedener und verläßlicher sind, wenn sie bei der Arbeit gelegentlich mit einem Leckerbissen verwöhnt werden. Dies gilt besonders für die Anfangszeit der Ausbildung. In den späteren Phasen des Lernens wird man im allgemeinen nach und nach auf solche Leckerbissen verzichten, sobald das erwünschte Verhalten etabliert ist. Selbst Ausbilder, die einem Hund nur ungern eine Leckerei bei der Ausbildung zukommen lassen, greifen trotzdem zu diesem Mittel, wenn sie es mit komplexen Übungen zu tun haben. Wenn der Hund sich jedoch an solchen Anreizen uninteressiert zeigt, läßt er sich unter Umständen schwerer ausbilden.

Wenn der Tester ein kräftig riechendes Stück Peperoni, etwas gekochte Leber oder ein stark duftendes Stück Käse in der Hand hält, sollte er dem Hund erlauben, an dem Köder zu riechen, die Hand dabei aber geschlossen halten, so daß der Hund sich den Lekkerbissen nicht schnappen kann. Nach einem Augenblick sollte man den Köder loslassen und ihn dem Hund geben. Nächster Schritt: Der Hund sieht zu, während der Ausbilder etwas Eßbares in einer halbgeschlossenen Hand hält und sie dem Hund hinhält. Wenn der Hund daran schnuppert oder die Hand zu öffnen versucht, um an den Leckerbissen heranzukommen, darf er ihn fressen. Schließlich sollte der Tester dem Hund noch etwas Eßbares zeigen. Er hält den Köder sichtbar zwischen den Fingern, senkt die Hand langsam in Richtung Hund und dreht sich dann langsam um dreihundertsechzig Grad, wobei er die Hand mit dem Köder vor dem Hund hin und her bewegt, diesen aber nicht ausdrücklich ermuntert. Wenn der Hund im zweiten Teil des Tests an den Leckerbissen heranzukommen versucht und dem Tester bei der Drehung folgt: 3 Punkte. Wenn der Hund Interesse an der Nahrung zeigt, aber im zweiten Teil des Tests keinen Versuch macht heranzukommen, oder im letzten Teil der Drehung nicht folgt: 2 Punkte. Wenn der Hund keinerlei Interesse an dem Köder zeigt: 1 Punkt. Wenn der Hund irgendwann während des Tests knurrt oder bellt, kreuzt man Spalte A an.

TEST NUMMER 12

Beim letzten Test geht es um *Stabilität*. Er hat einige Ähnlichkeit mit Test Nummer 10 und mißt die Reaktion eines Hundes auf einen neuen Reiz. In diesem Fall taucht der neue Reiz jedoch urplötzlich auf, fällt stark ins Auge und läßt sich als bedrohlich empfinden. Somit erlaubt dieser Test eine Einschätzung von Selbstvertrauen und Reaktionsstil des Hundes.

Während der Hund noch mit dem vorhergehenden Test beschäftigt ist, sollte sich der Assistent etwa zwei Meter von Tester und Hund entfernt hinstellen, regungslos verharren und sehr still und unauffällig sein, wobei er einen geschlossenen Regenschirm hält (vorzugsweise einen Knirps, der sich auf Knopfdruck entfaltet). Wenn Test Nummer 11 beendet ist, sollte der Tester den Hund ein wenig beruhigen, leise auf ihn einsprechen und sich dann umdrehen, so daß der Hund zwischen Helfer und Tester steht. Der Assistent sollte den Hund sorgfältig im Auge behalten. Wenn der Hund den Assistenten anblickt (das heißt, wenn er nicht hoffnungsvoll den Tester ansieht, weil er noch etwas zu essen erwartet), sollte der Helfer blitzschnell den Regenschirm aufspannen und auf den Fußboden stellen. Der Assistent sollte anschließend reglos stehenbleiben und keinen Blickkontakt mit dem Hund herstellen. Wenn dieser reagiert, seine Fassung aber in kürzester Zeit wiedergewinnt und dann näher kommt, um den Regenschirm zu untersuchen: 3 Punkte. Wenn der Hund sich hinstellt und bellt, sich dem Schirm aber nicht nähert: 2 Punkte sowie ein Kreuz in Spalte A. Wenn der Hund wegzulaufen oder sich zu verstecken versucht, sich aber dazu ermuntern läßt, sich dem Schirm zu nähern: 2 Punkte und ein Kreuz in Spalte U. Wenn der Hund überhaupt nicht reagiert: 1 Punkt. Wenn der Hund aggressiv reagiert, bellt, knurrt und/oder Anstalten macht, den Schirm zu attackieren: 1 Punkt sowie ein Kreuz in Spalte A. Wenn der Hund versucht, sich zu verstecken, zu flüchten oder wegzulaufen, und sich mit Worten nicht dazu bewegen läßt, zu dem Regenschirm zurückzukehren: 1 Punkt und ein Kreuz in Spalte U.

Auswertung der Ergebnisse

Die Deutung der Punktzahl eines Hundes beim Gehorsams-Persönlichkeitstest hängt sowohl von der erreichten Gesamtpunktzahl wie von der Zahl der Kreuze in den Spalten A und U ab.

34 bis 36 Punkte: Hunde mit einem Ergebnis in diesem Bereich eignen sich am besten für Arbeit, bei der Gehorsam gefordert ist. Wenn ein Hund eine so hohe Punktzahl erreicht und in der Spalte A (für aggressiv) mehr Kreuze hat als in der Spalte U (für unterwürfig), haben Sie einen lebhaften und aktiven Hund vor sich, der die Führung des Menschen gut akzeptiert und sich an neue Situationen gut anpassen dürfte. Der Hund ist seelisch stabil und wird sich den meisten Situationen selbstbewußt und vernünftig nähern. Das ist eine gute Voraussetzung für das Erlernen von Fähigkeiten, wie sie ein gehorsamer Arbeitshund braucht. Wenn der Hund in Spalte A acht oder mehr Kreuze hat, ist er vielleicht auch ein bißchen ungebärdig und dürfte die Gehorsamsausbildung brauchen, damit er glücklich und gut angepaßt bleibt und seinem Herrn mit seinem Temperament nicht lästig wird. Wenn der Hund in Spalte U mehr Kreuze hat als in Spalte A, haben Sie den Traumhund, was Gehorsam angeht – ein Tier, das so gut wie jedes Wort verstehen wird, das Sie äußern, und sich die größte Mühe geben wird, Ihnen zu gefallen. Diese Art Hund wird sehr viel stiller und nicht ganz so selbstsicher sein wie ein Tier mit mehr A-Kreuzen, aber er wird sämtliche Charakterzüge haben, die ihn zu einem guten und gehorsamen Arbeitshund machen. Er wird sich aber auch als Haustier und Gefährte bewähren.

29 bis 33 Punkte: Hunde mit einer Punktzahl in diesem Bereich haben immer noch das Potential, hervorragende Arbeitshunde und sehr gehorsam zu sein. Der Erfolg bei der Arbeit mit diesen Tieren wird jedoch davon abhängen, wie man mit ihnen umgeht. Ein Hund mit dieser Punktzahl und mehr Kreuzen in der Spalte A wird sehr selbstbewußt sein und zur Dominanz neigen. Er muß überdies mit fester Hand behandelt werden. Man darf ihm nie erlauben, sich zu der Annahme zu versteigen, er sei das Leittier des Rudels, denn sonst übernimmt er bald das Kommando und fängt an, seinen Herrn zu ignorieren. Für jemanden, der zum erstenmal einen Hund hat, könnte sich ein solches Tier als etwas zu eigensinnig erweisen, aber wenn man es mit fester Hand und unbeirrbarer Kontrolle ausbildet, ist es ein Tier, das bei Gehorsamswettbewerben die Augen aller auf sich ziehen wird. Ein Hund mit einer Punktzahl in diesem Bereich, aber mit mehr Kreuzen in der Spalte U wird jedoch einigen Mangel an Selbstbewußtsein zeigen. Man muß einen solchen Hund mit etwas sanfterer Hand ausbilden und ihn immer wieder belohnen und ihm gut zureden. Wenn man ihn nicht zu sehr bedrängt und antreibt, vor allem zu Beginn der Ausbildung, und ihn nicht ständig korrigiert, kann man daraus immer noch einen guten Arbeitshund machen, der den nötigen Gehorsam aufbringt. Obwohl dieser Hund in einer ruhigen Umgebung, in der so leicht nichts Unvorhergesehenes geschieht, besser gedeiht, wird er jedoch auch auf neuen Gebieten allmählich Selbstvertrauen gewinnen, wenn man während

der Ausbildung seinen Prinzipien treu bleibt und ihn immer wieder ermuntert. Ein solcher Hund wird sich als Familienhund sehr gut machen.

19 bis 28 Punkte: Hunde mit einer Punktzahl in diesem Bereich sind für erfahrene Hundeführer am besten geeignet. Bei richtiger Ausbildung können sie durchaus zu guten Arbeitshunden werden und einen entsprechenden Gehorsam an den Tag legen. Wenn sie falsch ausgebildet sind (oder gar nicht), können sie zu einer Katastrophe werden. Wenn man einen Hund mit einer Punktzahl in diesem Bereich hat, dessen Kreuze sich überwiegend in der Spalte A finden, hat man einen dominanten Hund vor sich, der aggressiv wird oder mit Aggression droht, wenn man ihn provoziert. Wer einen solchen Hund jedoch mit sehr fester Hand und Konsequenz behandelt, wird mit guten Reaktionen belohnt. Bei einer solchen Behandlung und in einem Haushalt mit Erwachsenen kann das Tier zu einem guten Arbeitshund und einem loyalen Hausgenossen werden, der seine menschlichen Herren respektiert. Hunde in dieser Kategorie mögen zwar eine lebhafte und kontaktfreudige Persönlichkeit haben, neigen aber auch stark dazu, die Führung an sich zu reißen und dominant zu werden, was sie für ältere Menschen vielleicht zu aktiv macht. Für Haushalte mit kleinen Kindern sind sie definitiv zu dominant. Ihre Hauptprobleme werden ihr Gefühl von Unabhängigkeit sein sowie die Neigung, die Führung zu übernehmen. Das führt oft dazu, daß diese Hunde ihre menschlichen Herren ignorieren und tun, was sie wollen. Protesten und Zurechtweisungen gegenüber scheinen sie gleichgültig zu sein. In einer lauten und sich immer wieder verändernden Umgebung wird sich ein solcher Hund leicht ablenken lassen. Er kann auch beißen, wenn er sich bedroht oder frustriert fühlt.

Wenn ein Hund mit der gleichen Punktzahl mehr Kreuze in der Spalte U hat, wird er sich etwas besser anpassen. Ein solcher Hund wird extrem unterwürfig sein. Es wird einer besonderen Behandlung bedürfen, um sein Selbstvertrauen aufzubauen und es ihm zu ermöglichen, auch außerhalb des Zuhauses gut zu funktionieren. Obwohl er lernen wird, den meisten Befehlen seines Herrn zu folgen, wird er dies jedoch in einer strukturierten

Umgebung am besten tun. Da er sich an Veränderung und Konfusion nicht gut anpassen wird, kann es passieren, daß er außerhalb des Hauses weniger konsequent reagiert. Das gleiche gilt, wenn man ihn auffordert, bei Lärm und geschäftigem Treiben bestimmte Leistungen zu erbringen. Dieser Hund wird sich leicht erschrecken lassen und lange Zeit brauchen, um sich an eine neue Umgebung und neue Menschen zu gewöhnen. In der Nähe von Kindern dürfte er kein Sicherheitsrisiko sein und wird wohl nur beißen, wenn er unter schwerem Streß steht oder körperlich herausgefordert wird. Ein solcher Hund ist besser für ein stilles, geregeltes Leben geeignet als für die Unruhe und die Aufregung von Wettbewerb, Veränderung oder Reise.

12 bis 18 Punkte: Hunde in diesem Punktbereich sind definitiv problematisch. Der Umgang mit ihnen erfordert erfahrene Hundeführer und eine Menge Arbeit. Ein Hund in diesem Bereich mit mehr Kreuzen in der Spalte A ist extrem dominant und zeigt starke aggressive Tendenzen. Er wird einen menschlichen Herrn nicht ohne weiteres akzeptieren. Er wird ständig um die Vorherrschaft kämpfen und sogar beißen, wenn er sich herausgefordert fühlt. Für einen Haushalt mit Kindern sind solche Tiere absolut ungeeignet. Sie können jedoch erfolgreiche Wachhunde werden, da sie jeden herausfordern und angreifen werden, der sich ihnen gegenüber nicht als dominant erweist und keine Führungsqualitäten unter Beweis stellt. In anderer Umgebung kann ein solcher Hund unter Umständen zu aggressiv sein, so daß man ihn weder ausbilden noch beherrschen kann.

Hunde mit der gleichen Punktzahl, jedoch mit mehr Kreuzen in der Spalte U, sind etwas schwerer zu beschreiben, da sie eins von zwei möglichen Persönlichkeitsprofilen aufweisen werden. Einige werden extrem unabhängig sein und Menschen gegenüber völlige Interesselosigkeit an den Tag legen. Es kann sogar vorkommen, daß sie es nicht mögen, gestreichelt und geknuddelt zu werden. Es ist schwierig, die Art von Beziehung zu einem solchen Hund herzustellen, die notwendig ist, um ihn auszubilden oder auch nur als verträgliches Haustier zu halten. Einige Arbeitshunde, die man etwa als Schlittenhunde einsetzt, können von dieser Persönlichkeitsform jedoch profitieren, da sie die Fähigkeit brauchen, einigermaßen unabhängig zu arbeiten. Es wäre katastrophal, wenn sie ständig zurücklaufen müßten, etwa um zu sehen, ob ihr Herr in der Nähe ist, wenn sie vor einen Hundeschlitten gespannt sind. In den meisten Situationen werden diese Hunde jedoch einfach nicht mit der erforderlichen Aufmerksamkeit auf Menschen reagieren, um gut ausgebildet werden zu können.

Das zweite Persönlichkeitsprofil ist das des flüchtigen, unberechenbaren oder schüchternen Hundes. Solche Hunde sind leicht zu erschrecken. Es kann manchmal Stunden oder sogar Tage dauern, bis man sie beruhigt. Sobald sie einmal von einer bestimmten Person oder Situation erschreckt worden sind, können sie es unter Umständen für den Rest ihres Lebens bleiben. Sie werden immer wieder Furcht und Unbehagen zeigen, wenn sie sich derselben Person oder Umgebung gegenübersehen. Mit acht oder mehr Kreuzen in Spalte U haben Sie einen Hund vor sich, der unter Umständen in Panik gerät und zum Angstbeißer wird. Diese Hund lassen sich nicht gut ausbilden, da sie sich so leicht von ihrer Furcht und Unsicherheit überwältigen lassen. In einer sehr stillen Umgebung, in der man nur geringe Anforderungen an sie stellt, können sie sich jedoch als erträgliche Hausgenossen erweisen. Trotzdem werden sie ängstlich und verschüchtert durchs Leben gehen.

Erst die Kombination von Persönlichkeit und Intelligenz ergibt einen gehorsamen und guten Arbeitshund. Ein Hund, der bei Problemlösungen und beim Lernen hohe Punktzahlen erreicht und auch beim Persönlichkeitstest in einer der beiden höchsten Gruppen landet, hat definitiv die Chance, ein exzellenter und gehorsamer Arbeitshund zu werden, der unter menschlicher Anleitung gut arbeitet. Wenn Sie einen Hund einer Rasse besitzen, die von Punktrichtern normalerweise als zweitrangig eingestuft wird, was Arbeits- und Gehorsamsintelligenz angeht, der nach dem vorhergehenden Test ein gutes Persönlichkeitsprofil und eine annehmbare adaptive Intelligenz aufweist, haben Sie vermutlich eines jener seltenen Exemplare der Rasse, die gut arbeiten und funktionieren. Und selbst wenn Ihr Hund nicht das optimale Persönlichkeits- oder Intelligenzprofil hat, brauchen Sie nicht zu verzweifeln: Es gibt einiges, was Sie dagegen unternehmen können.

12. Kapitel

Wie man die Intelligenz eines Hundes steigert

> Es ist dem Hund nur selten gelungen, den Menschen auf seine Ebene der Klugheit emporzuziehen, aber der Mensch hat den Hund oft zu seiner heruntergezogen.
>
> *James Thurber*

Wie beim Menschen ist die Intelligenz von Hunden keine ein für allemal feststehende Größe, sondern sie läßt sich durch Erziehung und Lebenserfahrung beeinflussen. Jede der vier Hauptdimensionen, die auf die manifeste Intelligenz einwirken – das heißt die instinktive, die adaptive, die Gehorsams- und Arbeitsintelligenz sowie der Persönlichkeitsfaktor –, läßt sich verbessern. Die meisten der in diesem Kapitel erwähnten Techniken funktionieren am besten bei jungen Hunden, obwohl auch heranwachsende und eben erwachsene Hunde auf einige davon ansprechen. Mit vielen sollte man beginnen, sobald der Hund im Haus ist.

Arbeit an der Persönlichkeit

Zwei Aspekte der Persönlichkeit spielen bei der Gehorsams- und Arbeitsintelligenz eines Hundes eine wichtige Rolle. Der erste Aspekt ist die Orientierung des Hundes auf den Menschen. Dazu gehört, daß der Hund auf das achtet, was ein Mensch tut, und daß er die Nähe von Menschen sucht. Der zweite Aspekt ist die Bereitschaft des Hundes, die Führung des Menschen zu akzeptieren, statt um Dominanz und Beherrschung zu kämpfen. Wer die Persönlichkeit seines Hundes formen will, sollte am besten mit einem Welpen beginnen. Indem man ein so junges Tier in verschiedenen kritischen Lebensabschnitten entsprechenden Erfahrungen aussetzt, kann man seinen Charakter so formen, daß die spätere Fähigkeit zu nützlicher Arbeit und Gehorsam gefördert wird. Für den durchschnittlichen Hundebesitzer dürfte die kritischste Zeit zwischen der siebten und zwölften Lebenswoche des Hundes liegen.

Ein Welpe sollte rund sieben Wochen bei seinem Wurf bleiben. In diesem Zeitraum entwickelt er seine Identität als Hund, lernt andere Hunde als soziale Objekte kennen und beherrscht am Ende dieser Zeit das grundlegende Verhalten, das zur Interaktion mit anderen Hunden nötig ist. Es ist wichtig, daß der Welpe in dieser Zeit soziale Kontakte hat, und wenn der Wurf klein ist (sagen wir ein oder zwei Hunde), kann es nötig sein, ein wenig nachzuhelfen. Dies bedeutet, daß man die Welpen mit anderen (nicht-aggressiven) Hunden bekannt macht, um die Zahl ihrer sozialen Kontakte mit anderen Tieren zu erhöhen und der relativen sozialen Isolation eines kleinen Wurfs entgegenzuwirken. Wenn sich andere Hunde nicht auftreiben lassen, kann auch Kontakt mit Menschen helfen, nämlich in Form von täglich ein bis zwei zehnminütigen Begegnungen, bei denen man mit dem Hund spielt, ihn berührt, mit ihm spricht und ihn krault.

Die beste Zeit, einen Hund aus seinem Wurf zu entfernen und mit nach Hause zu nehmen, liegt bei etwa sieben Wochen. In den nächsten fünf Wochen wird der Hund Menschen als Angehörige seines Rudels akzeptieren, wenn man sich ausgiebig mit ihm beschäftigt und ihm Gelegenheit zur Interaktion mit Menschen gibt. Es ist diese Akzeptanz von Menschen als Rudelmitgliedern, die es Hunden erlaubt, zu einer guten Interaktion mit Menschen zu kommen. Wenn Welpen in diesem Zeitraum nicht genügend Gelegenheit zu Kontakt und Interaktion mit Menschen erhalten, wachsen sie zu schwierigen Hunden heran. Sie gehorchen den Befehlen ihres Herrn nicht und erweisen sich am Ende sowohl bei der Arbeit als auch beim Gehorsam als Versager.

Die besten und stärksten sozialen Bande werden erreicht, wenn man den Hund mit den Menschen zusammen sein läßt, bei denen er am Ende leben soll. Wenn das nicht möglich ist, sollte man wenigstens dafür sorgen, daß das Tier täglich mit Menschen spielen kann. Damit läßt sich in der Seele des Hundes zumindest die Bedeutung von Menschen etablieren. Die dabei entwickelten positiven Gefühle lassen sich anschließend meist mit Erfolg auf einen neuen Herrn übertragen.

Selbst wenn ein Hund das Welpenalter hinter sich gelassen hat, gibt es noch weitere praktische Möglichkeiten, die Persönlichkeitsmerkmale von Hunden günstig zu beeinflussen. Selbst von Natur aus dominante Hunde (die beim Gehorsams-Persönlichkeitstest mit einer Vielzahl von Kreuzen in Spalte A aufwarten) lassen sich dazu bringen, die Führung und Beherrschung durch Menschen zufrieden und auf Dauer zu akzeptieren. Das Lebensalter ist jedoch immer noch ein wichtiger Faktor, und die notwendigen Schritte sollten unternommen werden, solange der Hund noch jung ist. Je früher, um so besser. Überdies sollte man die dazu notwendigen Übungen zumindest gelegentlich wiederholen, selbst beim erwachsenen Hund. Diese Übungen bilden die Grundlage eines Programms zur Verhaltensänderung, das Ihnen einen Hund mit den wünschenswertesten Persönlichkeitsmerkmalen geben kann.

Berühren: Dieses Berühren ist nicht das einfache Streicheln oder Liebkosen, das wir dem Hund oder uns selbst zu Gefallen tun, sondern vielmehr ein systematisches Berühren des ganzen Hundekörpers. Es ist eine Nachahmung des Leckens und Berührens einer Hundemutter bei ihren Welpen, was ein emotionales Band herzustellen hilft, aber es ist auch ein Ausdruck ihrer Dominanz und

Wenn eine Hunde-
mutter ihre Welpen
leckt und mit dem
Fang liebevoll stupst,
stellt sie eine gefühls-
mäßige Bindung her
und demonstriert zu-
gleich soziale Domi-
nanz. Wir können
ähnliche Wirkungen
erzielen, wenn wir
einen Hund systema-
tisch streicheln und
die Hand über seinen
ganzen Körper gleiten
lassen.

Herrschaft über den Wurf. Die Tatsache, daß er berührt wird, bleibt auch noch für den erwachsenen Hund von Bedeutung: Unter Wildhunden und Wölfen darf ein dominantes Mitglied des Rudels, etwa das Leittier, rangniedere Rudelmitglieder nach Lust und Laune beschnuppern, mit dem Fang anstupsen oder berühren. Indem die anderen Rudelmitglieder diese Behandlung zulassen, signalisieren sie dem Leittier, daß sie dessen Führungsrolle akzeptieren. Ebenso wie bei einer Hundemutter und ihren Welpen etabliert die Berührung jedoch auch ein positives emotionales Band zwischen dem Berührenden und dem Berührten.

Man sollte darauf achten, daß man seinen Hund systematisch und fast täglich berührt. Jedes Familienmitglied, vor allem Kinder, sollten sich ebenfalls an dieses Ritual gewöhnen. Die Prozedur ist recht einfach. Man spricht beruhigend auf den Hund ein, nennt häufig seinen Namen und läßt ihn vor sich sitzen oder stehen. Dann nimmt man seinen Kopf in beide Hände und streichelt ihm Ohren,

Hals und Fang mit beiden Händen und sieht ihm dabei in die Augen. Anschließend läßt man beide Hände über Hals, Rücken und Flanken des Tiers gleiten. Es folgen der Brustkorb und die Vorderbeine. Wenn der Hund sitzt, bringt man ihn behutsam dazu aufzustehen, reibt ihm leicht Bauch und Rücken und läßt die Hände dann an den Hinterläufen bis zu den Pfoten entlanggleiten. Am Ende läßt man die Finger schnell und leicht über die Rute des Hundes gleiten (oder die Schwanzregion, wenn der Hund einen Stummelschwanz hat). Am Ende sollten Sie noch einmal kurz den Kopf des Hundes in die Hände nehmen und mit fröhlicher Stimme seinen Namen sagen. Diese ganze Abfolge von Berührungen erfordert nur dreißig Sekunden bis zu einer Minute, und Ihr Hund wird all diese Aufmerksamkeit mit großer Wahrscheinlichkeit genießen.

Diese Berührungen haben überdies den Vorteil, daß man so ein Gefühl für den Körper des Tieres bekommt. Sollte es irgendwo auffällige Beulen oder empfindliche Stellen geben, werden sie einem sofort auffallen. Mein Cairn-Terrier verdankt sein Leben der Tatsache, daß ich rechtzeitig einen Knoten entdeckte. So konnte der Tierarzt ihn entfernen, bevor der Tumor sich ausbreitete und Unheil anrichten konnte.

Eine Alternative ist die Körperpflege des Hundes, denn dabei muß man genauso systematisch vorgehen. Kräftiges Bürsten etwa ist ebenfalls eine Art Berührung, wenn auch stärker, und läßt die Dominanz des Herrchens oder Frauchens offenkundiger werden. Es hat überdies den angenehmen Nebeneffekt, daß der Hund anschließend besser aussieht. Überdies hat man weniger Haar im Haus, wenn ihr Hund einer stark haarenden Rasse angehört. Sie sollten nur daran denken, beim Bürsten ständig mit dem Hund zu sprechen und häufig seinen Namen zu nennen.

Manipulation und Einschränkung: Um Ihre Dominanz und Ihre Führungsrolle zu festigen, sollten Sie den Hund bewußt und regelmäßig manipulieren und in seinem Entscheidungsspielraum einschränken. Damit landet er in einer Position, die bei Wildcaniden Unterwerfung unter die Autorität eines dominanten Rudelmitglieds bedeutet. Wenn man schon mit einem Welpen anfängt, wird man auf nur wenig Widerstand stoßen. Der Hund wird diese Be-

weise des höheren Rangs eines Menschen bereitwillig akzeptieren.
Wenn der Hund allerdings schon erwachsen ist, wird man vermutlich eine festere Hand brauchen.

Es ist nichts weiter nötig, als den Hund von Zeit zu Zeit eine
Minute oder zwei in seiner Bewegungsfreiheit einzuschränken.
Man spricht sanft mit ihm und hält ihm für einige Sekunden die
Schnauze zu. Dann schiebt man den Hund zur Seite und hält ihn
fast eine Minute lang fest. Wenn das Tier dabei nicht die Beine hebt,
sollte man sie selbst in eine unterwürfigere Position bringen oder
den Hund auf den Rücken wälzen, so daß seine Beine in die Luft
ragen. Sehen Sie dem Tier dabei direkt in die Augen. Wenn es den
Blick abwendet, kann man die Übung beenden und ein wenig mit
dem Tier herumalbern, damit es mit dem Schwanz wedelt. (Dominante Hunde zeigen ihre Überlegenheit, indem sie rangniedere
Tiere unverwandt anstarren. Diese Hunde geben ihre Anerkennung
der Autorität dadurch zu erkennen, daß sie zur Seite blicken.)

Ferner sollte man den Hund gelegentlich am Nackenfell behutsam zu sich heranziehen. Wenn es ein kleiner Hund ist, kann man
ihn fünfzehn oder zwanzig Sekunden lang auch einfach hochheben.
Diese einfachen Aktionen ähneln dem Verhalten einer Hündin, die
so mit ihren Welpen umgeht.

Durchsetzung der Rudelhierarchie: Es gibt bestimmte Verhaltensweisen, an denen man das Leittier des Rudels und die rangniederen
Tiere erkennen kann. Das Leittier hat beim Fressen die erste Wahl,
darf sich überall zum Schlafen hinlegen, wo es ihm beliebt, betritt
als erstes eine Öffnung oder neues Territorium und kann von den
anderen Tieren jederzeit Aufmerksamkeit verlangen. Wenn Ihr
Hund Sie (und Ihre Familie) als Leittier des Rudels akzeptiert, wird
es ein glückliches, wenn auch rangniederes Rudelmitglied sein, das
Befehle und Ausübung von Herrschaft weit bereitwilliger akzeptiert. Sie müssen nur Ihre Führungsrolle immer wieder bestätigen,
indem Sie die Vorrechte des Leittiers wahrnehmen.

Als Leittier dürfen Sie nie zulassen, daß der Hund vor Ihnen
durch ein Tor geht oder aus dem Haus rennt. Wenn der Hund sich
an einem seiner Lieblingsplätze ausruht, sollten Sie ihn von Zeit zu
Zeit dazu bringen, sich zur Seite zu bequemen. (Ich sage einfach:

«Entschuldige bitte» und scheuche den Hund ein paar Schritte zur Seite. Nach einiger Zeit wird dieses «Entschuldige bitte» für den Hund «Los, beweg dich» bedeuten.) In dem Augenblick, in dem der Hund Ihrer Forderung bereitwillig nachgibt, sollten Sie ihn loben und anschließend wieder auf seine ursprüngliche Position zurückkehren lassen. Es kann auch nicht schaden, wenn Sie dem Hund ab und zu einen Gegenstand oder etwas von seinem Fressen wegnehmen. (Am besten fängt man damit an, wenn der Hund noch ein Welpe ist. Dann ist Aggression weniger wahrscheinlich und läßt sich überdies leichter beherrschen.) In dem Moment, in dem Sie es getan haben, sollten Sie den Hund dafür loben, daß er nicht aggressiv geworden ist, und ihm den Gegenstand zurückgeben oder sogar etwas mehr in seinen Freßnapf legen. Schließlich darf dem Hund nicht erlaubt werden, Ihre Aufmerksamkeit nach Lust und Laune zu fordern, indem er etwa mit der Pfote bettelt, bellt oder Ihnen die Vorderpfoten auf die Knie legt. Wenn er dies tut, sollten sie ihn stillschweigend zurückhalten, indem Sie ihn auf die Seite oder den Rücken wälzen und ihm vorübergehend in die Augen starren.

Aufmerksamkeits- und Willfährigkeitsübungen: Die vorhergehenden Übungen sind dazu entwickelt worden, das dominante Verhalten eines Hundes zu verändern. Mit anderen versucht man, die Aufmerksamkeit des Hundes auf Menschen zu lenken und ihn akzeptieren zu lassen, daß Menschen Herrschaft über ihn ausüben. Aus diesem Grund sollte man bei den oben beschriebenen Übungen immer wieder den Namen des Hundes wiederholen. Man sollte sogar immer mit dem Namen des Hundes beginnen, wann immer man ihn streichelt, füttert, begrüßt oder sonst irgendeine Interaktion mit ihm hat. Wenn dies regelmäßig geschieht, bedeutet der Name irgendwann für den Hund: Achtung, jetzt wird gleich etwas passieren, was mich betrifft. So erreicht man, daß der Hund einen ansieht, wann immer sein Name ausgesprochen wird.

Der vermutlich wichtigste einzelne Befehl, den man dem Hund beibringen muß, ist das Kommando *Sitz!* Es bringt den Hund dazu, freiwillig jede andere Aktivität zu beenden, und bringt ihn in eine Position, die sich gut als Anfang anderer Aktivitäten nutzen läßt. Es ist überdies sehr erfreulich, einem Welpen diesen Befehl beizubringen, weil der Hund ihn fast automatisch lernt. Man muß nur ein paarmal mit einem Leckerbissen vor seiner Nase hin und her wedeln und dann den Namen des Hundes sprechen sowie das Wort *Sitz*. Dabei hält man die Hand mit dem Fressen über, aber knapp hinter den Kopf des Welpen. Die meisten Hunde werden sich in einer solchen Lage ganz von allein setzen, weil diese Körperhaltung ihnen erlaubt, die Hand im Auge zu behalten. Wenn der Welpe sich nicht setzen will, kann man ihm behutsam die Hinterbeine einknikken, um ihn in Position zu bringen. Wie auch immer: Wenn der Hund sitzt, gibt man ihm etwas zu fressen und lobt ihn. Nächster Schritt: Jetzt hat man nichts Eßbares in der Hand, wiederholt jedoch den Namen des Hundes sowie den Befehl *Sitz!* und hält die Hand hinter den Kopf des Welpen. Wenn er sitzt, sollte man ihm wieder etwas zu fressen geben und ihn loben. Nach etwa zehn Wiederholungen dürfte der Hund nach dem Befehl und der entsprechenden Handbewegung zuverlässig sitzen. Dann kann man wahrscheinlich auf das Sichtzeichen mit der Hand verzichten, so daß der Hund nur noch auf das Hörzeichen reagiert.

Sowie der Befehl *Sitz!* zuverlässig eingeübt ist, kann man ihn dazu nutzen, den Hund daran zu gewöhnen, daß er auch anderen Befehlen gehorcht. Eine unerläßliche Voraussetzung dafür ist, daß man dem Hund nie etwas ohne Gegenleistung gibt. Bevor man den Hund füttert, muß er sitzen; bevor man ihn streichelt, muß er ebenfalls sitzen; bevor man den Hund zur Tür hinausläßt, nochmals sitzen, und so weiter. Wenn der Hund später andere Befehle als *Sitz!* kennt, kann man unter den verschiedenen Befehlen wählen, denen der Hund gehorchen muß, bevor er bekommt, was er will. Was der Hund in diesen Situationen wirklich lernt, ist folgendes: Er muß erst Ihnen, seinem Leittier, gehorchen, und wenn er dies tut, bekommt er die Dinge, die er haben will.

Der Hund muß das Gefühl haben, daß Sie ihn *immer und jederzeit* beherrschen. Das bedeutet, daß Sie ihn niemals bitten dürfen, etwas zu tun, es sei denn, Sie sind sich völlig sicher, daß er das gewünschte Handeln zeigt. Ein ausgebildeter Hund wird solchen Befehlen natürlich folgen, doch bevor es soweit ist, muß man in der Lage sein, jeden Befehl notfalls durchzusetzen. So sollten Sie zum Beispiel dem Hund nicht den Befehl *Platz!* erteilen, wenn Sie nicht

nahe genug sind, ihn notfalls mit sanfter Gewalt in eine liegende
Position zu zwingen. Solange der Hund noch nicht zuverlässig rea-
giert, sollten Sie ihn auch nicht rufen, es sei denn, er ist an der Leine.
Dann können Sie ihn zu sich heranziehen, als hätten Sie einen Fisch
an der Angel, wenn er nicht auf der Stelle reagiert. Dem liegt der
Gedanke zugrunde: dem Hund muß sich einprägen, daß die Befehle
seines Herrn weder Bitten noch Appelle sind oder der Beginn einer
Verhandlung, sondern vielmehr Anweisungen, die auf der Stelle zu
befolgen sind, weil sie sonst mit Gewalt durchgesetzt werden.
Wenn der Hund jedoch gehorcht (selbst wenn man ihn dazu zwingen muß), sollte man ihn loben oder sonstwie belohnen. So prägt
sich der Hund allmählich ein, daß die Arbeit für seinen Herrn mit
einem angenehmen Ergebnis für ihn selbst verbunden ist. Man
sollte auch immer daran denken, daß man dem Hund nie erlauben
sollte, in Situationen zu geraten, in denen er sich mit hoher Wahrscheinlichkeit danebenbenimmt oder ungehorsam ist.

Sobald man dem Hund ein paar grundlegende Befehle oder sogar
ein paar Kunststücke beigebracht hat, sollten diese regelmäßig, jedoch auf eine für den Hund unvorhersehbare Weise wiederholt
werden. So kann man etwa bei einem Spaziergang dem Hund befehlen, zu einem zu kommen und sich zu setzen. Die gleichen Befehle lassen sich auch beim Fernsehen erteilen. Die Wiederholung
zu unbestimmten Zeiten ist wichtig, nicht nur für die Einübung der
Befehle, sondern auch als immer neue Bekräftigung des Gedankens,
daß der Hund auf seinen Herrn achten und Anweisungen ohne jedes Zögern befolgen muß.

Wie ich schon bemerkt habe, lassen sich Persönlichkeitsverände-
rungen bei einem Hund am leichtesten bewerkstelligen, wenn dieser noch jung ist. Dann kann man dominantes Verhalten relativ
leicht verringern und dafür sorgen, daß er seinem Herrn mehr Aufmerksamkeit schenkt und seinen Wünschen nachkommt. Das gleiche läßt sich jedoch mit Hilfe der gleichen Übungen auch bei älteren
Hunden erreichen. Ich denke dabei an Bradley, einen gelben Labrador-Retriever, der eines Tages in einem meiner Gehorsamskurse
erschien und sein Frauchen hinter sich herzerrte. Bradley war ein
gutaussehender Hund, der aber sowohl sein Frauchen als auch deren Mann völlig ignorierte und die nächste Stunde damit ver-

brachte, am Ende seiner Leine zu zerren, zu bellen, loszuspringen und alles zu bedrohen, was in seine Nähe kam. Am Ende dieser ersten Stunde nahm ich das Paar beiseite. Wie sich herausstellte, hatten die beiden Bradley aus einem Tierheim geholt. Er war etwa vier Jahre alt, doch seine neuen Eigentümer wußten überhaupt nichts über seine Vergangenheit. Er lebte schon seit etwa drei Monaten bei ihnen, in denen er ständig dieses dominante Verhalten gezeigt hatte. Er weigerte sich, selbst die einfachsten Befehle zu befolgen. Ich bin überzeugt, daß der Gehorsams-Persönlichkeitstest so gut wie ausschließlich Kreuze in Spalte A ergeben hätte, was auf Aggression und Dominanz hindeutet.

Ich klärte die beiden darüber auf, daß sie Bradleys Persönlichkeitsmerkmale dringend verändern müßten, wenn sie je in die Lage kommen wollten, den Hund zu beherrschen. Solange er ihre Führungsrolle nicht anerkannte, würde jede Gehorsamsausbildung eine Verschwendung von Zeit und Geld sein. Als allererstes brachte ich diesem Paar bei, wie sie Bradley auf dem Fußboden plazieren müßten. Dazu ist folgendes nötig: Man kniet sich neben dem stehenden Hund hin, langt über seinen Körper hinweg und unter seinen Körper, ergreift – wenn der Hund rechts von einem steht – das linke Vorder- und Hinterbein und zieht diese dann nach außen (von einem selbst weg); das läßt den Hund seitlich hinfallen, so daß die Beine von einem selbst wegzeigen. Ich wies die beiden an, Bradley in diese Position zu bringen und nicht aufstehen zu lassen (selbst wenn es bedeutete, daß sie sich auf ihn setzen mußten). Diese Prozedur sollte zweimal am Tag mindestens fünf Minuten lang wiederholt werden. Überdies sollten die beiden Bradley zweimal am Tag so berühren, wie ich es weiter oben beschrieben habe. Überdies mußte Bradley vor dem Fressen auf das Wort *Sitz!* reagieren, selbst wenn es bedeutete, daß er mit Gewalt in diese Position gebracht werden mußte.

Dieses strenge Regiment dauerte zwei Wochen, in denen Bradley der Standardbefehl *Platz!* beigebracht wurde, dem er entsprechend Folge zu leisten hatte. Selbst nachdem diese Übung zu Hause nicht mehr auf Widerstand stieß, war es noch lange nicht möglich, Bradley in Gegenwart anderer Hunde und Menschen zum Einlenken zu bewegen. Anfänglich mußten sein Herrchen und sein Frauchen auf seiner Leine stehen, um ihn in der Position zu halten. Der Widerstand gegen diesen Befehl ist bei dominanten Hunden durchaus nicht untypisch – man darf nicht vergessen, daß ein Hund, der sich hinlegt, sich in eine Position der Unterwerfung begibt. Schon aus diesem Grund ist es wichtig, daß solche Hunde lernen, gerade diesen Befehl zu befolgen. Sobald ein Hund erst einmal weiß, was *Platz!* bedeutet, wird die Dominanz des Hundehalters mit jeder Befolgung dieses Befehls bestätigt, und überdies ist es ein angenehmes Mittel, um alle anderen Aktivitäten des Hundes zu beenden. Aus diesem Grund wurde Bradley bei Spaziergängen und im Haus immer wieder überraschend in die liegende Position befohlen. Die Zeit, die er so zubringen mußte, war meist sehr kurz, doch von Zeit zu Zeit verlangte man von ihm, eine volle Minute lang so zu verharren. Wenn er nicht auf den Befehl reagierte, wurde er auf die Seite gelegt, und sein Halter starrte ihm etwa fünfzehn Sekunden in die Augen. Wenn er sich auf einen anderen Menschen oder einen Hund stürzte oder bellte, wurde er auf der Stelle in eine liegende Position gezwungen.

Am Ende der vierten Woche begannen sich erste Veränderungen in Bradleys Verhalten zu zeigen. Er sah seine Eigentümer an, wenn sie sprachen, und schien auch während der Gehorsamskurse weit beherrschter zu sein. Am Ende der zehn Wochen, die ein typischer Kurs meist dauert, wunderten sich sein Herrchen und sein Frauchen über ihren neuen Hund.

Man darf jedoch nicht vergessen, daß vor allem erwachsene Hunde nicht immer so schnell oder gut reagieren wie Bradley. Er war immerhin ein Labrador-Retriever, und Hunde dieser Rasse sind schon von Natur aus klug und aufgeschlossen. Es wäre weit schwieriger, etwa bei einem erwachsenen Terrier Dominanz, Aufmerksamkeit und Beherrschung zu etablieren. Bei einem Terrier könnte es drei Monate oder länger dauern, bis man Fortschritte sieht. Eine Persönlichkeitsveränderung innerhalb von vier Wochen wie bei Bradley wäre unmöglich. Die Anstrengung lohnt sich jedoch immer, denn um das Verhalten eines Hundes zu beherrschen, muß man zuerst seine Aufmerksamkeit haben und dann seine willige Fügsamkeit.

Ein von Haus aus unterwürfiger Hund mit vielen Kreuzen in der

Spalte U beim Gehorsams-Persönlichkeitstest wird nicht viel Mühe machen, wenn man seine Dominanz bei ihm sichern will. Ein solcher Hund wird jedoch davon profitieren, wenn man ihn oft berührt oder bürstet, denn dadurch festigt sich die emotionale Bindung an seinen Halter. Ein unterwürfigerer Hund wird auch viel von Aufmerksamkeits- und Fügsamkeitsübungen haben, denn wenn er sich auf seinen Herrn konzentrieren muß, wird er von seinem manchmal angstgeprägten Seelenzustand abgelenkt. Wenn man konsequent an diesen Dingen arbeitet, wird der Hund allmählich etwas Selbstvertrauen gewinnen. Systematische Ausbildung macht ängstliche Hunde überdies sicherer, wenn man ihnen etwa beibringt, wie sie wem gegenüber zu reagieren haben. Vorhersehbare Dinge bergen keine unangenehmen Überraschungen, und diese Hunde wünschen sich nichts mehr als Sicherheit und Geborgenheit.

Wie man die instinktive Intelligenz steigert

Diese Form der Intelligenz läßt sich nur schwer beeinflussen, da man es dabei mit genetischen Anlagen zu tun hat. Natürlich können Hundezüchter die instinktive Intelligenz künftiger Hundegenerationen beeinflussen, indem sie den Fähigkeiten und dem Temperament künftiger Hundeeltern ihr besonderes Augenmerk widmen, aber die meisten Menschen kaufen ihren Hund einfach von einem Züchter und müssen in der Gegenwart leben. Dennoch: Hundehalter können die instinktive Intelligenz ihrer Lieblinge zwar nicht beeinflussen, sich deren Konsequenzen aber bewußtmachen. Es liegt auf der Hand, daß ein Hund, dessen Eltern bei Gehorsamswettbewerben Preise gewonnen haben, aufgrund von deren Leistungen ein erfolgversprechendes genetisches Potential auf dem Gebiet der Arbeits- und Gehorsamsintelligenz besitzt. Dies ist auch ein Hinweis darauf, daß dem Züchter nicht nur das Aussehen seiner Hunde am Herzen liegt, sondern auch Temperament, Persönlichkeit und Leistung. Bei Nutz- und Jagdhundrassen werden Eltern, die bei Wettbewerben entsprechende Preise gewonnen haben, mit hoher Wahrscheinlichkeit Welpen mit der angeborenen Neigung zur Jagd und zum Apportieren hervorbringen.

Welche Verhaltensmuster Ihr Hund aufgrund seiner genetischen Ausstattung auch an den Tag legen mag, so bleibt immer etwas Spielraum, um dieses Verhalten zu beeinflussen, obwohl manche Modifikationen der instinktiven Intelligenz erfolgreicher sein werden als andere. Die Erfolgsaussichten sind von der Hunderasse und der Art der erwünschten Änderung abhängig. So ist es beispielsweise leichter, eine von Natur aus aktive Hunderasse noch aktiver zu machen, als eine träge Rasse zu größerer Lebhaftigkeit zu bewegen. Umgekehrt ist es leichter, eine normalerweise behäbige Rasse noch behäbiger als einen aktiven Hund stiller zu machen. Sehr gesellige Hunde wie Beagles, Cockerspaniels oder Golden Retriever lassen sich leicht noch geselliger machen, so daß sie Menschenansammlungen und Kontakte mit vielen Menschen nicht nur ertragen, sondern sogar genießen. Wollte man das gleiche bei Hunden versuchen, deren genetische Ausstattung sie eher zu Einzelgängern macht, wie etwa Afghanische Windhunde, Chihuahuas, Chow-Chows oder Schipperkes, wird man schon erheblich mehr Mühe haben. Viele dieser Hunde werden reizbar, ängstlich oder gar aggressiv werden, wenn sie von vielen Menschen umgeben oder zuviel Aufmerksamkeit von Fremden ausgesetzt sind. Einfach ausgedrückt: Es erfordert wenig oder keine Mühe, eine Rasse in eine Richtung zu verändern, welche die instinktiven Neigungen verstärkt, während es schon großer und konzentrierter Anstrengungen bedarf, um eine Rasse in eine Richtung zu verändern, die den natürlichen Neigungen zuwiderläuft.

Zu Problemen kommt es auch, wenn Hundehalter vergessen, wie sich ihre Hunde aufgrund ihrer instinktiven Intelligenz verhalten. Alle Hunde entwickeln sich beim Heranwachsen in die Richtung des genetischen Bauplans ihrer Rasse, es sei denn, wiederholte extreme Erlebnisse oder eine stark konzentrierte Ausbildung wirken diesen Tendenzen entgegen. Das Wissen um die instinktive Intelligenz einer Rasse und die Auslöser eines bestimmten, genetisch programmierten Verhaltens erlaubt es jedem Hundehalter, für seinen

Hund optimale Ausbildungsbedingungen zu schaffen. Man sollte lieber eine Umgebung wählen, in der die Reize, die ein angeborenes Verhalten auslösen, vermieden werden können. Sogenannte Augenhunde beispielsweise werden alles jagen, was sich bewegt. Dies bedeutet, daß man sich die Versuche, einen Greyhound, Whippet, Saluki oder Afghanen auszubilden oder mit ihm zu arbeiten, nur unnötig schwer macht, wenn man es etwa in einem Park versucht, in dem Kinder und andere Hunde herumlaufen. Wenn die Arbeit im Freien stattfinden muß, sollte man sich ein freies Feld oder einen leeren Garten aussuchen. Ein stilles Zimmer wäre sogar noch besser, da der Hund dort keinen Horizont absuchen kann. Wenn man die Möglichkeit visueller Ablenkungen von vornherein ausschließt, wird ein Augenhund seine volle Aufmerksamkeit dem Ausbilder widmen und den Dingen, die man von ihm verlangt. Umgekehrt läßt sich die Ansprechbarkeit dieser Rassen auf visuelle Reize mit Vorteil nutzen, indem man bei der Ausbildung klare und manchmal übertriebene Sichtzeichen verwendet, statt sich ausschließlich auf Hörzeichen zu verlassen.

Fährtenhunde wie Beagles, Bloodhounds oder Bassets reagieren kaum auf visuelle Reize, lassen sich aber leicht von Düften ablenken, vor allem wenn sie Vieh, wilde Tiere oder andere Hunde wittern. Folglich wird sich die Ausbildung von Hunden dieser Rassen glatter bewerkstelligen lassen, wenn die Arbeit in einem geschlossenen Raum oder auf asphaltierten Flächen stattfindet, die in regelmäßigen Abständen gefegt oder mit einem Gartenschlauch abgespritzt werden. Man wird feststellen, daß die Hunde dann auch schneller lernen. Scheunen oder Bauernhöfe, Spielplätze, auf denen oft andere Hunde auftauchen, Felder, auf denen Pferde oder Kühe weiden, sowie offenes Gelände mit Vögeln und Wild können extrem ablenkend sein. Ein Fährtenhund braucht nur ein einziges Mal abgelenkt zu werden, um eine ganze Ausbildungssitzung zunichte zu machen; denn wenn er etwas wittert, wird der Hund nur noch seiner Nase folgen. (Einige Ausbilder behaupten, sie könnten einige dieser Ablenkungen vermeiden, indem sie die Nase ihres Hundes mit Haarpomade, Badegel oder Hautcreme einreiben. Sie glauben, diese Düfte würden die Ablenkung durch natürliche Düfte verhindern.) Fährtenhunden fällt es überdies schwer, auf Sichtzeichen zu achten. Sie haben ständig die Nase am Boden, und so kann es passieren, daß sie den Hundeführer gar nicht ansehen. Bei diesen Rassen ziehen die meisten Ausbilder den Gebrauch von Hörzeichen vor.

Terrier lassen sich leicht durch kleine Tiere in der Nähe oder durch Lichter und Reflexe ablenken, die sich auf der Erde oder dem Fußboden bewegen, denn diese lösen meist den Jagdinstinkt der Tiere aus. Das bedeutet, daß man Terrier nicht gerade in Gelände mit beweglichen Schatten ausbilden sollte (etwa in der Nähe eines Baumes, der an einem sonnigen und windigen Tag bewegliche Schatten wirft). Für diese Rassen ist es oft besser, wenn man bei tiefstehender Sonne oder im Haus mit ihnen arbeitet. Orte, an denen Fliegen, Bienen oder andere Insekten häufig zu finden sind, können bei Terriern ebenfalls ablenkend wirken. Sie versuchen dann, die Insekten zu schnappen, und lassen Ausbildung Ausbildung sein. Gehorsamsausbildungs-Systeme, die eine korrekte Leistung eines Hundes mit einem lebhaften Spiel belohnen, sind für den Terrier ungeeignet. Viele Terrierrassen lassen sich von ihrer Aufregung leicht mitreißen, so daß sie für die anschließende Arbeit kaum mehr zu gewinnen sind. Bei Terriern scheint man die besten Leistungen bewirken zu können, wenn man still und ruhig mit ihnen arbeitet und sie mit einem Streicheln oder einem Leckerbissen belohnt statt mit Spielen oder Herumtollen.

Als ich zu Beginn meiner Laufbahn mit einem meiner Hunde an einem Kurs in Gehorsamsausbildung teilnahm, war meine Lehrerin Emma Jilg. Sie besaß einen wunderbaren Zwergpudel namens April. Eines Abends fragte eine Kursteilnehmerin, wie sie ihren Hund bei der Ausbildung dazu bringen könne, aufmerksamer auf Befehle zu achten. Emma führte einige Techniken vor und setzte dann April ein, um an ihr konzentrierte Aufmerksamkeit zu demonstrieren. Zunächst gab sie dem Hund die Anweisung: «Sieh mich an» und forderte die Kursteilnehmer dann auf, den Hund zu rufen. Die zwölf Anwesenden versuchten es mit allen Mitteln. Sie gestikulierten, bemühten sich, ihrer Stimme einen verführerischen Unterton zu geben, wedelten mit Leckerbissen herum und führten sich albern und fast clownhaft auf. Der elegante kleine Pudel blieb davon jedoch unbeeindruckt. Die Hündin hielt den Blick fest auf

Emma gerichtet und ließ sich durch nichts ablenken. Nachdem die Anwesenden erkannt hatten, daß ihre Mätzchen nichts fruchteten, sagte Emma: «Diese Konzentrationsübungen sollten bei jedem Hund funktionieren.» Dann setzte sie sich neben mich und meinen Cairn-Terrier Flint, der bei alldem aufgeregt auf und ab getänzelt war. Sie legte mir den Arm um die Schulter und fuhr fort: «Für den Eigentümer eines Terriers wird es natürlich schwerer sein. Terrier interessieren sich einfach zu sehr für alles. Sie können nicht stillsitzen und sich auf nur einen Menschen konzentrieren.» Dann sahen wir beide Flint an, dem ich befohlen hatte, an meiner Seite sitzen zu bleiben: Er dachte jedoch gar nicht daran, sondern gab sich alle Mühe, Aprils Aufmerksamkeit zu erregen. Er forderte sie zum Spielen auf und ließ ein munteres Bellen hören.

Die meisten Jagdhundrassen lassen sich am besten dort ausbilden, wo sich keine größeren Vogelschwärme versammeln. Bei einem Gehorsamswettbewerb in einer Halle war einmal ein Fasan in der großen Arena gelandet, in der der Wettbewerb stattfand. Wie für diese Art typisch, versuchte der Vogel, jeden Kontakt mit den Menschen und Hunden zu vermeiden, und spazierte auf einigen Deckenbalken über den Ringen herum. Urplötzlich bekam ein Kurzhaariger Deutscher Vorstehhund, der sich an den Vortagen im Wettbewerb ganz gut gemacht hatte, Witterung von dem Vogel. Der Hundeführer war auf der Stelle vergessen. Der Mann stolperte sogar über den Hund, da dieser urplötzlich erstarrte, um den Fasan inmitten einer *Fuß!*-Übung anzustarren. Bei Vorstehhunden genügen manchmal Federn, etwas Flaum und sogar etwas zerknülltes Zeitungspapier, das der Wind verweht, um die gleiche Wirkung zu erzeugen. So ist es kein Wunder, daß ein von jedem Unrat freies Gelände oder geschlossene Räume für die Ausbildung dieser Hunde besser geeignet sind. Überdies sollte man flatternde Kleidung vermeiden, etwa lange, wallende Röcke, Schals, Krawatten oder Fransen: bei einem Gehorsamswettbewerb sah ich einmal einen Irischen Setter in der klassischen Jagdposition erstarren, als er außerhalb des Rings den mit bunten Federn besetzten Hut einer Zuschauerin entdeckte!

Hütehunde werden oft durch unruhige Menschenmengen abgelenkt, und wenn Rinder in der Nähe sind, sind sie völlig unfähig,

sich zu konzentrieren. Spielplätze voller Kinder sind besonders ungeeignet, da Kindergruppen etwas an sich zu haben scheinen, was
die Hüteinstinkte in diesen Hunden auslöst. Bei der Ausbildung dieser Hunde sollte man darauf achten, daß nicht viele Menschen in
der Nähe sind. Wenn sich das jedoch nicht vermeiden läßt, sollte
man sich einen Standort suchen, an dem sich die Leute langsamer
bewegen oder nicht in Gruppen versammeln. Auf der positiven
Seite ist bei Hütehunden zu vermerken, daß sie sich sehr schnell an
Hintergrundgeräusche gewöhnen. Sie können also selbst bei großem Lärm gut arbeiten, was vielen anderen Hunderassen schwerfallen würde.

Wachhunde sind in dieser Hinsicht das genaue Gegenteil von
Hütehunden, da sie sich von lauten Geräuschen meist ablenken lassen. Laute oder gelegentlich auftretende Geräusche lösen bei diesen
Rassen immer wieder Reaktionen aus, die den Ausbildungsversu-
chen der Hundeführer in die Quere kommen. Gelände, auf dem
Erwachsene oder Kinder joggen und herumrennen, sollte man
ebenfalls meiden, da ein davonlaufender Mensch bei einigen dieser
Hunden die Jagdinstinkte auslösen kann: Er läuft hinterher und
greift an.

Flüssige und kristalline Intelligenz

Albert Einstein dürfte für viele Menschen der Inbegriff des Genies
sein. Einen Menschen, den wir für besonders klug halten, nennen
wir manchmal sogar einen «Einstein». Wir haben diesen Mann un-
sterblich gemacht: Sein Bild findet sich auf T-Shirts, und in Car-
toons und Comics entdecken wir immer wieder Einsteins üppige
Haarmähne, wenn ein Wissenschaftler dargestellt werden soll.
Wenn Albert Einstein jedoch nie eine Schule besucht, nie lesen und
schreiben gelernt und nie die Grundbegriffe der Mathematik erlernt
hätte, hätte er keine der großen Entdeckungen gemacht, für die er
bekannt ist. Wahrscheinlich hätten ihn seine Zeitgenossen für einen
Mann von geringer Intelligenz gehalten und nach seinem Tod auf
der Stelle vergessen.

Wie ist es möglich, daß ein Wandel der Umstände genügt, um zu
bestimmen, ob ein Mann als Genie bekannt wird oder als unbe-

kannter Ignorant endet? Die Antwort hat etwas mit der Natur der Intelligenz zu tun. Jede der in diesem Buch erörterten Dimensionen der Intelligenz läßt sich in zwei Teile aufteilen. Psychologen bezeichnen die erste Komponente als die *flüssige Intelligenz (fluid intelligence)*. Damit ist das angeborene Intelligenzpotential eines Menschen gemeint, wie es sich beispielsweise in der Geschwindigkeit zeigt, mit der er lernt, in seiner Speicherfähigkeit für Wissen und in der Effizienz, mit der er bestimmte Probleme angeht. Die flüssige Intelligenz wird durch die genetischen und neurologischen Anlagen jedes Menschen bestimmt – durch physiologische Faktoren wie etwa Gehirngröße, Chemie des Gehirns, die Zahl der Nervenzellen in der Hirnrinde, die Zahl der Verästelungen der Nervenzellen und so weiter. Die flüssige Intelligenz setzt der kognitiven Fähigkeit jedes Menschen Grenzen und legt ein Niveau fest, über das hinaus die Intelligenz sich nicht steigern läßt. Einsteins flüssige Intelligenz war sein Potential zum Lernen und zur Problemlösung.

Die zweite Komponente jeder Form von Intelligenz ist die *kristalline Intelligenz (crystallized intelligence)*, mit der man die mentalen Prozesse meint, die erlernte Komponenten erforderlich machen. Zur kristallinen Intelligenz gehört das Sprachvermögen, das mathematische Denken, die Fähigkeit, Problemlösungsstrategien zu lernen, und so weiter. Sie stellt die Gesamtheit dessen dar, was ein Mensch durch Ausbildung und Lebenserfahrungen lernen kann.

Die *manifeste Intelligenz (manifest intelligence)* ist die meßbare Intelligenz eines Menschen, also die Summe der flüssigen und der kristallinen Intelligenz. Um eine Analogie im Autorennsport heranzuziehen: Nehmen wir an, die Durchschnittsgeschwindigkeit eines Rennwagens bei einem Rennen stelle die manifeste Intelligenz eines Menschen dar. Es liegt auf der Hand, daß die Geschwindigkeit zum Teil durch die mechanischen Faktoren bestimmt wird, die den Wagen insgesamt ausmachen – die flüssige Intelligenz. Die Geschwindigkeit wird jedoch auch durch die Fähigkeiten des Fahrers und der Mechaniker an der Box bestimmt – die kristalline Intelligenz. Der Rennwagen kann jedoch eine bestimmte Höchstgeschwindigkeit nicht überschreiten, wie tüchtig Fahrer und Mechaniker auch sein mögen. Ebensowenig kann er jedoch jemals in die Nähe seines Potentials kommen, wenn die Fähigkeiten von Fahrer und Mechanikern unterdurchschnittlich sind.

Ein anderes Beispiel: Ein geistig zurückgebliebener Mensch wird je nach Ausmaß seiner Minderbegabung nie sein volles Sprechvermögen erlangen, wie lange und intensiv man ihn auch unterrichtet haben mag. Hier wird die Grenze durch die geringe Kapazität der flüssigen Intelligenz dieses Menschen bestimmt. Doch auch ein Mensch mit einem Intelligenzquotienten von zweihundert wird unter Umständen nie sprechen können, wenn man ihn nicht einer systematischen Sprachkommunikation mit anderen Menschen aussetzt. Hier wird die Grenze durch die Beschränkungen der Erfahrungen bestimmt, welche die kristalline Intelligenz steigern. Einfach ausgedrückt: Die kristalline Intelligenz zeigt, was ein Mensch geistig zu leisten vermag, die flüssige Intelligenz sein geistiges Potential.

Einige Aufgaben sind stärker von der flüssigen Intelligenz abhängig, während bei anderen eher die kristalline gefordert ist. Mathematiker und theoretische Physiker sind meist Menschen mit einer hohen flüssigen Intelligenz, was sie zu kreativen Problemlösungen befähigt, und viele nehmen schon in recht jungen Jahren hohe Positionen ein. Historiker, Ökonomen und Ärzte hingegen erreichen den Gipfel ihrer Leistungsfähigkeit jedoch erst in einem etwas reiferen Alter, weil Meisterschaft in diesen Berufen nur mit dem Erwerb umfangreicher Kenntnisse und dem Erlernen besonderer Techniken möglich ist, was der kristallinen Intelligenz zuzurechnen ist.

Bei einem Hund zeigt sich die flüssige Intelligenz in seiner Lernfähigkeit und der Fähigkeit zur Problemlösung, wie sie im neunten Kapitel beschrieben worden sind. Die kristalline Intelligenz ist das, was ein Hund tatsächlich weiß, wozu auch weitgehend sein Verständnis der menschlichen Sprache gehört – und seine sämtlichen Reaktionen auf Befehle, ob sie nun den Gehorsam oder die Arbeit betreffen. Viele der Punktrichter von Gehorsamswettbewerben für Hunde, die ich für dieses Buch befragt habe, sind der Meinung, daß die kristalline Intelligenz bei Hunden die größere Bedeutung hat und daß nur wenige Hunde je das volle Potential ihrer flüssigen Intelligenz erreichen.

Verbesserung der flüssigen Intelligenz eines Hundes

Nicht-Wissenschaftlern wird es zwar kaum glaubhaft erscheinen, aber es ist durchaus möglich, die neurologischen und physischen Aspekte eines Hundegehirns zu verändern und so die flüssige Intelligenz des Tiers direkt zu beeinflussen.

Die Umweltfaktoren, welche die strukturellen Aspekte eines Hundegehirns beeinflussen, zeigen ihre größten Auswirkungen bei einem jungen Hund. Der wichtigste dieser Faktoren ist die Ernährung. Im ersten Lebensjahr eines Hundes ist eine ausgewogene Ernährung von entscheidender Bedeutung. Wenn ein Hund nicht richtig ernährt wird, werden die Nervenzellen seines Gehirns nicht wie vorgesehen reifen; das Gehirn wird einen geringeren Umfang und ein geringeres Gewicht haben und nicht die volle Leistung erreichen. Fehlernährte Hunde werden für ihr gesamtes restliches Leben weniger intelligent handeln.

Wahrscheinlich hatten Sie keinerlei Einfluß auf die Ernährung der Hündin, die Ihren Hund zur Welt gebracht hat. Sie selbst können jedoch im ersten Lebensjahr Ihres Hundes sehr viel für seine Gesundheit tun, indem Sie besonders sorgfältig auf seine Ernährung achten. Viele Hunde werden mit Lebensmittelresten ernährt. Damit mag ein Hund heranwachsen, der davon überleben kann (wenn auch nicht unbedingt bei optimaler Gesundheit), aber für einen jungen Welpen sind Reste wahrscheinlich nicht das geeignete Futter. Man sollte seinem Hund eine ausgewogene Diät gönnen. Viele preiswerte Produkte der Nahrungsmittelindustrie und Halbfertignahrung kommen diesem Bedürfnis entgegen wie natürlich auch zahlreiche teurere, aber ausgewogenere Produkte. Überdies klären Bücher darüber auf, wie man mit Resten der für Menschen vorgesehenen Lebensmittel einen Hund angemessen ernähren kann.

Den meisten Menschen dürfte es zwar leicht sein zu akzeptieren, daß die Ernährung die Gehirnfunktion beeinflussen kann, aber es dürfte ihnen schon schwerer fallen zu akzeptieren, daß auch die Lebenserfahrungen eines Tieres das Gehirnwachstum und dessen Leistungsfähigkeit beeinflussen können. Experimentalpsychologen ist jedoch aufgefallen, daß Tiere, die in der Nähe von Menschen aufgezogen worden sind (ob nun Hunde, Katze oder Ratten), schneller zu lernen und Probleme effizienter zu lösen scheinen als Labortiere. Diese werden natürlich mit einer ausgewogenen und nährstoffreichen, auf wissenschaftlicher Grundlage erarbeiteten Nahrung gefüttert, so daß die Ernährung den Unterschied nicht erklären kann. Worauf es wirklich anzukommen scheint, ist die Tatsache, daß Haustiere im Lauf ihres Lebens weit mehr Erfahrungen machen. Die meisten Labortiere verbringen den größten Teil ihres Lebens in einem Käfig oder Zwinger in Gesellschaft von höchstens einem oder zwei anderen Tieren. Im Vergleich dazu ist das durchschnittliche Haustier vielen verschiedenen Umgebungen ausgesetzt gewesen, etwa wenn es in einem Haus von Zimmer zu Zimmer spaziert oder mit seinem Herrchen auf Reisen geht. Der Haushund ist weit mehr sozialen Interaktionen ausgesetzt, etwa mit Besuchern seines Herrn. Der Haushund muß überdies viele alltägliche Probleme lösen und den Hinweisen seines Herrn entnehmen, was als nächstes geschieht, und so weiter. Mit anderen Worten: Der Geist des Haushunds wird weit mehr beschäftigt gehalten. Das Gehirn muß mehr Informationen verarbeiten, mehr lernen und mehr Lösungen für Probleme finden, als es einem Labortier je abverlangt wird.

Über die Auswirkungen der Erfahrung auf Gehirnfunktion und -struktur sind umfangreiche Forschungen angestellt worden. Sie haben ergeben, daß Erfahrungen, vor allem frühe Erfahrungen, die Physiologie des Gehirns formen können. In den Labors der Psychologen Mark Rosenzweig, David Krech und Edward Bennett an der University of California in Berkeley wird seit mehr als dreißig Jahren darüber experimentiert. Diese Versuche haben ergeben, daß Tiere, die in einer anregungsarmen Umwelt gehalten werden, in der sie sozial isoliert sind, nur in geringem Umfang den Reizen von Licht und Geräuschen ausgesetzt werden und kaum Möglichkeiten haben, ihre Umwelt zu erforschen und mit ihr zu einer Interaktion zu kommen, bei Lern- und Problemlösungstests schlecht abschneiden. Andere Tiere aus demselben Wurf, die in einer reicher gegliederten Umgebung aufwuchsen, einer Umwelt mit Spielsachen, einer komplexen Architektur, mit anderen Tieren, mit denen eine Interaktion möglich war, einer Umwelt, in der Probleme zu lösen waren und die überdies ständig neue Anregungen bot, schnitten bei den Lern- und Problemlösungstests weit besser ab. Als man die Tiere aus der anregenderen Umgebung später untersuchte, stellte sich heraus, daß sie ein größeres und schwereres Gehirn hatten als die Tiere, die unter normalen Laborbedingungen lebten. Ihre Großhirnrinde war dicker, und die Konzentration bestimmter lebensnotwendiger Gehirnenzyme, die für die Übertragung von Informationen von und nach bestimmten Teilen des Gehirns verantwortlich sind, sogenannter Neurotransmitter, war ebenfalls höher.

Der Psychologe William Greenough von der University of Illinois hat sich die Auswirkungen von Erfahrungen auf die Gehirnstruktur näher angesehen und folgendes demonstrieren können: Ein Tier, das in einer Umgebung lebt, in der viele Entscheidungen zu treffen sind und in der es viele neue Dinge zu erforschen gibt, hat eine komplexere «Verkabelung» der Hirnrinde aufzuweisen. Informationen werden durch Verästelungen am Zellkörper von und nach anderen Gehirnzellen übermittelt. Die Verästelungen, die Informationen von anderen Nervenzellen empfangen, sind die sogenannten *Dendriten*, während die Verästelungen, die Informationen an andere Nervenzellen übermitteln, die sogenannten *Neuriten* sind. Je größer die Gesamtzahl von Verästelungen, die eine Zelle mit anderen verbinden, um so größer auch die Informationsmenge, die jede einzelne Zelle empfangen, verarbeiten und übermitteln kann. Die höhere Zahl von Stimulationen und die vielfältigeren Erlebnisse, die das Leben in einer komplexen Umgebung mit sich bringt, scheint das Wachstum neuer Verästelungen in diesen Nervenzellen zu fördern und neue Verbindungen mit anderen Nervenzellen herzustellen, sogenannte *Synapsen*. Tiere mit einer Vielzahl solcher Verästelungen scheinen bei einer Vielfalt psychologischer Aufgaben bessere Arbeit zu leisten. Mit anderen Worten: Sie scheinen klüger zu sein. Ein besonders interessanter Aspekt von Greenoughs Forschungsarbeit ist die Tatsache, daß die Zahl der Dendriten und Neuriten sich selbst bei älteren Tieren zu erhöhen scheint, die man aus einer Umgebung mit nur begrenzter Stimulation und wenigen Möglichkeiten, das Verhalten zu erweitern, in eine Umgebung mit besseren Entfaltungsmöglichkeiten verpflanzt hat. Das bedeutet, daß manche der Möglichkeiten, die Gehirnfunktion zu verbessern, einem Tier lebenslang erhalten bleiben. Es gibt zahlreiche Methoden, die flüssige Intelligenz eines Hundes zu steigern. Zu den einfachsten Techniken gehört es, daß man den Hund neuen Umgebungen aussetzt und neuen Reizen, und zwar unter sicheren und kontrollierten Bedingungen. Zu der größten Zunahme an Gehirngröße und -gewicht sowie an Komplexität der «Verkabelung» wird es zwar kommen, wenn man einem Hund im ersten Lebensjahr eine anregendere Umwelt bietet, doch lassen sich Verbesserungen während des gesamten Hundelebens erreichen.

Die Erarbeitung eines solchen Entwicklungsprogramms für einen jungen Hund ist sogar recht einfach. Sobald man den Welpen im Haus hat (meist wenn er sieben Wochen alt ist), sollten Sie ein normales Halsband für ihn bereithalten. (Vergewissern Sie sich, daß es bequem sitzt, aber trotzdem noch so eng ist, daß man es dem Hund nicht ohne weiteres über den Kopf ziehen kann.) Anschließend sollte der Hund in Begleitung das Haus oder die Wohnung kennenlernen. Es gibt einen einfachen Weg, einen Welpen an neue Situationen zu gewöhnen. Man befestigt eine etwa zwei Meter lange und sehr leichte Leine am Halsband und bindet sie sich dann in den Stunden, in denen man mit dem Hund zusammen ist, an den Gürtel. Wann immer man sich woandershin begeben will, sollte man es dem Welpen verkünden, indem man ihn mit seinem Namen anspricht und erst dann aufsteht, um zu tun, was man vorhat. Zunächst wird man den Welpen zwingen müssen, ohne ständiges Zerren an der Leine zu folgen, doch nach einigen Tagen wird das Tier ohne weiteres mitkommen. Man sollte es loben und in dieser Zeit immer wieder streicheln, um ihm ein Gefühl der Sicherheit zu geben. Nach einiger Zeit dürfte der Welpe ohne Leine und auf die bloße Nennung seines Namens hin mitkommen.

Dieses Verhaltensprogramm bietet dem Hund weit vielfältigere Erfahrungen, als es in einem Zwinger, einer Küche oder einem kleinen Garten möglich ist. Das Tier wird dabei ständig auf neue Herausforderungen stoßen, wenn es beispielsweise eine Treppe hinaufgehen oder um bestimmte Möbelstücke herumgehen soll. Es wird überdies ständig eine Vielfalt neuer Sinneswahrnehmungen erleben, Anblicke, Laute und Düfte, die in jedem Zimmer neu sind, besonders aber, wenn Sie das Haus verlassen und den Hund überallhin mitnehmen.

Um besonders dem jungen Hund eine Vielzahl von Erlebnissen zu ermöglichen, sollte man ihn sowenig wie möglich allein lassen. Versuchen Sie, ihn immer mitzunehmen, wenn Sie etwas zu besorgen haben, ob nun zu Fuß oder mit dem Wagen. Wann immer möglich, sollte man ihn neuen Umgebungen aussetzen, etwa Parks, Läden, Schulhöfen, Häusern von Freunden und Bekannten und so weiter. Dabei sollte man allerdings darauf achten, daß man das Tier bei diesen Ausflügen *niemals* von der Leine läßt, es sei denn, es ist sicher eingeschlossen wie etwa im Auto. Außerdem sollte man den Hund mit möglichst vielen verschiedenen Menschen und anderen Hunden bekannt machen. Bei Menschen dürfte sich das recht einfach machen lassen, da die meisten Welpen oder junge Hunde mögen. Bei kleinen Kindern sollte man allerdings vorsichtig sein – sie können unabsichtlich zu unbedacht mit dem Tier umgehen. Begegnungen mit anderen Hunden sollten nur unter Aufsicht stattfinden. In den ersten paar Monaten sondern Welpen einen besonderen Duftstoff ab, ein Pheromon, das anderen Hunden verrät, wie jung das Tier noch ist. Die meisten normalen Hunde reagieren mit besorgter Vorsicht auf diesen Duftstoff, aber Vorsicht ist trotzdem geboten, es sei denn, man kennt den anderen Hund sehr gut.

All diese soziale Interaktion und diese Umweltveränderungen bieten dem Hund zusätzliche Stimulation. Soziale Interaktionen sind ebenso wie Spielsachen und Gegenstände, an denen der Hund herumknabbern kann, oder neue Umgebungen Probleme, die von dem Hund gelöst werden müssen. Letztlich sollten all diese neuen Reize dem Hund zugute kommen, wie es die Laborforschung bei Hunden mit einem erweiterten Erfahrungshorizont prophezeit. Gewicht und Größe des Gehirns sollten zunehmen, ebenso die Zahl der Verbindungen der Nervenzellen untereinander. Das Ergebnis sind eine gesteigerte Effizienz der Gehirntätigkeit und eine größere flüssige Intelligenz.

Wie man die kristalline Intelligenz
steigert

Wenn die kristalline Intelligenz alles umfaßt, was ein einzelner je gelernt hat, liegt auf der Hand, daß sie gesteigert wird, je mehr ein Hund lernt. Das Lernen braucht nicht unbedingt eine Ausbildung einzuschließen; der erweiterte Erfahrungshorizont, den man dem Hund zur Verbesserung seiner flüssigen Intelligenz bietet, enthält auch Möglichkeiten, die kristalline Intelligenz zu steigern. Allerdings haben sich einige systematische Aktivitäten bei der Erweiterung dieser geistigen Fähigkeiten als äußerst hilfreich erwiesen. Man kann diese Übungen mühelos in das Alltagsleben mit dem Hund einbeziehen.

Als erstes muß man mit seinem Hund sprechen. Mit *sprechen* meine ich allerdings nicht die liebevollen oder verspielten Albernheiten, die die meisten Menschen ihren Hunden sagen. Sie sollten vielmehr zu dem Hund über das sprechen, was für sein Leben wichtig ist. Wiederholen Sie einfache Sätze, die dem vorausgehen, was den Hund interessiert, Sätze wie: «Laß uns spazierengehen» oder «Hast du Lust auf einen Spaziergang?», bevor es soweit ist. Bevor Sie die Leine befestigen, sagen Sie: «Leine an», bevor sie abgenommen wird: «Leine ab.» Bevor Sie mit dem Hund nach oben oder hinuntergehen, sagen Sie, was Sie vorhaben. Wenn Sie wollen, daß der Hund mit Ihnen in die Küche kommt, sagen Sie «Komm, laß uns in die Küche gehen.» Diese Liste kann jeder für sich erweitern.

Zweck von alldem ist es, den passiven Wortschatz des Hundes zu erweitern, indem man die Zahl der Wörter und Signale erhöht, die er kennt. Aus diesem Grund sollten Sie immer die gleichen Wörter und Sätze benutzen. Wenn man dem Hund sein Fressen gibt, kommt es nicht darauf an, ob man *Zeit fürs Abendessen, Mittagessen, Wer will was zu fressen haben?, Essen fassen* oder *Heute wird auf der Veranda serviert* sagt; wichtig ist nur, daß man sich für ein Wort oder einen Satz entscheidet und konsequent dabeibleibt. (Wenn der Hund etwas älter ist, können Sie vielleicht auch Synonyme verwenden, aber die sind für Hunde manchmal verwirrend.) Ebenso wichtig ist, daß jedes Wort oder jeder Satz nur einen bestimmten Vorgang betrifft. Wenn Sie etwa das Wort *Raus* benutzen, wenn Sie zur Tür hinausgehen oder den Hund hinausschikken, sollten Sie nicht das gleiche Wort verwenden, wenn der Hund etwas im Fang hält und es freigeben soll. Der Grundgedanke: Der Hund soll begreifen, daß bestimmte Laute des Menschen bestimmte Ereignisse ankündigen.

Es wird einem schon nach kurzer Zeit auffallen, daß der Hund auf häufig gebrauchte Worte reagiert. *Laß uns spazierengehen* wird den Hund veranlassen, zur Tür zu gehen, *Leine an* wird ihn dazu bringen, den Kopf zu heben, damit man an das Halsband herankommt, und ein *Laß uns gehen* wird ihn veranlassen, einen anzusehen und aufzustehen, damit er mitkommen kann, und so weiter. Jeder Satz wird irgendwann ein bestimmtes Handeln des Hundes nach sich ziehen. Damit wird zweierlei demonstriert: Erstens, daß er etwas gelernt hat, und zweitens, daß Sie über das Verhalten des Hundes mehr Kontrolle gewonnen haben.

Es gibt noch weitere einfache Möglichkeiten, den passiven Wortschatz des Hundes zu erweitern. Vergessen Sie nie, ihn mit seinem Namen anzusprechen, wenn Sie ihm etwas sagen. Irgendwann wird dies signalisieren, daß der nächste Laut für den Hund einen Sinn oder eine Bedeutung hat. Wenn Sie mehr als einen Hund haben, sollten Sie sich ein zweites Wort wählen, das alle Hunde einschließt und sozusagen einen Gruppennamen darstellt. Ich verwende das Wort *Welpen*, wenn ich zu allen meinen Hunden spreche. Dabei kommt es gar nicht darauf an, was man sagt; ich habe schon Dinge gehört wie *Jungs, Mädchen, Soldaten, Hunde, Fuzzies* oder *Caniden* (so rief ein Biologe seine beiden Grand Danois). Man sollte wie bei den Namen jedoch auch hier konsequent bleiben.

In den ersten Lebensstadien Ihres Hundes können Sie mit dem beginnen, was ich *Selbstausbildung* nenne. In Wahrheit ist dies der Beginn der Gehorsamsausbildung des Hundes, aber kein Teil eines Ausbildungsprogramms. Wenn man es etwa mit einem Welpen namens Rover zu tun hat, beobachtet man sorgfältig, was er tut, wenn man mit ihm spricht oder spielt. Wenn er auf einen zukommt, sagt man *Rover, komm her*; wenn er Anstalten macht, sich zu setzen, sagt man *Rover, setz dich*. Am Ende jeder Aktion lobt man den

Hund, als hätte er auf Befehl gehandelt. Damit erhält das, was der Hund gerade tut, ein Etikett. Wenn das Ganze ein paarmal wiederholt wird, sollte sich der Hund schon merken können, daß ein Zusammenhang zwischen seinem Tun und den Worten besteht. (Psychologen bezeichnen dies als *Kontiguitäts-Lernen [contiguity learning]*.) Danach dürfte es ein leichtes sein, das Wort zu einem Befehl zu machen. In einigen Fällen wird keine zusätzliche Ausbildung nötig sein; bei anderen Hunden wird es schon genügen, nach der Vorarbeit mit dem Kontiguitäts-Lernen den Befehl ein paarmal zu wiederholen (zum Beispiel *Komm*) und zu demonstrieren, was man will (indem man den Hund an der Leine zu sich heranzieht).

Das Kontiguitäts-Lernen ist besonders nützlich, wenn man dem Hund etwas beibringen will, was sich mit Zwang nur unter Mühen oder überhaupt nicht erzwingen ließe. Ein Beispiel: Wenn ich einen meiner Hunde stubenrein mache, gehe ich mit ihm auf einem vertrauten Weg spazieren. Sobald der Hund sich hinhockt, um sich zu entleeren, sage ich *Beeil dich* und wiederhole es ein- oder zweimal während des Ausscheidungsvorgangs. Wenn er fertig ist, lobe ich ihn. Wenn ich nach ein paar Wochen die Worte *Beeil dich* als Befehl äußere, fängt der Hund an herumzuschnuppern, um sich einen Platz für die Entleerung zu suchen. So kann man selbst die Ausscheidung des Hundes unter Kontrolle bringen.

Meine Hunde verstehen, daß die Worte *Macht's euch bequem* bedeuten, daß sie sich still zu verhalten und nicht herumzurennen haben, und zwar in einem bestimmten Teil des Zimmers oder Hauses. Anders als die Befehle *Sitz* oder *Platz* ist dieser Befehl nicht auf einen bestimmten Standort bezogen, denn es macht mir nichts aus, wenn sich die Hunde ein wenig bewegen, solange sie sich nur still verhalten und in einem Teil des Zimmers oder Hauses bleiben. Dies ist ein weiterer Befehl, den ich mit Hilfe der Selbstausbildung durchsetze. Wenn die Hunde ruhig sind, sage ich: *Welpen, macht's euch bequem*, gehe dann zu ihnen und streichle sie still, wobei ich noch einmal *Macht's euch bequem* sage. Nach einer Reihe solcher Wiederholungen werden die Hunde sich bei diesem Befehl ein bequemes Plätzchen suchen, an dem sie sich setzen oder hinlegen und einfach nur beobachten, was um sie herum vorgeht.

Diese Selbstausbildung erleichtert es auch, andere Dinge zu lernen. Wenn man bei der Ausbildung Sicht- und Hörzeichen gleichzeitig verwendet, wird sich der Hund mit Hilfe des Kontiguitäts-Lernens schnell merken, daß beide Zeichen etwas mit dem erwünschten Verhalten zu tun haben. Schon nach kurzer Zeit wird man feststellen, daß der Hund auch jeden der Befehle für sich befolgt.

Bei diesen frühen Interaktionen ist es für den Hund besonders wichtig zu lernen, daß die Laute, die sein Herrchen oder Frauchen äußert, etwas Bestimmtes bezwecken. Manchmal verraten sie dem Hund, was als nächstes geschehen wird. Zu anderen Zeiten stellen sie Probleme, die der Hund lösen muß, um eine Belohnung in Form von Lob oder einem leckeren Happen zu erhalten. Viele Hunde erreichen diesen begrifflichen Durchbruch, wenn ihre Gehorsamsausbildung beginnt. Wenn man seinem Hund die Befehle *Sitz, Fuß, Komm her, Platz* und so weiter beibringt, lehrt man ihn auch, daß die Äußerungen und Signale des Menschen Probleme sind, deren Lösung er lernen kann. Je früher ein Hund dies begreift, um so leichter läßt er sich ausbilden.

Psychologen bezeichnen diesen Vorgang als «lernen zu lernen». Wenn man ein Labortier mit einem bestimmten Problem konfrontiert, kann der anfängliche Problemlösungsvorgang viele Versuche erforderlich machen. Nachdem das Tier jedoch schon eine Reihe von Problemen bewältigt hat, scheint es effizienter zu werden. Es beginnt, die Antworten auf neue Probleme viel schneller und leichter zu lernen. Dieses Muster zeigt sich auch beim Menschen. Es mag schwierig sein, eine Fremdsprache zu erlernen, aber wenn man mit einer zweiten beginnt, ist es schon leichter, und bei einer dritten macht man noch schneller Fortschritte. Schüler in den letzten Klassen behaupten, der Unterricht sei irgendwie leichter geworden. In Wahrheit ist er das nicht, aber der Schüler hat inzwischen gelernt zu lernen, was den Erwerb weiteren Wissens weniger anstrengend macht. Genauso wird ein Hund einige Zeit brauchen, um die einfachen Befehle *Sitz, Platz* und *Bleib* zu lernen, doch dann wird er weit komplexere Befehle, etwa wenn er apportieren oder springen soll, später im Leben weit schneller lernen. Mit anderen Worten: Je mehr Dinge man einem Hund beibringt, um so schneller wird er lernen zu lernen, und um so leichter wird es einem fallen, ihm weitere Dinge beizubringen. Eine der besten Methoden, die Erfahrungen eines Hundes zu erweitern, ist das Spiel. Das Spiel hat überdies den Vorzug, auch dem Menschen das Leben angenehmer zu machen. Apportierspiele etwa sind besonders anregend und nützlich. Man sollte nur nicht vergessen, Worte wie *Herbringen* oder *Hol's dir* zu sagen, wenn man einen Stock wirft, und *Gib her* oder *Aus*, wenn man dem Hund den Gegenstand aus der Schnauze zieht. Auch Wettrennen können Spaß machen. Sie haben überdies den Vorzug, daß die Aufmerksamkeit des Hundes gegenüber dem Herrchen oder Frauchen größer wird. Man sollte nur nicht vergessen, den Hund manchmal gewinnen zu lassen. Selbst Spiele, die den Hund bellen lassen (dabei sollte man sagen *Wie spricht der Hund?* oder *Beschütz mich*, um das Bellen per Selbstausbildung zu fördern), sowie solche Spiele, die den Hund sehr aufregen (etwa wenn man mit ihm ringt und sich auf dem Boden herumwälzt), können nützlich sein, weil man dem Hund dabei gleichzeitig die Wörter *Genug*, *Aufhören* und *Nein* beibringen kann: Man äußert das Wort, verstärkt es, indem man den Welpen in einer liegenden Position festhält, und lobt ihn dann, weil er aufgehört hat.

Beim Spielen sollte man allerdings sorgfältig darauf achten, daß man dem Hund nie erlaubt, einen Angriff zu spielen oder die Zähne zu benutzen. Man darf also nie mit den Fingern vor ihm herumfuchteln, was ihn dazu bringen könnte, die Finger in die Schnauze zu nehmen. Tauziehen sollte man ebenfalls vermeiden. Mit solchem Verhalten züchtet man nämlich Dominanz beim Hund, was seine Persönlichkeit negativ beeinflussen wird. Als Faustregel könnte gelten: alle Spiele vermeiden, die irgendeinen Verhaltensaspekt ermuntern könnten, der einem bei einem erwachsenen Hund mißfallen, einen erschrecken oder besorgt machen oder einem gar weh tun könnte. Kindern gegenüber gilt dies ganz besonders.

Konrad Lorenz, der Verhaltensforscher und Nobelpreisträger, hat einmal gesagt, verspielte Tiere lernten, sowohl mit leblosen Gegenständen wie mit sozialen Objekten umzugehen. Er war der Meinung, das Spiel entwickle den Geist eines Hundes, indem es ihn an neue Situationen heranführe, in denen er neue oder innovative Verhaltensweisen entwickeln müsse, was Erfahrungsschatz und geistiges Wachstum des Tieres beschleunige. Wenn man also die richtigen Spiele wählt, die man auf die richtige Weise mit seinem Hund spielt, hat man die Freude, dabei einen intelligenteren Hund zu erschaffen.

13. Kapitel

Der Geist des Hundes
und das Glück seines Besitzers

> Wenn Hunde sprechen könnten,
> würden wir vielleicht entdecken, daß
> man mit ihnen genauso schwer aus-
> kommen kann wie mit Menschen.
>
> *Karel Čapek*

Wünschen Sie sich wirklich einen intelligenten Hund? «Natürlich», würden die meisten Menschen antworten. «Glauben Sie
etwa, ich möchte zu Hause einen dämlichen Hund haben?» Die
Frage verdient es jedoch, daß man sich mit der Antwort etwas mehr
Zeit läßt. Manche Menschen wünschen sich aus den gleichen Gründen einen intelligenten Hund, aus denen sie im Büro den größten
und leistungsfähigsten Computer haben wollen oder den schnell-
sten und auffallendsten Sportwagen oder die Stereo- oder Videoan-
lage mit der größtmöglichen Zahl von Knöpfen und Schaltern. Sie
wollen von allem das Beste. Sie argumentieren, eine Sache, die
größtmögliche Flexibilität erlaube und die vielfältigsten Einsatzmöglichkeiten besitze, sei die absolute Spitze. Jedoch wird es nicht
nur sehr anstrengend sein, einen hochkomplizierten Computer zu
bedienen, was möglicherweise eine zusätzliche Ausbildung erfordert, sondern der Benutzer wird am Ende vielleicht noch entdecken,
daß die Kapazität des Geräts seine Bedürfnisse weit übersteigt.
Ähnlich ist es mit einer Kamera, die Spitzentechnologie bietet. Es
kann viel Zeit kosten, sie richtig zu bedienen, und wer nicht bereit
ist, sich richtig hineinzuknien, um alle Einsatzmöglichkeiten

zu nutzen, wird am Ende vielleicht mit schlechteren Fotos dastehen, als es mit einer einfacheren, billigeren und weniger flexiblen Kamera der Fall gewesen wäre, die zwar weniger Möglichkeiten bietet, aber auch weniger Fehlerquellen.

Ende der fünfziger und Anfang der sechziger Jahre machten Psychologen eine alarmierende Entdeckung. Sie fanden heraus, daß bei vielen Jobs eine hohe Intelligenz eher hinderlich ist, vor allem bei monotoner Arbeit: wenn bestimmte Handgriffe oder Entscheidungen täglich viele Male wiederholt werden müssen und die Arbeit durch lange Perioden relativer Untätigkeit unterbrochen wird oder die Arbeit einen nur geringen Einsatz erfordert. Unter diesen Bedingungen wird ein Mensch von höherer allgemeiner Intelligenz schlechtere Leistungen erbringen als ein minderbegabter. Der intelligentere Angestellte wird nicht nur weniger leisten, sondern auch mit seiner Arbeit und dem Job insgesamt weit unzufriedener sein.

Dafür gibt es zahlreiche Gründe. Menschen von hoher Intelligenz verlangen mehr Anregung, mehr Herausforderungen und eine abwechslungsreichere Tätigkeit. Fehlt es an solchen Veränderungen und Herausforderungen, langweilen sie sich. Und wenn sie sich erst mal langweilen, werden sie unaufmerksam und erfinden während der Arbeit vielleicht sogar Spiele, um sich Abwechslung zu verschaffen. Wenn ihnen auffällt, wie viele Fehler sie machen, weil sie nicht bei der Sache sind, oder wenn sie erkennen, daß sie nicht so gut arbeiten wie ihre Kollegen, werden sie frustriert und unglücklich (ein Zustand, der die Qualität ihrer Arbeit vielleicht noch mehr beeinträchtigt). Andererseits langweilen sich weniger brillante Menschen nicht so schnell. Sie werden sorgfältig auf den laufenden Informationsfluß achten und auf das, was jeweils zu tun ist. Kleine Veränderungen und geringere Abweichungen von dem normalen Ablauf fallen ihnen sofort auf. Die Bewältigung dieser kleinen Herausforderungen bietet ihnen genug Anregung, um in ihrer Aufmerksamkeit nicht nachzulassen. Sie bieten ihnen eine Quelle echter Befriedigung, was sie in ihrem Job glücklicher macht. Da sie überdies nicht die selbsterzeugten Probleme haben, die aus der Langeweile des intelligenteren Menschen resultieren, ist ihre Arbeit sogar sorgfältiger, und ihre Produktivität ist höher.

Wie Menschen können auch Hunde unter Bedingungen versagen, in denen weniger begabte Tiere gedeihen. Am wichtigsten ist es, die Besonderheiten eines Hundes den Erfordernissen des Besitzers anzupassen. Temperament, Lebhaftigkeit und Intelligenzniveau sollten sämtlich zum Lebensstil seiner menschlichen Familie passen. Wenn man sich das Ziel gesetzt hat, bei Gehorsamswettbewerben für Hunde ganz oben dabeizusein, sollte man einen Hund mit der größtmöglichen Arbeits- und Gehorsamsintelligenz wählen. Wenn man für den Hund besondere Arbeitsaufgaben vorgesehen hat, wenn er etwa als Jagdhund, Spürhund, Wachhund, Hütehund, als Rattenvertilger oder was auch immer eingesetzt werden soll, muß man einen Hund wählen, dessen instinktive Intelligenz vermuten läßt, daß er sich genauso verhält, wie man es wünscht. Einen Haushund zu wählen ist jedoch weit komplizierter.

Das Für und Wider
bei einem intelligenten Hund

Ein Hund von hoher Lernfähigkeit wird leichter etwas über seine Umwelt lernen und mühelos Verbindungen zwischen den Reizen herstellen, denen er begegnet, und den Ergebnissen eines bestimmten Tuns. Ein intelligenter Hund merkt sich auch schnell, wie der Alltag im Haushalt abläuft. Wir sind alle Gewohnheitstiere, und ein schlauer Hund merkt sich die Gewohnheiten seiner Familie und weiß schon vorher, was zu bestimmten Zeiten passiert. So lernt der kluge Hund zum Beispiel schnell, was folgt, wenn sein Herrchen oder Frauchen einen Mantel anzieht und sich die Leine nimmt. Dann werden unweigerlich die Worte folgen: *Möchtest du spazierengehen?*, worauf der Mensch zur Tür geht. Es folgt der große Spaß des Ausgehens. Der weniger intelligente Hund reagiert nicht so gut. Es kann sein, daß er sich nicht ohne weiteres von seinem bequemen Ruheplatz erhebt oder nur uninteressiert aufblickt, als wollte er sagen: «Passiert jetzt was?»
Während der intelligentere Hund vielleicht ein aufmerksamerer

und somit auch besserer Gefährte sein dürfte, wird er überdies auch leichter Hinweise aufgreifen, die nur vage mit bestimmten Ereignissen verbunden sind. Da man normalerweise erst den Mantel anzieht, bevor man sich die Leine nimmt, um spazierenzugehen, reagiert der kluge Hund vielleicht schon auf die schwächere Assoziation. So kann es sein, daß der Hund schon aufgeregt herumtänzelt und an der Tür bellt, wenn sein Frauchen sich vielleicht nur den Mantel anzieht, um schnell einkaufen zu gehen. Es gibt kluge Hunde, die das Gras wachsen hören und ziemlich lästig werden können. Wenn man vielleicht nur zufällig in Richtung Tür geht, löst das beim Hund schon die aufgeregte Erwartung aus, ein Spaziergang stünde bevor. Die Eigentümerin eines Königspudels sagte mir einmal, sie könne in einer Unterhaltung nicht mal das Wort *Spazierengehen* verwenden, ohne daß der Hund gleich zur Tür renne und losbelle. Da verfiel sie auf den Trick, das Wort *(walk)* zu buchstabieren, doch der Hund brauchte nur ein paar Wochen, um zu lernen, was die Buchstaben bedeuteten. Danach reagierte er wie zuvor.

Der wirklich intelligente Hund wird auch andere Assoziationen schnell lernen, ob es einem paßt oder nicht. Wenn der Hund ein paarmal etwas Leckeres zu fressen bekommen hat, nachdem man den Kühlschrank geöffnet hat, kann es einem passieren, daß man ihn jedesmal auf den Fersen hat, wenn man erneut den Kühlschrank öffnet – oder wenn man nur in die Küche geht. Wenn ein cleverer Hund bemerkt, daß man sich für ein Wannenbad rüstet, kann es passieren, daß er sich plötzlich unterm Bett oder unterm Sofa versteckt, und der sonst so gehorsame Hund weigert sich dann, auf Rufe zu reagieren.

Über intelligente Hunde wie Dobermänner, Labrador-Retriever, Pudel und Deutsche Schäferhunde hat man mir schon unzählige Anekdoten erzählt. Sie alle haben ihre Eigentümer mit ihrer Gescheitheit und ihrer Begabung zu Problemlösungen verrückt gemacht. Solche Hunde können es lernen, mit dem Fang Türen zu öffnen, finden heraus, wie man Schränkchen aufbekommt, um sich dort Kekse oder andere Süßigkeiten zu holen, oder verstehen es, auf bizarre Weise auf sich aufmerksam zu machen. Weil sie so intelligent sind, können sie sich in zahlreiche Probleme hineindenken.

Ein Verhaltensforscher, der mit Problemhunden arbeitet, hat mir erzählt, daß es meist die wirklich intelligenten Hunde sind, die man mit Verhaltensstörungen zu ihm bringt. Dies liegt zum Teil daran, daß begabte Hunde sehr schnell herausbekommen, welches Verhalten ihnen die größte Belohnung einbringt. Für die meisten Hunde, vor allem für gesellige Rassen, ist jede Form menschlicher Aufmerksamkeit wünschenswert. Das Problem ist, daß wir dazu neigen, unsere Aufmerksamkeit stärker auf einen Hund zu konzentrieren, wenn er etwas «Böses» anstellt – etwas, was er nicht tun soll. Wenn er etwas «Gutes» tut – etwas, was wir von ihm wollen –, schenken wir ihm weniger Aufmerksamkeit. So versuchen einige Hundehalter ihre Hunde vom Bellen abzuhalten, indem sie ihnen Kekse oder Hundekuchen geben. Damit wollen sie die Tiere von dem ablenken, was sie überhaupt zum Bellen gebracht hat. Diesen Menschen ist nicht klar, daß sie ihre Hunde in Wahrheit fürs Bellen belohnen. Wenn sich diese Sequenz ein paarmal wiederholt, werden wirklich intelligente Hunde schnell folgendes lernen: Wenn ich belle, kriege ich einen Keks. Die Folge: Sie bellen häufiger und lauter.

Manchmal «drillen» Hundehalter ihre Tiere nachgerade darauf, sich noch tadelnswerter zu verhalten. Ich denke dabei an Arnold, einen Zwergpudel. Wenn Arnolds Frauchen allein war, verbrachte sie viel Zeit mit ihrem Hund. Wie viele Menschen widmete sie sich dem Fehlverhalten des Hundes jedoch mit größerer Aufmerksamkeit als seinen angenehmeren Seiten. Ein besonders unerwünschtes Verhalten, das Arnold viel Aufmerksamkeit eingebracht hatte, war seine Gewohnheit gewesen, aufs Bett zu urinieren. Arnolds Frauchen war überzeugt, ihrem Hund diese Unart endgültig ausgetrieben zu haben. Wenn ihr Freund jedoch zu Besuch kam, hatte sie aus naheliegenden Gründen weniger Zeit für ihren Hund. Arnold erinnerte sich jedoch daran, welchen Wirbel er mit seiner Unart ausgelöst hatte, und war schlau genug, sich vorzustellen, daß dieses Verhalten wohl auch unter den jetzigen Umständen Erfolg haben müßte. Der Rest ist schnell erzählt: Wann immer Arnolds Frauchen einen männlichen Besucher hatte, verschwand der Hund mit böswilligen Hintergedanken im Schlafzimmer. Der Erfolg des Abends war garantiert.

Es geht jedoch nicht immer so harmlos ab, wenn man einem cleveren Hund unfreiwillig ein unerwünschtes Verhalten beibringt. Der Eigentümer eines Deutschen Schäferhundes bemerkte einmal, daß sein Hund die Hand seines Kindes ins Maul nahm. Aus Sorge, das Tier könnte eines Tages zubeißen oder ein sonstwie dominantes Verhalten an den Tag legen, ging der Mann zu dem Kind und wies es an, den Hund zu streicheln. Der Mann dachte, dies werde das Tier ablenken. Statt dessen lernte der Hund etwas ganz anderes: Wenn ich gestreichelt werden will, muß ich die Hand eines Menschen ins Maul nehmen. Das Ende der Geschichte: Der Hund nahm später einmal die Hand eines fremden Kindes zwischen die Zähne, woraufhin das Kind in Panik geriet, den Hund erschreckte und dieser das Kind verletzte.

Wenn in einem Haus mehr Leben herrscht und es von mehr Menschen bewohnt wird, steigert das die Wahrscheinlichkeit zufälliger Kombinationen. Für den intelligenten Hund bedeutet es, daß er mehr Gelegenheit hat, Dinge zu lernen, die bei der Anpassung an das tägliche Leben nützlich sind, aber er kann sich auch ein kurioses oder ärgerliches Verhalten angewöhnen. Ich denke dabei an Prince, einen Border-Collie, dessen größte Freude im Leben war, im Freien herumzutoben. Wann immer die Hausbewohner hinausgehen wollten, rannte Prince hinter ihnen her und versuchte sie zu begleiten. Nachdem der Hund sich angewöhnt hatte, wie wild hinter den Leuten herzurennen, passierte es eines Tages: Die Fliegentür knallte zu, und der Hund stürzte durch das Fliegengitter. Die Belohnung für ihn: Er hatte Gelegenheit, draußen umherzustreifen. Der Hund lernte aus diesem Vorfall, daß er sich selbst eine Tür schaffen konnte, indem er einfach mit voller Kraft gegen die Fliegentür anrannte. Nachdem die Tür mehrmals hatte repariert werden müssen, ersetzten die Eigentümer des Hundes die Fliegentür durch ein stärkeres Drahtnetz, das der Hund nicht zerstören konnte. Durch diese unerwartete Wendung der Dinge frustriert, begann Prince unruhig im Haus herumzulaufen. Ihm fiel auf, daß viele der offenen Fenster mit dem gleichen Material bedeckt waren, das er von der früheren Fliegentür her kannte. Es war für diesen intelligenten Hund leicht, zu der Schlußfolgerung zu kommen, daß er auch diese Fenster als Ausgang benutzen konnte. So wurde jedes offenstehende Fenster im Erdgeschoß schnell zum Ziel des Hundes, der sich kopfüber ins Freie stürzte. Den Kummer und den Ärger seiner Eigentümer kann man sich vorstellen.

Wie Prince fällt es auch vielen anderen klugen Hunden – Deutschen Schäferhunden, Rottweilern und ähnlichen – nicht schwer, ihre beachtlichen Fähigkeiten zur Problemlösung darauf zu verwenden, wie man aus dem Haus kommt. Clevere Hunde sind sogar klug genug, manche Fehlschläge als Teilerfolge zu deuten, was sie davon abhält, ihr Verhalten zu ändern. Wenn also ein kluger Hund neben einer Tür an der Wand kratzt und bemerkt, daß ein Teil des Putzes herunterfällt, erkennt er vielleicht, daß diese Veränderung auf etwas anderes hindeutet, daß er es nämlich schaffen könnte, ein Loch in die Wand zu kratzen, das ihm die Flucht ins Freie ermöglicht. Das Ergebnis können durchaus aufgerissene Wände oder Fußbodendielen oder andere Schäden an Fenstern und Türen sein. Die Eigentümer solcher Hunde erwarten hohe Reparaturrechnungen und tiefe Unzufriedenheit mit ihrem Liebling.

Ein weniger intelligenter Hund dürfte kaum zu solchen Kombinationen fähig sein. Überdies ist nicht damit zu rechnen, daß solche Hunde ihr Wissen verallgemeinern und auf andere Probleme übertragen. Ein dämlicher Hund versucht es vielleicht ein paarmal mit irgendwelchen Dingen, und wenn er dabei keine großen Fortschritte sieht oder versagt, wird er eher aufgeben. Da sich der weniger schlaue Hund keine Lösung vorstellen kann, wird er die Dinge so akzeptieren, wie sie sind.

Aus den gleichen Gründen, aus denen sie kaum auf zufälligen Kombinationen beruhende schlechte Angewohnheiten entwickeln werden, können sich weniger intelligente Hunde auch leichter damit abfinden, viel allein gelassen zu werden. Zunächst einmal werden sie sich nicht so schnell langweilen. Wenn ein Hund sich langweilt, sucht er nämlich nach Möglichkeiten, sich Abwechslung zu verschaffen – vielleicht zerbeißt er die Sofakissen und kratzt die Füllung heraus. Intelligente Hunde bekommen schnell spitz, daß bestimmte Verhaltensweisen, die normalerweise bestraft oder verhindert werden, möglich sind, wenn ihre menschlichen Herren nicht da sind. Halter intelligenter Hunde müssen unter Umständen entdecken, daß ihre Hunde nie einen Versuch machen, etwas Ungewöhnliches anzustellen, wenn sie selbst zu Hause sind, aber daß alles möglich ist, wenn sie erst mal zur Arbeit gefahren sind.

Es ist durchaus möglich, einen schlauen Hund durch schlechte oder unsachgemäße Behandlung völlig durcheinanderzubringen. In einem großen Haushalt können sich viele Personen unterschiedlichen Alters die Verantwortung für den Hund teilen. Mal sieht der eine, mal mehr der andere nach ihm. Unter solchen Bedingungen hat der Hund es oft mit einer Vielzahl verwirrender und inkonsequenter Situationen und Anweisungen zu tun. Kinder, Teenager und unaufmerksame Erwachsene wissen oft einfach nicht, wie schlecht sie mit Hunden kommunizieren. Ein Hund, der normalerweise intelligent genug ist, sich vorzustellen, was los ist, und bisher immer gut funktioniert hat, kann unter starkem Streß leiden, wenn er sich plötzlich unerfüllbaren Forderungen der Menschen gegenübersieht.

Jemand hat mir einmal eine interessante Geschichte von einem Golden Retriever namens Shadow erzählt. Dieser Hund nahm an einem Gehorsamskurs für Anfänger teil. Er wurde normalerweise von der Frau der großen Familie, der der Hund gehörte, zum Unterricht gebracht, und wie bei einer Rasse mit einer sehr hohen Arbeitsintelligenz nicht anders zu erwarten, machte der Hund unter der stetigen und konsequenten Anleitung der Frau gute Fortschritte. Er hatte die Grundbefehle alle recht gut gelernt und sich als reaktionsschnell erwiesen. Aus irgendeinem Grund konnte die Frau jedoch die vorletzte Stunde des Kurses nicht besuchen, so daß ihr siebzehnjähriger Sohn sie vertrat. Der Hund schien während des Unterrichts Schwierigkeiten zu haben, so daß die Ausbilderin zu ihm ging, um zu sehen, was für ein Problem es gab. «Sehen wir uns mal an, wie Shadow sich macht», sagte sie. Sie bat den jungen Hundeführer, den Hund in einer stehenden Position zu lassen und selbst ein paar Schritte vor den Hund zu treten. «So, und jetzt sag ihm, daß er sitzen soll», wies sie den jungen Mann an.

«Na komm schon, Shadow, setz dich hin!» befahl der Junge. Der Hund schlurfte unsicher über den Boden, und der Junge beklagte sich: «Sehen Sie, er weiß einfach nicht, was er tun soll.» Dann tat der Hund etwas sehr Seltsames: Er senkte sich mit vorgeschobener Brust langsam in eine sitzende Position, und während sein Hinter-

teil noch auf der Erde lag, begann er sich auf den Jungen zuzu-
schleppen und winselte dabei. Als der junge Mann angeekelt auf-
jaulte und auf den Hund zuzugehen begann, dämmerte es der Ausbilderin, was da vorging: Die Anweisungen des jungen Mannes
waren so ungenau, daß er Shadow drei einander widersprechende
Befehle gegeben hatte. Er hatte dem Hund befohlen, zu kommen, zu
sitzen und sich hinzulegen. Das hochintelligente Tier hatte sich
dann verzweifelt die größte Mühe gegeben, alle drei Dinge zugleich
zu tun, was zu diesem bizarren Verhalten geführt hatte. Das Winseln des Hundes deutete auf Streß und die Ungewißheit hin, die er
empfand. Das wahre Problem bestand natürlich darin, daß das Tier
für eine derart inkonsequente und schlechte Führung einfach zu
intelligent war. Wenn man einen solchen Hund jeden Tag ähnlichen Situationen aussetzt, kann das zu Persönlichkeits- und Lei-
stungsverfall führen.

Diese Geschichte war für mich besonders interessant, da ich vor
kurzem Belege dafür gefunden hatte, daß ein weniger intelligenter
Hund unter den gleichen Umständen nicht unbedingt diese Art
Streß empfindet. In meinem Gehorsamskurs für Anfänger bildeten
eine Mutter und ihr heranwachsender Sohn gemeinsam zwei Bulldoggen aus. Die Mutter ging mit den Hunden recht konsequent um,
doch ihrem Sohn fehlten das Interesse und die Genauigkeit. Es war
typisch für ihn, daß er Befehle aus mehreren Worten verwendete,
etwa *Na komm schon, setz dich hin*. Genau die Befehle, die zu Sha-
dows kreativer Reaktion geführt hatten. Die Bulldoggen reagierten
jedoch weit weniger gestreßt. Wie viele Wörter auch geäußert wurden, um ihnen Anweisungen zu geben, sie reagierten jeweils nur auf
das letzte Wort. Bei den Befehlen *Na komm schon, setz dich hin*
legten sich diese Hunde einfach hin. Die geringeren intellektuellen
Fähigkeiten der Rasse erlaubte es den Hunden nicht, die gesamte
Abfolge von Wörtern zu behalten, womit die Notwendigkeit ausge-
schlossen wurde, die einander widersprechenden Teile zu integrie-
ren. Statt dessen wandten die Hunde das an, was Psychologen das
«Neuheits-Prinzip» *(recency principle)* nennen. Es besagt, daß man
dazu neigt, die Informationen am besten zu behalten und am leichtesten zu verarbeiten, die man zuletzt erhalten hat. Wenn beispielsweise ein erschöpfter Mensch sich eine Geschichte anhört oder

einer Unterhaltung lauscht, muß er oft entdecken, daß er den früheren Teil der Unterhaltung oder Geschichte schon vergessen hat oder nicht mehr verarbeiten kann, obwohl er den zuletzt gesprochenen Satz erkennt und versteht. Es ist, als existierte diese frühere Information gar nicht. Weniger intelligente Hunde gehen fast immer nach diesem Prinzip vor. Für einen Ausbilder, der sich alle Mühe gibt, einem Hund eine komplizierte Folge von Verhaltensweisen beizubringen, kann dies sehr frustrierend sein. In einer aufgeregten, lauten und chaotischen Umgebung kann es jedoch ein wahrer Segen sein. Der weniger intelligente Hund nimmt zwar allen Lärm und die Konfusion wahr, und zwar in dem Moment, in dem etwas geschieht, ignoriert jedoch alles bis auf die jüngsten Reize. Wenn man nur ein Ereignis zur Zeit verarbeiten muß, ist das Leben weniger verwirrend, und man braucht keine miteinander in Konflikt stehenden Anforderungen in Einklang zu bringen. So fühlt sich der Hund viel glücklicher und paßt sich viel besser an. Der Streß des klugen Hundes bleibt ihm so erspart.

Das Zusammenleben
mit dem nicht so klugen Hund

Manche weniger intelligente Hunde verursachen natürlich Probleme, aber ihre Schwierigkeiten entspringen oft der Tatsache, daß sie keinen Anhaltspunkt dafür haben, was von ihnen erwartet wird. Für diese geistig etwas langsameren Rassen wird oft ein Grundkurs in Gehorsam ausreichen, um dem Hund die Vorstellung zu vermitteln, daß diese lustigen Laute, die sein Herrchen macht, einen Sinn haben, und ihm beizubringen, daß eine entsprechende Reaktion darauf zu einer Belohnung führen kann. Der Eigentümer einer Bulldogge erzählte einmal, daß ein Grundkurs in Gehorsam bei seinem Zusammenleben mit dem Hund eine Riesenveränderung brachte. «Vor dem Unterricht tat er so, als existierten wir gar nicht. Er reagierte überhaupt nicht auf uns und machte weiter, womit er sich gerade beschäftigte, als wären wir unsichtbar. Jetzt sieht er mich an, wenn ich etwas sage. Er kommt, wenn ich ihn rufe, und setzt sich oder legt sich hin, wenn ich es ihm befehle. Viel mehr brauche ich wirklich nicht mehr bei einem Haushund, wissen Sie.» Um mit dem nicht so klugen Hund gut zusammenleben und arbeiten zu können, muß man sich einige wichtige Dinge merken. (Ich betrachte einen Hund als nicht sehr klug, wenn er in der Tabelle des zehnten Kapitels auf Platz 45 oder darunter eingestuft wird. Viele der hier gegebenen Empfehlungen werden jedoch bei jedem Hund nützlich sein, der Schwierigkeiten hat, sich vorzustellen, was gerade geschieht und was von ihm verlangt wird.)

Die Ausbildung sollte früh beginnen: Die grundlegenden Befehle (*Komm, Sitz, Platz, Fuß, Steh* und *Bleib*) sollten dem weniger klugen Hund möglichst früh beigebracht werden, das heißt, wenn man ihn zu sich geholt hat, aber auf jeden Fall vor dem siebten Monat. Hunde einiger Rassen verlieren schon im Alter von einem Jahr ihre geistige Flexibilität und können sich dann nur noch schwer auf neue Gegebenheiten einstellen. Doch selbst Rassen wie Beagle oder Boxer, Hunde, die sich als Erwachsene recht ungelehrig anstellen können, reagieren gut auf eine frühe Ausbildung und lassen sich als Welpen leicht «zivilisieren».

Ein weiterer Grund, der dafür spricht, schon bei sehr jungen Hunden mit der Ausbildung zu beginnen: Selbst bei klügeren Rassen fällt es dann leichter, einen Welpen zu korrigieren, ohne zu strengen Maßnahmen zu greifen. Man kann einen Welpen durch sanfte Gewalt leicht dazu bringen, sich zu setzen oder hinzulegen, während man etwa bei einem erwachsenen Akita Inu oder einem Bullmastiff, Hunden, die fünfundvierzig Kilo oder mehr wiegen, schon erhebliche Kraft dazu braucht. Überdies wird körperliche Gewalt von vielen Rassen als Aggressivität gedeutet; manche Hunde können darauf reagieren, indem sie ebenfalls aggressiv werden. Doch dieses Problem läßt sich bei einer frühen Ausbildung vermeiden, auch wenn man mit Festigkeit, aber ohne Strenge vorgeht. Je größer ein Hund als ausgewachsenes Tier sein wird, um so früher sollte man damit beginnen, ihn mit den Grundbefehlen *Komm, Platz* und *Bleib* vertraut zu machen.

Konsequenz: Man sollte so konsequent wie möglich vorgehen und immer die genau gleichen Wörter und Zeichen verwenden. Es kann sogar nützlich sein, wenn man sich immer des gleichen Tonfalls bedient. Das hilft dem Hund auch dabei, täglich am selben Ort und etwa um die gleiche Tageszeit zu üben, bis die Befehle «sitzen» und zuverlässig befolgt werden.

Hunde lieben Vorhersehbarkeit. Wenn in Ihrem Haushalt alles mit einiger Regelmäßigkeit abläuft, wenn Sie bei allem relativ feste Zeiten haben, bieten Sie dem Hund ein Umfeld, in dem er gedeihen wird. Regelmäßigkeit und Konsequenz sind vor allem für den etwas weniger klugen Hund hilfreich und kommen auch solchen Tieren zugute, die etwas unterwürfiger und schüchterner sind.

Drücken Sie sich klar und unmißverständlich aus: Wann immer Sie mit Ihrem Hund sprechen, sollten Sie immer zunächst seinen Namen nennen, bevor Sie ihm etwas befehlen. Das trainiert den Hund darauf, auf Sie zu achten, und gibt ihm zu verstehen, daß die dann folgende Information für ihn von Bedeutung sein wird. Wenn man Sicht- und Hörzeichen gleichzeitig verwendet, ist das besonders hilfreich, da es dem Hund zwei Gelegenheiten bietet, den Befehl zu verstehen und darauf zu reagieren.

Beginnen Sie in einer ruhigen Umgebung: Die Ausbildung sollte in einer ruhigen Umgebung beginnen, in der sich nur wenige Ablenkungsmöglichkeiten bieten. Dies wird dem Hund dabei helfen, sich auf Sie zu konzentrieren. Wenn der Hund später die Grundbegriffe beherrscht, läßt sich die Ausbildung ohne weiteres in eine lautere, unruhigere Umgebung verlegen.

Bleiben sie zunächst in der Nähe des Hundes: Sie sollten immer so nahe bei Ihrem Hund bleiben, daß Sie ihn direkt korrigieren können. Selbst wenn er schon die Grundbegriffe beherrscht, sollten Sie ihn bei der Ausbildung an der Leine lassen, damit Sie immer noch körperlichen Kontakt zu ihm halten und direkte Kontrolle ausüben können. Später können Sie die Entfernung zum Hund vergrößern und irgendwann auf die Leine verzichten.

Halten Sie die Ausbildungssitzungen kurz: Für Sie wie für den Hund ist es am besten, die Ausbildungsstunden möglichst kurz zu halten. Ihr Hund wird auf mehrere kurze Sitzungen mit Pausen dazwischen viel besser reagieren als auf eine einzige lange. Einigen der aktiveren Rassen wie etwa den Jagdhunden wird es auch guttun, wenn sie von Zeit zu Zeit rennen oder sich sonstwie austoben können, bevor es mit der Ausbildung losgeht.

Seien Sie geduldig: Bei der Ausbildung eines geistig etwas unbeweglicheren Hundes ist Geduld äußerst wichtig. Es erfordert nämlich eine Menge Geduld, um weitermachen zu können, wenn die Dame mit dem Pudel sich bei der zuverlässigen Leistung ihres Hundes zu langweilen beginnt, während Sie selbst darauf warten, daß Ihr Hund den ersten Schimmer von Verständnis zeigt. Vergessen Sie nie, daß Wiederholung, Übung und Geduld sich auszahlen und daß auch Sie letztlich einen Hund haben können, der genauso verläßlich und berechenbar ist wie ein Exemplar der leichter auszubildenden Rassen. Werden Sie nicht frustriert, wenn Ihr Hund nicht sofort reagiert. Unter Hundeausbildern gibt es ein Sprichwort: «Am leichtesten macht man einen Hund nervös, wenn man seinen Halter nervös macht.» Wenn ein Ausbilder nervös wird, wird sich der Hund eher darum sorgen, was sein Herrchen so aufregt, als sich auf das zu konzentrieren, was er zu lernen versucht.

Übung: Bei dem nicht so klugen Hund kann es nötig sein, seine Kenntnisse immer wieder aufzufrischen, indem man mit ihm übt. Man muß dabei nicht das übliche Ausbildungsprogramm abspulen, sondern braucht nur an bestimmte Dinge zu erinnern, wenn der Hund mal in einer alltäglichen Situation nicht auf einen bestimmten Befehl reagiert. Legen Sie ihm die Leine an, geben Sie ihm ein oder zwei Unterrichtsstunden, wobei Sie nicht vergessen dürfen, ihn für gute Leistungen ausgiebig zu loben, und korrigieren Sie mit fester Hand, aber gutmütig, wenn die Leistung schwach ist; dann können Sie dem Hund die Leine abnehmen und sich anderen Dingen zuwenden. So werden die Grundkommandos für ihren Hund zu einem Teil seines Lebens werden. Unabhängig von seinen angeborenen geistigen Fähigkeiten wird er danach vorhersehbar und verläßlich reagieren. Frischen Sie seine Kenntnisse von Zeit zu Zeit mit viel Lob für gute Leistung auf, aber sorgen Sie auch dafür, daß sich der Hund folgendes merkt: daß er nur gewinnen kann, wenn er Ihren Befehlen nachkommt.

Seien Sie flexibel: Beziehen Sie die Zeit, die Ihr Hund dazu braucht, einem Befehl nachzukommen, in Ihre Überlegungen ein. Ein Basset wird nie so schnell und exakt reagieren wie ein Border-Collie, aber nicht etwa, weil er nicht weiß, was von ihm erwartet wird, oder weil er nicht reagieren will, sondern weil seine Anlagen ihm eine schnellere Reaktion einfach nicht erlauben.

Erziehen Sie mit fester Hand: Manchen Menschen fällt es schwer, bei der Ausbildung bestimmter Hunde unnachgiebig zu sein – diese sehen einfach zu niedlich aus. So ist es nicht ganz einfach, bei Möpsen und Pekinesen streng zu bleiben, wenn sie einen liebenswerten und hilflosen Eindruck machen. Gleichwohl muß jeder Befehl durchgesetzt werden, vor allem in den frühen Ausbildungsstadien. Wenn der Hund nicht auf einen Befehl reagiert, von dem Sie wissen, daß er ihn schon versteht, sollten Sie das Tier zur Folgsamkeit zwingen. Zurechtweisungen sollten unnachgiebig sein, und wenn nichts anderes hilft, sollte er mit körperlicher Gewalt zu dem gezwungen werden, was Sie von ihm verlangt haben. Dabei sollten Sie weder aggressiv noch übertrieben grob vorgehen; sorgen Sie nur dafür, daß der Hund am Ende immer das tut, was Sie von ihm verlangt haben. Diese schwierigeren Rassen müssen lernen, daß jeder Befehl erst dann zu Ende ist, wenn er befolgt worden ist.

Machen Sie Gehorsam lohnend: Es kommt nicht darauf an, wie ein Befehl befolgt wird. Wenn der Hund Ihrem Kommando von allein nachkommt oder erst mit ein wenig Hilfe von Ihnen, sollten Sie ihn trotzdem loben, sobald er richtig reagiert hat. Immerhin ist die geforderte Leistung dann erbracht worden. Selbst wenn der Hund die Befehle gelernt hat, sollte man nicht vergessen, ihn gelegentlich zu loben, nur um sicherzugehen, daß dieses Verhalten weiterhin verwurzelt bleibt.

Beim Lob Ihres Hundes dürfen Sie ruhig überschwenglich sein.

Sie haben vielleicht das Gefühl, sich unernst und albern anzuhören, wenn Sie gurren: «Was für ein schlauer Hund du bist!» oder «Du bist wirklich ein gutes Mädchen!», während Sie dem Tier Brust oder Kopf kraulen. Sie sollten aber nicht vergessen, daß solche Laute Musik in den Ohren des Tiers sind. Wenn Sie immer etwas Hundefutter in der Tasche haben, können Sie Ihren Hund immer wieder mit einer Kleinigkeit für seine Bemühungen belohnen, oder um ihm einfach nur etwas zuzustecken, wenn er bei seiner normalen Arbeit gut reagiert.

Das Zusammenleben
mit einem klugen Hund

Überraschenderweise brauchen intelligentere Hunde (Tiere mit einer Arbeitsintelligenz auf Platz 30 der Rangliste oder höher) mehr Grundausbildung als die weniger klugen Rassen. Ohne Ausbildung kann man mit diesen Hunden nämlich kaum fertig werden. Die meisten Empfehlungen für den Umgang mit den weniger intelligenten Hunden sind nämlich auch bei den klügeren Tieren sinnvoll; allerdings kommen bei diesen schlaueren Tieren noch ein paar besondere Erfordernisse hinzu.

Beginnen Sie früh mit der Ausbildung, die kontinuierlich weitergehen sollte: Wie bei den weniger klugen Hunden ist eine frühe Ausbildung wünschenswert, zumindest was die Grundbefehle betrifft. Je klüger jedoch die Rasse, um so länger wird der Hund für die Ausbildung empfänglich bleiben. So mag es zwar schwierig sein, einem Boxer noch etwas Neues beizubringen, nachdem er das erste Lebensjahr vollendet hat, doch ein Deutscher Schäferhund oder Pudel wird lebenslang für neuen Lernstoff empfänglich bleiben. Und während ein geistig etwas unbeweglicherer Hund die früh eingeübten Gewohnheiten für den Rest seines Lebens einigermaßen beibehält, lernt ein schlauerer Hund vielleicht neue Dinge dazu und assoziiert sie mit den früheren. Das bleibt nicht ohne Konsequenzen:

Wenn Sie beim Umgang mit Ihrem Hund nachlässig werden und nicht mehr darauf bestehen, daß er allen Befehlen gehorcht, wird er daraus den Schluß ziehen, daß die Bedingungen sich geändert haben und die alten Regeln nicht mehr gelten. Sie müssen daher jeden Befehl, den Sie dem klügeren Hund geben, so behandeln, als wäre er Teil einer Ausbildungsstunde. Wenn der Hund nicht angemessen reagiert, weisen Sie ihn zurecht und loben Sie ihn dann. Vergessen Sie nie die Abfolge *Befehl, Zurechtweisung, Lob*. Der Hund kann durch angemessene Reaktion die Zurechtweisung vermeiden, doch am Ende sollte er immer gelobt werden.

Obwohl Sie in einem möglichst frühen Lebensalter des Hundes mit der Ausbildung beginnen sollten, dürfen Sie nichts überstürzen. Vergewissern Sie sich stets, daß der Hund voll und ganz verstanden hat, was Sie ihm beigebracht haben, indem Sie auf frühere Lektionen zurückgreifen. Wenn der Hund alle Grundkommandos beherrscht, hat er gelernt zu lernen. Machen Sie sich diese Fähigkeit zunutze und beginnen Sie damit, ihm neue Befehle beizubringen. Dabei kann es sich durchaus um Kunststücke handeln, etwa Betteln, Herumwälzen, Totspielen, Beten, Bellen auf Kommando, was auch immer. Der kluge Hund muß begreifen, daß es immer etwas Neues zu lernen gibt und daß er von Ihnen belohnt werden wird, wenn er es tut. So wird der Hund auf Sie fixiert und überdies geistig beweglich bleiben.

Diese Hunde sollten *niemals* etwas bekommen, ohne dafür gearbeitet zu haben. Selbst wenn Sie Ihren Hund nur streicheln wollen, sollten Sie ihn zu sich rufen und auf Kommando sitzen lassen, bevor Sie ihn streicheln oder mit ihm spielen. So wird der Hund ständig daran erinnert, daß die Reaktion auf menschliche Laute und Sichtzeichen ein weit zuverlässigerer Weg zu Belohnungen ist, als wenn er sich auf die zufälligen Assoziationen verließe, die sich bei den alltäglichen Begebenheiten in der Umgebung ergeben könnten.

Während der gesamten Ausbildung sollten Sie in Ihren Befehlen und Anforderungen konsequent bleiben. Der klügere Hund betrachtet die verschiedenen Kommandos als Probleme oder Rätsel, die er lösen muß, und hat seine Freude daran, die Lösung zu erarbeiten, die ihm Lob und Aufmerksamkeit einbringen wird. Wenn Sie die Spielregeln ändern, ruinieren Sie seinen Spaß an der Sache.

Beherrschen Sie Ihre Gefühle: Schlaue Hunde sind sich des Seelenzustands ihrer Halter mehr bewußt als weniger begabte Tiere. Aus diesem Grund sollten Sie sich Ihre Gefühle bewußtmachen und sie beherrschen, wenn Sie es mit einem klugen Hund zu tun haben. Richten Sie nie offenen Zorn gegen ihn. Er wird das Gefühl erkennen und vielleicht mit einer defensiv-aggressiven Reaktion antworten. Selbst wenn er es nicht tut, wird er sich daran erinnern, daß Sie offen Ihren Zorn gezeigt haben, und diese Erinnerung wird seine Anhänglichkeit an Sie vielleicht verringern. Aus naheliegenden Gründen ist es auch wichtig, daß man dem Hund bei einer Zurechtweisung nie körperlich weh tut. Versuchen Sie sich vorzustellen, wie eine Zurechtweisung dem Hund weh tun könnte, und treffen Sie Vorsorge, damit Sie es nicht aus Versehen tun. Wenn Sie etwa dabei sind, einen Hund mit langen Ohren auszubilden, sollten Sie sich vergewissern, daß diese sich bei einer Zurechtweisung nicht in der Leine oder dem Halsband verfangen.

Sie dürfen bei einem dieser Hunde auch niemals Furcht zeigen. Ein Dobermann, Deutscher Schäferhund, Rottweiler, Pudel oder ein ähnlich kluger Hund kann Furcht genauso leicht erkennen wie Zorn und ist überdies klug und groß genug, das zu seinem Vorteil zu nutzen. Er wird verstockt und unnachgiebig werden und vielleicht sogar Ihre Vorherrschaft herausfordern. Selbst wenn der Umgang mit einem großen Hund Sie nervös macht, müssen Sie trotzdem konsequent bleiben und auf allem bestehen, was Sie wollen. Sie sollten jeden Befehl durchsetzen, zwar entschlossen, dem Hund dabei aber nicht weh tun. Ein Weg, Probleme zu vermeiden, ist folgender: Bringen Sie dem Hund die Befehle *Platz* und *Liegenbleiben* bei, wenn er noch ein Welpe ist. Die liegende Position bedeutet für den Hund Unterwerfung, wie wir schon gesehen haben; in dem Augenblick, in dem er sich hinlegt, hat er Sie als Leittier seines Rudels anerkannt.

Ein Gefühl, das Sie niemals zu unterdrücken oder zu beherrschen brauchen, ist Freude oder Glück. Wenn Sie Ihren Hund loben, können Sie ruhig überschwenglich sein. Das ist die beste Methode, die meisten Hunde zu kontrollieren.

Behalten Sie das Verhalten des Hundes sorgfältig im Auge: Ein kluger Hund sollte auf alle Befehle schnell reagieren. Natürlich wird sich ein Neufundländer langsamer bewegen als ein Zwergpudel, aber wenn Ihr Hund eine Aufgabe gelernt hat, sollte er so prompt darauf reagieren, wie es seine Größe und sein Körperbau zulassen. Klügere Hunde sollten ermuntert werden, sich schnell zu bewegen, und zurechtgewiesen werden, wenn sie langsam reagieren, als hätten sie gar nicht reagiert. Die langsame Reaktion ist nichts als der Versuch des schlauen Hundes zu sehen, womit er durchkommt. Vergessen Sie nie, jeder Zurechtweisung ein Lob folgen zu lassen. Ein häufiger Fehler ist die Neigung, dem klügeren Hund allzuviel zuzutrauen. Vergewissern Sie sich, daß Ihr Hund eine Aufgabe voll und ganz gelernt hat, bevor Sie ihn wegen einer mangelhaften Reaktion zurechtweisen. Es kann viel Streß für den Hund bedeuten und ihm unter Umständen sogar seine Lernmotivation nehmen, wenn man ihm zu schnell zu viel zumutet.

Übertreiben Sie nicht bei der Ausbildung: Ein Hund kann zahlreiche Aufgaben lernen, und man sollte ihm so viele neue Dinge wie möglich beibringen, aber man sollte es dennoch vermeiden, dem Hund bei irgendeinem Befehl allzuviel zuzumuten. Kluge Hunde werden leicht gelangweilt, wenn sie Dinge wiederholen müssen, die sie längst beherrschen. Was bei weniger intelligenten Rassen angezeigt ist, um sie aktiv und aufmerksam zu halten, ist bei schlauen Tieren fehl am Platz. Es sollten manchmal Tage oder Wochen vergehen, in denen Sie den Hund nicht daraufhin prüfen, ob er einen der schon erlernten Befehle noch beherrscht. Sie können in dieser Zeit neue Aufgaben einbringen, dürfen aber alte Befehle und Übungen nicht prüfen.

Bieten Sie dem Hund angemessene Stimulation: Es ist zwar ein Vergnügen, mit einem klugen Nutzhund zu leben, doch er braucht geistige Anregung. Die Ausbildung bietet ihm schon einiges davon, aber daneben sollte man ihm noch andere Möglichkeiten bieten. Viel Bewegung, Spaziergänge an fremden Orten, wo der Hund Neuland erforschen kann, Kontakt mit neuen Menschen oder einfach nur die Anwesenheit des Hundes beim Einkaufen oder anderen

Besorgungen – all das hilft mit, den Hund geistig auf der Höhe und beschäftigt zu halten. Wenn ihr Hund einer intelligenten Rasse angehört und Verhaltensprobleme zeigt, sollten Sie sich fragen, ob er sich vielleicht langweilt. Vielleicht versucht er im Haus zu graben, beißt an Gegenständen herum, springt überall hoch und gibt so zu erkennen, daß er entwischen will. All diese Dinge sind nämlich interessanter, als den ganzen Tag herumzuliegen und nur darauf zu warten, daß Sie nach Hause kommen.

Andererseits kann es bei einigen aktiven intelligenten Hunden wie dem Belgischen Schäferhund und dem Belgischen Tervueren leicht dazu kommen, daß man sie zu vielen Reizen aussetzt, und dann lenkt sie ihre Aufregung von der Ausbildung ab. Diese Hunde brauchen *während* der Ausbildung eine ruhige, vertraute Umgebung. Wenn die Ausbildung jedoch beendet ist, brauchen sie neue und aufregendere Anregung, um ausgeglichen und glücklich zu sein.

Intelligenzveränderungen im Lauf des Lebens

EEGs bei noch nicht fünf Wochen alten Welpen zeigen, daß ihr Gehirn in seiner elektrischen Reaktionsfähigkeit noch unentwickelt und unreif ist. Nach etwa sieben Wochen jedoch gibt es im Reaktionsmuster eines Welpengehirns kaum Unterschiede zu dem eines erwachsenen Hundes. Aus diesem Grund könnte man meinen, ein Hund dieses Alters habe schon genug «Schaltkreise» im Gehirn. Diese Annahme, flüssige Intelligenz und die Fähigkeit, neue Dinge zu lernen, seien schon voll entwickelt, entspricht jedoch nicht ganz den Tatsachen.

Was die Intelligenzveränderung im Lauf des Lebens angeht, sind sich Menschen und Hunde sehr ähnlich. Beim Menschen nimmt die manifeste Intelligenz in der Zeit zwischen Kindheit und Adoleszenz schnell zu. Der Gipfelpunkt dürfte kurz vor dem zwanzigsten Lebensjahr erreicht sein. Messungen haben ergeben, daß bei dieser

Fähigkeit zwischen dem fünfzehnten und fünfundzwanzigsten Lebensjahr kaum Veränderungen festzustellen sind. Danach nimmt die flüssige Intelligenz langsam und stufenweise ab. Die kristalline Intelligenz, die darauf beruht, was ein Mensch tatsächlich gelernt hat, erreicht ihren Höhepunkt jedoch erst um das vierzigste Lebensjahr herum. Bei manchen Menschen steigert sich dieser Aspekt der Intelligenz während des ganzen Lebens. Bei Hunden ist es ähnlich, obwohl ihre Lebensspanne kürzer ist. Ihre manifeste Intelligenz nimmt zu, bis sie drei oder vier Jahre sind. Danach nimmt die flüssige Intelligenz allmählich ab.

In der Physiologie des älteren Hundes zeigen sich auffällige Veränderungen. Wenn er das vierte oder fünfte Lebensjahr überschritten hat, verliert das Gehirn allmählich an Gewicht und Masse, und zwar um etwa zwei bis fünf Prozent im Jahr. So kommt es, daß das Gehirn eines zwölfjährigen Labrador-Retrievers fünfundzwanzig Prozent weniger wiegt als das eines vierjährigen. Ein großer Teil dieses Verlustes an Gehirnmasse hat etwas mit dem Verlust von Teilen der Verbindungen der Gehirnzellen untereinander zu tun. Zum Teil sind ein Schrumpfen der Gehirnzellen und damit verbundene Fehlfunktionen verantwortlich. Mit dem Verluslt neuraler Verbindungen verlangsamt sich auch die Geschwindigkeit, mit der Informationen im Nervensystem übermittelt werden. Bei einem vierjährigen Labrador-Retriever werden Informationen von Augen und Ohren mit einer Geschwindigkeit von dreihundertsechzig Stundenkilometern zum Gehirn übermittelt; bei einem zwölfjährigen Tier kann sich das Tempo auf etwa achtzig Stundenkilometer verringert haben.

Es gibt noch weitere Veränderungen, etwa eine Verringerung der Blutzufuhr zum Gehirn, das im Idealfall etwa zwanzig Prozent des Blutstroms vom Herzen verbraucht. Die Fähigkeit, dem Blut Sauerstoff zu entziehen, verringert sich ebenfalls. Die Gehirnzellen verbrauchen bei der Tätigkeit der Nervenzellen Sauerstoff; nur die Muskeln verbrauchen noch mehr.

Die Sinnesorgane sind ebenfalls betroffen. Das Gehör läßt nach, besonders im hohen Frequenzbereich. Manche Rassen wie Retriever und einige Hütehunde neigen dazu, ihr Gehör vollständig zu verlieren. Die Sehfähigkeit läßt ebenfalls nach. Die Sinneszellen des

Auges zeigen Funktionsstörungen, und Linse und Hornhaut trüben sich. Wenn Gehör und Sehvermögen nachlassen, kann es sein, daß ein Hund das Näherkommen eines Menschen nicht bemerkt, so daß er gereizt reagiert, wenn man ihn urplötzlich berührt. Der Geschmackssinn, vor allem die Fähigkeit, Süßes und Salziges wahrzunehmen, schwächt sich ebenfalls ab. Der Geruchssinn scheint den Alterungsprozessen am besten zu widerstehen, wird jedoch irgendwann ebenfalls schwächer.

Das Lebensalter, in dem sich diese Veränderungen in einem spürbaren Tempo bemerkbar zu machen beginnen, hängt zu einem gewissen Grad von den genetischen Anlagen des Hundes ab. Allgemein läßt sich sagen, daß kleine Hunde länger leben und daß sich Alterserscheinungen bei ihnen später zeigen als bei großen. So zeigen sich Auswirkungen des Alters bei kleinen Hunden von etwa zehn Kilogramm Gewicht erst im Alter von elfeinhalb Jahren, während man sie bei mittelgroßen Hunden von zehn bis fünfundzwanzig Kilogramm Gewicht schon im Alter von zehn Jahren sehen kann. Große Hunde, die fünfundzwanzig bis vierzig Kilogramm wiegen, zeigen erste Auswirkungen des Alters mit etwa neun Jahren, und bei den übergroßen Rassen, die mehr als fünfundvierzig Kilo wiegen, fällt der Alterungsprozeß schon mit etwa siebeneinhalb Jahren auf. Im Durchschnitt leben Hunde noch etwa zwei Jahre, nachdem sich erste Altersveränderungen gezeigt haben. Bei allen diesen Schätzungen gibt es eine Fehlerquote von etwa zwei Lebensjahren in beiden Richtungen. Genetische Anlagen lassen weitere Abweichungen zu. Ein Cairn-Terrier beispielsweise mit seinem Gewicht von etwa zehn Kilogramm hat meist eine Lebenserwartung von dreizehn bis vierzehn Jahren. Ein etwa gleich großer Zwergpudel jedoch kann durchaus fünfzehn bis sechzehn Jahre leben, während ein ähnlich großer Cavalier King Charles-Spaniel nur etwa elf bis zwölf Jahre lebt.

All diese Veränderungen führen beim älteren Hund zu einer Abnahme der manifesten Intelligenz. Befehle werden nicht mehr prompt befolgt. Das Tier reagiert langsamer und scheint manchmal bestimmte Dinge total vergessen zu haben. So kann es nicht verwundern, daß es immer schwieriger wird, dem Hund neue Dinge beizubringen.

Dennoch ist es möglich, einen Hund zum Teil vor den Auswirkungen des Alters zu bewahren. Die erste und einfachste Technik besteht darin, ihm sämtliche Grundkommandos sowohl mit Hör- als auch mit Sichtzeichen beizubringen. Wenn also das Sehvermögen oder das Gehör nachläßt, kann man sich immer noch mit dem jeweils anderen Zeichen behelfen. Das ist für den Hund eine große Erleichterung und hilft ihm, das Alter besser zu bewältigen. Barbara Merkley, eine Ausbilderin unseres Clubs, besaß einen wundervollen alten Shetland Sheepdog namens Noel. Mit dreizehn Jahren nahm Noel noch einmal an einem Gehorsamswettbewerb für ältere Hunde teil. Sie zeigte gute Leistungen und schien es sehr zu genießen, wieder «im Ring» zu stehen. Keinem der Zuschauer, die Noel nicht kannten, fiel auch nur im geringsten auf, daß sie vollständig taub war, und das seit mehr als einem Jahr. Barbara verwendete einfach die Sichtzeichen, die sie dem Hund gleichzeitig mit den Hörzeichen beigebracht hatte. Infolge dieser weisen Voraussicht Barbaras konnte Noel in einem Alter, das beim Menschen neunzig Jahren entspricht, mit einer behutsam gehaltenen großen rosafarbenen Schleife im Fang aus dem Ring tänzeln.

Die zweite Möglichkeit, einen Hund vor Auswirkungen des Alters zu schützen, besteht in frühem Lernen und ständiger Wiederholung. Wenn Hunde altern, verhalten sie sich in manchen Dingen wie Menschen. Die Erinnerungen an die Jugend treten immer mehr in den Vordergrund, und ihr Verhalten wird zunehmend welpenhaft. So wird ein Hund, dem man die grundlegenden Gehorsamsübungen früh im Leben beigebracht hat, im Alter zwar etwas langsamer reagieren, jedoch weiterhin gehorchen. Manchmal kommt es jedoch zu Verhaltensveränderungen. So erzählte man mir einmal von einer Golden Retriever-Hündin, die von ihrer Herrin so gut beherrscht worden war, daß sie immer ohne Leine mitgegangen war. Im letzten Lebensjahr jedoch schien das Tier sich sicherer und wohler zu fühlen, wenn es an der Leine ging wie in der Zeit, als es gelernt hatte, bei Fuß zu gehen.

Wiederholungen sind für den älteren Hund ebenfalls nützlich. Sobald ein Hund ein bestimmtes System täglicher Gewohnheiten etabliert hat, wird er auch im Alter daran festhalten. Die einfache Wiederholung und erneute Durcharbeitung vertrauter Verhaltensweisen erlauben es ihm, sich auch später in den normalen Alltag einer Familie einzufügen, und geben ihm Sicherheit und ein Gefühl von Geborgenheit.

Wenn Hunde älter sind, können sie immer noch lernen; man braucht dazu nur viel mehr Zeit und Geduld. Wenn man eine gute Beziehung zu seinem Hund aufgebaut hat, ist eine Ausbildung in jedem Lebensalter möglich, wenn man dabei einige der Techniken einsetzt, die ich für geistig etwas langsamere Hunde entwickelt habe. Vor kurzem habe ich gesehen, wie ein Cairn-Terrier namens Whistler im Alter von zwölf Jahren seinen ersten Gehorsamswettbewerb gewann. Seine Ausbildung hatte erst vor einem Jahr begonnen. Whistler spazierte stolz aus dem Ring, und seine Rute wedelte dabei so schnell wie bei einem Welpen. Sein Herrchen sah nicht weniger glücklich aus.

Shotgun

Ein älterer Hund ist immer noch der gleiche Welpe, den man einmal großgezogen hat. Er hängt immer noch an einem; ihm fehlt nur die frühere Energie, und außerdem zeigt er einige Anzeichen der Erschöpfung. Um zu erläutern, was ich meine, möchte ich die Geschichte von Shotgun erzählen.

Shotgun war ein großer schokoladenfarbener Labrador-Retriever. Sein Besitzer Fred hatte immer gern Wasservögel gejagt, als er noch an der Ostküste der USA lebte. Als er nach British Columbia im westlichen Kanada umzog, um dort auf dem Land zu leben, schien ihm der Gedanke, einen Jagdhund zu besitzen und mit ihm im Herbst auf die Jagd zu gehen, einfach ideal zu sein. Doch irgendwie klappte es nicht. Als Shotgun erst sieben Monate alt war, zwang Freds Beruf ihn, wieder in die Stadt zu ziehen. Kurz darauf heiratete er, und als Shotgun zwei Jahre alt war, bekamen Fred und seine Frau Clara ihr erstes Kind, Melissa. Irgendwie ergab sich nie die Möglichkeit, den Hund für die Jagd auszubilden. So wurde Shotgun ein Stadt- und Familienhund. Er lernte, sich in der Stadt zurechtzufinden und sah im Verlauf von sechs Jahren, wie die Familie größer wurde, als die Söhne Steven und Daniel geboren wurden. Shotgun war zwar nie für die Jagd ausgebildet worden, hatte jedoch einen Gehorsamskurs für Anfänger mitgemacht und kannte alle

Grundbefehle. Er war in erster Linie ein Spielgefährte für die Kinder, ein Begleiter für Fred und Clara und der allezeit aufmerksame Wachhund, der sofort anschlug, wenn in der Nähe des Hauses etwas Ungewöhnliches zu hören war oder wenn ihm etwas spanisch vorkam.

Die Zeit verging, und irgendwann war Shotgun elf Jahre alt, was für einen Labrador-Retriever ein ansehnliches Alter ist. Er bewegte sich langsamer und hatte es längst aufgegeben, aufs Sofa springen zu wollen. Er schien damit zufrieden zu sein, länger zu schlafen als früher, obwohl er sich immer noch gern dazu auffordern ließ, draußen mit den Kindern herumzutoben, die er als seine besonderen Schutzbefohlenen zu betrachten schien. Er rannte jedoch langsamer als früher und sprang auch nicht sehr hoch, wenn er einen Ball oder eine Frisbee-Scheibe fangen wollte. Außerdem ermüdete er schneller. Sein Gehör wurde schwächer, und er reagierte langsamer und weniger zuverlässig auf die Befehle, die er vor so vielen Jahren gelernt hatte. Viele Dinge waren jedoch gleichgeblieben. Er wußte, wann es Zeit für einen Spaziergang war, und postierte sich jeden Nachmittag von drei Uhr an erwartungsvoll an der Tür, wo er auf die Rückkehr der Kinder aus der Schule wartete. Er schlief nachts weiterhin auf dem Fußboden des Wohnzimmers, und wie er es schon immer getan hatte, patrouillierte er immer noch einmal pro Stunde durchs Haus. Er steckte die Nase in jedes Kinderzimmer und sah auch nach Fred und Clara, bevor er zu seinem Posten im Wohnzimmer zurückkehrte.

In einer Sommernacht stand Shotgun mit dem Gefühl auf, daß etwas nicht stimmte. Im Haus war Rauch, und wenn die Fenster und die Türen nicht offen gewesen wären, hätten sich die giftigen Dämpfe brennenden Materials schon im ganzen Haus ausgebreitet. Der Hund begann wie wild zu bellen, um die Hausbewohner zu wecken, doch nichts geschah. Er bewegte sich so schnell, wie es sein arthritischer Körper zuließ, und betrat Freds und Claras Schlafzimmer. Sein Gebell schaffte es noch immer nicht, sie zu wecken, so daß er mit großer Anstrengung und unter Schmerzen aufs Bett sprang, Fred die Vorderpfoten auf die Brust legte und laut bellte. Fred kam lallend hoch, noch immer im Halbschlaf. Doch dann bemerkte er den Rauch und weckte Clara. Beide rannten so-

fort zu den Zimmern der beiden Jungen. Jeder schnappte sich einen
und lief durch das Haus, in dem inzwischen überall Flammen auflo-
derten, ins Freie. Beide riefen nach Melissa, der Ältesten, die inzwischen neun Jahre alt war. Die Eltern gingen davon aus, daß der
Lärm und die Unruhe im Haus sie geweckt hatten und daß sie sich
aus ihrem Zimmer an der Rückseite des Hauses ins Freie gerettet
hatte. Als die beiden im Vordergarten standen und zurückblickten,
war der größte Teil des Hauses schon von Flammen umschlossen.
Feuerwehrautos fuhren aufs Grundstück, doch von Melissa war
nirgends etwas zu sehen. Fred versuchte, ins Haus zurückzulaufen,
doch da er barfuß war, waren Flammen und Hitze zuviel für ihn. So
sah er sich gezwungen, den Rückzug anzutreten. Shotgun befand
sich immer noch im Haus. Vielleicht erinnerte er sich irgendwo in
seinem mächtigen alten Kopf daran, wie man zählt. Vielleicht
wußte er, daß einer seiner Schutzbefohlenen fehlte. Er trottete langsam in Melissas Zimmer, wo er sie verwirrt und weinend inmitten
des Rauchs stehen sah. Shotgun bellte und bewegte sich auf die Tür
zu, doch Melissa verstand nicht oder war einfach zu durcheinander,
um ihm zu folgen. Da schnappte er behutsam den Rüschenärmel
ihres Nachthemds und begann sie in Richtung Tür zu ziehen. An
der Vorderseite des Hauses gab es kein Durchkommen mehr, so
daß der alte Hund umkehrte und das verängstigte Mädchen halb
zum Hintereingang schleifte und halb führte. Als überall um sie
herum Flammen emporzüngelten, standen sie vor der hinteren Fliegentür, die mit einem einfachen Haken gesichert war. Wäre Shotgun jünger und beweglicher gewesen, hätte er sich einfach durchs
Fliegengitter stürzen können, doch in diesem Augenblick kam ihm
die Tür wie ein undurchdringliches Hindernis vor. Melissa war wie
gelähmt und konnte ihm nicht helfen. Sie stand nur benommen da.
Shotgun ließ für einen Moment ihren Ärmel los und erhob sich auf
die Hinterläufe. Dann richtete er sich an der Fliegentür auf, um den
Riegel zu lösen, eine Technik, die ihm vor etlichen Jahren einen
strengen Verweis eingetragen hatte. Als jüngerer Hund hatte er die
Hintertür nämlich immer geöffnet, um einen lästigen Foxterrier zu
verjagen, der es irgendwie gelernt hatte, in den Garten zu kommen.
Der liebte es nämlich, in dem kleinen Kräutergarten zu scharren
und zu graben.

Shotgun war jedoch nicht mehr so geschickt und flink wie früher, und als er mit der Nase gegen den Haken stieß, zerriß dieser ihm die Haut. Trotzdem ließ er nicht locker, und der Haken sprang aus der Öse, worauf die Tür aufging. Shotgun packte Melissa wieder am Ärmel und zog sie in den Garten, bevor er sie losließ und sich die versengten Pfoten leckte. Wenige Augenblicke später erschienen die Feuerwehrleute. Sie sahen eine Melissa, die leise schluchzte und Shotgun die Arme um den Hals geschlungen hatte. Sie streichelte ihm die blutende Schnauze, wo der Haken der Fliegentür ihn verletzt hatte.

Shotgun war alt, langsam und weniger verläßlich als seit Jahren. Dennoch war er der selbsternannte Hüter des Hauses, und seine Intelligenz und seine Fähigkeit zur Problemlösung hatte er vollständig in den Dienst von Sicherheit und Wohlbefinden seiner Herren gestellt. Alt bedeutet nämlich noch lange nicht dumm, nutzlos oder verbraucht. Shotgun hatte in dieser Nacht große Intelligenz gezeigt. Er hatte entdeckt, daß etwas nicht stimmte, und anschließend das Problem gelöst, seine schlafende Familie zu wecken, um sie zu warnen. Er hatte erkannt, daß ein Kind fehlte, und überdies das Dilemma zu lösen vermocht, wie er es aus dem Haus bringen sollte. Als er sich in der anscheinend ausweglosen Lage sah, das Haus durch die vom Feuer blockierte Vordertür nicht verlassen zu können, hatte er eine andere Lösung gefunden. Und als er sich der verschlossenen Hintertür gegenübersah, hatte er noch das letzte Problem gelöst, das seiner und Melissas Rettung im Weg stand. Die fünf Menschen, die sein Rudel bildeten, seine Familie, die seine Herren waren, sie alle verdankten ihr Leben der Fähigkeit dieses alten Gehirns, Informationen zu verarbeiten und Probleme zu lösen.

Weiterführende Literatur

Baatz, Manfred und Maria: Der richtige Umgang mit dem Hund. Halten, Erziehen, Ausbilden. 167 Seiten mit 138 Fotos, 1 Zeichnung. 4. Aufl. München: BLV 1994

Beckmann, Gudrun: Der große Hunde-Knigge. 225 Seiten mit 32 Abb. Mürlenbach: Kynos 1987 (rororo 8572)

Brunner, Ferdinand: Der unverstandene Hund. Erkenntnisse aus der tierpsychologischen Praxis. 540 Seiten mit 30 farbigen und 55 einfarbigen Fotos. 5. Aufl. Augsburg: Naturbuch 1994

Feddersen-Petersen, Dorit: Hundepsychologie: Wesen und Sozialverhalten. 104 Seiten mit 41 Zeichnungen der Autorin. Stuttgart: Franckh-Kosmos 1989

Feddersen-Petersen, Dorit: Hunde und ihre Menschen. Sozialverhalten von Wild- und Haushunden. Hund-Mensch-Beziehung. Verhaltensentwicklung von Rassehunden. 148 Seiten mit 61 farbigen Fotos, 36 Zeichnungen, 13 Schemata und 14 Tabellen. Stuttgart: Franckh-Kosmos 1992

Fogle, Bruce: Hunde kennen und verstehen. Körpersprache und Verhalten. 128 Seiten mit 329 farbigen Fotos und 2 farbigen Zeichnungen. München: BLV 1994

Fogle, Bruce: Hunde richtig erziehen. Schritt für Schritt zum idealen Familienhund. 128 Seiten mit über 450 Farbfotos. München: BLV 1994

Fogle, Bruce: Was geht in meinem Hund vor? Bergisch Gladbach: Bastei-Lübbe 1993

Gebhardt, Heiko, & Haucke, Gert: Die Sache mit dem Hund. 100 Rassen kritisch unters Fell geschaut und viele Tips, wie man sich den Hund zum Freund macht. München: Heyne 1993

Geiger, Erich: Braucht Ihr Hund einen Psychiater? Ratgeber für Hundeliebhaber. 190 Seiten. Hamburg: Rasch und Röhring 1993

Griffin, Donald R.: Wie Tiere denken. Ein Vorstoß ins Bewußtsein der Tiere. 288 Seiten. München: dtv 1990

Hallgren, Anders: Hundeprobleme, Problemhunde? Ratgeber für die bessere Erziehung. 264 Seiten mit 92 Abb. Reutlingen: Oertel und Spörer 1993

Hallgren, Anders: Lehrbuch der Hundesprache. Mit dem Hund auf du und du. 172 Seiten mit 14 farbigen und 54 schwarzweißen Abb. Reutlingen: Oertel und Spörer 2. Aufl. 1994

Lorenz, Konrad: So kam der Mensch auf den Hund. 128 Seiten. München: dtv 1993

Milani, Myrna M.: Die unsichtbare Leine. Ein besserer Weg zum Verständnis deines Hundes. 254 Seiten mit Illustrationen. Mürlenbach: Kynos 1988

Neville, Peter: Versteh' Deinen Hund. 261 Seiten. Cham (Schweiz): Müller Rüschlikon 1992

Ochsenbein, Urs: ABC für Hundebesitzer. Und solche, die es werden wollen. 200 Seiten mit zahlr. Fotos und Zeichnungen. Cham (Schweiz): Müller Rüschlikon 1993

Rheinz, Hanna: Eine tierische Liebe. Zur Psychologie der Beziehung zwischen Mensch und Tier. 271 Seiten. München: Kösel 1994

Stern, Horst: Bemerkungen über Hunde. 112 Seiten mit zahlr. Abb. Stuttgart: Franckh-Kosmos 1994

Tortora, Daniel: Schwieriger Hund – was tun? Der Hundepsychologe rät. 232 Seiten mit 12 Abb. und 7 Tabellen. Cham (Schweiz): Müller Rüschlikon 2. Aufl. 1987

Trumler, Eberhard: Hunde ernst genommen. Zum Wesen und Verständnis ihres Verhaltens. 303 Seiten mit 67 Abb. München: Piper 2. Aufl. 1992

Trumler, Eberhard: Mit dem Hund auf du. Zum Verständnis seines Wesens und Verhaltens. 303 Seiten mit Abb. München: Piper 3. Aufl. 1991

Trumler, Eberhard: Mensch und Hund. Ratgeber für moderne Aufzucht, Erziehung und Haltung. 172 Seiten mit vielen Farbfotos. Mürlenbach: Kynos 1988

Trumler, Eberhard: Trumlers Ratgeber für den Hundefreund. 1000 Tips. 223 Seiten mit 32 farbigen und zahlr. SW-Abb. München: Piper 3. Aufl. 1993

Zimen, Erik: Der Hund. Abstammung – Verhalten – Mensch und Hund. 480 Seiten. München: Goldmann 1992

Zimen, Erik: Der Wolf. Verhalten, Ökologie und Mythos. 448 Seiten mit zahlr. farbigen Abb. München: Knesebeck 1990 (Goldmann Tb)

Register